内亚史

〔美〕斯瓦特·苏塞克 著

袁剑 程秀金 译

商务印书馆
The Commercial Press

This is a Simplified-Chinese translation of the following title published by Cambridge University Press:
A History of Inner Asia, 9780521657044
© Cambridge University Press, 2000
此简体中文版根据剑桥大学出版社 2000 年版译出。

This Simplified-Chinese translation for the People's Republic of China (excluding Hong Kong, Macau and Taiwan) is published by arrangement with the Press Syndicate of the University of Cambridge, Cambridge, United Kingdom.
© The Commercial Press, Ltd., 2023
此简体中文版由英国剑桥大学出版集团与商务印书馆有限公司协约，在中华人民共和国境内（不包括香港、澳门特别行政区及台湾省）出版。

This Simplified-Chinese translation is authorized for sale in the People's Republic of China (excluding Hong Kong, Macau and Taiwan) only. Unauthorised export of this Simplified-Chinese translation is a violation of the Copyright Act. No part of this publication may be reproduced or distributed by any means, or stored in a database or retrieval system, without the prior written permission of Cambridge University Press and The Commercial Press, Ltd.
此简体中文版仅限在中华人民共和国境内（不包括香港、澳门特别行政区及台湾省）销售，未经授权，不得出口。未经剑桥大学出版社和商务印书馆书面许可，此简体中文版不得以任何形式复制、传播及存储于数据库和检索系统中。

本书为国家社科基金重大项目"'一带一路'沿线各国民族志研究及数据库建设"（编号：17ZDA156）子课题"中亚和西亚代表性国家民族志研究"阶段性成果。

中译本序

  内亚是一片历史悠久且又颇具现代政治经济重要性的区域。有关该区域的大多数书籍或是聚焦于由蒙古和新疆地区所构成的东部，或是由中亚各共和国所构成的西部，因而不完整。我的目标是修补这一缺陷，力图全面描述整个区域。

  我很欣喜和荣幸地得悉拙著的中文版即将问世，在此，我衷心感谢袁剑和程秀金老师，并祝愿他们事业成功。

斯瓦特·苏塞克
2017 年 6 月 25 日

目 录

绪　言 1

导　言 7

第一章　开端 49

第二章　突厥汗国、中国扩张和阿拉伯征服 53

第三章　萨曼王朝 71

第四章　高昌回鹘王国 78

第五章　喀喇汗王朝 83

第六章　塞尔柱王朝和哥疾宁王朝 94

第七章　蒙古征服 102

第八章　察合台汗国 116

第九章　帖木儿王朝 122

第十章　帖木儿王朝与昔班尼王朝之交 142

第十一章　昔班尼王朝 147

第十二章　沙俄的崛起、金帐汗国的灭亡和察合台汗国的韧性 161

第十三章　蒙古佛教徒 166

第十四章　17—19世纪的布哈拉汗国、希瓦汗国和浩罕汗国 175

第十五章　沙俄征服和统治中亚 193

第十六章　中亚从总督区到加盟共和国 206

第十七章　苏联中亚 222

第十八章　中亚走向独立 251

第十九章　中国新疆 260

第二十章　独立的中亚共和国 270

第二十一章　蒙古国 284

结　语 290

附录（一）　王朝年表 297

附录（二）　内亚国家及地区数据 317

参考书目 327

索　引 358

绪言

本书力图为读者提供关于欧亚中心区域几个国家和地区的一种历史和主题性的介绍，而直到最近，除了少数学者和一些出于特别原因而希望了解内亚的人们之外，这一区域一直很少引人注意。造成这种忽略局面的原因之一就在于缺乏足够的关于这一区域的文献资料，尤其是缺乏一部关于世界这一部分发展脉络的通史。

几年前，几乎是在一夜之间，乌兹别克斯坦、哈萨克斯坦、塔吉克斯坦、土库曼斯坦、吉尔吉斯斯坦、蒙古国和中国新疆这七个国家和地区开始引起政界、新闻界、商界和学术界相当程度的关注，起因就是1991年苏联的解体。自从20世纪20年代初苏联成立以来，这一区域的五个国家（即乌兹别克斯坦、哈萨克斯坦、塔吉克斯坦、土库曼斯坦、吉尔吉斯斯坦）几乎都处于与世隔绝状态。外界无法畅通地跟这些国家交流，与此同时，这些国家的公民也发现与外界接触既困难又危险。蒙古国在官方层面是一个独立的国家，但是它在苏联卫星国大家庭中的成员地位使它跟上述五国的处境差不了多少。出于同样的原因，苏联的崩溃带给蒙古国的影响跟对前面提到的五个加盟共和国的影响几乎同样深远。我们也将描述中国新疆，尽管其近代所经历的是有些不同的历史道路。我认为这一概括是合理的，因为这个中国的自治区在历史上和地理上是内亚的组成部分，这一区域其他地区的演变也有可能波及新疆。

　　米哈伊尔·戈尔巴乔夫相当不明智地促动了这一历史变化，这一变化势头猛进，瞬间掀起波澜，激起了人们对这一地区的浓厚兴趣。这一兴趣遍及很多国家的政治、经济、文化，甚至宗教圈。这些国家包括美国、中国、土耳其、伊朗、沙特阿拉伯和以色列。随后开始迅速涌现出大量的著作，从新闻报道到财经分析、统计年鉴、专业期刊、学术论文和专著。似是而非但不难理解的是，这一区域的综合调查到目前为止没有发表过，因此本书试图填补这一空白。

　　这项研究的重点是上文提及的七个国家和地区：乌兹别克斯坦、哈萨克斯坦、塔吉克斯坦、土库曼斯坦、吉尔吉斯斯坦、蒙古国、中国新疆维吾尔自治区。前五个又被统称为西突厥斯坦或俄属突厥斯坦，或最近的苏联中亚；第六个是新疆维吾尔自治区；第七个就是蒙古国。

　　这些国家和地区有着各自特殊的政治体制，历史叙述除了这些政治体制形成外，还包括它们的现代发展阶段，因此把内亚这三个不同部分结合在一起讨论是不符合习惯的，但这一看法更多是来自有着不同学术、新闻和政治背景的观察者，并不是造成她们分离和相区别的内在理由。我们希望，研究课题的处理方法将展示西域和中亚的同一性超越它们之间的差异性，而缺少蒙古国，这一历史画卷将不完整。

内亚：主要的政治区域

　　位于欧亚大陆内陆核心的内亚，其中心性在地理上是由莫斯科和北京所共同缔造的，囊括了我们将讨论的七个国家和地区：乌兹别克斯坦（首都：塔什干），哈萨克斯坦（首都：阿斯塔纳），塔吉克斯坦（首都：杜尚别），土库曼斯坦（首都：阿什哈巴德），吉尔吉斯斯坦（首都：比什凯克），蒙古国（首都：乌兰巴托），中国新疆维吾尔自治区（首府：乌鲁木齐）。

　　面积：哈萨克斯坦：272.49万平方公里（105.21万平方英里）；吉尔吉斯斯坦：19.99万平方公里（7.7万平方英里）；塔吉克斯坦：14.31万平

方公里（5.53万平方英里）；土库曼斯坦：49.12万平方公里（18.97万平方英里）；乌兹别克斯坦：44.74万平方公里（17.27万平方英里）；中国新疆：166.49万平方公里（64.28万平方英里）；蒙古国：156.65万平方公里（60.48万平方英里）。[1] 按面积排列：哈萨克斯坦、中国新疆、蒙古国、土库曼斯坦、乌兹别克斯坦、吉尔吉斯斯坦、塔吉克斯坦。

人口（因为不断变化的局势，只能采用近似数据，根据1981—1994年数据）：哈萨克斯坦：1720万；吉尔吉斯斯坦：460万；塔吉克斯坦：570万；土库曼斯坦：400万；乌兹别克斯坦：2190万；中国新疆：1520万；蒙古国：240万。按人口排列：乌兹别克斯坦、哈萨克斯坦、中国新疆、塔吉克斯坦、吉尔吉斯斯坦、土库曼斯坦、蒙古国。按民族语言来分，这一区域的主要民族是突厥语族（乌兹别克斯坦、哈萨克斯坦、中国新疆、吉尔吉斯斯坦、土库曼斯坦）、伊朗语族（塔吉克斯坦）和蒙古语族（蒙古国）。

除了这七个国家与地区外，地图1（此处略）也显示了其他八个行政区，它们在历史和民族语言上与本书之主题相关。其中七个属于俄罗斯联邦共和国：鞑靼斯坦自治共和国（首都：喀山）、巴什科尔托斯坦自治共和国（首都：乌法）、卡尔梅克自治共和国（首都：埃利斯塔）、戈尔诺-阿尔泰自治州（首府：戈尔诺-阿尔泰斯克）、图瓦自治共和国（首都：克孜勒）、布里亚特自治共和国（乌兰乌德）、雅库特自治共和国（首都：雅库茨克），第八个属于中华人民共和国：内蒙古自治区（首府：呼和浩特）。它们中有五个主体民族讲突厥语言（鞑靼斯坦自治共和国、巴什科尔托斯坦自治共和国、雅库特自治共和国、图瓦自治共和国和戈尔诺-阿尔泰自治州）；其他三个讲蒙古语（卡尔梅克自治共和国、布里亚特自治共和国、中国内蒙古）。

此外，只有在当前状况下才有可能精确地集中研究这七个国家和地区。离这更远的年代，我们将把研究归为内亚史，其范围将是以上述的地区为中心，但也保持一定的弹性，因为根据历史上一系列的事件，中心会转移，或被分割，或扩大，所以我们将不时地把注意力投向当前这七个国家和地区政

---

[1] 此处信息根据中华人民共和国外交部网站及新疆维吾尔自治区国土资源厅网站相关资料信息修改（登录时间：2018年7月12日）。

区之外的地方。

最后，另一个条件也是必备的。本书谈论的历史将从7世纪伊斯兰教传入中亚开始。这有两个原因：其一是作者的学术背景，其二是中亚更早的时期是属于考古学家而不是历史学家的。

除了中亚（Central Asia）之外，我们也使用内亚（Inner Asia）这个术语。这有点像新词且只限于学术用语，是指在历史地理概念下的这一整片区域。而中亚在英语中只指内亚的西部，大致包括西突厥斯坦、新疆西部，以及毗邻地区——伊朗东北部和阿富汗北部。出于当前的政治格局，我将采用六个共和国的国名（乌兹别克斯坦、哈萨克斯坦、塔吉克斯坦、土库曼斯坦、吉尔吉斯斯坦、蒙古国），以及中国新疆。

音译与地缘政治术语

本书讨论的将是这一区域的历史。这一区域使用多种语系语言和拼写字母，它们经常处于共存状态，或是通过自然转变或是通过政府强制而使得某些语系语言和字母替代其他类别，因此大量涌现的名称和术语（如果种类繁多的变音符号也使用的话）的音译任务是一项艰巨且又代价高昂的挑战。追求完美不太现实。即使是写给少数学者看的，任何一个作者也必须对所选择的折中方案做出解释，并对此书出现的缺陷表示歉意。

除了稍微修改之外，我们将遵从伊斯兰百科全书使用的音译体系。主要的例外就是舍去了发音符号和特殊字母。本书如出现大量这样的字母符号毫无意义，甚至会导致混乱。我们认为，详备标注符号的阿拉伯或突厥字母对普通读者毫无裨益；而对于专家而言，如果他们读这本书的话，不需要这些标注。因此本书变音符号将只限于使用罗马字母的语言——在本书中主要是法语、德语和土耳其语。至于汉语，除了一些熟悉的汉语拼音形成的名称以外（现在在中国使用的官方音译），我们将使用威妥玛拼音法。

其他的折中方案主要是出于实际考虑。当涉及特殊地区时，尽管我们尽量避免不合时宜的做法，但完全一致也不太可能。虽然只是到公元1758年

"新疆"作为名称才出现,但我们在讨论这一地方早期历史之时,依然要使用这一地名,就是因为使用(或新造)其他地名将会带来不必要的混乱。同样,蒙古地区是公元7—9世纪内亚突厥帝国的中心。当我们讨论那一时期时,有必要称那一地区为突厥斯坦(或突厥)吗?此外,俄罗斯和乌克兰南部在古代是说波斯语言的斯基泰人和中世纪早期突厥语钦察人的家园,如在本书中称这一地区为斯基泰或钦察地区听起来就有点学究气。

作者在此向普林斯顿大学教授迈克尔·库克(Michael Cook)和马克·法瑞尔(Mark Farrell)表示诚挚的谢意。他们读过本书初稿,提出很多改进建议。

导 言

地理环境

内亚具有明显的三大地理特征：（1）草原带和较小程度的沙漠带大体上呈横向分布，此带北面是欧亚森林地带（西伯利亚针叶林地带），南面呈现出若干不同地貌，主要是山脉，同时也过渡到不同的气候带（显著的是在中国境内）和不同的水域，如里海和咸海。（2）除了在这一地区内起划分重要边界的作用以外，这几组主要的纵向山脉也把草原带与南亚分开。（3）一些河流或多流入内陆湖、海，或通过蒸发消失在沙漠中。所有这些地理特征影响了这一区域人们存在的历史和方式。与此同时，自有定居文明开始，尤其是近几十年来，这些地貌也转而受到人类的改造。

草原带是一片狭长的被陆地包围的牧草地，它使得一种独特的历史现象——快速移动的驯马游牧民的出现成为可能。的确，游牧民也存在于世界其他地区，但是居住地的规模、马的角色，以及与伟大的农耕、城市文明既密切而又冲突的邻居关系使得内亚游牧民族扮演着一种独特而又宏大的历史角色。在历史时期，这些游牧民族一直是突厥语和蒙古语部众。他们在早期从印欧民族那里取得优势地位，并同化了其中一部分，而其他部分则迁移到印度、中东或欧洲。

尽管或者部分由于幅员辽阔，欧亚草原和沙漠还没有一个为世人所知的通称。这些地方只是由于历史背景或者特殊地理特征才获得众所周知的地名。其中，首先是蒙古国中部的鄂尔浑河谷，新疆北部的准噶尔草原，新疆西北部伊犁河谷，哈萨克斯坦东南部的谢米列契耶（Semireche，七河地区），还有一些沙漠：蒙古南部和新疆东部的戈壁，新疆西部的塔克拉玛干沙漠，哈萨克斯坦南部的别特帕克达拉草原（Betpak Dala，意谓"不幸的草原"），乌兹别克斯坦的克孜勒库姆沙漠（Kyzyl Kum，意谓"红沙"），土库曼斯坦的卡拉库姆沙漠（Kara Kum，意谓"黑沙"）。从哈萨克斯坦一直延伸到南俄罗斯、乌克兰南部的辽阔大草原，被中世纪穆斯林作者称为钦察草原（Dasht-i Kipchak，意谓"突厥语钦察人的草原"），因最近数个世纪以来的政治、人口变革而变得默默无闻了，或以一个新的政区名称而为人所知。

相比较而言，内亚的山脉与河流由于保留了其引起回忆的名称，从而更容易引起我们的注意：阿尔泰山、天山和帕米尔醒目地出现在一连串较次要、但也给人深刻印象的名字之中。她们因地理位置重要而处于我们书中叙述的中心，但是昆仑山、喀喇昆仑山、中国西藏的喜马拉雅山和欧亚大陆北部的乌拉尔山也值得提及。昆仑山、喀喇昆仑山和喜马拉雅山是世界最高的山链，只允许贸易商队和朝圣者、传教人群穿越它们位于内亚和印度之间的关口，但却阻挡了草原游牧帝国向南扩张。乌拉尔山脉也引起我们的注意，因为它绵延的纵向山脉把欧亚的森林地带分成欧、亚两部分；或从政治上把俄罗斯分为欧洲和西伯利亚部分。它的南部突出深入到钦察大草原的最北部，将其分成两个几乎相等的部分，这个分割任务又向南交给了乌拉尔河（起源于乌拉尔山，最后流入里海）。

河流和山脉影响着游牧民的生活。山脉的重要性仅次于大草原。首先是其积极作用：与大草原上水平性（经常南—北）的季节性迁移放牧相反，像天山这样的山脉依靠其北坡和山谷的牧场吸引着游牧民垂直性的（牲畜的）季节性迁移放牧，因此吉尔吉斯人几乎是唯一的山地游牧民；与之相反，他们的近亲哈萨克人和蒙古人是大草原游牧民。与此同时，山脉也给游牧民避难或游牧政治重组提供了场所。在突厥和蒙古历史中，蒙古国的杭爱山和肯特山就起着这样的作用。某些山峰甚至被认为有神灵之气，要在那里举行宗教仪式和葬礼，或者在大战之际的紧急关头，首领只身一人到那里去与长生天（Tengri，意谓"游牧民的天神"）交流。此外，富含矿藏的山脉如阿尔泰山还促进了早期突厥人冶金业和武器制造的发展。至于其消极作用，我们认为，山脉对于大规模游牧民族迁移去寻找定居地或者建立帝国的活动来说是个障碍。而且，如果他们建立帝国的话，也只能是"草原帝国"（格鲁塞所创的经典术语）。

如果游牧民族占据了内亚最典型的居住地的话，他们也绝非是唯一的居民。在内亚的很多地方，农耕和城市文明也很繁荣——这通常归功于山脉：农业大多是绿洲灌溉类型，依赖河流或者是通过地下河引来的雨水和内亚高山上融化的雪水。这里缺少依赖雨水灌溉的旱地农耕，农耕主要出现在山麓和高山中，或者是最近以来出现在大草原地带的北部。

内亚的农耕与城市文明在史前时期就已经出现，并很快在西部的里海、咸海与东部的天山、帕米尔高原之间达到一定阶段。上述地区位于内亚的中心，是一片河流纵横的平原，直抵巍峨高耸的兴都库什山脉（Hindukush）。它处在北面内亚大草原与南面中东、印度不同地区的交汇处。这两个区域，北部的内亚大草原与南部亚热带地区之间的距离是如此遥远，以至于不可能被内亚草原帝国、波斯或印度君主任何一方所吞并。然而，穿越中亚的人口迁移却是可能的，这一地区因此也就变成重要的通道。在史前和古代，内亚民众可以从内亚南往伊朗或印度。

历史地理考察

在我们叙述的过程中，将出现很多读者们会觉得陌生的地区、城市乃至各种自然现象。我们希望，在阅读过程之中，如能参阅优秀的地图集如《泰晤士世界地图集》、《泰晤士中国地图集》、由布莱斯编制的出现在《伊斯兰百科全书》中的《伊斯兰历史地图集》、赫尔曼编制的《中国历史商业地图集》、《泰晤士世界历史地图集》将会有所帮助。对这一地域进行历史地理初步调查也是值得的。

让我们首先从历史上中亚的中心开始，这一地区被称作河中地区（Transoxiania 或 Transoxiana）。学者之所以起这个地名是因为当古人从古代伊朗，尤其是从其东北地区呼罗珊（Khurasan）走向阿姆河（Oxus）时，这一地区处于阿姆河之外。阿姆河是古伊朗语的拉丁形式，在阿拉伯语中称为Jayhun，现在也称为Amu Darya，这也是古伊朗语（Amu在波斯语中是"湖、海"之意；Darya借自中亚突厥语，含有河流的意思），这一名称显示河中起自南方，但没有说北方、西方、东方各到哪里为止，因此我们不得不借助历史的间接证据及其可能的解读，尽管我们承认这一问题与河中为什么很重要或它的中心在哪里等问题不太关联。后者问题的解答可以通过另外一条河流寻找，泽拉夫善河（Zarafshan，波斯语，意谓"流淌金子的河"）和阿姆河一样也起源于更远的东方帕米尔高原，向西首先穿越帕米尔高原突出地带（被称为突厥斯坦山脉和泽拉夫善山脉）的河谷，然后流经乌兹别克斯坦的中央低地，最后冲向阿姆河，但却消失在乌兹别克斯坦的克孜勒库姆沙漠中。来自泽拉夫善河的灌溉自古以来就支撑了精耕农业和城市。像塔吉克斯坦的片治肯特（Panjikent），乌兹别克斯坦的撒马尔罕（Samarkand）、布哈拉（Bukhara）这样的城市是最为人们所记住的或最有名的例子。此外，在河中及其毗邻地区，使灌溉得以可能，以及城市定居生活得到保障的那些河流中，泽拉夫善河首屈一指。而另一条河流卡什卡河（Kashka Darya）起源于泽拉夫善山脉南部分水岭，然后向西南流，随后向西，几乎有点和泽拉夫善河平行，流向布哈拉绿洲，但在到达之前就消失了。在沿途它也哺育了很多定居点如历史古迹沙赫里夏勃兹（Shahrisabz，早期被称为佉沙[Kesh]，以著名统治者帖木儿[Timur]的故乡而闻名）；卡尔西（Karshi）是纳萨夫（Nasaf）的旧称，在蒙古人统治时期因一个统治者建造的卡尔西宫而重新命名。泽拉夫善山脉在南面与希萨尔山脉（Hisar，又写为Hissar或Gissar，除了反映俄语拼写外，找不到别的原因）平行，这是我们向南的最后一座山脉。从那里下山就走向了阿姆河河谷。如果渡过阿姆河继续前进，我们就会最终接近阿富汗巍峨的兴都库什山脉。这两座山脉，北面的希萨尔山脉和南面的兴都库什山脉之间就构成了历史上的巴克特里亚（Bactria）中心地区，后称吐火罗斯坦（Tokharistan）；今天这一区域大致位于阿富汗北部、塔吉克斯坦南部、乌兹别克斯坦东南部和土库曼斯坦。巴克特里亚东、西面的边界不甚明朗，但有一点值得注意：铁门关（Iron Gate），位于巴里黑（Balkh）与撒马尔罕之间的中途，切断了希萨尔山脉向南延伸朝向阿姆河的一段低山，是巴克特里亚与索格底亚那（Sogdia）之间具有历史意义的通道，供历史上的征服者、使节、朝圣者和商队通行。这个地名不只带有传说色彩，在历史上，关口由重兵布防，所谓一夫当关，万夫莫开。

阿拉伯征服时代，沿着泽拉夫善河及其附近居住的人们是粟特人（Sogdians），河中地区中心——索格底亚那（Sogdia 或 Sogdiana）因此得名。他们说一种波斯语言，因为索格底亚那在那时和中亚其他很多地区一样通行波斯语。其中留下的痕迹就是地名的命名：很多城镇的地名在结尾都有 -kent、-kand、-kat 或其他变体，在波斯语中意为"城镇"，例如：片治肯特、乌兹根德（Uzgend）、撒马尔罕（Samarkand）、努米凯特（Numijkat，布哈拉的古称）、塔什干（Tashkent）、叶尔羌（Yarkand）。另一痕迹就是事实上今天仍有一定的人口讲波斯语或波斯-突厥双语，尽管在阿拉伯征服之后一段时间出现了从粟特语（Sogdian）向法尔西语（Farsi）的转变。法尔西语是法尔斯（Fars）——伊朗南方的一个省的语言，并从那里发展成为现代波斯语。10 世纪是以阿拉伯语撰写的伊斯兰地理学的全盛时期，那时的地理学家称这个国家为 Bilad al-Sughd（意谓"粟特人之地"），泽拉夫善河为 Wadi al-Sughd（意谓"粟特人之河"）。

历史上的索格底亚那是河中地区的中心，就是现在乌兹别克斯坦。阿拉伯人称呼河中为 Mawarannahr（阿姆河之外的地方），因此遵循了相同的心理语言学进程。与此相反，乌兹别克斯坦（Uzbekistan，乌兹别克人的国家）只是在公元 1924 年随着乌兹别克斯坦共和国成立才成为正式称呼。乌兹别克斯坦（Uzbekistan）这个复合词的第二部分印欧语后缀"斯坦"（stan，意指居住、逗留、扎营、帐篷之地；与英语动词 stand 是同根词）却在东方（波斯人，或受波斯影响的民族、突厥-蒙古人、印度人）被赋予特殊的使命——作为无所不在的后缀出现在阿拉伯的突厥斯坦（Turkistan）和无数其他地名上，从哈萨克斯坦（Kazakhstan）到印度斯坦（Hindustan）、巴基斯坦（Pakistan）；此外还独立成词，指现代伊朗的每一个省（ustan）（除了地理概念外，还是一个具有联想意义的后缀：《蔷薇园》[*Gulistan*："玫瑰之地"]、《果园》[*Bustan*："芬芳之地"]，这两部著名诗集，由 14 世纪波斯诗人萨迪［Sadi］所作）。

在早期伊斯兰文明中，由于官方语言是阿拉伯语，Khurasan（呼罗珊）、Mawarannahr（河中）和Tokharistan（吐火罗斯坦）是中亚阿姆河（Oxus, Amu Darya）南北地区的标准地名。不过，一旦波斯的伊斯兰帝国重申其身份，另外两个地名——伊兰（Iran）与图兰（Turan）就会出现，让人回顾起前伊斯兰时期波斯定居文明与内亚游牧文明相竞争的时代，这两个地名与其说显示种族差异，还不如说更具象征与政治意义，因为那时的阿姆河两岸居住的都是波斯人，但是阿姆河北岸的宗主权却归属于大草原上的游牧突厥语部众，因此前伊斯兰时期的波斯人认为与他们伊兰相反，那里是图兰（Turan，突厥语部众的地方，突厥［Tur］这一解释很可疑）。这一用法只限于古典波斯诗歌中，但是阿姆河被认为是两个不同世界（中东与内亚）之间一条伟大边界的看法一直贯穿于中世纪。

花剌子模（Khwarazm）位于河中地区西北面。和前者一样，最好可以用它的中心而不是边界来描述，它的东北部实际上也属于河中地区。它的中心位于阿姆河下游纵横交错的三角洲河口，紧挨着咸海海岸。自史前以来，阿姆河培育了波斯繁荣的农耕和城市文明。在前伊斯兰和伊斯兰早期，两个王国试图划分花剌子模，一个在东南部，以阿姆河北岸的城市柯提（Kat）为都城；另一个位于西北部，以玉龙杰赤（现称乌尔根奇，Urgench）为都城，现在均为考古遗址。只不过在17世纪，阿姆河的上游又出现了一个新的乌尔根奇（玉龙杰赤），而原来的被称为库尼亚乌尔根奇（Kunya Urgench，旧乌尔根奇；kuhna波斯语，意为"老"）。甚至花剌子模这一地名也在现在用法中消失，只不过在俄国十月革命爆发，苏联政权建立之后，又被使用在生造的行政区中（短命的花剌子模共和国、乌兹别克苏维埃社会主义共和国和现在的乌兹别克斯坦的花剌子模地区），行政中心在刚刚所说的新乌尔根奇（Urgench）——只不过是历史上花剌子模的一部分，其大部在今天卡拉卡尔帕克（Karakalpak）自治共和国和土库曼斯坦的达沙古兹（Dashhovuz）地区。在数个世纪以来，花剌子模地区的其他地名的沿革也在发展变化之中，其中之一是希瓦（Khiva），它位于三角洲顶端的南面，在公元17世纪达到鼎盛，发展成为希瓦汗国，并一直延续到 1919 年。阿姆河所具有的一个奇特特征就是它的支流并不总是流入咸海，在某段时期它的一条支流乌兹波以河（Uzboy）突然转向，在抵达三角洲定点之后向西北流，然后西南流，经过中世纪的玉龙杰赤，接着一直向西南贯穿克拉斯诺夫斯克（Krasnovodsk）宽阔的沿海平原最后流入里海（Caspian Sea）。在进入沿海平原之前，乌兹波以河穿越两座低山山脉山谷：西北的大巴尔坎山脉（Greater Balkhan）和东南的小巴尔坎山脉（Lesser Balkhan）。大巴尔坎山麓有一值得注意的特点，就是有一座聂比达格城（Nebit Dag），在它附近有著名的天然气矿藏。在公元 1576 年乌兹波以河又突然转向返回咸海，由此导致旧玉龙杰赤因失去水源而不可扭转的衰弱，因此历史学家认为其废弃的缘故更多是由于自然因素而非成吉思汗和帖木儿铁蹄的蹂躏。

战争给灌溉地区的破坏，尤其在蒙古入侵时期，是中亚历史上的痛苦回忆。但更为恐怖的天灾人祸出现在俄国统治的鼎盛时期，且变本加厉，直到苏联解体。这一灾难是俄国主宰者在损害中亚环境的代价下实施灌溉工程，以满足帝国大都市的需要导致的。我们将在本书的结尾再度讨论这一话题。上述所说的阿姆河改道导致了旧玉龙杰赤（Old Urgench）决定性的毁灭这一教训，提供给我们一个机会以探讨苏联时期自相矛盾的特征——中亚灾难性的环境破坏是由过度灌溉所造成的。我们知道，灌溉在这一地区可不是新奇之物，在上古与中古时期，这一地区就是兴旺繁荣之地，处处是芬芳的花园和果园、种植各种庄稼的田野和繁荣的城镇。然而，苏联政府命令当地向俄罗斯纺织业提供棉花，把这一人间天堂变成了怪物般的大农场。除了把谷物用地和果园改造为急需用水的棉田外，苏联还建造了超级大水渠来灌溉广阔的大草原甚至沙地，就是为了生产出更多的棉花。其中一项工程就是长达1266 公里的，几乎贯穿土库曼斯坦全境的卡拉库姆运河（Karakum Canal）。它起源于这个国家东部，从阿富汗过来几公里的阿姆河引水一直延伸到离里海不远的卡赞简城（Kazanjik）。这一运河被荣耀地"以列宁同志之名"（Imeni V. I. Lenina，苏联时期受欢迎的流行标志）相称，于公元 1959 年开工，直到 70 年代还没有修到卡赞简城。阿姆河是下游人类以及动植物赖以生存成长的生命线，同时也是给咸海供水的主要水源。卡拉库姆运河变成一条大水蛭，疯狂地吸吮这条母亲河。很显然，这一运河是苏联时期给中亚带来人地环境灾难的典型例子。阿姆河像她的姊妹河锡尔河（Syr Darya）以及其他河流一样，在其不同河段被引水出去，都出于同样的原因：为俄罗斯的纺织业提供更多的棉花。我们几乎可以说咸海的萎缩、沙漠化和过度灌溉的灾难性后果，在真相没有公开前，似乎没有受到苏联国内外大部分观察者的注意。相比之下，自80年代后期开始，关于这一危机的文章和书籍像潮水般喷涌而出，吸引了国内外读者的注意，并寻找解决这一危机的方案。中亚人民希望借助国际上大量的经济、技术援助，更好地实施解决方案。但是有一面却很少得到专家和新闻界的关注，即消灭了一度生龙活虎的各种野生动物。阿姆河三角洲和中亚其他河畔曾栖息着老虎和它主要的猎物——布哈拉鹿、野猪和大量的水禽；与此同时，咸海盛产鱼类支撑着兴旺的捕鱼业。所有这一切都已远去了。自公元1965年开始，咸海比原来萎缩了一半，一些人预计，到2005年它会完全消失。

中世纪的花剌子模也是位于中东和俄罗斯之间的一个重要的商业纽带，这两个世界最重要的商队路线穿过那里。由于中东的伊斯兰化，那里的商业更是加速发展。部分出于这个原因，从公元10世纪起，玉龙杰赤崛起为花剌子模首屈一指的城市。商队穿行在里海与咸海之间宽阔高原（被称为"高地"[Ust-yurt，突厥语：高地]）上，前往伏尔加河。其中一些商队也会前往里海的曼格什拉克半岛（Mangyshlak Peninsula），从那里搭船沿着可能不那么费力的航线前往伏尔加河。在伊斯兰征服的7—8世纪中，在伏尔加河下游地区存在着可萨汗国（Khazar），其都城亦的勒（Itil）位于伏尔加河三角洲。到了10世纪，可萨汗国不可避免地走向衰落，其部分商业活动被位于伏尔加河中游的另一突厥王国不里阿耳汗国（Bulghar）所承担。后者的首都不里阿耳汗城（Bulghar）离现在的喀山（Kazan）不远。尽管部分可萨贵族信仰犹太教，不里阿耳人却最终皈依了伊斯兰教。现在依然幸运地保存着这一进程开始时生动的历史证据：公元922年由阿巴斯王朝穆格台迪尔哈里发（Abbasid Caliph Muqtadir [908—929]）派使节去见不里阿耳汗，随行的巴格达学者伊本·法德兰（Ibn Fadlan）记录了这一旅行过程。

费尔干纳（Fergana）位于河中地区北面，是一大片椭圆形山谷，从北、东、南三面被天山和帕米尔高原所环绕。一条河流纳伦河沿着吉尔吉斯斯坦境内的上游进入此大山谷，然后穿过乌兹别克斯坦边界与卡拉河（Kara Darya）和锡尔河汇合。因为位于阿姆河北岸，费尔干纳也属于河中地区。如同索格底亚那、花剌子模和中亚的一些地区一样，费尔干纳接受来自周围高山流淌之下的河流的滋养，形成古代农耕文明，其中卡拉河和锡尔河起着重要作用。费尔干纳这一地名通用于公元16世纪，但是在沙俄征服前的某段时期，浩罕汗国（Kokand，在现在乌兹别克斯坦）成为中亚三国中最东面的汗国之时，这一地名被该地区的一个城市浩罕之名所掩盖。另外两个汗国是布哈拉汗国（Bukhara）和希瓦汗国（Khiva）。费尔干纳大部分地区位于今天的乌兹别克斯坦境内，成为其最东部的一个省。其他地区为吉尔吉斯斯坦和塔吉克斯坦所瓜分，例如，历史名城乌兹根德（Uzgend，旧称"讹迹邗"）和奥什（Osh）在吉尔吉斯斯坦边境之内，而苦盏（Khujand）在塔吉克斯坦境内。

河中地区的南面就是前文提及的呼罗珊（Khurasan，波斯语，意谓"日出之地或东方"）。这个地名今天依然使用，不过范围只是局限于它原来地区的西南部，现在的伊朗呼罗珊省，麦什德（Meshed）为其省会。但是在前伊斯兰时期和伊斯兰早期，呼罗珊覆盖了大片地区，包括土库曼斯坦中部和阿富汗西北部，有尼萨（Nisa）、木鹿（Merv，伊斯兰化后称谋夫）、尼沙布尔（Nishapur）、赫拉特（Herat）等城市。尼萨是古代公元前2—前1世纪帕提亚帝国（Parthian）首都，离现在土库曼斯坦的首都阿什哈巴德不远，位于绵延于土库曼与伊朗边界的考匹特塔克山脉（Kopet Dagh）山麓。历史上的呼罗珊北部（现在位于土库曼斯坦境内）河流纵横，维持了那里的农业和城市生活。其中大多数河流发源于考匹特塔克山脉，但是捷詹河（Tejen）、木尔加布河（Murghab）这两条河流起源于东南更远的阿富汗的科巴巴岭（Kuh-i Baba）（兴都库什山脉的古代名称，但是这地名有时候更准确地是指它的西部）和菲鲁兹库赫（Firuzkuh）山脉。捷詹河的上游称为哈里河（Heri Rud，赫拉特河），其中有一段很短的河道是伊朗和阿富汗的界河，后穿越伊朗和土库曼斯坦之间的边界，最后流入土库曼斯坦的卡拉库姆沙漠。自进入沙漠断流之前，捷詹河形成不规则的沙漠三角洲，滋养了捷詹城周围肥沃的农田。离捷詹河以东大约 150 公里的木尔加布河（Murghab），和它一样，培育了更大的绿洲，以其著名的中世纪城市木鹿而闻名。木尔加布河在进入土库曼斯坦境内之后不久就与起源于阿富汗萨菲德山脉（Safed Koh Range）的库什克河（Kushk）汇合。库什卡城（Kushka）起源于在俄国统治时期的一个边境哨所，然后在成为沙俄和苏联最南端之时而闻名，同时也是来自谋夫（Merv）铁路延伸的终点。这条铁路大动脉从里海的港口克拉斯诺夫斯克（Krasnovodsk）经过谋夫到达布哈拉、撒马尔罕和塔什干，连接着中亚、俄罗斯本土和西伯利亚。这条干线的地位和功能也再现了古今往昔通过谋夫的长途交通要道。在中世纪初，谋夫位于连接中国新疆，经过撒马尔罕到达尼沙布尔并向西到达其他地点的丝绸之路的一条主干道之上，连接着通往巴里黑、印度、花剌子模、俄罗斯的路线，由此，谋夫成为中亚最伟大的商业中心之一。它的角色也因出口自己出产的商品而得以加强。这些商品包括由当地出产的丝绸及其富饶绿洲种植的棉花织成的纺织品。富饶的绿洲受益于离其不远的上游建造的一座复杂的大坝。这座大坝后来被蒙古人摧毁。在沙俄征服前的 19 世纪，大坝得到一定程度的重建，被命名为"Bandi Sultani"（皇家大坝）。大坝的重建没能使谋夫恢复其往昔的繁华，俄国人修建的铁路也没能做到。然而这条铁路却重新确立起谋夫作为通往印度战略要地的地位。这条延伸到库什卡城的铁路会在假想入侵阿富汗，接着有可能和英国交战的背景下起着补给线的作用。谋夫这一地名只能被准确地使用在公元 1221 年被蒙古人摧毁的那个大都市的遗址上。它现在的名称是马利（Mary），是遗迹以西大约 35 公里一个新建的城市。

呼罗珊以东，今天阿富汗北部，在古代被称为巴克特里亚（Bactria，大夏），被阿拉伯人和波斯人称为吐火罗斯坦。在伊斯兰早期直到公元 1221 年被蒙古人摧毁，巴克特里亚的都城巴里黑（Balkh）一直是座很繁荣的城市，后来被重建，但自公元 15 世纪末，它不得不把其显赫的地位拱手让于其东南不远处的"神圣的陵园"马扎里沙里夫（Mazar-i Sharif）。这一圣地与位于伊拉克的纳贾夫（Najaf）都声称自己是"阿里"（Ali）安息之地，因而相互竞争。阿里是先知穆罕默德之婿，第一个什叶派（Shii）的伊玛目（imam，教长、阿訇）。起初，因吐火罗人早期迁移到这一地区，巴克特里亚又被称为"吐火罗人之地"（land of the Tokharians）。不像他们居住在中国新疆东北的同族宣扬其民族语言的独特性（在吐鲁番［Turfan］、焉耆［Karashahr］和库车［Kucha］说吐火罗语的居民）那样，巴克特里亚的吐火罗人因在创建著名的贵霜帝国（Kushan Empire）过程中起的重要作用而闻名，而其后又完全被波斯化，没有留下一点原始特征。在伊斯兰征服前不久，西突厥人一旁支统治延伸到这里，但波斯人依然没受影响。然而在最近的几个世纪里，却被突厥语部落（主要是土库曼人和乌兹别克人）渗透，以致该地又被称为阿富汗突厥斯坦（Afghan Turkestan）。

如果离开吐火罗斯坦，渡过阿姆河，我们又回到了河中地区。泰尔梅兹城（Tirmidh，或 Termez）位于苏尔汗河流入阿姆河之处，阿姆河北岸（乌兹别克斯坦境内）。它位于历史上巴里黑与撒马尔罕之间商队和朝圣路线的交汇点（正如我们上面所提到的铁门关一样）；从更宽阔的视野来看，它位于印度次大陆、内亚和俄罗斯之间。塔吉克斯坦位于其东不远，其地域有着和其毗邻的乌兹别克斯坦和阿富汗相似的历史和自然特征，有一个以灌溉为基础的古代文明，它依赖于来自东、北面的天山和帕米尔高原的河流，如果加上南面的话，也包括起源于兴都库什山的河流，即喷赤河（Panj，阿姆河的上流）流经阿富汗的支流。正如上述所言，这一地区也是古代巴克特里亚、中世纪吐火罗斯坦的一部分。

流入喷赤河的一条支流瓦赫什河（Vakhsh），发源于吉尔吉斯斯坦东南的阿赖山脉（Alai Mountains）。这条山脉接近中国新疆、天山两端和帕米尔高原之间。瓦赫什河（也被称为"红河"，Kyzylsu［吉尔吉斯语］或 Surkhab［塔吉克语］），由很多河流汇合而成。喷赤河发源于靠近中国新疆的帕米尔高原东部，与瓦赫什河汇合形成了阿姆河。喷赤河是塔吉克斯坦和阿富汗之间最长的界河，其后，阿姆河继续将阿富汗和塔吉克斯坦、乌兹别克斯坦、土库曼斯坦等国分开，最后迂回向西北穿过土库曼斯坦汇入咸海。

杜尚别（Dushanbe，在波斯语中意谓"星期一"，也许是因为在前伊斯兰时代该地在星期一定期有集市的缘故；从公元1929—1961年被称为斯大林纳巴德［Stalinabad］），是塔吉克斯坦的首都，位于瓦赫什河与菲尔尼甘河（Kafarnihan）之间。菲尔尼甘河到乌兹别克斯坦边界之间居住着大量的少数民族乌兹别克人；与之相反，反向一直到帕米尔高原东部，居住着压倒多数的波斯语族人。这属于古代巴克特里亚、中世纪吐火罗斯坦一部分，从苏联时代起获得了塔吉克斯坦的官方称呼。它还有其他称呼如希萨尔（Hisar）、石汗那（Chaghaniyan）、Kubadhiyan 或 Khuttalan。再往东就是巴达赫尚（Badakhshan），囊括今天该国的整个东部。帕米尔高原囊括了塔吉克巴达赫尚整个地区，在苏联时期，这一地形给该地赋予了一个特殊的行政区名：巴达赫尚高原自治州（Gorno-Badakhshanskaya Avtonomnaya Oblast）。其首府是位于贡特河（Gunt）和喷赤河汇流处附近的霍罗格（Khorog）。其地大部分居民说波斯方言，同时也信仰伊斯兰教特殊教派，主要是伊斯玛仪派（Ismaili，什叶派的三大主要教派之一），他们把阿迦汗（Agha Khan）作为精神领袖[1]。巴达赫尚地区不只限于巴达赫尚高原地区，实际上它最重要且最有历史意义的部分在南部阿富汗境内，喷赤河向北的宽阔弯曲的左岸，它的一条支流科克恰河（Kokcha）从兴都库什山脉流下也穿越那里。阿富汗巴达赫尚省的省会法札巴德（Fayzabad）建于公元 7 世纪，但是离其不远，位于科克恰河上游的朱尔姆城（Jurm）的历史与该省一样古老，其悠久历史众所周知，让人不由回想起亚历山大大帝战争遗迹。巴达赫尚的统治者喜欢把他们的祖先追溯到伟大的征服者，虽然他们起源于乌兹别克族，如同当地最后一个建都于法札巴德的亚尔王朝（Yarids，一直延续到公元 19 世纪）一样。在上古与中古时期，长途商业路线穿越巴达赫尚，很多著名的旅行者包括马可波罗都经过那里。它以盛产绿宝石闻名，同时也是青金石（lapis lazuli）的唯一产地，广泛出口各地，尤其是印度。

---

[1] 伊斯兰教什叶派中的伊斯玛仪派分支尼查尔支派的伊玛目的称号。这个头衔是伊朗国王在 1818 年首次授予哈桑·阿里·沙（1800—1881）的。阿迦汗一世后来发动暴动反对伊朗国王（1838），失败逃至印度。他的长子阿里·沙（1885 年卒）短暂继承他成为阿迦汗二世。阿里·沙的儿子苏丹·绥尔·穆罕默德·沙（1877—1957）成为阿迦汗三世。他是印度穆斯林的领袖，担任全印度穆斯林联盟的主席，在关于印度宪法改革（1930—1932）的圆桌会议上发挥了重要作用。1937 年他被指派担任国际联盟主席。他选择孙子卡里姆·侯赛因·沙（生于 1937 年）为继承人，成为阿迦汗四世。他是位强有力的领导者，成立阿迦汗基金会和其他机构，在南亚和东非提供教育等项服务。——译者注

阿富汗巴达赫尚以东和塔吉克斯坦巴达赫尚地区以南延伸着公元1895年所形成的形状奇怪的"阿富汗手指"，用于分开沙皇俄国和大英帝国。横穿此地的是瓦罕河（Vakhan），被一些地理学家认为是阿姆河的最上游。瓦罕河汇合帕米尔河（Pamir River）形成了喷赤河。今天的"阿富汗手指"将塔吉克斯坦与巴基斯坦以及克什米尔（Kashmir）隔开。

如果我们选择中亚另外一条伟大的河流——锡尔河，那么划分河中地区北界不成问题，因为它正处于那里的边界上（因此该地也被视为中亚的美索不达米亚［两河流域，Central Asian Mesopotamia，这一术语以俄语形式"Mezhdurechie"偶尔出现在俄国地理学著作中］）。锡尔河被希腊地理学家称作"杰克沙提"（Iaxartes 或 Jaxartes），或被阿拉伯地理学家称为 Sayhun，来源于吉尔吉斯斯坦东部靠近天山最高峰的纳伦河（Naryn River）。该河向西穿越吉尔吉斯斯坦大部后，进入乌兹别克斯坦境内费尔干纳，在靠近历史名城安集延（Andijan）时与卡拉达里亚河（Kara Darya）汇合，从此被称为锡尔河，从东向西横穿费尔干纳。随后，它注入一个开口的山谷。这个山谷是由天山和帕米尔高原西面开始露出地表，从北面和南面相互靠近但不合拢而形成的。苦盏城（Khujand，也称 Khojand 或 Khodzhend）位于或靠近亚历山大里亚城（Alexandria Eschate，亚历山大之最远地，由亚历山大大帝于公元前328年建造，在1936—1991年被称为列宁纳巴德［Leninabad］），就接近这个开口山谷处。它今天是塔吉克斯坦延伸到这里的一个地区的行政中心。横穿这个塔吉克斯坦突出地带，绕过苦盏城，锡尔河再次进入乌兹别克斯坦，从其首都塔什干旁边流过，再从此城北不远离开乌兹别克斯坦，进入哈萨克斯坦境内，然后向西北流向咸海，大致与阿姆河相平行。

如此定义河中地区也许不太自然，强调唯一的不可置疑的事实也许更好，那就是，河中地区是中亚的一部分，位于阿姆河中游的北面。这也使我们将锡尔河右岸或北岸的地区也视为历史上河中地区的一部分，这包括中亚的大都市塔什干，现代乌兹别克斯坦的首都。

然而一旦渡过锡尔河，我们就面对一望无际的欧亚大草原以及从天山西部绵延到哈萨克斯坦南部的低山山脉卡腊套山（Kara Tau）。此山除了在其较远的北部偶尔有高地起伏外，几乎没有变化。在公元8世纪前几十年，当阿拉伯开始征服河中地区时，这里是欧亚突厥游牧人的地盘。阿拉伯人很合适地称此地为 Bilad al-Turk（突厥人之地，或突厥斯坦），与马瓦拉纳合（Mawarannahr，河中地区）形成对照。突厥斯坦（Turkestan，按照俄语和其他西方语言的通常拼法）意思与之相反——历史上的河中地区和北（土库曼）呼罗珊（Northern [Turkmen] Khurasan）——这起源于阿拉伯征服后大约 3 世纪后开始的进程，直到 19 世纪沙俄征服中亚后才获得官方认可。

在讨论河中地区、花剌子模、吐火罗斯坦和费尔干纳之时，我们只强调这些被灌溉的肥沃地区。那些没能受益于灌溉的广阔地区与它们相比尤其令人震惊：乌兹别克斯坦的克孜勒库姆沙漠和土库曼斯坦的卡拉库姆沙漠只是其中最大且最臭名昭著的典型，与中国新疆更荒凉的塔克拉玛干沙漠（Taklamakan Desert）相对应。

费尔干纳被天山和帕米尔高原从北、东、南三面环绕。天山和帕米尔高原都跨过广大地区，因此不同部分在当地有着不同的地名。例如在吉尔吉斯斯坦的伊塞克湖（Issyk Kul，吉尔吉斯语为"热湖"）北面和南面的山脉分别被称为天山的昆格山脉（Kungey-Alatau Range）和泰尔斯凯山脉（Terskey Alatoo）。分隔了新疆地区和中亚的这座升高的"自然屏障"是令人惊叹的：出现许多海拔超过 5000 米的高峰，如位于吉尔吉斯斯坦和中国新疆交界处的胜利峰（Zhengish Chokusu, Pik Pobedy）海拔 7439 米，位于塔吉克斯坦的加尔莫峰（Garmo，苏联的最高峰，也被称为共产主义峰[Pik Kommunizma]）海拔 7495 米。帕米尔高原（在 19 世纪的游记中被称为"世界屋脊"）经过塔吉克斯坦和中国新疆呈扇形散布到阿富汗、巴基斯坦、中国西藏和印度，而形成如下山脉：昆仑山、喀喇昆仑山、兴都库什山和喜马拉雅山。尽管听起来有点难以置信，但是这些巨大山脉的集合链在上古和中古时期是著名的丝绸之路的十字路口——将内亚和中原与印度、中东乃至地中海世界的商道联系在一起。人们寻找着通过关口的道路而穿过这里，其中一些关口海拔比其他地方高耸的山峰还要高（例如，吉尔吉斯斯坦的勃达岭 [Bedel] 海拔 4288 米，或塔吉克斯坦的阿克拜塔尔关 [Akbaital Pass] 海拔 4655 米，或者通过斯利那加 [Srinagar] —吉尔吉特 [Gilgit] —罕萨 [Hunza] —塔什库尔干 [Tashkurgan] —喀什噶尔

［Kashgar］连接印度和中国新疆的通道，乔戈里峰［Godwin Austen］以海拔 8611 米位列世界第二高峰，就离其东面不远）。

费尔干纳以东就是一直延伸到塔里木盆地的天山和帕米尔高原。塔里木盆地在某些地方和费尔干纳山谷很相似，只不过更为宽阔，也更荒凉。它是中国新疆的一部分，而新疆作为一个行政区的名称涵盖着很辽阔的地域。我们现在要提及的地区没有一个普遍接受的名称，姑且以塔里木盆地代之。这是一个被三组山系所环绕的椭圆形区域，分别是北面和西北面的天山、西南面的帕米尔高原、南面和东南面的阿尔金山（Altyntagh）和祁连山。正如河中地区一样，这里的人类定居点也依赖从高山流下的河流。其中的三条河流：叶尔羌河（Yarkand）、阿克苏河（Aksu）及和田河（Khotan）最终汇合形成塔里木河（Tarim），然后顽强地向东穿过塔克拉玛干沙漠，流向罗布泊（Lob Nor），但有时流不到那里（就断流了）。第四条河——喀什河（Kashgar）（起源于吉尔吉斯斯坦界内的"红河"，靠近向西流的瓦赫什河的源头），经喀什噶尔城，流向上述所说三河的汇合处，但是在没有抵达之前就消失在塔克拉玛干沙漠之中。

环绕椭圆形塔里木盆地的山脉绵延向东越过罗布泊，并越过新疆和甘肃交界处，最终在安西城汇合。稍微浏览一下地图，我们从安西城南、北分出两条想象的路线，就会发现在路线上有一连串绿洲城市紧挨着环绕的群山，它们自己也环绕着戈壁的西部和塔克拉玛干沙漠。这两条路线最后再次在新疆最西部的喀什噶尔汇合而呈椭圆形。这些绿洲城市之所以闻名，原因有二：其中的一些城市发展出独特的文明；它们起着丝绸之路中途站的功能。我们可以列举一些最著名的城市，从安西逆时针开始：哈密、吐鲁番、焉耆、库车、阿克苏、喀什噶尔（东—西，椭圆形北部）；喀什噶尔、叶尔羌、和田、尼雅、若羌、敦煌，最后返回安西（西—东，椭圆形南部）。

今天这些地方除了安西和敦煌外均在新疆境内。"新疆"是清朝在 1758 年再次控制这一地区后赋予该地的地名。自公元 1884 年这一地区完全纳入中国行政区划后，更为强调使用这一地名。正如我们已经指出，"新疆"地名比起塔里木盆地有着更广阔的范围，因为它也包括天山以北辽阔的领土。

当需要区分这两个部分之时，中国人使用"南路"、"北路"这两个地名。南路相当于塔里木盆地。这一术语是 19 世纪学者所创，但并不是唯一的地名；喀什噶里亚（Kashgaria）是另外一个经常使用的地名，特别是在法国历史编撰学中，La Kachgarie（法语：喀什）特别流行，因为它是这一地区西部的重要大城市。除了范围很局限的两个地名阿特沙尔（Altishahr，"六城地区"）、畏兀儿地（Uighuristan）以外，这里的人们自己也没有给这一地区一个综合名称。阿特沙尔在突厥语中意为"六座城市"：喀什噶尔、叶尔羌、和田、阿克苏、库车、乌什（Uch 或 Ush），都位于塔里木盆地西半部。"畏兀儿地"的取名得自于公元 9 世纪回鹘人建立的一个王国，其都城建在高昌，现位于塔里木盆地东半部不远的考古遗址上。尽管这两个地名处于较次要的地位，但是很重要的是，它们能把"南路"分为东西两部分。

绿洲城市吐鲁番本身之所以值得注意，出于好几个因素。首先，在地理上，它位于海平面以下 154 米，是仅次于死海的世界上第二低地。其次，在语言和文化上，该地的居民在突厥语化之前通用印欧语系非波斯语的吐火罗语，他们在回鹘时期的好几个世纪里还创造了灿烂的摩尼教（Manichaeism）和佛教文明，一直延续到公元 15 世纪被完全伊斯兰化为止。最后，吐鲁番不仅作为丝绸之路"南路"的中途站，而且还是向西北经过天山到达与南路相竞争的"北路"的出发点。这里的定居点很久以前就发展起来了，并吸收了当地以东大约 30 公里处的历史上的高昌的人口，之后直到中世纪的末期，吐鲁番这一地名才开始使用。这也是早期替换的重复：在公元初几个世纪，雅尔和屯城（Yar-khoto，突厥-蒙古语地名，还有一个汉语名称"交河城"）在吐鲁番以西大约 10 公里处，为高昌所替代而被弃。今天，雅尔和屯和高昌都是珍贵的考古遗迹；另外一个城市也是如此，属于相同的文明——别失八里（Bishbalik），也称"北庭"，在吐鲁番正北方大约 100 公里处。但是别失八里位于天山的另外一侧，气候条件截然不同，具有非常湿润气候特征的内亚山脉北坡影响了这座城市的发展。自该城被放弃后，现代考古学家很难对其原址准确定位，起初甚至误判在乌鲁木齐以西大约 50 公里处。

"南路"和"北路"这两个名称不再使用，而新疆根据地理、民族语言、行政等标准被分为很多地区。不过"南路"和"北路"也的确表现出南疆与北疆之间持续明显的对比。然而，让我们首先从它们之间一定的类似性开始：如同南疆一样，北疆包括一个中心，一片广阔的草原被几个山脉所形成的三角环绕：南面的天山、东北面的阿尔泰山、西北面的塔尔巴哈台山（Tarbagatai）和准噶尔阿拉套山（Jungarian Alatau）。公元17世纪，蒙古准噶尔部在此建立一个强大的政权，尽管其在1758—1759年实际上被清朝军队消灭，这一地区仍被称为准噶尔（Jungaria, Zungaria, Dzhungaria）。在经历一次由一个中亚穆斯林阿古柏（Yaqub Beg）煽动的喀什噶尔和库车叛乱之后，公元1877年中国再度收复新疆。从那时起乌鲁木齐（也称"迪化"，该名一直使用到中华人民共和国成立后的1954年为止）成为该省的最终省会。在叛乱之前，中国总督（即伊犁将军）驻守于伊犁河谷的伊宁（中世纪的阿力麻里［Almaliq］），这是沿着欧亚草原带南缘具有历史意义的通道之一。作为这条草原带的一部分，准噶尔是游牧民的地区，这与定居民族的塔里木盆地相对照。在历史时期，游牧民族主要是突厥语和蒙古语部众；与之相反，波斯人和吐火罗人是农耕和城市定居民族。然而到了公元19世纪，开始出现一股稳定的移民潮，主要是农民从"南路"迁到更肥沃的准噶尔边缘，如伊犁河谷；这些突厥语移居者（基本上是突厥语化的波斯人）开始被称为"塔兰奇"（Taranchis，农耕人）。他们最终在新疆南北两路主要族群形成共同认同感的过程中起着重要作用。

新疆向东与蒙古国和甘肃省交界。跨越中蒙边界之间的就是传奇般的戈壁，它包括蒙古国南部和中国内蒙古自治区相当大的部分。不像塔克拉玛干沙漠和撒哈拉沙漠，戈壁不是一个真正意义上的沙漠，而是一片多碎石的草原，其间点缀着一块块稀疏的植被，可以用来养活骆驼、马和牦牛等牲畜。在蒙古国的西半部，戈壁在北面被我们所提及的阿尔泰山所隔断。这座绵延的山脉从南西伯利亚对角地（西北—东南）延伸至此。在较远的东北，稍小但也巍峨的杭爱山脉与阿尔泰山相平行。紧随其后的是另外一座山脉——肯特山。在这两山之间是一片郁郁葱葱的宽阔草原，其间流淌着从这两座山脉纵贯而下然后向北流向西伯利亚的一些河流，其中有两条河流——鄂尔浑河（Orkhon）和土拉河（Tula）不禁使人联想起突厥和蒙古历史上的关键阶段。正是沿着鄂尔浑河，第一个突厥汗国建立了自己的政治和宗教中心：公元 8 世纪，突厥人（Kok Turks）在这里树立了举世闻名的墓葬群碑铭。公元 8、9 世纪，在大致同一地区，回鹘人建立了都城哈拉巴喇哈逊（Qarabalghasun）。公元 13 世纪，蒙古人东迁至该地，取代了突厥语部众，在此建立了哈拉和林（Qaraqorum），这一成吉思汗帝国超凡魅力的中心（由成吉思汗选址，但直到公元 1235 年他的儿子窝阔台在任时期才完工）。随着该帝国的崩溃，哈拉和林也逐渐萎缩，但在公元 1586 年，当蒙古人皈依喇嘛教时，在此建造了享有声望的额尔德尼昭寺（Erdeni Dzu），该地的超凡魅力再次浮现。

鄂尔浑河起源于杭爱山，并最终接纳了起源于肯特山的土拉河。在接下来的几个世纪里，宗教和政治中心移到土拉河流域。首先是库伦（Urga），在公元 1779 年成为哲布尊丹巴呼图克图（Bogdo Gegen）的固定总部，这个首席大喇嘛最终变成这一地区神权的政治领袖。在公元 1924 年库伦被更名为乌兰巴托（Ulan Bator 或 Ulaanbaatar，蒙古语意为"红色英雄"），这一名称的变化象征着蒙古从佛教君主政权向社会主义共和国转变。

肯特山也孕育了另两条重要的河流——斡难河（Onon，今鄂嫩河）和克鲁伦河（Kerulen）。尽管她们的河源靠近土拉河的源头，但斡难河和克鲁伦河东流并最终穿过蒙古国，斡难河流入西伯利亚而克鲁伦河进入中国。正是在这两河之间，公元 12 世纪出现了蒙古人。他们从早期北邻森林的栖息地，迁移到此。其后，铁木真被拥立为他们的最高领袖，并于公元 1206 年被授予"成吉思汗"称号，这一仪式在一座圣山——不儿罕·合勒敦（Burkhan Khaldun）中进行。此山在肯特山东坡，靠近斡难河源头。

如果我们把斡难河和克鲁伦河之间的地区视为蒙古人开始征服世界的集结待命之地的话，那里的东南面就是他们最接近的邻居近亲鞑靼人（Tatars，也称塔塔尔人）的地盘。这一名字和它所指称的民族在突厥碑铭和汉文资料中出现过，但却有着和蒙古人截然相反的命运：作为一个民族，在成吉思汗征服世界的初期，塔塔尔人（鞑靼人）部分被消灭，部分被吸收。作为名字，鞑靼（Tatar）这一族名却被当时的旁观者和受害者，不管是汉人、欧罗巴人、还是阿拉伯人，都用来指蒙古人。

戈壁跨越中蒙边界，蒙古族也是如此，因为在公元 1369 年，蒙古族建立的元朝垮台以后，很多蒙古部落留在戈壁另一侧的中国境内。其中之一就是鄂尔多斯（Ordos），这一名称仍指从西藏绵延到太平洋的黄河河道所形成的大圆弧地区。最后一个统治中国的王朝——清朝（公元1644—1911年）紧紧地控制着戈壁南部的蒙古人，将其作为清帝国的另一个省。这个省的范围应时而变——在国民党政府时期，随着蒙古人的民族权利受到限制，范围也相应收缩，但自1949年起其面积和自由这两方面都有了显著的恢复。今天内蒙古自治区首府是呼和浩特（Huehot，蒙古语：青城），包头位于离其更远的西面，作为一个工业中心，更大也更出名。

到公元1691年，清朝也获得了外蒙古的宗主权，但对这一地区采取了截然不同的措施，换言之，把它看成王朝皇族财产（用行政术语来说，作为一个自治的保护国）而不是中国内地的一个省。汉族移民主要是农民，被允许甚至有时被鼓励去内蒙古，但是禁止去外蒙古。结果，在内蒙古，蒙古族变成少数民族；但是，除了在极西部居住着少数的哈萨克族（自哈萨克斯坦于公元1991年独立以来，他们中很多人移居哈萨克斯坦）和北部居住的人数更少的图瓦人（Tuvans）以外，蒙古族在蒙古国几乎成为单一民族。

蒙古国北面毗邻西伯利亚，更具体地说和俄罗斯联邦四个地区接壤，从西向东依次是戈尔诺-阿尔泰（Gorno-Altai）自治州、图瓦自治共和国、布里亚特蒙古自治共和国、赤塔州（Chita）。如果观看这里的地图的话，首先映入眼帘的是一片大湖——贝加尔湖（Baikal）。当鄂尔浑河和色楞格河接近蒙古边城苏赫巴托尔（Sukhbaatar）和俄国边城恰克图（Kiakhta）时，鄂尔浑河汇入色楞格河（Selenga），然后经过布里亚特首都乌兰乌德（Ulan Ude），很快流入贝加尔湖。布里亚特人（Buriats）或北蒙古人、佛教徒如同他们南面的亲戚一样，似乎没有扮演过任何重要的历史角色，不过到了公元19世纪，该地区作为重要的通道，方便了俄罗斯势力频繁通过恰克图抵达蒙古。西伯利亚的俄罗斯人，自公元17世纪始成为该区域主要力量，这是由伊尔库茨克（Irkutsk）决定的。伊尔库茨克位于贝加尔湖南端西北不远处。再稍微向西就会遇到一座山脉——东萨彦岭（Eastern Sayan），它和西萨彦岭（Western Sayan）以及南面沿着蒙古国边界的第三座山脉——唐努乌拉山脉（Tannu Ola）一起环绕着图瓦自治共和国的大部分地区，地理条件上有点像中国新疆的北疆（准噶尔），只不过要小一些。西伯利亚的大河叶尼塞河（Yenisei）源头在图瓦。这里起初是很多起源于东萨彦岭的溪流，逐渐形成两支——大叶尼塞河（Biy Khem）和小叶尼塞河（Ka Khem）。两河在图瓦的首都克孜勒（Kyzyl）汇合形成叶尼塞河。当其准备穿越西萨彦岭时，叶尼塞河很快从向西改为向北，流向北冰洋。叶尼塞河上游地区在上古和中古居住着讲突厥语的部落黠戛斯人（Kyrgyz，后称"吉尔吉斯人"），他们也享有一些使鄂尔浑河谷的突厥人和回鹘人充满活力的同样的文化。今天图瓦人也讲一种突厥方言，他们中的一部分很有可能源自古代的黠戛斯人。古代的黠戛斯部落大部分向西移动，最终构成了现代吉尔吉斯斯坦的主要人口。图瓦人，像他们东边的邻居布里亚特人一样，也深受南方的影响，皈依了佛教。除了历史上的回鹘（畏兀儿）人，他们是唯一信仰佛教的突厥语族。然而最终，俄国的存在对该地文化和人口产生了决定性的影响。像布里亚特一样，图瓦成为俄国西伯利亚不可分割的一部分。

另外一支蒙古人瓦剌人（Oirats，卫拉特人）或西蒙古人过去居住在叶尼塞河上游和贝加尔湖之间，吉尔吉斯人东面，图瓦人北面。在公元15世纪，他们开始了一系列迁移征战，类似于成吉思汗的东蒙古，但从来没有那么卓越，那么成功。

俄罗斯联邦戈尔诺-阿尔泰自治州（首府为戈尔诺-阿尔泰斯克［Gorno-Altaisk］）位于图瓦与哈萨克斯坦之间，南面与蒙古国西端以及中国新疆北端接壤。就是在这一地区，阿尔泰山拔地而起，然后从西北绵延到东南，一直延伸到蒙古国南部。居住于此的突厥语民族，虽然现在人口被俄罗斯族人口超过，但是没有经历那些主要宗教曾给其他突厥语和蒙古语部众带来的冲击，因此他们保留了祖先传下来的萨满教痕迹，直到被俄罗斯所带来的现代化进程所根除。

位于哈萨克斯坦和中国新疆交界处的就是上文提及的三角状的准噶尔盆地，这引起了我们的特别关注，因为它是内亚东西两部具有历史意义的分割线。正是通过这里的河谷和隘口，大多数游牧部落来回迁移，草原骑兵往来移动。分开阿尔泰山和塔尔巴哈台山的额尔齐斯河谷也是这样的通道。另外一个就是更小的叶密立河谷（Emil，现在的额敏河）。叶密立河（额敏河）起源于塔尔巴哈台山，流入哈萨克斯坦境内的阿拉湖（Lake Alakol）。较远的南面就是传奇般的阿拉山口（Jungarian Gate），它是阿拉套山的一个缺口，游牧民和骑兵就是从这里越过准噶尔和哈萨克斯坦的边界。还有一条路线就是伊犁河谷，它把阿拉套山与天山分开；这片宽阔的河谷也是很多游牧民族，尤其是黄金家族的蒙古人特别喜爱的放牧和扎营之地。近年来修筑的路线就是根据这里的地貌因势利导，最著名的就是近来完工的通过阿拉山口，并经过阿克托站（Aktogay）连接着乌鲁木齐和哈萨克斯坦原首都阿拉木图的土西铁路（Turksib）。

伊犁河流入巴尔喀什湖（Balkhash），这一细长的湖泊和它的面积使我们想起了与其表面很相似的贝加尔湖，但这一相似只能到此为止，因为贝加尔湖很深（就水量而言，它是世界最大的湖），而巴尔喀什湖较浅。尽管这两大湖泊均可捕鱼，但是贝加尔湖却更富饶和不同寻常，例如在那里有成群的海豹。另一差异就是，尽管有很多像色楞格河这样的河流流入，贝加尔湖也有安加拉河流出，并汇入叶尼塞河流入北冰洋。但巴尔喀什湖只是一个内陆湖。除了伊犁河之外，还有其他主要是来自天山和阿拉套山的河流流入巴尔喀什湖，这也许就是这些山脉和巴尔喀什湖之间的这片地区被称为七河地区（Jetisu，突厥语意"七河"）的缘故，其更通常的俄语地名为谢米列尔契耶（Semireche）。因为除了半个世纪的沙俄统治时期以外，谢米列尔契耶从来不是一个正式地名，缺乏一个精确的范围。巴尔喀什湖和天山可以用来指这一地区北部和南部，塔拉斯河（Talas）和伊犁河可以用来指其西部和东部（除非我们分别用卡腊套山和阿拉湖指扩大的边界）。谢米列尔契耶地区在历史上不同时期是定居民族和游牧民族结合的地方，他们或共处、混居，或对抗，因为这一地区适宜两种生活方式（实际上，欧亚大草原的其他很多地方也是如此）。在阿拉伯征服河中地区时代，谢米列尔契耶南缘聚集着稠密的农业和城市人口，主要由粟特人构成，从事灌溉或旱作农业，信奉某种主要宗教——祆教（Zoroastrianism，索罗亚斯德教或拜火教）、佛教、基督教（景教）——灵活地与游牧的突厥人交流，如有必要，甚至承认他们的宗主地位。这一繁荣场景持续不衰，甚至在公元10世纪，伊斯兰教传来之后更加兴旺。伊斯兰教的传播首先从谢米列尔契耶最西端开始，然后取得重大进展，整个突厥语部落自愿改宗，皈依伊斯兰教。到了11世纪，谢米列尔契耶成为喀喇汗王朝（Qarakhanid）的重要省份，闪烁着全盛的突厥-伊斯兰文化之光。随着蒙古人的入侵，这一切到了尽头，但是没有经历征服过程中相伴的蒙古标志性的肆意摧毁，这归因于蒙古人喜欢住在这里生活，在这里放牧，举行忽里勒台（quriltays，蒙古语意为"会议、聚会"），甚至彼此之间相互争斗。农业和城市文明最终屈服于蒙古人的游牧方式，在公元1860年沙俄征服后才再度出现。被土著人称为"阿拉木图"（Almaty，Alma-Ata）的小定居点从那时起发展成谢米列尔契耶的行政中心，并被冠以Vernyi（意谓"忠诚之城"）之名，最后又改回原来突厥语地名（Almaty，Alma-Ata的词源指有苹果树或果园的地方，Alma：苹果）。比什凯克（Bishkek）是现代吉尔吉斯斯坦的首都，但在那时，只是一个微不足道的要塞，属于谢米列尔契耶州管辖。

自蒙古人将谢米列尔契耶改造以适合他们自己的生活方式之后，这一地区被称为蒙兀儿斯坦（Moghulistan，Mongolistan，蒙古人之地；Moghulistan基于阿拉伯字母的拼写，从mongol一词中省掉擦音"n"）。这一名称也获得政治含义，因为蒙古黄金家族察合台（Chaghatayid）系世袭统治这一区域，与帖木儿帝国统治河中地区和呼罗珊相对应。蒙兀儿斯坦并不完全是指谢米列尔契耶，因为它还包括天山山脉的大片地区，大致范围是现在以伊塞克湖（Lake Issyk Kul）为明显地标的吉尔吉斯斯坦北部地区。在更远的东方，在新疆北部，蒙兀儿斯坦与畏兀儿地相邻，它在某一段时期，也归察合台系统治；南面和东南面的塔里木盆地也为其统治，并被视为其一部分。这一地理概念最终被另外一个地名所取代，这就是"阿特沙尔"（Altishahr，六城地区），以喀什噶尔为首的绿洲城市群为其标志。

蒙兀儿斯坦这一名称最终被人忘却，而谢米列尔契耶因成为俄国突厥斯坦一个重要地区的官方名称而受到重视。但随着沙俄政权的崩溃，苏维埃政权重新划分其内部边界，谢米列尔契耶这一名称也随之消失了。其北部被划给了哈萨克斯坦，南部划给了吉尔吉斯斯坦。其南部有几个特征值得提及。一个小城和军事要塞比什凯克成为吉尔吉斯斯坦的首都，自公元1926—1991年，它被称为伏龙芝（Frunze，纪念苏维埃红军的将军——米哈伊尔·瓦西列维奇·伏龙芝［Mikhail Vasilevich Frunze］）。比什凯克位于楚河河谷，楚河起源于吉尔吉斯斯坦的北部山区，向东流向伊塞克湖，然后转弯流向比什凯克和哈萨克斯坦边界。拥有着首都和其他一些繁华城市的楚河河谷，自中世纪早期直到蒙古时期也同样是人口稠密的定居地，同时还是西突厥汗国和后来的喀喇汗王朝的君主们喜爱的避冬之处；他们的都城碎叶（Suyab）和巴拉沙衮（Balasaghun）都位于这一河谷。离楚河源头不远，也就是塔拉斯河的河源，它从一开始却向西流，很快穿过哈萨克边界后流经江布尔城（Jambul，在苏联时期，纪念哈萨克诗人江布尔而得名）。早期这座城市被称为奥李-阿塔（Auliye Ata，大概是因为纪念埋葬在附近的苏菲派的一位圣人奥李［Auliye］）。附近就是怛罗斯城的遗址，以公元751年阿拉伯人与中国人在此历史性的交战而闻名于世。最后，值得提及的是，伊塞克湖因其历史古迹、自然风光而成为现代吉尔吉斯斯坦的主要旅游胜地。其河畔也是游牧民族喜爱的冬季宿营之地，南岸的拔塞干城（Barskaun，Barskhan）是一个集市，也是丝绸之路的中转站之一。

我们已经建议把锡尔河作为河中地区的北界，此界限以外就是阿拉伯早期地理学家所说的突厥斯坦（Turkestan，Turkistan，Bilad al-Turk，游牧突厥人之地）。然而，沿着北岸相当宽阔的地带有着与河中地区和费尔干纳相似的地貌。这里拥有灌溉农业、城镇、贸易路线和相似的粟特血统的人口，尽管突厥语部众比例逐渐增大。锡尔河东面和东南面天山最西角隐约可见，尤其在其中游最显著，最后深入哈萨克草原，成为卡腊套山。从这些山脉流下的溪水创造的地理条件和泽拉夫善河流域很类似。其中这一溪流就是契尔奇克河（Chirchik）；靠近这一河岸的早期城市是赭时（Chach），阿拉伯人（其语言字母缺乏辅音"ch"）把它拼成Shash或Tash，再加上粟特语通常的后缀-kent，变成塔什干（Tashkent）。赭时也指它周围的地区。似乎看来这个城市还有一个早期的地名宾卡特（Binkath），直到它让位于赭时（Shash）、沙什干（Shashkent）和塔什干。许多其他城市也出现在这一地区，其中一些城市被频繁困扰这一地区的游牧民族的入侵所摧毁；其他一些幸存下来，甚至变得地位显赫；还有一些城市是自沙俄征服后才发展起来的新行政和后勤中心。塔什干就是最明显的例子。在其他城市之中，白水胡城

（Isfijab）、讹答剌（Otrar）、亚斯（Yasi）、昔格纳黑（Sighnaq）和克孜勒奥尔达（Kyzyl Orda）反映了这一地区的历史变迁。白水胡城位于最后流入锡尔河的阿雷斯河（Arys）北岸，位于塔什干通往怛逻斯以及地处大草原边缘的谢米列尔契耶的路线上。在公元 8—9 世纪，白水胡城是一座面对着异教徒的突厥世界的边城，是加齐勇士（ghazis，带着新的神旨深入草原的伊斯兰"圣战"战士）的集结地。这些"圣战"战士通常喜欢群居在独立建筑物内，如加固的道堂或"里巴特"（rabats 或 ribats，客栈），这些建筑物位于伊斯兰教地区（Dar al-Islam）边界上或界外向前推进的哨所中，其中一些是由白水胡城市民出钱修建的。白水胡城人的宗教热情给这座城市带来了荣耀，这是他们起初皈依伊斯兰教时所不曾预料的：由于持续增长的突厥语人口，白水胡城逐渐被称为塞兰（Sayram）。公元 11 世纪之交，突厥斯坦伟大的苏菲派导师阿赫马德·亚萨维（Khwaja Ahmad Yasavi）诞生于此。

尽管现在只不过是一处临近阿雷斯河（Arys）铁路枢纽的考古遗址，但讹答剌曾经是位于阿雷斯河河口北侧，横跨锡尔河的一座城市。这一地区在伊斯兰早期被称为法拉伯（Farab），而且有一座同名的城市位于讹答剌不远的锡尔河下游。法拉伯附近有一村落，是阿尔法拉比（al-Farabi）的故乡。阿尔法拉比（公元 870—950 年）来自一个突厥语部落，在家乡接受初步教育后，先后在巴格达和大马士革学习并从事教学工作，成为伊斯兰世界最伟大的哲学家之一。到了 13 世纪，由于该地变成一个草原和索格底亚那贸易路线的十字路口和集市，讹答剌取代法拉伯之名。公元 1218 年，可能是花剌子模汗摩诃末（Khwarazmshah Muhammad）下令，将成吉思汗的一支大型商队包括使者扣留在此，然后全部屠杀；这一事件导致了两年后的蒙古入侵，给中亚带来了巨大灾难。虽然遭围攻数星期后被攻陷，但讹答剌逃过一劫，继续作为一个路站存在到 15 世纪；公元 1405 年，计划征服中国的帖木儿（Tamerlane），就是在此因病去世。

离讹答剌以北大约 40 公里是另外一座边城亚斯。公元 12 世纪，塞兰人阿赫马德·亚萨维就生活在此，他以自己的经历和创作的神秘诗歌激励了众多的追随者，并在他过世之后，形成了苏菲教派，或称亚萨维派。因创始人被安葬在亚斯，该地后来也因他的荣誉头衔，被称为"沙阿突厥斯坦"

（Shah-i Turkistan，Hazrat-i Turkistan，突厥斯坦圣人）。但只有这些名字的第二部分被固定下来，因此今天这个城市被人相当困惑地称为突厥斯坦。导师的坟墓成为朝圣和祭拜之处。公元14世纪90年代在原址由帖木儿为导师建造的宏伟陵园是中亚的建筑珍品之一。

另一个重要的城镇就是昔格纳黑，位于锡尔河北岸，大约距亚斯西北120公里。昔格纳黑以作为草原游牧民总部而闻名。这些游牧民为锡尔河南岸的地区所吸引，要么入侵河中地区，要么获益于其邻近地区。这座城镇后来被遗弃，现在是一处考古遗址；而亚斯（突厥斯坦）不仅幸存下来，而且变成主要铁路枢纽，连接着塔什干和奥伦堡、莫斯科与圣彼得堡。这条铁路兴建于20世纪前五年，绵延于锡尔河北岸距昔格纳黑大约200公里的下游，就经过了克孜勒奥尔达（Kyzyl Orda）。克孜勒奥尔达，为公元1820年浩罕汗国在其扩张的巅峰时所兴建，作为一个加固的前线要塞。当时，它被称为阿克梅切特（Aq Meshit，哈萨克语意为"白色清真寺"）。其战略位置使其成为俄国征服中亚初期的主要目标，该城于1853年被攻陷，被改名为佩罗夫斯克（Perovsk）以纪念俄国将军佩罗夫斯基（Perovskiy）。公元1926年，这座城市成为哈萨克苏维埃共和国首都之时，克孜勒奥尔达（哈萨克语中意为"红营"）替换了佩罗夫斯克这一名称，但到1929年其首都地位被阿拉木图所取代。人们也许会思考昔格纳黑与克孜勒奥尔达的角色的异同性：两者在面对来自钦察草原的入侵之时作为防线，都显示了其战略价值。直到16世纪，这些入侵者，无论是突厥语或是蒙古语部众，都是中世纪的游牧民族，到了19世纪则变成了一个现代西方帝国的前锋。

另外一座更具现代气息的城市朱萨雷（Jasaly）在锡尔河右岸（北岸）拔地而起，该城位于克孜勒奥尔达到咸海路线之中途。在苏联最后几十年里，它承担着支援哈萨克中部拜科努尔（Baikonur，苏联的"卡纳维拉尔角"）航天中心的重要任务，在那时它又被改名为列宁斯克（Leninsk）。与朱萨雷或列宁斯克相比，位于锡尔河下游的两座历史名城现在都已变成考古遗迹。离列宁斯克不远的下游，位于锡尔河一条新断流的支流岸边就是毡的（Jand），靠近现代城市卡札林斯克（Kazalinsk）。再往更远的下游就是养吉干（Yangikant），位于锡尔河三角洲顶端汇入咸海河口左岸（南岸）的一座城市。公元10世纪和11世纪，毡的和养吉干作为北部草原游牧民族和南部定居世界的交流中心，曾扮演了重要的角色。当时，定居点的市民和商人是穆斯林，而游牧民，主要是突厥语乌古斯人（Oghuz Turks），依然是异教徒或正处于改宗之际。

如果在亚斯或突厥斯坦的正北划一道线，它将穿过现代哈萨克斯坦的核心。这个共和国的领土相当于中世纪伊斯兰作家所称的达什特·钦察（Dasht-i Kipchak，突厥语钦察人的草原）东部的三分之二。突厥语钦察人（Kipchak Turks）被同时代的俄罗斯人称为"波洛韦茨人"（Polovtsians），被中世纪的欧洲人认为是接替了古代的斯基泰人（Scythians）和萨尔马特人（Sarmatians）的"库曼人"（Cumans）。他们的存在甚至在13世纪最终影响了蒙古征服者（除了吸收一些残余，如在克里米亚半岛的日耳曼哥特人之外），因为他们使金帐汗国突厥语化。金帐汗国是一个政治实体，最初与钦察草原（Dasht-i Kipchak）地理概念范围相毗连。钦察草原的纵向骨干是伏尔加河的中游和下游，是自中世纪以降，突厥语和蒙古语部众依次建立汗国的生命线，以及它们都城位置之所在。前伊斯兰时期的亦的勒（Itil）与部分犹太教化的突厥可萨汗国（Khazars）和后来的阿斯特拉罕（Astrakhan，阿斯特拉罕汗国同名的都城）都靠近伏尔加河三角洲河口西侧。金帐汗国的第一个都城萨莱拔都（Saray Batu）位于同一地区，但离河口东北不远，而第二个都城新萨莱（New Saray）地处更远的上游，靠近现在的伏尔加格勒，但和其前都城一样，在河东面。现在哈萨克斯坦的领土接近伏尔加河，但是没有相接：俄哈边界沿着伏尔加河逆行向上一段距离，然后突转向东，绕过乌拉尔山南角，最后穿过西伯利亚西部形成一个大圆弧。这条边界线多少有点掩饰俄国领土中钦察草原部分地区的人口演变，这一进程起自公元16世纪征服喀山汗国（Kazan）和阿斯特拉罕汗国（Astrakhan），并一直持续到苏联的赫鲁晓夫时代。赫鲁晓夫制定了"开发处女地"政策——20世纪50年代最后一波俄罗斯移民浪潮的掩饰用语。这一后果的确超过今天政治边界带来的启示。斯拉夫移居者主要是农民和苏联早期划界后广泛的新兴城镇殖民化过程所带来的，所以今天在哈萨克斯坦北部很多地区居住着的主要是斯拉夫人。鞑靼斯坦共和国也是如此。它会让我们认为是喀山汗国和巴只吉惕

（Bashkiria，巴什基尔）的再生。

从地理上，杰兹卡兹甘城（Zhezkazgan）位于哈萨克的中心。如果我们从其正北面出发，穿过这个共和国的北半部，就进入了俄罗斯联邦境内，经过的第一个州（oblast，苏联各加盟共和国的行政区划名称），就是秋明（Tiumen），该名得自该地区行政中心。额尔齐斯河（Irtysh）穿越该地区，并在某一段接纳来自哈萨克斯坦的托博尔河（Tobol）。托博尔斯克城（Tobolsk）就是在它们汇合处发展起来的，但是额尔齐斯河稍上游的城市也值得我们注意：西比尔（Sibir）是西比尔汗国的都城，于公元16世纪最后几年被俄国攻占。西比尔又称伊斯克尔（Isker），位于欧亚大草原与西伯利亚针叶林区结合部。在那时，森林区稀疏地居住着芬兰语族人和古西伯利亚人。这个汗国的突厥语部众吸收了这些土著人的一部分，形成了西伯利亚鞑靼人（Siberian Tatars）。讲钦察突厥语的西比尔汗国从公元13—16世纪一直统治该地区，代表着伊斯兰统治的最北端。

现代内亚的民族语言与宗教认同

民族语言认同

1. 突厥诸语言

这一语族的主要民族是哈萨克族、卡拉卡尔帕克族（Karakalpaks）、柯尔克孜族（吉尔吉斯族）、土库曼族、乌孜别克族（乌兹别克族）和维吾尔族。他们之所以都被称为突厥语族，是因为基本上的语言概念，尽管有其缺点，却是中世纪和现代学者所公认的最实际的共同特性。无论过去还是现在，内亚的很多民族在讲彼此不同的方言时，一直觉得拥有共同的突厥语言纽带，正如俄罗斯人、捷克人、塞尔维亚人等属于斯拉夫人，因为他们讲的是不同版本的斯拉夫语。现在把这一术语专用于自己的民族和语言，而将其他名称排除在外的唯一的民族就是突厥语部众中的土耳其族——看来有点似是而非的民族，自从离开他们最初或早期的栖息地之后，就一直保持着他们基本认同的某些特征。为了简明起见，土耳其语（Turkish）这一术语在英语中指在土耳其所通用的突厥语言。

　　语言学家将突厥语族分成如下几支。最公认的是钦察语支（Kipchak，包括哈萨克语和卡拉卡尔帕克语）、突厥语支（包括乌兹别克语和维吾尔语）和乌古斯语支（包括土库曼语、阿塞拜疆语、土耳其语）。但是这一分类并没有得到一致的认可，而且学者在如何处置吉尔吉斯语时不知所措，该属于钦察语支还是突厥语支？还是要另设一个语支？我们要关注的却是比这更重要的问题：它们彼此之间的亲近程度，它们内部是否相互沟通？结果就是土库曼语、阿塞拜疆语和土耳其语彼此之间如此密切且能互相交流（除了偶尔出现的词汇问题，而且主要是当代词汇）；哈萨克语和吉尔吉斯语之间也是如此。至于乌兹别克语和维吾尔语，它们大致相同，如果不是历史分离阻碍的话，它们可能很容易结合成一种官方语言；这种分离可由它们使用不同的字母而被形象地加以说明：乌兹别克语是用西里尔字母书写（尽管现在有一项计划，就是乌兹别克斯坦和其他三个中亚突厥共和国要将书写文字转换为罗马字母），维吾尔语用阿拉伯字母，或不太普遍地用罗马和西里尔字母。历史分离和使用不同书写字母的相似因素也影响了土耳其语、阿塞拜疆语和土库曼语之间的关系：即使是在不同的政治环境下，它们也可以汇聚成一种官方语言。另一方面，混聚在一起的乌兹别克人、土库曼人、哈萨克人和吉尔吉斯人如继续设法使用他们各自的语言，那么在对话之时，他们就有可能遭遇麻烦，以至于大概会求助于一种不同但更为通用的语言——在目前是俄语。如果现在土耳其人和中国新疆的维吾尔人相遇的话（两方都可能不会俄语），他们必须努力临时创造出共同的突厥交流语，尽管这伴随着可能的成功或失败。

　　不过，突厥诸语言之间的内在亲属关系值得我们关注，其在两个方面产生了强大的影响。一方面，一个以突厥语族某种语言为母语的人如果遇到说其他突厥语的人时，很可能会适应这两种语言之间的差异，并将在某种程度上能够在这个新场景下交流；另一方面，基本一致的语法结构和词汇内容会使他可能学习亲属方言（如果努力的话，他将比其他语系的人，学得不仅更快，也更好）。这在理解突厥语部众的近代历史和评估他们未来关系这两方面都产生重要意义：一旦政治边界带来的障碍松动或移除之后，强加的异族书写系统被一个统一书写系统所取代，共同的认同意识将给整个地区的将来带来希望。在中亚，就存在过一个很有说服力的先例，这就是察合台突厥语（Chaghatay Turkic）——在公元15世纪日臻完善的一种突厥语的文体，并被后来的作家和知识分子所使用，直至20世纪20年代被苏联所禁用。

在语言学上，突厥语和蒙古语都属于黏着语，是阿尔泰语系的主要成分：语言结构的关联性和分类性。有的学者甚至认为它们与朝鲜语和日语有远亲关系。

2. 蒙古语

语言学家提过三种蒙古语言：东蒙古语、西蒙古语和北蒙古语。它们也许从起源上同突厥语有关，但是这种关系如此疏远以至于它们之间相互交流是不可能的。

东蒙古语是蒙古国的官方语言，和突厥语言和塔吉克语一样，使用西里尔字母书写。政治和人口因素共同造成了东蒙古地区上文所述的内部分裂：除了250万蒙古国居民外，还有超过400万蒙古人居住在其国界南面，那就是中国内蒙古自治区。在这里，政治分离也导致了文化分离，使用不同的字母书写系统就是最明显的例子。在这一地区，蒙古语不是用西里尔字母书写，而是用蒙古人自己的传统书写方式。与此同时，所有受过教育的居民也熟练使用汉语，与蒙古国使用俄语情况形成鲜明对比。

北蒙古语也被称为布里亚特语，和俄语一起成为俄罗斯联邦布里亚特自治共和国的官方用语。西蒙古语也被称为卡尔梅克语（Kalmyk或Kalmuck），和俄语一起成为俄罗斯联邦卡尔梅克自治共和国的官方用语。这个自治共和国位于伏尔加河最下游的西面，其东南界是一小段里海海岸，但其首都埃利斯塔（Elista）却远在内陆。

3. 塔吉克语

塔吉克语几乎与伊朗的官方语言波斯语相同，两者之间的差异甚微，假设塔吉克斯坦和伊朗政治上统一的话，不会存在语言障碍问题。正如在突厥语言中出现的情况一样，额外的人为障碍就是不同的字母书写：塔吉克语使用西里尔字母，而波斯语使用阿拉伯字母，回归阿拉伯字母从而消除这一障碍将不仅使它们的同一性更明显，而且会把中东三个国家连到一起，以波斯语作为官方语言：塔吉克斯坦、阿富汗（两种官方语言达里语［Dari］和普什图语［Pushtu］均为波斯方言）和伊朗。波斯语言构成了印欧语系重要的组成部分，并和斯拉夫语言形成了咝音类语言（satem）[1]。

族名塔吉克（Tajik）的起源与历史可追溯到一个称作"泰伊"（Tayy）的阿拉伯部落，居住在前伊斯兰时期最后一个波斯帝国，也就是萨珊帝国（Sasanians）的伊拉克境内。波斯人将这一名称覆盖到一般阿拉伯人，粟特人也跟着这么称呼。自从伊斯兰征服中亚以后，不仅阿拉伯人，而且越来越多的波斯人和粟特人也皈依了这一新宗教，于是所有人都被包含在族名塔吉克之下。最终，改宗皈依伊斯兰教的波斯语族人在人口上超过了阿拉伯人，接着这个原来指阿拉伯一个部落的名字塔吉克最后被保留下来，专指中亚穆斯林波斯语族群和他们的语言。

关于这一点，另外一个民族语地名也许值得提及：萨尔特（Sart），近来指中亚的讲突厥语言的城镇和从事农业的人口。这一名称至少和塔吉克一样古老，甚至更有着耐人寻味的词源，此外，它的最终命运则是成为政治和语言学之间互动的教科书式的范例。萨尔特起源于一个梵语词 sarthavaha，意为"商队首领"。印度人是早期丝绸之路上的长途商人，而当地人最终用萨尔特这个名称通指商人。最后，粟特人开始主宰了丝绸之路上的贸易，于是他们的邻居突厥人和蒙古人用这一名称指粟特人。在中世纪末，这个词义逐渐扩大变成了几乎与塔吉克同义——中亚的讲波斯语言的城镇和从事农业的人口，不同于同一时期的游牧或处于半游牧状态的突厥语部众。然而到那时，很多突厥语部众已经作为农民和城镇居民定居下来，而根据纳瓦依（Navai）和巴布尔（Babur）记载的资料，他们很显然不被视为萨尔特人。

---

[1] 印欧语系下的语言经常划分为腭音类语言和咝音类语言，划分依据是三个原始软腭音的不同发音。腭音类语言中，唇软腭音和纯软腭音之间的区别消失，同时将硬腭化软腭音咝擦音化。咝音类语言中相反，硬腭化软腭音和纯软腭音之间的区别消失。

腭音类语言（K 类语言）得名于拉丁语中表示"一百"的词 centum，其特点是保留了原始印欧语的 / K / 音；咝音类语言（S 类语言）得名于阿吠斯陀语中表示"一百"的词 satum，其特点是把原始印欧语中的软腭塞音 / K / 变为齿龈清擦音 / S /。腭音类语言包括拉丁语、希腊语、意大利克诸语言、凯尔特诸语言、日耳曼诸语言，以及赫梯语和吐火罗语。咝音类语言包括波罗的诸语言、斯拉夫诸语言、阿尔巴尼亚语、亚美尼亚语和印度-伊朗诸语言。——译者注在当时，作为族名，萨尔特和突厥（Türk）的差异是很明显的，然而萨尔特和塔吉克之间关系不是很清晰：正如我们说过，这两个词接近于同义词。不过到了19世纪，俄罗斯征服中亚时，萨尔特人是指这一地区讲突厥语言的城镇和从事农业的人口，与讲波斯语的塔吉克人相对。自16世纪以来，这一词词义转移，归咎于最后一波突厥语入侵者——来自钦察草原的乌兹别克人。在1500年，当他们突然闯入河中地区时，他们变成该地主要讲突厥语或波斯语（塔吉克语）的定居文明的主人。乌兹别克人的确也讲突厥语，但却是一种钦察方言。语言差异，但也许更多的是生活方式差异，使乌兹别克人视突厥语定居民为异族，将其与波斯语萨尔特人不加区分。萨尔特一词因此转而指中亚的突厥语定居民。不过，他们也注意到有很多定居民也讲塔吉克语，因此，先前几乎与萨尔特同义的塔吉克一词专指塔吉克语社区。这就是中亚变成俄属突厥斯坦时的状况，而新主人欣然利用了这一最新术语。萨尔特人是居住在布哈拉、撒马尔罕、塔什干等城市以及农村的突厥语居民，而塔吉克人（Tajiks）则是他们的波斯语邻居（在某些情况下，某些人是通双语的，因此不能确定他们到底是萨尔特人还是塔吉克人）。与此同时，曾经的主人乌兹别克人保留了一些游牧生活方式，继续讲钦察方言（尽管他们达到较高的文化阶段后，使用察合台语或波斯语）。随后，1917年俄国十月革命爆发，并以1924年的"民族划分"运动为其后续阶段。莫斯科的马列主义者甚至在中亚的语言图表上也打上他们的烙印。Sart（萨尔特，无论作为族名还是一种语言）作为殖民时期带贬义的术语而被禁用，Turki（突厥语或突厥语系族群）也被避免使用（无疑是由于怕被令人不安的泛突厥主义支持者所使用）；Uzbek（乌兹别克人，乌兹别克语）被宣布为这个新的乌兹别克斯坦共和国的居民及其使用语言的名称。不过并不是乌兹别克语被苏联当局强加为官方语言，而是突厥语（Turki），也就是萨尔特语（他们信手拈来的方言）替代了乌兹别克人的钦察方言，而这却在初始阶段遭到了一些当地领导人的反对。这两种突厥语言的主要差异之一就在于所谓的"元音和谐"。钦察方言像其他大多数突厥语言（包括土耳其语）一样，要求一个单词的元音或是属于前元音类型或是属于后元音类型。突厥语却不这样，而且其解释只能在中亚的定居民所讲的以波斯语为基础的方言中找到。这也是

34 苏联心理谜团之一：为什么莫斯科会被这类琐事所困扰？为什么不让乌兹别克人说、读和写乌兹别克语，而是让他们使用在城市中通用的波斯语化很强的突厥语（Turki）？也许因为在那种情况下，乌兹别克人、哈萨克人和卡拉卡尔帕克人会意识到他们所讲的钦察方言之间的亲密性（这也将违背苏联当局执行民族划分［divide et impera］的目的），而突厥语所说区域大体上和乌兹别克斯坦一致（其范围甚至可以包括中国新疆，而那将是另外一回事）。所以剩下的就是称突厥语（Turki）为乌兹别克语（Uzbek），而这个新国家正在迎接自己苏维埃化的将来。

宗教和文化认同

突厥语和塔吉克语族群属于伊斯兰教逊尼派（除了我们上面所说的巴达赫尚居民属于什叶派外），蒙古人属于藏传佛教。这听起来有点和这些政体世俗的官方地位不相容。除了进行中的政治演变已把宗教恢复到以往的声望地位之外，伊斯兰教和佛教在塑造这些社会的心理、文化、经济氛围以及个人生活方式等方面起着强有力的作用。由现代化带来的不同的意识形态、政治体系以及不可避免的动荡，在长期内无法抹除伊斯兰教和佛教给内亚带来的影响，尤其是这两个宗教将一直是这些民族文化遗产中不可磨灭的组成部分。

1. 伊斯兰教

伊斯兰教（Islam 这个阿拉伯语词汇的具体含义是"真主意志的顺从者"）传入中亚的方式将在本书的历史部分中稍加描述。在此，对这一宗教的一般特征略表数语。在其两大教派逊尼派和什叶派之中，逊尼派一直主宰着中亚。逊尼派或正统派是该地区的主流，其信条基于《古兰经》，由先知穆罕默德（阿拉伯语，其字面意思为"受到高度赞扬的人"）从公元 7 世纪初布道开始直至 632 年逝世（伊斯兰教历纪元 11 年［穆罕默德于 622 年从麦加迁徙至麦地那，是为伊斯兰教历纪元元年］）所宣讲的安拉启示。在奥斯曼哈里发（644—656 年）统治时期，《古兰经》成为定本。其他权威资料是伊斯兰教教规（sunna），来自先知生前生活和声明的格言、表率以及由穆斯林团体在最初三个世纪里对它们解读的记录和拓展。

伊斯兰教作为一种宗教，不仅关注精神价值观念，而且还关注着现世状态，因此一个真正的穆斯林共同体有一个伊斯兰政府和伊斯兰教法：哈里发（caliph，来自阿拉伯语 khalifa，意为"先知的继承者"）是这个神权国家的领袖或伊玛目（imam，含义很广，可指从清真寺的领祷者到什叶派的救世主 [mahdi]），伊斯兰教法（sharia）是所有法规的基石。艾布·伯克尔（Abu Bakr，632—634 年）是第一任哈里发，其后在麦地那继承的是欧麦尔（Umar）、奥斯曼（Uthman）和阿里（Ali），直到内战爆发，穆斯林四分五裂，并产生另外一个教派什叶派（Shia）。这场战争导致了将在麦地那登基的非王朝式哈里发转变成第一个逊尼王朝，也就是定都于大马士革的倭玛亚王朝（Umayyads，661—750 年）。这一分裂的起因可追溯到哈里发之位是否只保留给先知穆罕默德后人的争论。正是什叶派（Shia，派别，暗指阿里派）选择了阿里派。因为先知穆罕默德唯一幸存的孩子是他的女儿法蒂玛（Fatima），什叶派只拥护她与丈夫阿里（先知的堂弟及女婿）所生的后人有继承权。阿里，我们刚说过，的确担任过第四任哈里发（656—661 年），但是由阿拉伯人穆阿维叶（Muawiya）所领导的政治军事反对派运用策略击败了阿里，最后阿里于公元 661 年，在伊拉克的城市库法（Kufa）被另外一个分裂组织哈瓦利吉派（Kharijites）所暗杀。到那时，穆阿维叶在大马士革登基，成为倭玛亚王朝第一任哈里发。在此王朝统治的九十年里，伊斯兰教的传播取得了惊人的成就，覆盖了古典时期西班牙和中亚之间很大一部分地区。和倭玛亚王朝一样，它的取代者阿巴斯王朝（Abbasids，751—1258 年）是逊尼派（其统治资格就是部分基于其与先知同宗的亲戚关系，见下文），但是他们的新王朝建都于巴格达。

自创始起，什叶派穆斯林就致力于宣称其统治权，并在伊斯兰世界某些区域偶尔取得成功（伊朗一直是其最大成功，以 16 世纪的萨菲王朝 [Safavid] 为其始端，并在鲁霍拉·霍梅尼 [Ayatullah Khomeini] 领导的伊斯兰革命达到了高峰），但却从来没有在内亚真正成功过。这两个教派在涉及伊斯兰教现世态度和仪式等方面几乎都没有分歧，甚至统治的正统问题似乎也没有什叶派宣称的教义所激起的争议那么大（在被什叶派称为篡位者的逊尼统治下，伊玛目 [imam] 隐身于忠实的信徒之中，只有到他选择领导人类实现最终救赎的时刻，才以救世主马赫迪[mahdi]或加伊姆[qaim]身份出现）。这个隐身的救世主马赫迪是从阿里到穆罕默德·马赫迪的十二个伊玛目（Ithna Ashariya）中的第十二个（十二伊玛目派，自16世纪起主要支配伊朗后，三个主要什叶支派之中最大的一支）。这一学说将忠实的信徒从武装反抗篡权者的斗争中解放出来，也将逊尼派统治者从无休止地怀疑和镇压起义的负担中解放出来。出于同样原因，具有说服力的什叶派君主可以统治，而不会被指控从合法的伊玛目中篡权，因为伊玛目还没有选择现身。的确，逊尼派和什叶派之间激烈的冲突和血腥的战争破坏了伊斯兰之境（Dar al-Islam）的部分地区。此外，两派之间的另一种裂痕再怎么强调也不过分，这就是宗教焦点。逊尼派希望通过履行由《古兰经》和伊斯兰教法规定的基本义务就能直接获益和最终获得拯救，与此相对，尽管什叶派通常不否认其重要性，却更多信赖伊玛目（一个或更多的先知家属）的圣训来明辨是非。这种信赖可以达到一定程度，伊玛目可被赋予一定的神性——也即伊玛目，尤其是阿里乃至他的孙子侯赛因（Husayn），而非威严而又遥远的真主（Allah），成为崇拜和期望的主要对象。甚至那些由王朝册封的伟人也逐渐不得不放弃一些地位给那些遍布整个伊斯兰世界的先知的其他后人，因为他们的陵寝成为如此众多信徒的崇拜和朝圣之所，并以最亲密直接的方式给芸芸众生中谦卑的信徒带来安慰，而在这一点上，抽象的真主或普世的伊玛目却不能做到。这些先知后裔通常被称为赛义德（sayyid，字面意为"首领"），这一教职至今依然保持其显贵地位。

不过，即便逊尼派也最终开始觉得有必要在将他们与《古兰经》中威严的真主所分开的鸿沟下架起一座桥梁，而寻找一条接近真主、求得慰藉之路。首先在这一方面采取行动的教徒被称为苏菲（Sufis，来自于阿拉伯语suf，意指"羊毛"，编织成给他们穿的羊毛长袍，因此也是术语伊斯兰神秘主义、苏菲派[Tasawwuf]）。苏菲派更注重《古兰经》中真主的仁慈宽厚形象，而且创造了精密且多层面的宗教功修方式来接近不再令人敬畏的真主，而是给人慰藉的良师益友。最后，这些被东部伊斯兰世界称为托钵僧的人们寻找能与安拉神秘合一之路，而开始形成教团（tariqas，道乘，来自阿拉伯语tariqa，意为"通往真主之路"）。教团（道乘）初次出现于公元

12世纪，很快遍布整个伊斯兰世界，大多数都以它们的创始人命名，谢赫（shaykhs，阿拉伯语，意为"长老，年长者"，在波斯语和类似突厥语中为 pir、khwaja、baba 或 ata）也经常是赛义德或自己宣称具有显贵的血统，如可追溯到第一任哈里发艾布·伯克尔，或认为自己修道达到神秘目标的方式与他人迥异。在具体方面，他们形成社区，住在道馆，在中亚被称为"扎维叶"（khangahs, khanqah, khanaqah，波斯语，意谓"住所"，在某种程度上和阿拉伯语 zawiya、ribat 是同义词）。一个"扎维叶"建筑体可能也包括一座清真寺、供旅客住宿的客栈、崇敬的谢赫（通常是赛义德）的陵墓（群），朝拜这些圣墓（ziyarat）开始成为一种由穆斯林信徒参加的重要宗教仪式。宗教专家们自己最终发展出一种异常严格且复杂的修道和仪式程序以达到他们神秘的终点，但有一要素却是基本的，那就是迪克尔（dhikr，阿拉伯语意为"宗教冥思，回忆真主"，进入波斯语和突厥语中为 zikr）。这种仪式就是要达到"无我"精神状态，与真主合一，由看起来不间断的重复萨哈达（shahada，伊斯兰教清真言）第一部分："*La Ilaha illa Llah*"（意为"别无其他，只有真主"）或者是"真主"单词的很多不同变体如 Huwa（阿拉伯语，真主的第三人称）。这一仪式通常是一个很细致的过程，包括一种特殊的呼吸方式，并影响了苏菲教徒的身体状态。迪克尔（zikr）可单独、按组或在托钵僧圈中进行，可以是有声的（zikr jahri, zikr jali）或无声的（zikr khafi）。

在遍布穆斯林世界的众多苏菲教团中，有四个尤其具有中亚特点：戛迪林耶教团（Qadiriya）、亚萨维教团（Yasaviya）、库布林耶教团（Kubraviya）和纳格什班迪耶教团（Naqshbandiya）。唯有第一个戛迪林耶教团起源于别处，由阿卜杜勒·卡迪尔·吉拉尼（Abd al-Qadir Gilani，卒于1166年）在巴格达创建，其他三个都由中亚人在中亚创建。阿赫马德·亚萨维（Ahmad Yasavi，我们已经说过的来自塞兰的突厥语部众，卒于1166年，与阿卜杜勒·卡迪尔·吉拉尼是同一时代人）在突厥斯坦（指锡尔河北岸突厥语部落居住地区）创立的亚萨维教团，捏只马丁·库卜剌（Najm al-Din Kubra，来自希瓦［Khiva］的花剌子模人，卒于1220年）在花剌子模创立的库布林耶教团，巴哈丁·纳格什班迪耶（Baha al-Din Naqshband，出生于布哈拉附近

38

的巴维丁村的塔吉克人，卒于 1390 年）在布哈拉创立的纳格什班迪耶教团。这三位教团创始人的陵墓后来发展成为闻名遐迩的圣地，是穆斯林信徒上自统治者、达官显贵，下到平民百姓的朝圣之所，他们都有着相似的人类渴望，能更贴近于公认的代祷者（intercessor）。这一角色最终取代了它们起初的苏菲神秘主义者身份，超越了其创始人或他们的追随者在创始人的激励下创立的教团的重要性。此外，这些圣地在无数朝圣祭拜之地中，是最有声望的或最闻名的，其他的通常是真实或虚构的圣人陵墓，其历史需要追溯到前伊斯兰时期，但是也可以满足同样的心理需求。在西方人的观念中，这些人物的圣人身份的确认，需要一些条件。规范的圣人概念在正统伊斯兰教中并不存在，只是在一些非正统教派中被转弯抹角地承认。对应于基督教中"圣徒"一词，三种主要的伊斯兰语言，阿拉伯语、波斯语、突厥语中没有相应的词汇适应用于穆斯林信徒。此外，我们会屡屡遇到主流穆斯林神学著作声明：伊斯兰教法不允许任何崇拜圣人活动，甚至那些德高望重的大师也讲道反对这一行为。这些崇拜行为确实存在且次数激增的事实只是证实了上述的人类本性的驱使，所有正统伊斯兰教派只能阻止这些现象，并以正式和文本形式加以确认。这里没有追封为圣人的仪式，但穆斯林圣人的确是被大众所承认的或相信的：通过履行"卡拉马特"（karamat，其概念介于奇迹和真主赐福之间），在缺乏与基督教"圣人"对应的概念情况下，这里有近似的词汇如瓦利（wali，阿拉伯语 wali Allah 意为"接近真主"）、khwaja、ishon、baba、ata 或 awliya（wali 的复数形式，通常在突厥语中为单数形式）承担着类似功能。在他们一生之中，这些圣人在坚定拥护和四面八方传播伊斯兰教方面经常扮演着促进角色。这些角色在圣人逝世后获得重生，他们的陵墓成为圣地或玛扎尔（mazars）的中心。玛扎尔（mazars，起源于阿拉伯语动词"zara"意为"探访"）字面意思是"探访之地"，在宗教背景下，圣地就是信徒履行"齐拉亚"（ziyara）或地方朝圣之处（与哈吉［hajj，麦加朝圣］形成对比，而麦加只能是少数幸运者才能去得起的）。在苏联时期的中亚，圣人崇拜变得尤其重要，我们将在本书最后的章节回到这一话题。

2. 佛教

目前从社会和历史的角度来看，不管到底有多少蒙古人事实上信仰和修行佛教，佛教也是蒙古国主要宗教。我们将在本书历史叙述部分中讨论蒙古人改宗佛教的问题，在此我们先概述一下佛教的起源和主要特征。

正如阿拉伯半岛上的伊斯兰教，是其创始人在他修正犹太教和基督教方面留下的成果，佛教在印度也是作为早期宗教或哲学的发展和修正出现的。公元前6世纪末的某些时候，佛陀（Buddha，来自梵语，起初意为"觉悟者"）不满当时处于支配地位的婆罗门教（Brahmanism），就保留婆罗门教的一些信条，但排斥其他部分，从而建造了一座新的精神殿堂。作为婆罗门教的延续，佛教继承了它的一个基本方面，那就是灵魂的再生或轮回学说，但这一新宗教也带来一些新概念，其基本信息如下：世俗世界带来无穷的烦恼，但也存在着一处理想的精神世界，其最高境界就是涅槃（nirvana），这应当是每个人的目标。这一境界被俗世红尘所阻碍。俗世红尘是惩罚人的达摩（dharmas）[1]，让其陷入一个轮回，随后反映其早期行为。通过完全抛弃激情和欲望，也就是恶之本源，然后人们才有希望使他们的"达摩"逃离另外一个轮回，从而到涅槃的极乐世界中去。

实际上，像所有其他伟大的宗教创始人一样，佛陀本人身后没有留下任何传世之作，却又和其他宗教一样，最后涌现出卷帙浩繁的作品，并且佛教本身也逐渐发展出很多教派。不过，三种主要的教派支配了佛教的历史，其中两种是小乘教法（Hinayana）、大乘教法（Mahayana），它们起因于公元1世纪在印度出现的宗教分歧，第三个教派喇嘛教（Lamaistic Buddhism）出现在接近公元8世纪的中国西藏。在早期，佛教的一个特色是遁出红尘的隐修。实际上，这一教义的精髓——从俗世间的情感和欲望中解脱出来，促使佛教隐修达到了其他宗教无法比拟的程度。从观念上来说，这种世间隐退也应当是一直被整个人类社会所包围的，显然是不可能达到的目标。这转而促进了喇嘛教的诞生，这是一种似是而非、完全倒置的原本理想化的宗教，其极端的禁欲主义也宣称其有权代表世俗社会说话，最终掌管俗权（处理世俗事务），从而建立"政教合一"的统治。

---

[1] 达摩（dharmas），人类经历的构成要素或现象，意同汉语佛教用语"劫"。——译者注

在内亚，两个重要派别，尤其是大乘教法出现在最初几个世纪。中国新疆变成其一个传播通道和佛教学术中心，尤其是在城邦国家——于阗国，其后很快又出现其他中心如高昌（吐鲁番）。不过，后来发生几次重大变革。在公元12世纪的印度，佛教部分灭绝，部分被融入印度教（婆罗门教的近代形式）中去。到公元12世纪末，佛教被伊斯兰教逐出新疆。另一方面，在公元16世纪末的蒙古，先前信仰萨满教的蒙古人改宗皈依了佛教，而他们的亲戚卫拉特人也在17世纪步其后尘。

3. 萨满教

萨满教（Shamanism）流行于内亚的狩猎和游牧部落，因此也存在于突厥语和蒙古语部众之中，直到为伊斯兰教和佛教所取代。"萨满"（shaman）一词本身被认为起源于通古斯语（Tungus）。通古斯人（Tungus 或 Tunguz）形成了西伯利亚东部的几个民族，他们所说的通古斯语与突厥语和蒙古语一样，属于阿尔泰语系的一部分。之所以迟疑于是否将萨满视为一种宗教，在于它没有一个确立的并编集成典的学说、经文或庙宇，也由于它没有涉及"来世"的问题。它的主要特征就是有一位萨满祭司（shaman，在突厥语中是 qam）。这个人被赋予了特殊的能力，能与超自然力量、善灵和恶灵交流，他（她）可以抚慰和控制他们，从而达到各种目标。在这些目标之中，狩猎的成功占据了首要位置，治疗是另外的一种重要功能。萨满祭司所采用的方法包括恍惚术或催眠术，从而使自己产生出一种特殊的身心状态，在此状态之下，他能和这些神灵交流，并影响他们的行为。

确保狩猎的成功是萨满教最首要的职责，这一事实可以解释在我们讨论的这一时期，萨满教为何似乎失去了它早期的活力，因为在当时，在突厥人和蒙古人中，游牧已经取代了狩猎而成为他们的主要生活方式。一方面，萨满教不得不适应游牧业更可预测的条件和游牧生活的节奏；另一方面，与其定居文明的邻居如中原汉地和索格底亚那的接触交往使得那些地区的一些宗教因素渗透进来。腾格里（tengri，"长生天"，在蒙古语和突厥语都有的词汇）作为"至高之神"的出现可能是受中原汉地"天"或"天堂"的概念所启发。内亚游牧民的萨满祭司因此在他本人处于神志恍惚、极度兴奋之际加入象征升天的内容（一种"垂直移动"，以相对于标准的狩猎社会，他们移动的范围被现代人类学家定义为主要是"水平移动")。

在突厥语和蒙古语部落改宗皈依伊斯兰教或佛教之际，萨满教对他们有一些自相矛盾的影响。一方面，萨满教杂乱、不成体系的特点使其容易被游牧民放弃从而接受新宗教；另一方面，萨满祭司超凡的能力可在伊斯兰教托钵僧和佛教喇嘛新的装扮中改头换面地重新浮现。

游牧民和定居民

正如我们早已强调的，任何关于内亚人类学的讨论都会出现一个特征，那就是直到最近，这一区域存在着两种不同的生活方式：放牧的游牧民和定居的农民或城镇居民。此外还有一个伴随的特征就是，在历史时期，游牧民一直主要是突厥-蒙古人，而定居民要么是印欧语系民族，要么是突厥语化的印欧语系民族的后裔。

游牧社会的一个显著特点就是其部落结构。正是部落或部落联盟而非民族、地区或国家支配了游牧民持续的忠诚和认同感。更直接的忠诚是对于一个扩大的家庭或氏族而言的。不过，对于一个更广大的共同体主体的潜意识，在一定程度上类似于民族认同感，的确在游牧民心理上存在着。这停留在好几种因素的结合之中，最重要的是语言。因此直到公元1924年之前，吉尔吉斯人虽然从来没有在现在的家园上建立自己的国家，但显然充分意识到了他们自己的独特身份，甚至不同于他们的近亲，如哈萨克人。这种身份认同由于共同纽带——突厥语言的吉尔吉斯形式而加以巩固。这种身份认同是如此牢固，以至于它能够吸收因为种种原因而存在于吉尔吉斯人之中的外来部落成分：只有一些部落的名称如卡尔梅克（Kalmyk）、乃蛮（Nayman）或钦察（Kipchak）表明他们的起源。在另一端，成吉思汗的欧亚帝国的核心在公元1206年才构思出来。当时，在蒙古靠近肯特山脉的不儿罕·合勒敦山举行的忽里台（quriltay，部落首领集会），部落中讲蒙古语的尊长推选了那位崭露头角的征服者作为他们的领袖。甚至在一些情况下，乍眼一看，共同纽带不是语言而是历史环境，如乌兹别克人和哈萨克人的情况，有共同的方言伴随或逐渐推进他们民族的形成。公元1500年，乌兹别克人作为草原游牧民，从钦察大草原南下征服了河中地区之时，只不过是讲着突厥语言中钦察方言的各个不同部落拼凑而成的，不同于河中地区通行的突厥语，这一因素以及部落和王朝政治维持着乌兹别克人的原始身份意识。最后到公元1924年，由来自莫斯科的指令，中亚五个共和国（哈萨克斯坦、乌兹别克斯坦、吉尔吉斯斯坦、土库曼斯坦和塔吉克斯坦）的政治结构才得以实现。这一指令是基于民族语言认同，其中语言起着决定性作用。

畜牧业是内亚游牧民族经济的基石。马、羊、骆驼和牦牛是财富的主要形式，这些牲畜中哪类更重要，取决于当地的环境和游牧民的习俗。马和羊起着核心角色。马所扮演的角色超过了定居民族中普通牲畜用于骑乘和运载的通常范畴，因为它也是一种食物的来源，可提供肉类和乳制品。但是它所提供给游牧民族的机动性，是其主要的历史作用。

机动性当然是游牧主义的精髓，它包括了很多功能特点，既是具体的，又是心理上的。其中之一就是内亚游牧民族的普遍居住类型：毡包（yurt，圆形帐篷，来自俄语 yurta，是来自突厥语的借词，但在突厥语中，意为"家园"。特殊变体 öy，通常与颜色词搭配如 aq［白］或 boz［灰］是突厥语术语。意味深长的是，在土耳其语［其民族大部分早已过着定居生活］中，这个词，以 ev 的形式，有"房子"的含义，在蒙古语中是 ger），其无论在形状上或是在构成材料上，根本不同于其他游牧民族的帐篷，如阿拉伯人、柏柏尔人、伊朗游牧民，也不同于印第安人的圆锥形帐篷（tepee）。其形状就是圆形结构并覆以半圆形或圆锥形的屋顶，在顶部设有一个烟囱，并可用盖板闭合。构成材料包括木制框架，并用毛毡覆盖，这一理想的隔绝物可防严冬酷暑。毡包可大可小，但直径大约6米的标准尺寸是最普遍的。

根据定义来看，尽管游牧民既非城镇居民，也非定居农民，但这并不意味着他们可以忽略城镇和农业。这两种对比鲜明的生活方式之间通常存在着各种各样和不同程度的共存关系。首先，游牧民总是需要定居经济所生产的一些商品，如谷物和手工制品，而这些一般只能通过贸易从处于战略地位的"互市"中获得，或者有时通过劫掠定居地区而获取。和平手段，较少被注意但却更为通常，因此参与了北方草原和森林地带与定居国家和城镇的商品交换。除了这种经济共存之外，我们也听说过游牧民族攻取或建造城市，甚至是营建游牧帝国的都城。其次，这乍眼一看自相矛盾的现象可以以多种形式呈现，但是有一个特点值得强调：即使出现了那些给人留下深刻印象的城市，其中有为统治者建造的宫殿和便利设施，哈拉和林这一蒙古帝国的都城就是最著名的例子，但可汗（qaghans, khaqan, 或其缩写 khan，是突厥和蒙古君主的最高头衔）及其扈从只是偶尔逗留在那，像其他部落同伴一样，他们经常过着更自由、飘忽不定的与畜群相伴的游牧生活，使用帐篷作为住所。然而在某一段时期，真正的定居化趋势确实出现过，古代最显著的例子就是成吉思汗的儿子窝阔台建造了哈拉和林。但在五百年之前的公元8、9世纪，在此完全相同的地区，回鹘汗国就曾建都哈拉巴喇哈逊。在回鹘汗国的乡村地区，可汗的突厥臣民据称已经开始从事农业和定居社会的其他职业。这一实验没有延续到那个帝国崩溃后，而且在定居和城市地区甚至出现了逆向过程，如自蒙古征服后，谢米列尔契耶（七河）地区就被游牧民族改造成牧场。

因此，如果在内亚游牧民和定居民之间有不同种类和不同程度的共存关系，那么它们之间的对比可能更强烈，而且可能受心理因素影响。尽管暴露在变化无常的气候之下，会给他们的畜群带来严重的破坏，但是游牧民依然很珍惜能够免于日常单调工作的那种自由，因此面对南方的农民邻居怀有一种优越感。除了放牧以外，狩猎也是游牧民最喜欢的职业。有时，狩猎的形式甚至超越了猎人通常的目的——获取猎物是为了获得食物、兽皮和毛皮，甚至也超越了有权有势的王公喜爱的娱乐消遣——狩猎行为具有准军事特色，比如在成吉思汗时期的蒙古人中以大量捕杀的独特形式出现，它已演变为严格、周密协调的备战演习（在蒙古语中以 nerge 这一术语出现）。此外，游牧社会的部落结构也包含了类似军事组织的成分。因此机动性和准军事生活方式是内亚突厥-蒙古游牧民族在面对南面和西面的周邻定居民族时占据优势的主要因素。

迄今为止，还有多少种游牧生活方式（包括优缺点）仍然存在？一些的确存在着，还有很多随着现代化浪潮的到来而逐渐消失，其余则由于现代国家（尤其是在独裁国家）出现的不相容的现实而逐渐消失。放牧作为主要生计来源仍然存在于一些地区，尤其是蒙古，但是携带畜群的部落或家庭季节性迁移已经停止，而把主要精力投入到以更现代和更合理的方式来繁殖牲畜，包括冬季庇护所和饲料供给——这些基本的但却在以前被回避的措施已经开始实施，以防止牲畜大规模的损失，这一损失是由一种自然现象，突厥语称为"jut"（蒙古语，dzut，指春季解冻后，大地再次结冻）所造成的。帐篷仍然是看护牲畜的个人或家庭最方便的避所。另一方面，游牧民族面对其周邻定居民族的军事优势早在公元16世纪已开始衰退，并在18世纪消失。起因于配备枪炮的强大中央集权的沙俄，以及开始使用火炮和依赖陆军的中国，所有这一切只有拥有稠密人口的定居国家才能维系。

实际上，内亚的突厥语系族群和蒙古族今天已经适应了定居的生活方式。然而，游牧的历史给人类记忆留下了如此深刻的烙印，以至于对于他们的历史，或者他们社会（无关于历史时期）的大部分讨论都聚焦于那片特殊领域之中，这有充分的理由：即使今天的场景是关注的焦点，习俗与文化遗产也不会在一夜之间改变。部落归属和家庭世系的回忆（哈萨克人、吉尔吉斯人或土库曼人都是前游牧民族，今天仍然期盼通过七代来了解他们的祖先）依然保留着，这一特征被阿布热玛卓尼（Abramzon）、哈扎诺夫（Khazanov）等人类学家所研究，并被艾特玛托夫（Aitmatov）等小说家加以生动的描述，尤其是在他的作品《白轮船》（*The White Ship*）以及一篇文章之中（发表在一些苏联作家所合著的自传中）。游牧部落几乎没有文本作品问世，但却有大量璀璨的口传史诗和诗歌流传下来了，其中大部分描述了他们动荡的游牧生活方式、胜利以及考验，这些是激发他们现代子孙的自豪感和灵感的源泉，同时也是那些正在勤勉地研究和记录这一遗产的人类学家和历史学家所研究的课题。

第一章　开端

公元622年，对于那个时代的人们来说，只不过是一个很寻常的年份，没有大战和巨变产生。这一时期的主要强国，中国唐朝、波斯萨珊王朝和拜占庭希拉克略王朝（Heraclian）各自从最近的对抗中恢复过来，正忙于加强国力，或是为了迎接新的挑战。河中地区的小王公们正陶醉于他们自己繁华的弹丸之地乐不思蜀，而如有必要的话，他们也乐于承认突厥游牧民的宗主权。此时的突厥人建立了一个东起唐王朝北部边界，西至里海草原，绵延于内亚的强大汗国。与此同时，丝绸之路之上的粟特人和其他商人继续辗转于中亚，他们自古以来就从事着贸易，并将继续经商，直至中世纪末期。

伴随其璀璨文明和悠悠史载，在中国、波斯和拜占庭都出现过比当时统治王朝历史更古老的帝国。相对而言，突厥人直到最近，也就是公元6世纪中叶才建立起他们自己的汗国。这个汗国并非是在那些脆弱并昙花一现的诸多游牧帝国基础之上而猛然崛起的。被现代史学称为突厥帝国的这个汗国从公元552年延续到744年，其疆域是一片相对狭长的横向草原地带，只是被阿尔泰山和天山山脉所支配的山链所阻断或环绕。这一疆域构成的地理特殊性也许在这个突厥汗国分裂成两部——长支和幼支的趋势中起着辅助作用。长支即阿史那王朝（Ashina Dynasty），统治着阿尔泰山脉以东地区，并以今天蒙古国西北部鄂尔浑河谷为中心，这也就是为什么这一部分被称为"东突厥汗国"（或"北突厥汗国"，一个令人困惑的名称，但对于中原来说，却容易理解，因为位于其北部）的缘故；幼支统治西部，以天山西部和七河地区为中心，因此也被称为"西突厥汗国"。

47　　就在公元 622 年的同一年，穆罕默德，一个来自商业城市麦加的阿拉伯人，由于未能使他同乡和同部落古莱氏部落（Quraysh）相信他已被真主选为"哈泰姆·安比雅"（Khatam al-Anbiya，真主派遣的最后先知）来说服人类皈依一神信仰的最终模式，从而离开了那座城市，来到雅什里布（Yathrib，最后被称为先知之城 [Madinat al-Rasul] 或简称"麦地那"[Madina, Medina]），一片向北大约 100 公里的农业绿洲。穆罕默德的迁居 [在阿拉伯语中称作"希吉拉"（hijra，英语中为 hegira，意为"迁移或逃亡"）] 标志着他先知使命的根本变化。在麦地那，他不仅成功地聚集了一个信徒团体（其成员包括从麦加前来投奔他的信徒，以及当地皈依者），而且按照政治模式组织这一团体。简而言之，就是为一个神权国家的建立奠定了基石。由穆罕默德所创立的伊斯兰教，很快就在精神领域和世俗领域赢得伟大的胜利。不只是麦加，阿拉伯半岛很多地区都皈依了伊斯兰教或被其军队征服，到了创始人逝世那年，也就是公元 632 年，他的继承人也就是哈里发艾布·伯克尔（Abu Bakr，632—634 年）在麦地那登基，领导着一个生机勃勃的新国家，并准备发动一系列对东西方的史无前例的征服。在第二任哈里发欧麦尔（Umar，634—644 年）时期，"吉哈德"（jihad，"圣战"）为伊斯兰教夺取了叙利亚、埃及、伊拉克和波斯。下一波主要征服潮是在第一个伊斯兰王朝——倭玛亚王朝（Umayyads，661—750 年）主导下进行的。倭玛亚王朝取代建都在麦地那的前四个哈里发（艾布·伯克尔、欧麦尔、奥斯曼和阿里）。倭玛亚王朝大多数哈里发定都大马士革，在他们的统治下，伊斯兰帝国继续发展，东面囊括马瓦拉纳合（河中地区），西面占领安达鲁斯（Andalus，今西班牙）。

　　如果在那关键的年份公元 622 年，我们再次注目于中亚，就会看到多层面的场景，可以这样概括：呼罗珊是波斯萨珊王朝的一个省份，以木鹿为其首府。阿姆河对岸就是河中地区和中国新疆，当时这里散布着一些小王国，并以如下中心为它们的标志：布哈拉、撒马尔罕、赭时、苦盏、喀什噶尔、于阗、库车或高昌（吐鲁番的旧称）。花剌子模继续被定都于柯提（Kath）的阿夫格里王朝的花剌子模沙（Afrighid Khawarazmshahs）所统治，向北和向东越过另外一条河流锡尔河就进入西突厥汗国的疆域。与此同时，自南面而来的农业和城镇定居化进程使这一区域具备河中地区本部的一些特征。其形势在很多方面都很复杂，包括各种族群、语言、宗教、文化、经济、政体和效忠方式。上述的突厥汗国对于河中地区各王国的宗主权甚至可能有利于粟特元素反向扩张到游牧帝国的草原边缘。粟特语是一种波斯语，是河中地区的最重要语言。另一种亲属语言是花剌子模语（Khwarazmian），同一语系的其他语言被认为通行于其东面或东南面：比如新疆西部的和阗语（Khotanese）、吐火罗斯坦（Tokharistan）的大夏语（Bactrian）。跟粟特语与和阗语相比，花剌子模语和大夏语几乎没有留下书写痕迹，它们接下来的命运呈现了奇异的反差：花剌子模和于阗逐渐变成讲突厥语的地区，而巴克特里亚和吐火罗斯坦一样，保留了其波斯特征，和其北面的粟特邻居一样，被波斯化。这一结果具有双重讽刺意味：其一就是在那一地区采用了非波斯的吐火罗语名称；其二就是在伊斯兰教崛起之时，吐火罗斯坦的多数统治者是西突厥汗国的后裔。

正如我们在导言中已经说过的，波斯语言构成了印欧语系东支，和斯拉夫语一样被称为咝音类语言（satem）。吐火罗语也属于印欧语系，通行于新疆东部，但属于腭音类语言（kentum，肯通类语支）或印欧语系西支（和意大利-凯尔特语［Italo-Keltic］和日耳曼语一样），但最终却和花剌子模语以及和阗语一样，被获胜的突厥语言所取代。波斯语群和吐火罗语群与其他三大语系相邻：突厥语系、汉藏语系和印度语系。尽管在当时，无论是从文化上还是从宗教复杂程度上都无法与其邻居相媲美，但是突厥语言却逐渐成为内亚最强有力的交流工具。在公元622年以及接下来的几个世纪里，突厥语无可争辩地成为河中地区和新疆北面的草原带和山岳带的最主要语言。

在此期间，好几种宗教共存于中亚，这包括祆教（某些情况下是印度教）与本土同族祖先信仰之混合，摩尼教、佛教、基督教以及萨满教在伊斯兰教传入之前，彼此之间一直是没有发生过强烈对抗的近邻。作为一种二元宗教，实行拜火和特殊的葬俗，祆教在呼罗珊占据了支配地位，但它没有消灭别的宗教。它也许早在公元前1000年就兴起于那个省份，而且在上述所说的宗教之中是唯一真正的波斯宗教。公元622年，祆教的强势地位部分原因可能就在于波斯萨珊王朝将其定为国教。萨珊帝国，如我们所说，早已囊括呼罗珊。值得注意的是，在阿姆河对岸，也就是不在萨珊帝国的总督管辖范围的地区，祆教不得不将主动权让给别的宗教，尤其是河中地区的摩尼教和新疆的佛教。摩尼教是另外一种二元宗教，由创始人摩尼（Mani, 216—277 年）在当时波斯帝国的属地今伊拉克境内创立。但随后，摩尼教就被逐出波斯或拜占庭所统治地区。摩尼讲一种闪米特语（Semitic Tongue），类似于古叙利亚语（Syriac，阿拉姆语［Aramaic］的后期形式，也就是耶稣曾用的一种语言）。在接下来的几个世纪里，河中地区和新疆成为摩尼教信仰的主要地区，它在这些地区留下的影响超越了精神领域：其古叙利亚字母被粟特人所采用，后来传给了突厥人（但后来被阿拉伯字母所替代），其后又传到蒙古人那里，被他们一直使用到公元 1940 年。在伊斯兰教传入之前，在中亚的三种主要宗教之中，祆教传入最早，而佛教则排第三。佛教在呼罗珊和河中地区的存在微不足道，但在阿富汗和新疆却变成处于支配地位的宗教。巴里黑（Balkh，大夏）、于阗和高昌是最重要的佛教中心。唐朝的朝圣者玄奘（600—664 年）于公元 629 年路过高昌时，曾生动地描述高昌王对佛教的虔诚。梵语（Sanskrit）及其派生语言以及字母如婆罗米文（Brahmi）和其他文字如怯卢文（Kharoshti）及其派生，像来自古叙利亚语（Syriac）的粟特语，从印度西北部伴随佛教而来，但不久就失去其初期活力，逐渐让位于摩尼教的粟特语中的古叙利亚字母。基督教也很早就传入中亚。公元 4 世纪，木鹿就是其一个主教辖区的中心，然后基督教以聂斯脱利派（Nestorian，景教）的形式传遍我们所讨论的这个地域。除了其鲜明的个性之外，这个教派还与摩尼教有某些相同的特征，特别是都用古叙利亚语作为祭礼语言及文字。基督教从来没有试图在内亚建立首要地位，但后来，它有时竟在崇尚萨满的突厥人和蒙古人的贵族中起着重要作用。

　　以上就是公元 622 年内亚的一般状况。与此同时，在遥远的阿拉伯诞生的伊斯兰教并不仅仅表明这个宗教会很快进入内亚且与那些宗教共存，它意味着凡是穆斯林军队或传教徒能成功渗透的地区，就会出现了一种无论是在精神上还是在世俗上，新的不妥协的生活方式。随着下一个伊斯兰王朝，也就是阿巴斯王朝从公元 750 年开始执政，伊斯兰教在呼罗珊、河中地区、花刺子模赢得了胜利。再向北和向东，这一进程花费了很长的时间，但这一浪潮却从没有抵达蒙古。但这一例外本身却足以说明伊斯兰教惊人的活力，以及在内亚历史上产生的重大影响。

第二章　突厥汗国、中国扩张和阿拉伯征服

公元622年，突厥人的草原帝国统治区域从蒙古高原一直延伸到现在的吉尔吉斯斯坦和哈萨克斯坦，并分别以鄂尔浑和楚河河谷作为其东西两部的中心。这东西两翼都分别与南面的两个伟大的定居帝国和文明有着复杂的联系。在东面是中国唐朝，在西面是波斯萨珊王朝。

但在这有一个显著差异，那就是作为缓冲区的河中地区。这里的粟特王公们，自从他们曾经的领主，位于阿富汗的嚈哒帝国（Hephthalite）在公元6世纪60年代前半期被突厥-波斯联盟击败之后，就承认了突厥汗国的宗主地位，而呼罗珊作为嚈哒人的属地，也被萨珊帝国占领，因此，乌浒水（阿姆河）就成为萨珊帝国和突厥汗国之间的边界。河中的粟特居民致力于加强与他们所有邻居的友好关系，特别是商业联系，而且也乐于承认突厥人的宗主地位。起初，萨珊王朝曾偶尔试图渗透到河中地区，却没有成功，但从来没有进攻过草原上的突厥人的家园，这与唐朝的外交及军事战略形成强烈对比。中国唐朝的太宗皇帝（598？/599？—649年，627年登基）于公元630年向东突厥发动进攻，在接下来的五年里，迫使这个汗国成为其附庸。

此外，唐朝也成功地控制了西域地区，而疏勒（喀什噶尔）为其西部大都市。与突厥地区相比，唐朝对西域的治理更持久也更深思熟虑，部分是由于它包括了定居地区，因此更切实可行，更有吸引力。西域也使得唐朝疆域与河中和七河地区接壤，这就导致了一种复杂的关系：政治上，一些小国君主名义上承认了唐朝的宗主地位，希望借助中央帝国的天威建立起对他们的竞争者的优势；经济上，唐朝官方也参与丝绸之路的贸易，这无疑有助于大

量的久负盛名的中原奢侈品进入该区域，同时也有助于该地区著名的大宛良马输入唐朝。

唐朝治理西域的方式就是维持现状，允许保留其独特性以及生活方式，甚至当地政权（即"羁縻"政策。——译者注）。这一区域，中国人称之为"安西"（意为"平定西域"），被分成好几个行政区（通常四到五个），军队驻扎在各个战略要冲，当地的各个王公保留其特权，只需承认坐镇龟兹的唐朝都护的最高权威。

但在蒙古地区的突厥人却截然不同。其中一些游牧民仰慕中原王朝精妙深奥的文明，并为之倾倒，但是其他人发动了反抗唐朝统治的斗争。公元680年，他们赢得胜利，恢复了汗国，并将西突厥纳入统治之下。经过一代人的努力，到公元8世纪初叶，突厥汗国向西向南发动军事攻势进入了河中地区，甚至越过乌浒水（阿姆河）进入到阿富汗的吐火罗斯坦。然后在公元8世纪20—30年代，统治家族的几个成员和精英贵族通过一系列的碑铭记载了他们民族和王朝的早期历史、唐朝统治下的屈辱经历、极富戏剧性的反抗历程以及东征西讨的过程。一些主要的碑铭铭刻在蒙古西北部靠近鄂尔浑河谷的几处墓碑上，因此在现代学术文献中被称为"鄂尔浑碑铭"。碑旁的陵墓早已消失，但是我们依然可以通过碑铭文字，推断出这些陵墓一定是殡葬艺术的典范，也推断出是突厥人和汉人的工匠和艺术家齐力协作创作了它们。但是碑铭上的语言、铭刻的文字以及壮美的史诗使它们矗立于人类文化遗产的丰碑之林。这些铭文对于研究突厥语言史的语言学家来说是无价之宝。铭刻的文字，乍眼一看或仔细端详，十分的原始，可以追溯到在考古遗址中发现的更古老的突厥部落印记或符号（可能表示具备魔力或所有权的功能），这也就是起初对它们的破译看来几乎是不可能完成的缘故。直到丹麦语言学家威廉·汤姆森（Vilhelm Thomsen，1842—1927年）才破译了它们，并发表了这些碑铭的初译。从这些铭文中再现出近乎完美的突厥语语音结构的工作是令人钦佩的。这些文字起初看来是独创的，但是最后发现它们和近东的古叙利亚文有联系，是通过贸易路线，可能是由粟特商人的中介，传给七河地区的突厥人，然后再向东传播的。然而，突厥人彻底地修改了这种文字以适应突厥语的语音结构，因此认为这些文字属于突厥人自己的原创也并非牵强附会。碑铭中的典范就是公元726年的突厥大臣的《暾欲谷碑》（*Toñuquq*），数年后竖立的碑铭分别被称为可汗的《毗伽可汗碑》（*Bilgä Qaghan*）和其弟的《阙特勤碑》（*Kül-tegin*）。在20世纪50年代捷克考古学家出土了一尊有可能是王子阙特勤的塑像时，对这些碑铭的兴趣再度升温。

保存最好的碑铭是由毗伽可汗给其弟阙特勤铭刻的《阙特勤碑》，其开头是关于创世的普遍话题，然后立即集中于突厥人的往事：[1]

> 当上方蓝天、下方褐土初创之时，人类亦在二者之间生成。在众人之上，我的祖先土门可汗与室点密可汗成为君主。他们成为君主之后，便组织和治理着突厥人的国家与体制。天下四方之人均对他们怀有敌意。他们率军远征，讨伐了天下四方的所有民族，从而征服之。他们使高傲的敌人俯首，强大的敌人屈膝。他们令突厥人向东移居到卡迪尔汗山林，向西则远至铁门关。他们治理着这两地之间从无部落组织的蓝突厥人。贤明的可汗即是他们，英勇的可汗即是他们。他们的诸梅录确实也是贤明和英勇的。伯克们与普通民众都循规蹈矩。

这一段铭文是指由布民可汗（Qaghans Bumin，552—553年在位）建立突厥汗国早期后发生的一系列事件。其汗国分成两大部分，其子木杆（Muqan，553—572年在位）与其弟室点密（Istämi，553—575年在位）分别是东、西突厥可汗。上述所说的唐朝统治东突厥时期（630—680年）被王族阿史那氏族的一位成员所领导的反抗斗争所终结。这个人于是就成为颉跌利施可汗（Iltärish，意为"统一者"，682—692年）。唐朝统治的插曲，颉跌利施可汗的战争以及其继承人实现的征服是此碑中最富有戏剧性的三段铭文。下面有两段范例，首先是唐朝统治的插曲：[2]

---

[1] Kül Tegin stele, East 1-4; T.Tekin, *A Grammar of Orkhon Turkic* (Bloomington, 1968), pp.232 (Turkic text), 263-264; D. Sinor, "The Establishment and Dissolution of the Turk Empire," in *The Cambridge History of Early Inner Asia* (henceforth *CHEIA*), p.297. 汉译摘自芮传明先生译文。——译者注

[2] Kül Tegin stele, East 5-8; Tekin, *Grammar*, pp.232-233 and 264; Sinor, "Eastablishment," p.310. 汉译摘自芮传明先生译文。——译者注

兄弟们继为可汗，以及儿子们继为可汗。但是，弟弟不肖其兄长，儿子不肖其父辈。因此，昏聩的可汗登位，无能的可汗登位。他们的梅录们也昏聩无能。由于伯克及普通民众互相不睦，以及汉人的诡谲奸诈，由于他们狡猾地制造了弟兄们之间的分裂，导致了伯克和大众的相互纷争，突厥人遂使他们先前建立的国家走向毁灭，使他们先前拥戴的可汗趋于垮台。原来的老爷成了汉人的奴仆，原来的太太成了汉人的婢女。突厥的伯克们放弃了其突厥官衔。在汉人那里的伯克们拥有了汉人的官衔，并听从于汉人可汗，为他服务五十年之久。

下面一段说的是反抗唐朝统治以及随后的征战历程：[1]

我父可汗与十七个人离开。在听到（颉跌利施）出发的消息后，城里的人前往山上，山上的人则下山会合，于是聚集了七十个人。由于上天赋予了力量，我父可汗的战士们如狼一般，他的敌人则似绵羊。经过向着前方与后方的征战，他将人们召集起来，总数达到七百人。达到七百人之后，（我父可汗）遵照祖先规章，组织和号令曾经沦为奴婢，曾经丧失突厥体制的人们。他还组织起突利部人和达头部人，封赐一名叶护与一名设。在南方，汉人是敌人，在北方，匐职可汗与九姓乌古斯是敌人，黠戛斯人、骨利干人、三十姓鞑靼、契丹、奚等全都与我们为敌。我父可汗（征讨？）所有这些（民族？）。他征战四十七次，打了二十仗。承蒙上天的恩宠，他夺取了曾经有国之人的国土，俘获了曾经有可汗之人的可汗，他镇服了敌人。他令强大的敌人屈膝，高傲的敌人俯首。

这段铭文因此叙述了突厥征战的强有力的节奏和横扫一切的气势，东击

---

[1] Kül Tegin stele, East 11-15; Tekin, *Grammar*, pp.233-234 and 265-266; Sinor, "Establishment," p.311. 汉译摘自芮传明先生译文。——译者注

满洲，西攻河中地区和吐火罗斯坦。

其间，西域和河中地区继续展示其特殊的个性，它们之间的区别是：西域在唐朝的统治下，而河中地区尽管保持着模糊的突厥藩臣身份——也许不是一连串间歇性的对于突厥的切实的政治臣服——从而将当地王公与突厥可汗联系在一起，但依然有其万花筒般的实际状况——独立程度不同的王国、通用多种波斯方言、信仰各自不同的宗教。但是这两个地区不久都将经历一次进程，最终转化为相当统一的社会，它们主要的通用语言将是突厥语，最重要的宗教将是伊斯兰教。这一复杂的进程展示出若干不同的形式，迥异的发展或静止模式，但却有两个决定性的且互相联系的方面：其一，伊斯兰教所鼓舞的活力激发了穆斯林军队的冲击力，这一军事冲击力首先由阿拉伯人所驾驭，然后是波斯人，最后是突厥语皈依者；其二，游牧民族的军事活力，在那时主要是突厥人，他们只需借助额外的触发，便向相反的西南方向开启了突厥语化进程的第二阶段。这里我们将指出由新宗教信条所鼓舞的阿拉伯人和由准军事生活方式所激发的突厥人之间有着一定程度的类似性，《古兰经》的启发力与讲述东征西讨的《鄂尔浑碑铭》史诗的魅力之间也有着一定程度的类比性。这两个方面不会存在于定居民族。意味深长的是，东南面和西北面的两个强大邻居——中国和一千年之后的俄国，将依然不能改变伊斯兰化和突厥语化这两个催化因素所带来的影响，尽管她们周期性地或最终控制该区域。

阿拉伯征服

阿拉伯人在进入河中地区之前，迅速地征服了波斯。当时波斯萨珊王朝最后一位君主耶兹德格德三世（Yazdgird III）在穆斯林进军之前，逃到了呼罗珊，于公元 651 年在木鹿附近被边疆总督马贺（Mahuyi）所杀。呼罗珊在其后数十年里成为伊斯兰帝国东北前线，木鹿为其总督驻地。

阿拉伯人从公元 635 年在幼发拉底河附近发动卡迪西亚（Qadisiya）战役到公元 7 世纪 50 年代占领木鹿为止，最多也就历时 20 年时间征服了波斯萨珊帝国。与之相比，征服河中地区却是艰苦且旷日持久的进程。阿拉伯人花费将近一个世纪才将河中地区牢牢地控制在穆斯林统治之下。而这一差异的解释可以从萨珊帝国与中亚的政体结构的不同中找到。萨珊王朝是由一个帝国中心所统治的中央集权单一国家，一旦这个中心被攻陷，整个帝国将向征服者屈服，而河中地区则是众多小王国林立，不可能被一拳击倒（尽管这个论据，由费耐生［R. Frye］在其著作《中亚的遗产》[Heritage of Central Asia]中提出，看来很有说服力，其说服力应当可以驳斥以下观点：就是当阿拉伯人开始征战时，萨珊王朝已过其巅峰，帝国已丧失往昔活力。假如对抗出现在其早期的话，那么王朝的中央集权统治可能会显示其威力，也将会有不同的结局）。这里也有其他影响因素，诸如政治、心理以及地缘政治因素等。呼罗珊作为萨珊帝国的一个总督辖区，它的陷落意味着整个波斯帝国被完全征服。大约在同一时间，公元642年，阿拉伯人从拜占庭手中夺取埃及。当时依然定都麦地那的哈里发们，面对着统治他们年轻帝国的史无前例的挑战。最终，乌浒水（Oxus，阿姆河），尽管绝非不可能渡过，却成为心理和战略上的边界。意味深长的是，无论是波斯萨珊王朝或是其前朝，更经常地将它们的属地延伸到呼罗珊以东，进入吐火罗斯坦南部地区而不是渡过乌浒水进入河中地区。

在河中地区，形形色色的君主们统治着他们各自的弹丸之地，这形成了与尊贵的波斯"众王之王"之间的鲜明对比。这些小王公也炫耀着他们各自不同的头衔，多半来源于波斯，看起来仅仅是"族中长者"（primi inter pares），他们的平辈不过是拥有土地的贵族，被称为"迪赫干"（dihqans，伊斯兰世界中自愿征集税收并保留部分税收的土地所有者）。此外，成为一个地主不是唯一使人出名的头衔，粟特城市中的富商仅比当地贵族略低一等。

在占领呼罗珊之后，超过半个世纪的时期里，阿拉伯的总督们曾深入乌浒水（阿姆河）对岸劫掠，但没有明显计划将"伊斯兰之地"（Dar al-Islam）边疆延伸到那个方向上去。他们的报酬仅仅是战利品，这使得某些历史学家低估了征服中亚过程中伊斯兰教所起的角色。一旦屈底波·伊本·穆斯林

（Qutayba ibn Muslim）执意进行征服活动的话，这种新宗教的传入就成为其扩展进程中不可分割的一部分。

屈底波是一个名叫"巴西剌"（Bahila）的部落的阿拉伯人。这个部落避开在如呼罗珊那样新征服地区阿拉伯部落之间特有的自相残杀，这有助于屈底波做出选择，投奔著名的伊拉克总督赫贾吉（al-Hajjaj），并被任命为呼罗珊地方长官。当时的哈里发韦立德（al-Walid）坚定地支持这对搭档（总督和助手）。在公元705—715年这十年间，屈底波开始了一系列的征战，为河中地区和花剌子模的伊斯兰化奠定了基础。这一系列戏剧化但时常英勇的征战以引人入胜的细节描述（无疑经常有相当程度的美化）被阿拉伯历史学家记录下来。离呼罗珊最近的王国安国（布哈拉）自然是屈底波的第一个目标。从木鹿出发穿过包围乌浒水（阿姆河）的沙漠地带，以阿莫尔（Amul）为渡口（过乌浒水）。坐落于阿姆河与布哈拉中间的是沛肯（Baykand），这座著名的商业城市因通往中国的丝绸之路而富饶繁荣。公元706年屈底波占领了沛肯，然后撤回了木鹿；一场反抗运动令他不得不率军快速杀回镇压，并对反叛者处以杀一儆百的惩罚。占领该国都城的设想只有到公元709年才成功实现。到那时，布哈拉人与阿拉伯人打交道时不再生疏。当时布哈拉统治者的母亲，在穆斯林史书以可敦（Khatun，皇后）头衔称呼，屡次向坐镇木鹿城的总督进贡来试图保持独立地位。然而这次贡物却无能为力，无疑是由于屈底波有征服河中的更大计划。不过，他没有立即放弃让当地统治者保持王位的做法，只不过强加以苛刻的服从和贡品的条款。可敦之子瓦尔丹（Tughshada）继续担任布哈拉的胡达特（khuda 或 khudat，中亚波斯的一种王公头衔）。粟特王国的都城撒马尔罕起初看来想效仿布哈拉可敦的成功故事，因为国王突昏（Tarkhun）也送给屈底波贡品和人质。但最后突昏却为了维持这一和平局面而丢掉性命，因为一个派别反对这一和约而杀死了他，选择他们的首领乌勒伽（Ghurak）为布哈拉之主。这导致屈底波对该城发动全面进攻，但是没有立即开始，那是因为他不得不加强对中亚另外两地——吐火罗斯坦和花剌子模的攻势。吐火罗斯坦在某种程度上成为受阿拉伯人控制的一个省份，但是随后被反抗者所洗劫，迫使屈底波亲自出马加以平定。这些事件发生在公元710年或711年，这位阿拉伯统帅第二次从巴里黑经由泰尔梅兹和铁门关至布哈拉和木鹿。到那时，屈底波注意力已转向花刺子模，因为其君主邀请他帮助处理其国内部事务：花刺子模沙的确送信抱怨其弟霍尔扎德（Khurrazad）尽管地位较低，却威胁他和整个王国。屈底波似乎正当准备进攻撒马尔罕之时，收到他的求援信，于是调转枪头直扑花刺子模，几乎兵不血刃地控制这一王国，派其弟阿卜杜勒·拉赫曼（Abd al-Rahman ibn Muslim）率4000人实行惩罚性远征，并显然捕获了霍尔扎德。正坐镇都城（大概是柯提）等候的屈底波将霍尔扎德交给了花刺子模沙将其杀死，而屈底波则处死了全部战俘（可能是应花刺子模沙的请求）。和在布哈拉一样，屈底波允许当地的君主保留其王位，不过要听命于驻守该地的一位阿拉伯总督。但是第一位总督伊亚斯·伊本·阿卜杜拉（Iyas ibn Abdallah）并不胜任，未能阻止在该地的一次叛乱，在这场叛乱中花刺子模人杀死了自己的君主。奇怪的是，反叛者攻击了花刺子模沙而非阿拉伯人，因此这场运动虽然的确不是反抗阿拉伯的宗主权，但这也未能使他们幸免于可怕的报复。在屈底波另外一个兄弟阿卜杜拉（Abdallah ibn Muslim）的牵制下，一支阿拉伯军队在成功地征服撒马尔罕之后，再次夺回了花刺子模，屠杀了大多数的上等阶层成员，并摧毁了这个地区大量的文化遗产。紧随第一次花刺子模战役之后，就轮到了撒马尔罕，这依然是在公元712年。一般来说，屈底波本该是返回木鹿，但是他施展谋略，趁其不备占领粟特。我们关于这一阶段伊斯兰历史的主要史料来源于伟大的历史学家塔巴里（Tabari，卒于923年），因此有必要请他叙述一下这些重要事件的来龙去脉：

  屈底波率领2万人抵达粟特……跟随他抵达那里的还有花刺子模人和布哈拉人……他说："当我们突然抵达一个国家的门口时，却被他们发现，这是多么不妙！"他率军围城足有一个月。在被围其间，粟特人与穆斯林激战了多次，然后写信向石国（Shash，赭时）国王和费尔干纳国王求援："如果阿拉伯人打败了我们，他们就会像对付我们一样，对付你们！"两国同意派兵抗击穆斯林并送信给粟特人，"请先派人吸引阿拉伯人的兵力,我们将乘夜间偷袭其大营"。[1]

作者然后叙述屈底波如何通过谍报得知他们的攻击计划,又如何运用谋略并英勇作战挫败了他们。作者也表达了对敌军顽强奋战精神的敬佩。根据一个参战者的叙述:

> 我当时在场,但是从来没有看到这样的队伍,在身处逆境中作战是如此不屈不挠,只有少数人逃跑。我们收集了他们的武器,割下他们的头颅,抓获俘虏。我们问他们这些被杀的到底是什么人,他们回答说:"你们所杀的是国王的儿子,贵族的或是英雄的后人;所杀的一人可抵百人。"既然那样,我们在死者的耳朵上写下了他们的名字。然后我们在早晨进入大营,没有一人不拎着个写上姓名的头颅。我们缴获精美的武器、珍宝和轻快的坐骑,屈底波允许我们将它们当成私人战利品。

这场胜利使得粟特人丧失了与阿拉伯人在旷野正面作战的能力,而接下来的战役就是围城。屈底波得到了布哈拉人和花剌子模人的大量帮助,而这激起了康国国王乌勒伽(Ghurak)的嘲弄,这就戳到了这位阿拉伯统帅的痛处:

> 乌勒伽送信给屈底波说:"你靠非阿拉伯人与我们的兄弟和亲戚作战,有骨气的话派阿拉伯人和我们交锋!"屈底波恼羞成怒,召唤贾达里(al-Jadali),对他说:"去检阅军队,挑选最勇敢的士兵!"他遵命执行,然后屈底波率领他们进军,使用步、骑兵与敌人交战,运用抛石机轰击敌军城池,最后轰破了守城者用谷子袋堵塞的一处缺口。接着出现一人站在豁口高处,大声辱骂着屈底波。屈底波告诉身旁的弓箭手:"挑两个人出来。"他们照办。屈底波接着说道:"不管你们二人之中谁

---

[1] *Tarikh*, published as *Annales*, ed. De Goeje, series 2, vol. II, pp. 1243-1253 (Arabic text); a cooperative translation project currently published as *The History of al-Tabari* (passages pertaining to this subject in vol. XXIII, pp. 191-201, by M. Hinds).

要射此人，如果射中，就赏一万迪拉姆（dirhams），但若没中，手将被砍下。"其中一人退缩了，但是另一人自告奋勇上前并射中了站在豁口的那人右眼。屈底波当场奖励他一万迪拉姆。

塔巴里接着叙述阿拉伯人如何继续前进，并扩大了冲破的豁口，最后异教徒被迫求和。次日，屈底波与他们讲和，其附加条件如下：（一）总额220万迪拉姆的赔款。（二）三万名没有身体缺陷的奴隶（不包括小孩及老人）。（三）他们将为迎接屈底波入城而清扫城市，不准有任何作战人员留在城内。（四）将在撒马尔罕为屈底波建造一座清真寺供他祈祷，其内将修建一座讲道台（minbar）将供他布道时使用。此和约与乌勒伽私下签订，而乌勒伽甚至在后来的安排中扮演了一个未知的角色。然而偶像崇拜的粟特城转变成一个穆斯林据点是显而易见的。以下就是塔巴里的叙述：

掠夺来的偶像摆在屈底波面前，堆积如山。他下令将其全部焚毁，一旁的非阿拉伯人告诉屈底波："此中的一些偶像如被烧毁的话，那动手烧毁的人也将会死。"屈底波回答："我将亲自动手焚毁。"乌勒伽过来，向他跪下说道："效忠于您是我义不容辞的职责，请不要毁了这些偶像。"屈底波下令取火，并手拿一木牌，上前宣告："伟大的真主！"点燃了它们，迅猛燃烧。他们发现烧剩下的金、银钉子重达五万密塞坷（mithqals，略重于3.5克）。

屈底波最后返回木鹿，下面就是塔巴里告诉我们屈底波离开撒马尔罕前所采取的最后措施：

然后屈底波出发，离开了撒马尔罕，委任其兄弟阿卜杜拉留此镇守，给他一支庞大的军队和大批军用物资，并告诉他："如果是城外的多神教徒（mushrik），手上没有涂标记，不准进入撒马尔罕的任何城门。如果在他们出城前，手中泥土标记已干，则格杀勿论！如果发现他们手中有一寸铁，一把刀，或其他物件，格杀勿论！如果晚上关上城门后,仍然在城中发现他们,格杀勿论!"

因此可以很恰当地认为屈底波是在中亚三处至关重要地区:吐火罗斯坦、花剌子模和粟特的阿拉伯穆斯林势力存在的奠基者或巩固者。在以上战役之中,他才刚五十岁出头,精力充沛,并准备将下一个目标投向突厥斯坦——锡尔河对岸通向赭时之间的地区。但是这一切却被发生在阿拉伯人故乡的一系列事件所阻止,首先是伊拉克,然后是帝国的中心大马士革。屈底波强有力的支持者伊拉克总督(实际上是帝国东部统帅)赫贾吉死于库法,其后哈里发韦立德死于大马士革。哈里发之位就传给了韦立德之弟苏莱曼(715—717年),他对屈底波非常仇视,因为屈底波支持倭玛亚王朝家族另一个成员的哈里发之职的候选资格,于是立即撤掉屈底波的呼罗珊总督之位。屈底波试图挑战新哈里发的权威,继续自行其事,但在穆斯林军中却找不到拥护者,随后于公元715年在费尔干纳被杀。

屈底波在中亚的战争对应于突厥汗国势力在该地区最后但也最令人印象深刻的阶段。公元689—712年突厥可汗的远征军数次入侵粟特。在阿拉伯人与粟特人之战的一个版本中,塔巴里说康国国王乌勒伽曾写信向突厥可汗求援。东突厥人似乎主要是渴望控制他们的小伙伴西突厥,但是《阙特勤碑铭》提到:"和我的叔父可汗一起继续作战……向西一直打到铁门关。"[1]这次战役可能绕过康国(撒马尔罕),可能与上述求援有关。

屈底波之死暂时中止了穆斯林在中亚的扩张。一个世纪之后,"圣战"(jihad)重新开始时,领导者不再是阿拉伯人而是艾摘木人(Ajam,该词经常被翻译为"非阿拉伯人",但实际上是指改宗伊斯兰教前后的波斯人),他们的主要目标是药杀水(锡尔河)对岸的土地。扩张的中止与局势不断紧张的呼罗珊有关,这个省份的重要性也许搁置了巩固穆斯林在河中地区统治的严峻任务。该地区的持续紧张源于若干不同的因素,如阿拉伯部落内部相斗(将阿拉伯南方人合并在一起称为卡尔布[Kalb]对抗那些阿拉伯北方人盖斯[Qays]),当地指挥官的叛乱,那些原本皈依伊斯兰教的中亚首领因

---

[1] Kül Tegin stele, E18; Tekin, *Grammar*, pp. 234 (Turkic text) and 266 (English translation).

骚乱似乎能使自己利益最大化而频繁变节。最后一个因素就是遍及大众的动乱状况而引发了一系列起义，大多以某种宗教派别的面目出现，但经常有着更深刻的社会经济和精神根源。

到公元8世纪中叶，在呼罗珊正酝酿着一场运动，并最终推翻了倭玛亚王朝，取而代之的是阿巴斯王朝，建都巴格达。"阿巴斯革命"公开口号是希望建立乌玛（umma，穆斯林共同体），并由属于先知家族的哈里发统治，其伴随的设想就是他们将更加勤勉地执行先知的圣训。这当然成为什叶派运动的主题，但看起来，阿里和法蒂玛的嫡系后人在早期并非绝对不可或缺。其他亲属也正要求他们的继承权，其中之一就是哈希米耶派（Hashimiya）。这一派别的王朝继承资格可追溯到先知的一位叔父阿巴斯（al-Abbas）。他的曾孙萨法赫（al-Saffah）和曼苏尔（al-Mansur）是阿巴斯王朝最早的两位哈里发。尊号哈希姆（Hashimis）有两种解释，其一就是哈希姆·伊本·阿卜杜拉·曼纳夫（Hashim ibn Abd al-Manaf），是阿卜杜拉·穆塔利布（Abd al-Muttalib）之父和阿巴斯的祖父。他的名字可作为其先知家族成员的证明，因为穆塔利布是穆罕默德的祖父。然而在这种情况下，共同的祖先可以使一代人和先知的关系更亲密，然后问题就是为什么不是穆塔利布而是哈希姆成为这一派别的代名词。答案可以从另外一位哈希姆，即阿布·哈希姆·阿卜杜拉（Abu Hashim Abdallah）的名字中找到。这位哈希姆是先知的女婿及堂弟阿里的一个孙子，他祖母不是先知的女儿法蒂玛（与哈桑[Hasan]和侯赛因[Husayn]形成对比），而是另外一位女性哈乃斐耶（Hanafiya），因此他以标准称呼穆罕默德·伊本·哈乃斐耶（Muhammad ibn al-Hanafiya）而著名。这一脉直到阿布·哈希姆·阿卜杜拉（Abu Hashim Abdallah）于公元716年死后无嗣而宣告结束。反对倭玛亚王朝的什叶派的规模越来越大，拥护穆罕默德·伊本·哈乃斐耶的哈里发候选资格的口号特别醒目，等到哈乃斐耶之子作为合适的伊玛目资格而崭露头角之时，一种特别的学说解释了健在的——伊玛目的选择人选伊玛目体制（imamate）的可继承性。当临终之时，据说阿布·哈希姆（Abu Hashim）将伊玛目传给了穆罕默德·伊本·阿里（Muhammad ibn Ali），即阿巴斯的曾孙。据说瓦斯亚（Wasiya，伊斯兰遗嘱）产生于侯迈麦（Humayma，约旦南部马安[Maan]与佩特拉古城［Petra］之间的一座城镇），阿巴斯家族的故乡。从那时起，阿巴斯王朝的什叶派系统地组织了政治宣传攻势，目标就是推翻倭玛亚王朝统治并准备迎接最终接管。有一段时间，侯迈麦继续作为其中心，但很快就在伊拉克境内的要塞库法建立新的总部，并最后在呼罗珊酝酿武装起义，展开军事行动。公元742—749年是很关键的时期，在此期间仍在侯迈麦的阿巴斯·易卜拉欣（Abbasid Ibrahim）领导了这场运动。正是他于公元745年授权给他的麦瓦里（mawla，自由民，被解放的奴隶）阿布·穆斯林（Abu Muslim），令其在呼罗珊开展运动。对于阿布·穆斯林和呼罗珊，这两个选择都是非常有意义的。这个边疆省份的穆斯林团体包括很多麦瓦里，其中大多数是波斯人（也包括阿布·穆斯林），他们准备加入反抗运动，其宗旨是穆斯林平等派所主张的更多的平等机会。他们不满的最主要原因就是倭玛亚王朝当权者按惯例继续征收"人丁税"（jizya），征收对象根据伊斯兰教法针对哈里发的非穆斯林臣民，但也包括那些皈依伊斯兰教后本该豁免这种税的臣民。与此同时，阿拉伯的要塞军人和定居者也苦于倭玛亚总督们所执行的某些政策，并在阿拉伯一些部落如卡尔布人（Kalbites，也门人）与盖斯人（Qaysites）之间的明争暗斗中深受其害，因此也乐意支持推翻这一王朝统治。阿布·穆斯林在呼罗珊找到了足够的响应者，因此到公元747年，秘密运动演变为公开挑战倭玛亚王朝。阿布·穆斯林在这次起义中展示了天才般的政治组织才能，而易卜拉欣则再一次地做出成功判断，任命阿拉伯人古塔伯（Qahtaba）担任军事指挥官。倭玛亚王朝最后一任总督奈斯尔·伊本·赛雅尔（Nasr ibn al-Sayyar）于公元748年被撵出木鹿，而阿布·穆斯林任命也门人阿里·伊本·克尔曼尼（Ali ibn al-Karmani）作为阿巴斯王朝的第一任呼罗珊总督。与高效率的阿巴斯王朝的行动相比，在大马士革的倭玛亚王朝哈里发行动迟缓低效。只有当公元749年古塔伯开始从呼罗珊向伊拉克进军之后，麦尔旺二世（Marwan II）才在侯迈麦逮捕了易卜拉欣并将其带到叙利亚，在八月或被立即杀死，或被折磨致死。与此同时，阿巴斯军队猛烈地攻陷库法，并继续进军叙利亚。公元749年11月易卜拉欣之弟阿布·阿巴斯·赛法哈（Abu al-Abbas al-Saffah）在库法的一座大清真寺宣誓就任哈里发。

阿布·穆斯林没有跟随胜利的阿巴斯军队进军伊拉克，而是留在木鹿，并最终成为这个新王朝的呼罗珊总督。他坐镇于此当然需要密切注视当地不安的局势，那些继续革命的人们开始挑战新主人，原因是虔诚统治的诺言没有兑现。在那里掀起了一系列的反叛运动的人当中，其中一些人是以拥护阿里的什叶派（Alids）为名义，其他一些人是受拥有先知的最终版本的魅力型领导者所激励，但是更多一些起源于早期救世主式崇拜与大众渴望更大的社会公正之组合。其中两种现象脱颖而出，极具典型性。在尼沙布尔出现一个名叫比哈法儿（Bih-Afarid）的人，他声称怀有神圣使命建立一个新的掺杂有一些祆教成分的宗教信仰。他并不挑战阿布·穆斯林和伊斯兰共同体，而是反对那些继续担任当地宗教社团首领的传统祆教祭司（mubadhs），那些人拥有受保护民或受保护的少数派的地位。这些祆教祭司向阿布·穆斯林抱怨这一事件，请他注意这一麻烦制造者对他们和他本人都具有危险，总督因此镇压了这场运动。同时他也在河中地区镇压了一次拥护阿里的什叶派的由谢里克·伊本·谢赫·迈赫里（Sharik ibn Shaykh al-Mahri）领导的起义。谢里克赢得了布哈拉和花剌子模一部分阿拉伯定居点的支持，也包括布哈拉的城市居民，而由当地统治者布哈尔·胡达特·屈底波（Bukhar Khudat Qutayba，这个粟特贵族和屈底波·伊本·穆斯林没有任何关系，而是上文所说的布哈尔·胡达特·瓦尔丹［Bukhar Khudat Tughshada］的一个儿子。布哈尔·胡达特·瓦尔丹为纪念那位阿拉伯统帅而给其子起该名）所领导的当地贵族阶层继续站在他们新主人的一边。阿布·穆斯林本人没有亲自干涉，而是派齐雅德·伊本·萨利赫（Ziyad ibn Salih）迅速无情地镇压了起义者。首先在布哈拉，然后在撒马尔罕。齐雅德继续留在撒马尔罕担任总督，很快参加并赢得了一场战役的胜利，这场战役的历史重要性将会在后面提到。

属于阿布·穆斯林派别成员的哈希姆·伊本·哈基姆（Hashim ibn Hakim，他的准确姓名有所争议）是巴里黑人，很早就搬到木鹿城附近。他参加了阿巴斯达瓦（dawa，宗教政治宣传运动），公元755年阿布·穆斯林被杀后，加入了什叶派一个极端组织，该组织经常以其古拉特派（ghulat）作为名称，意为"极度渲染者"。这些异议人士经常声称具有理解《古兰经》内在含义（batin，其结合名词为Batiniya，内学派）的能力，因此可以随意解释《古兰经》，而与更正统的信徒遵照的《古兰经》的字面含义形成对照。一些内学派（Batiniya）甚至把先知资格或神性加到他们教派的创始人或领导者头上。一个显著实例就是，一个教派的创始人哈希姆·伊本·哈基姆于公元759年或其后不久出现，宣称他是一位先知，神的化身。他开始出现时，脸被基纳（qina，面罩，绿绸或金制面具）遮住，于是以穆盖奈尔（al-Muqanna，阿拉伯语"戴面具的人"）而出名。这一举止的缘由有两种解释的版本：根据他的追随者认为，他要保护人们不受他身上神圣光芒的影响；或根据他的诋毁者认为，他希望掩盖面部的畸形。穆盖奈尔在呼罗珊赢得了一批虔诚的追随者，但是不足以在那里公开反抗阿巴斯王朝的权威。然而他的讲台或传教在河中地区却获得了显著成功，因此他亲自发动公开起义，几乎推翻阿巴斯王朝在中亚的统治。这场斗争持续了大约14年，经历数次失败之后，哈里发马赫迪（al-Mahdi）的军队设法包围了位于粟特城市佉沙东部反叛者的山中要塞萨纳姆（Sanam），并于公元783年攻陷了它。穆盖奈尔在攻击中身亡，史料提供了关于他之死的相互矛盾的版本。一种说法是他投入火中，希望被烧为灰烬从而能使他的信徒认为他升入天堂。他领导的这场运动的后来命运证实了这一精神版本。它作为地下教派也许持续了足有两个世纪，表面上宣称信奉伊斯兰教，但是秘密期待着穆盖奈尔胜利回归。这场运动的初始力量和其后的韧劲被一些历史学家归功于它的社会宗教预示：穆盖奈尔宣扬从穆斯林宗教仪式管制中解放出来，同时公共所有权不仅包括产品，甚至也包括妇女。这一教派的名称，阿拉伯语为"al-Mubayyida"，波斯语为"Safid-jamagan"（意为穿白衣者），通常被理解为反抗阿巴斯王朝的标志，因为阿巴斯王朝的颜色标志是黑色（因此也称al-Musawwida），也许可以通过群众穿白衣来解释构成穆盖奈尔追随者大部是河中地区的农民。然而这场运动的奇怪特征就是它在毗邻的草原上突厥人中很成功，至少有资料说明他给突厥的可汗们写过信，而且其中一些可汗后来加入这一运动。他们也许是被该运动起初成功突袭阿巴斯所统治的定居地区的行动所吸引。一些历史学家将这一教派的"社会主义"（或甚至"共产主义"）特征与波斯萨珊王朝卡瓦德（Kavad，公元488—531年）统治时期由马兹达克（Mazdak）创始的原始共产主义运动联系到一起，该运动被萨珊后来的继承人库斯鲁一世（Chosroes I）所镇压。正是这一由穆盖奈尔宣扬的社会预言，使他在苏联史学界获得好评并引起了相当程度的兴趣。

回鹘汗国

当牢牢控制河中地区之后，阿拉伯人开始探索药杀水（锡尔河）对岸区域。这一区域就是由突厥语汗国西翼统治的七河地区。到了公元8世纪中叶，当阿拉伯人向七河地区推进势头加快之时，位于蒙古的突厥汗国东翼已经崩溃，并被另一支突厥语部落所替代，就是上述所说的回鹘人，他们所建的汗国从公元744年持续到840年。这一转变可以说更像是统治阶级、部族或部落的更迭，而不是真正种族或语言的改变，与同时代的改朝换代如穆斯林帝国中从倭玛亚王朝转为阿巴斯王朝相比，似乎没有发生质变。回鹘语言和拼写文字、汗国的政治中心地理位置几乎与突厥汗国一致。主要差异也许就是回鹘汗国的统治氏族满足于在蒙古和新疆东部的统治，无意于东征西讨。而且回鹘人在多数情况下与中原汉人保持着活跃的、友好的关系，包括与唐朝的贸易和联姻。他们和突厥人还有其他一些差异，那就是新汗国有一个明确的都城哈拉巴喇哈逊（Qarabalghasun，或 Ordubaligh），一部分人口开始定居下来并从事农耕，当牟羽可汗（759—779年）去唐朝的另外一个都城洛阳（唐朝两都之一，最著名的是长安，即现在的西安）时，在当地粟特商业社团的传教士说服下，皈依了摩尼教，并将其定为国教。这一改宗转变了回鹘贵族们的意识形态，这很明显地体现在回鹘汗国在都城哈拉巴喇哈逊树立的碑铭主旨与早期突厥的对比之中。非穆斯林王朝的尚武精神被改宗皈依者的慈悲为怀的道德观念所替代，很像很多世纪之后东蒙古人皈依佛教的状况。下文就是摘录于树立在哈拉巴喇哈逊的一段碑铭：

> 让人们接受光明之教，将通行的野蛮习俗、充满血腥的国度转变成百姓戒绝肉食的国度，将大肆杀戮的国度变成遍地善行的王国。

然而回鹘汗国暂时保留着突厥文明一个鲜明的特征，如尼文（rune）碑铭。

751 年之战

与此同时，在以前被认为是属于西突厥汗国的区域，出现了与东突厥类似的演变，通常被称作突骑施（Turgesh）的部落获得支配地位，并发展了与其统治边缘定居地以及河中地区的一种共生关系。除了楚河流域的城市碎叶（Suyab）之外，我们也应当提及怛罗斯（Talas 或 Taraz，靠近现代的江布尔城），另一座向西靠近塔拉斯河的城市，对应于回鹘汗国的哈拉巴喇哈逊。此外，在七河地区依然信仰萨满崇拜的突厥人很快就要面对穆斯林的到来，并最终皈依伊斯兰教。这一进程首先是由区区小事而引发的，然而这一事件却带来了极具历史意义的深刻影响。

新疆在那时，也就是公元 8 世纪中叶，在唐朝统治下已近百年，当地小王公们接受坐镇龟兹的唐朝都护的管辖。唐朝力量的触角此时也开始向西延伸，石国（塔什干）和拔汗那（费尔干纳）的统治者似乎属于唐朝藩臣之列。石国（塔什干）统治者具有一个突厥头衔——车鼻施（chabish），而拔汗那（费尔干纳）的统治者则具有波斯头衔——伊赫希德（ikhshid，可能反映其民族语言背景）。和他们一样，游牧的突骑施也承认唐朝的宗主权。公元 750 年，在那里，石国（塔什干）与拔汗那（费尔干纳）之间爆发了激烈的冲突，而突骑施参与进来成为石国（塔什干）的盟友。拔汗那（费尔干纳）向唐朝求援。唐朝皇帝派遣镇守新疆的统帅高仙芝进行干预，尽管石国国王（车鼻施）已屈服，该城仍被洗劫，其国王和突骑施可汗一起被作为战俘带走。最后石国国王在都城长安被处死，而高仙芝受到嘉奖。与此同时，石国王子逃亡至撒马尔罕向阿拉伯总督，也就是此前提及的齐雅德·伊本·萨利赫求救。齐雅德要求阿布·穆斯林派兵增援，到公元 751 年夏，准备迎战唐军。高仙芝率领军队，包括葛逻禄（Qarluq）雇佣军以及拔汗那（费尔干纳）分遣队加以征讨，到九月末靠近怛罗斯，双方短兵相接，而唐军阵营中葛逻禄雇佣军临阵倒戈,唐军大败,高仙芝勉强只身幸免。

与这场较为模糊的战役本身所带来的期望相比,阿拉伯人的胜利有着更持久而深远的影响,因为中国不再有力量向新疆以西地区宣称统治权——除了在中国最后一个王朝——清朝统治时期以外,我们将适时予以叙述。阿拉伯的胜利也因在最恰当的时刻出现而带来加剧的效应。伊斯兰帝国刚从内战中走出来,这场内战造就了阿巴斯王朝;而中国正面临一场剧变,这场剧变将几乎摧毁唐朝统治。此外,阿巴斯王朝不仅处于充满青春活力的巅峰,而且它的视野与其前朝倭玛亚王朝相比,更注目于东方。而且还有一个更明显的因素,就是其都城的地理位置在巴格达,这就意味着帝国东部边疆地区,无论是在中心或是在地方,非阿拉伯穆斯林皈依者将扮演更重要的角色,尤其是在中亚的省份。这些皈依者主要是伊朗族人(波斯人、粟特人、花剌子模人、吐火罗人)和突厥人。因此,经过短暂的阿拉伯插曲之后,中亚历史舞台的主角将很快是当地民众,尽管是通过穆斯林文明这一新的多棱镜。在这一过程中,阿拉伯语言和拼写文字将继续保持重要地位。

公元751年阿拉伯人的胜利还带来其他影响:胜利者俘获一定数量的中国战俘,其中一些擅长造纸术——一项未被西方所闻的来自中国的技术。阿拉伯人很快地从他们的俘虏那里学会造纸术,传播于伊斯兰世界,并延伸到基督教欧洲。这项革新取代了不灵活且昂贵的纸莎草和羊皮纸,产生了十分深远的经济文化影响。

第三章　萨曼王朝

公元 751 年阿拉伯人在怛罗斯之战的胜利几乎没有引起当时的中国或穆斯林史家注意，但是现代的观察者，由于有着后见之明的优势，赋予这一事件以其应有的历史重要性。在此，我们可以看到地缘政治现实与激发好战性的宗教因素之组合能产生多么大的效应。天山和帕米尔高原所形成的令人生畏的地理障碍，加之路途遥远，使得唐朝势力很难进入新疆西部和西北部地区，但使得穆斯林胜利而唐军落败的主要原因在于，没有任何类似改变信仰的热情推动着天朝大国前进。相反，阿拉伯人则被"圣战"所激励，战役胜利之果实给征服者带来巨大的物质收获这一事实并不能减弱原始动力的催化作用。随后阿拉伯人将这一宗教热情传递到新征服的中亚地区的皈依者中去，因此，当哈里发帝国开始逐渐失去其青春活力之时，"圣战"不再由他们领导，而是由河中地区新的波斯王朝——萨曼王朝所领导。之后穆斯林对东部边疆的渗透则因为一个突厥语王朝——喀喇汗王朝大规模皈依伊斯兰教而达到高潮，它的全部疆土和部落加入伊斯兰之地（Dar al-Islam）。

萨曼王朝具有波斯血统，这就强调了这一事实，那就是从那往后不再是阿拉伯总督，而是当地人，首先是波斯人，其后主要是突厥语部众，一直作为穆斯林君主统治伊斯兰化的中亚，除了一些特别时期之外，其中最近的政权于公元 1991 年在西突厥地区终止（指苏联。——译者）。在这里，哈里发并非失去所有的权威，虔诚的萨曼王朝从来没有停止承认哈里发的宗主权，也没有停止定期去巴格达朝贡，甚至后来，当突厥语部众获得支配地位之时，来自哈里发的授权仪式（只停留于礼仪层面）对他们来说，依然是梦寐以求的。

吐火罗斯坦是萨曼王朝龙兴之地。王朝得名于创始人萨曼·胡达（Saman-khuda），这一名字暗示他是在巴里黑附近一个名叫萨曼（Saman）的地方的地主（khuda）。他臣属于呼罗珊的阿拉伯总督，并皈依伊斯兰教。这个家族的政治命运事实上起自于他的四个孙子。阿巴斯王朝的哈里发马蒙（al-Mamun，813—833年）为了奖励他们的功劳，分别任命他们为好几个地区的总督：撒马尔罕、费尔干纳，赭时（塔什干）和赫拉特。逐渐地，统治权被集中到一个埃米尔（amir 或 emir，"统帅"、"亲王"，一种阿拉伯头衔，为中亚当地的穆斯林王朝所偏爱；它也被最后一个王朝——曼格特埃米尔酋长国［Manghit Emirs］所使用，该国在1920年布尔什维克军队攻占布哈拉之后灭亡）的手中，布哈拉成为萨曼王朝都城。不仅河中地区，而且有时呼罗珊和其他相邻地区，也在其统治之下，花剌子模沙承认其宗主权。

正是由于萨曼王朝能干的君主们统治有方，伊斯兰化的中亚才得以发展，拥有了成熟的伊斯兰文明的主要特征，其中之一就是坚定信奉这一新宗教。这不仅体现在通过全体效忠伊斯兰教的方式上，而且贯彻在宗教学者的活动之中，例如布哈里（Bukhari，810—869年）。他出生于撒马尔罕附近，但主要活动在布哈拉。布哈里用阿拉伯语编集的《正训集成》（*Sahih*），是先知的言行录或语录的概要，最终成为整个伊斯兰世界最尊敬的著作之一。另外的特征就是在中亚波斯框架下，波斯语语言认同替代了粟特语和花剌子模语语言认同。阿拉伯语和突厥语在该地区扮演了重要角色，这乍眼一看似乎很意外。阿拉伯语起初当然享有显赫的官方语言地位，由于整个部落作为征服的主人迁入并定居下来而更是如虎添翼，尤其是在呼罗珊。但在河中地区人数较少，在花剌子模更是寥寥无几。然而阿拉伯语更持久的荣耀来自于它被钦定为《古兰经》的宗教语言，因此大多数的宗教文学作品很快在那发展繁荣起来，正如布哈里的《正训集成》所显示的那样。此外，阿拉伯语也成为开始在中亚兴盛起来的精密科学（如数学、物理、化学等）和医学的使用语言。

在萨曼王朝时期，突厥语部众才真正崛起。在当时，突厥语部众崭露头角是因为：波斯王朝逐渐地组建起以突厥人古拉姆（ghulams）骑兵为主的军事力量，他们作为军事奴隶为君主们所偏爱的原因不仅在于勇猛，更在于效忠，这种效忠和其他类型的忠诚是泾渭分明的。古拉姆骑兵是通过伊斯兰世界边疆兴旺的奴隶贸易获得的。公元9、10世纪，撒马尔罕是重要的奴隶市场，突厥语奴隶作为最佳贡品由河中地区总督以及后来的萨曼王朝定期进献到巴格达。萨曼君主们和哈里发们都以同样的方式使用着这些突厥语部众：作为帝国中心的禁卫军，并逐渐地变成地方省份的总督。在伊斯兰其他地区其他时期也出现了利用其他族群效力的进程，对我们而言，这或许自相矛盾、似是而非。在穆斯林之中，这种进程有时起着关键的作用，甚至奴隶士兵会夺取政权，建立自己的统治王朝。在我们正在讨论的时期里，突厥语和斯拉夫语族群都是军事奴隶的主要来源。后者主要是倭玛亚王朝的西班牙和法蒂玛王朝（Fatimids）的突尼斯所得到的西斯拉夫人。

不过，在文化和语言层面上，萨曼王朝在呼罗珊和河中地区的统治在新波斯语言文化认同，即伊斯兰的崛起过程中起到了推波助澜的作用。作为新语言，波斯语开始使用并取代了有亲属关系的粟特语和花剌子模语成为官方语言（除了阿拉伯语之外）和文学中的正式用语。这根源于最后一个前伊斯兰王朝——萨珊王朝的官方语言，而萨珊王朝是更早期的阿黑门尼德王朝（Achaemenids）的继承者。阿黑门尼德王朝正式都城在法尔斯（Fars），位于伊朗南部的一个省份。这个城市及其省份地位显赫，在整个波斯的前伊斯兰历史中如雷贯耳，被希腊人称为"波斯波利斯"（Persepolis）和"波西斯"（Persis），在阿拉伯征服之后东山再起，但在中亚比在故土更为显赫；因为经过一段特殊的文化转向时期，来自法尔斯的波斯穆斯林加入了阿拉伯征服者行列，统治了呼罗珊和河中地区，然而又融入了来自当地的波斯人，他们不仅被证明是从拜火教改宗到伊斯兰教的热情的皈依者，而且也将原来使用的粟特语或其他中亚方言转换成法尔西语（Farsi，波斯语，现在伊朗人对他们语言的称呼）。此外，新宗教和其阿拉伯文本《古兰经》、卷帙浩繁的阿拉伯语神学作品以及阿拉伯语作为统治精英语言的地位诸要素之影响，促使中古波斯语向新波斯语快速转变。新波斯语是词汇方面混合的语言，是通过征服者语言的融合而塑成的，与公元1066年后英语通过盎格鲁-撒克逊语与拉丁语、法语融合后而形成的方式一样。这一进程的早期阶段，当时的伊斯兰作者们称呼这种语言为"达里语"（Dari，这一名称保留或复兴于现代的阿富汗），也许是因为他们将它与萨珊王朝的宫廷（dar）联系到一起的缘故。正是在萨曼王朝最后几十年的统治时期，这一进程达到了最终阶段，那就是出现了使用这一语言写作的重要诗人，首先是鲁达基（Rudaki，约卒于941年）和菲尔多西（Firdawsi，约卒于1020年）。鲁达基出生于撒马尔罕附近，但一生中的很多时光是在布哈拉当宫廷诗人。菲尔多西（Firdawsi，是其笔名，意为"上天乐园"，来自于firdaws"天堂"，一个古波斯语改编的词进入了希腊语，因此其他欧洲语言中也有该含义）来自呼罗珊的城市图斯（Tus），接近现在的麦什德（Meshed）。可能在公元999年，他创作了伟大的史诗《列王纪》（Shahname），随后一段时间住在阿富汗哥疾宁的马哈茂德（Mahmud of Ghazna）的宫廷里，直到返回故乡。我们不禁困惑于历史的吊诡：伊斯兰波斯文化之花初次盛开于中亚，这一地方的主要地区将很快步入突厥斯坦的转变进程；只是这一进程在中亚和高加索地区成为常态后，这种新波斯语才回到它往昔的家乡——设拉子城（Shiraz），靠近波斯波利斯古城废墟，因为有像萨迪（Sadi，1210—1291年）、哈菲兹（Hafiz，1327—1390年）这样的诗人才使其获得它应有的声望。

萨曼王朝的鼎盛时期正值三位伟大的埃米尔的统治之下：伊斯梅尔（Ismail，892—907年在位）、阿赫马德（Ahmad，907—913年在位）和纳赛尔（Nasr，913—943年在位）。正是在他们的统治之下，河中地区从呼罗珊的从属省份地位中解脱出来，成为伊斯兰中亚的首要地区。不过，与此同时，萨曼君主们满足于接受地位相对较低的头衔——埃米尔，从来没有在周五主麻聚礼（khutba）和锡卡（sikka，就是钱币铸造过程中在硬币上添加埃米尔宗主国君主的名字）方面停止承认阿巴斯王朝哈里发宗主地位。他们继续向哈里发朝贡，并镇压什叶派和哈瓦利吉派（Khariji）试图挑战逊尼派的行动，即挑战哈里发权威的反抗运动。以农业、手工艺和贸易为基础的经济繁荣使得来自伊斯兰世界其他地区的游客非常羡慕这个王国，我们可以从旅行者如外交使者伊本·法德兰（Ibn Fadlan）和来自努赛宾（Nusaybin，在今天的土耳其东南部）的地理学家伊本·豪卡尔（Ibn Hawqal）的报告中推断出来。公元943年，伊本·豪卡尔开始了他的漫长旅程，首先是一路到达西班牙和撒哈拉沙漠，访问了伊斯兰世界很多地区之后，于969年抵达萨曼王朝疆域。下面就是摘自于他的著作《地球表面之书》(*Kitab Surat al-ard*)中的一些节录：

> 不花剌（布哈拉）是整个呼罗珊政府所在地；这个省位于通往河中地区的路上，毗邻地区也在它的管辖之下。这个城市的名字叫"铜城"(Numijkat，努米凯特)，位于一片平原之上，城内以格状建造的房屋鳞次栉比。不过，城内也有宫殿、果园、铺砌的道路和社区纵横延伸超过12个帕勒桑(parasang)[1]。整个建筑群，包括宫殿、建筑、社区和内城，为城墙所环绕。这里没有一片地方是荒废的、毁坏的或未经开垦的，无论是夏季还是冬季城市都是居民真正的家园。在城内还围绕着城墙，这是以直径一个帕勒桑环绕着内城的牢固的堡垒；堡垒之外是紧挨着的城堡，因此这部分呈现为小城，提供一处要塞。呼罗珊萨曼君主住在城堡里。这里有广阔的郊区，主麻清真寺在内城的城堡门口，监狱设在城堡内而集市位于郊区。在呼罗珊和河中地区没有哪座城市能比布哈拉还要人烟稠密。粟特河(Sughd River)穿越郊外和集市，并以此为其终点，它驱动着水磨，给地方和耕田供水，过剩的水流入靠近沛肯的盆地。

伊本·豪卡尔因此描述了伊斯兰早期的这座古典的中亚城市。它包括三大部分：城堡(ark, quhandiz, qala)、内城或市中心(shahristan, madina)和外城或郊区(rabad)。然后他详细介绍布哈拉的地形，特别是它的城门和灌溉渠。这些灌溉渠是由泽拉夫善河流入这一地区分流而形成的。接着他继续描述：

> 不花剌（布哈拉）出产的水果在河中地区是最鲜美可口的。一个明显的证据就是这片土地如此肥沃，以至于一个札里布(jarib)[2]单位的

---

[1] 帕勒桑（parasang）：古代波斯的距离单位，约相当于3—4公里。——译者注
[2] 札里布（Jarib）：波斯语，长度单位，1札里布相当于900—987平方米。——译者注

土地的出产可足够供一个带仆人的家庭维持生计。然而布哈拉人口是如此稠密，生活开销如此之大，以至于当地食物的产量只能满足一半的需求，居民由此不得不依赖河中其他地区的供给。

介绍了不花剌（布哈拉）的环境之后，伊本·豪卡尔进一步描述当地居民：

> 不花剌（布哈拉）的通用语言是粟特语（lisan al-Sughd），但有一些细微差别。居民也说达里语（Dari，也就是波斯的法尔西语[Farsi]）。该地居民在文化、宗教和法律知识掌握，礼貌及和谐的人际关系，人品，热心于慈善行为，良好意图，情感真挚等方面都优于呼罗珊人……他们通用的基本货币是迪拉姆（dirham），尽管第纳尔（dinar）只作为理论货币单位……
>
> ……他们说，在遥远的古代，布哈拉的人口由来自伊斯塔克尔（Istakhr，法尔斯省的一座城市）的移民构成。萨曼王朝选择布哈拉作为都城，是因为它是离呼罗珊最近的河中地区的城市；谁拥有这座城市，肯定是在控制呼罗珊之后和控制河中地区之前……布哈拉东面与索格底亚那（Sogdia）相邻，然而一些人认为布哈拉、伕沙和纳萨夫属于索格底亚那的一部分……索格底亚那的首府是撒马尔罕。

尽管不可能将其与伊斯兰世界中也进入全盛的其他几个地区（首先是从其邻居花剌子模开始）隔绝开来，萨曼王朝疆域内的精神、文化和艺术生活很繁荣。制陶业、金属加工和壁画行业的发达通过考古挖掘和文学作品而被证实。萨曼王朝时期建造的建筑物没有幸存下来，除了在不花剌（布哈拉）的一座属于伊斯梅尔的陵墓之外：以萨曼王陵最为闻名，它是穆斯林建筑中最有吸引力且最独创的珍品。

萨曼王朝为人们所记住的是她发动对其东北边疆，即"突厥人之土"（Bilad al-Turk，那一时期的突厥斯坦）的"圣战"。在公元893年的一个很重要的日子里，伊斯梅尔渡过药杀水（锡尔河），夺取怛罗斯（我们已提到公元751年阿拉伯人和中国人之间那场具有历史意义的战争,尽管阿拉伯人战后即撤出该地区),将当地的一座景教教堂改为清真寺。这一事件提醒我们在当时内亚草原带边缘,在非穆斯林的突厥语部众和基督教、佛教和其他定居地(不论是粟特语还是突厥语)之间存在着一种共生关系。尽管基督教和佛教渗透到他们之中,突厥语部众依然不是伊斯兰教徒,直到萨曼王朝发动的战役才开始使得他们大规模皈依伊斯兰教。然而在这一进程中,"圣战"只是处于初始相对较小的阶段。在那时,该地区两股皈依浪潮是10世纪下半叶以及11世纪上半叶在七河地区和新疆最西部出现的,也就是由讲台或托钵僧劝说推动下的改宗皈依运动。托钵僧们独自冒险进入草原地区,然后经常住在我们所说的商队客栈中向游牧民传道。而出于实用主义或政治目的,突厥语部众首领们选择采用新宗教,使他们部落全体皈依穆斯林。现代历史学家将这些首领们称为喀喇汗王朝(Qarakhanids)或伊利克汗朝(Ilig或Ilek Khans)世系,他们起源于9世纪末的葛逻禄、样磨(Yaghma)和炽俟(Chigil)这些部落之中。喀喇汗王朝作为近邻,兴起稍迟于同时代的萨曼王朝。他们的故事将在后面章节中展开,但值得一提的是出现了一种自相矛盾的现象。一旦进入伊斯兰世界成为穆斯林,这些突厥语部众就反转了实际征服方向,他们自己征服了河中地区。喀喇汗王朝攻打萨曼王朝,到公元999年(或大约1005年,如果把失败方最后的尝试也算在内的话),他们消灭了那里最后的非突厥语政权,并确立自己在撒马尔罕和不花剌(布哈拉)的统治地位。但更重要的是,喀喇汗王朝的胜利启动了河中地区突厥语化的最终胜利进程,这是整个河中地区转化为突厥斯坦的过程,只是这一胜利从来不是彻底的,因为伊斯兰波斯文化在这整个地区已经牢固地扎下根来,而新波斯语是这一文化的载体。另一方面,由突厥语乌古斯(Oghuz Turkic)部落南下为代表的突厥语化浪潮最终也渡过阿姆河,吞并了阿姆河到波斯边界之间地带,以至于这一地区,如今的土库曼斯坦,人们几乎不再记得它曾经属于呼罗珊,而将其视为突厥斯坦不可分割的一部分。

这千年之交因此也预示着突厥语部众在中亚的势力明显增长,以及他们对于该地区穆斯林人口的政治军事优势。这一进程中的某些部分早在9世纪初就开始启动,但是在10世纪下半叶才开始加速并最终全面开花。

第四章　高昌回鹘王国

我们已经说过，公元9世纪河中地区的标志就是，在取代阿拉伯征服者的基础上，事实地重申其中亚认同。当时，尽管这种认同在宗教和文化方面是属于穆斯林的，但主要带有波斯特征，突厥语成分也在加强。另一方面，在新疆开始出现的突厥语化浪潮开启了中亚大部最终突厥语化的进程。这一浪潮是由在蒙古高原发生的事件所引发的，蒙古高原的重要性主要在于启动了这一进程。

公元840年，蒙古高原上回鹘汗国统治被黠戛斯人推翻。黠戛斯人是突厥语部落的一支，在那时居住在西伯利亚南部叶尼塞河上游，今天的俄罗斯图瓦自治共和国，叶尼塞河发源于此。随后大部分回鹘人西迁，主要是朝两个地区：其一在中国的甘肃省，在那里他们被称为"黄头回鹘"，但最终没有留下多少痕迹；其二在中国新疆东部，他们建立了长达四个世纪之久的高昌回鹘王国（850—1250年）。

在"导言"一章我们已经说过，高昌现在是一处考古遗址，位于吐鲁番以东大约30公里。吐鲁番以西，又出现一处废墟，这是一座更古老的城市，在汉语中被称为"交河城"（两河之间的城市）。这三地象征着这一地区的历史沿革：（1）上古与中古早期，交河城是一个王国的都城，其居民讲一种印欧语言，被现代语言学家称之为吐火罗语。这些城市居民和农耕民在这个王国末期发展出一种卓越的文明，主要是佛教和摩尼教性质的。（2）高昌回鹘虽然使这一地区突厥语化，但也吸收了佛教和摩尼教文化。（3）吐鲁番在中世纪末以其他两个城市为代价发展成为一座穆斯林城市，居住着讲突厥语的居民。

第四章 高昌回鹘王国

公元850年在高昌建立王国的回鹘人并不是迁移到一个陌生地区，早期在蒙古高原上往昔的都城哈拉巴喇哈逊的回鹘可汗就对这一片西部边缘地带有所控制。此外他们也不是这片地区的文化外来者：我们已经提及他们曾在早期皈依摩尼教。然而，很显然他们的贵族依然保留着一定程度的游牧生活方式，这在内亚大部分突厥人中曾经很普遍，在这一方面，新移民和土著居民的融合只能是逐渐进行的。回鹘国王冬季居住在高昌，这是位于天山以南的一片低地，夏季是在更凉快的天山北坡度过的，这就是陪都的所在地——别失八里（Bishbalik，"五城"），在汉语里也被称为"北庭"（北方的住所）。别失八里位于吐鲁番几乎正北大约100公里，最终连其遗址也消失了，因此现代学者起初倾向于将其定位于新疆现在的首府乌鲁木齐，直到最后经过证实其位于乌鲁木齐以东大约50公里。

依然处于半游牧状态的突厥语部众与定居状态的当地人之间的反差是多方面的，但是最鲜明的差别就是这两个族群是如何面对吐鲁番低地之酷暑。当地人待在家里，求助于家中地窖，而回鹘人则移动到较凉爽的天山北坡，住在帐篷而不是房屋里。这当然还有其他差异：当地人主要从事着灌溉农业而突厥语部众则是牲畜饲养；定居民消费农产品和鸭肉而新移民食马肉饮马奶酒；当地人在家中消遣而游牧民则喜好准军事活动，即骑马打猎。公元982年，宋朝皇帝派遣王延德出使高昌回鹘王国，他用笔记录了当时高昌这一氛围：

> 地无雨雪而极热，每盛暑，居人皆穿地为穴以处。飞鸟群萃河滨，或起飞，即为日气所烁，坠而伤翼。屋室覆以白垩，雨及五寸，即庐舍多坏。有水，源出金岭，导之周围国城，以溉田园，作水硙。地产五谷，惟无荞麦。贵人食马，余食羊及凫雁。乐多琵琶、箜篌。出貂鼠、白氎、绣文花蕊布。俗好骑射。妇人戴油帽，谓之苏幕遮。用开元七年历，以三月九日为寒食，余二社、冬至亦然。以银或鍮石为筒，贮水激以相射，或以水交泼为戏，谓之压阳气去病。好游赏，行者必抱乐器。佛寺五十余区，皆唐朝所赐额，寺中有《大藏经》、《唐韵》、《玉篇》、《经音》等，居民春月多群聚遨乐于其间。游者马上持弓矢射诸物，谓

之禳灾。有敕书楼，藏唐太宗、明皇御札诏敕，缄锁甚谨。复有摩尼寺，波斯僧各持其法，佛经所谓外道者也。所统有南突厥、北突厥、大众熨、小众熨、样磨、割禄、黠戛司、末蛮、格哆族、预龙族之名甚众。国中无贫民，绝食者共赈之。人多寿考，率百余岁，绝地夭死。[1]

不过在其他方面，共生关系和融合的进程的确在相当快地进行着。当人们采用了新移民的语言，原来的印欧语言吐火罗语被剥夺了官方地位，最终湮没无闻。另一方面，尽管回鹘人在语言方面胜利了，但他们大多在宗教和文化方面向当地人屈服：他们皈依了佛教，放弃了如尼文字而采用了当地人的文字，并最终相当不调和地变成所知的回鹘文字。这一王国接纳并发展了佛教文明，以宽容为其特征，偏爱于神圣的具象艺术和绘画，以及主要以宗教为主题的文学作品，当然也包括一些纯文学和法律文件。在佛教的支配地位下，摩尼教和景教也被允许存在，两者（尤其是前者）也都留下了有价值的文本和艺术作品。高昌回鹘王国的全盛期也正值佛教在中国昌盛的最后阶段。丝绸之路作为宗教圣地印度和中国之间两条主要通道之一，朝圣者和学者穿梭于高昌这样的中途站点。结果就是中国佛教文化的强烈影响，以及将梵文佛经通过汉文版本译成回鹘文的活跃的翻译活动。我们也可以加入第三种因素，常去高昌的粟特商人：因为这座城市是丝绸之路贸易以及其伴随旅行路线上最重要的交通枢纽之一，从这一方面强化了高昌作为文化和宗教博物馆的功能。

其中一些文学艺术作品保留下来，大部分保存在高昌或其他地区庙宇中，如柏孜克里克（Bezeklik）附近，或更远的克孜勒和敦煌石窟。自20世纪初开始，这些文化贮藏所一直是欧洲几个国家、日本以及现在中国的考古探险队的目标。他们带回的发现物成为语言学家和历史学家的研究珍品，对于它们的研究和刊布今天仍在继续。对于吐火罗语文本的兴趣支撑着这种独特的印欧语言研究。回鹘文起源于公元10—14世纪，这里我们需要强调大

---

[1] S. Julien, "Relation d'un voyage officiel dans le pays des Ouigours (de 981 à 983) par Wangyente," *Journal Asiatique* 4（1847）：50-66. 文出《宋史》（卷四百九十）。——译者注

量收藏的回鹘文本所起的作用：他们对于突厥语言文字学家来说是无比珍贵的文件资料，对于研究摩尼教的历史学家来说也是如此，因为摩尼教是一种受逼迫而灭绝的宗教，乃至在其发源地以及随后传播地，其所有痕迹均被摧毁，无论是伊拉克、埃及或是法国。在此前章节我们提及在蒙古高原上的回鹘在帝国阶段（744—840年）就皈依摩尼教。这一进程在回鹘复兴后更长的第二阶段里重新开始，这一心理效应在大量的回鹘文摩尼教和佛教文学作品中显而易见。

语言学对于这些作品的兴趣也是很浓厚的，因为它们记载了这一地区迅速的突厥语化进程。一个很典型的例子就是《大唐大慈恩寺三藏法师传》。除了汉文原本外，公元932年别失八里的一个叫僧古萨里（Singqu Sali）的人将其翻译成回鹘文。在那时，佛教在中国达到极盛，原来从印度到达新疆的佛教弘法和文化活动潮流开始反转为从中原汉地输出。因此，很多回鹘文佛经，原本来源于梵文，但当时实际上是通过汉文媒介翻译过来的。在《大唐大慈恩寺三藏法师传》一例中，汉文版当然是原版。也许值得引证一种回鹘译本版本记录以显示其语言环境，因为它已被时人所察觉：

> 如今在幅员辽阔的锦绣中原，名僧慧立完全领悟三藏佛法，醍醐灌顶，初成该书汉文版本，著名学者彦悰撰定。然后别失八里都统僧古萨里将其从汉文翻译成突厥文（Türk tilintä）。

高昌回鹘王国因此成为混合共同体，包括本土居民和文明，他们起初通用印欧语言，从事绿洲灌溉农业，信奉三种宗教的一种或另一种（佛教、摩尼教、基督教），沐浴在由丝绸之路带来的文化之中；还包括其统治阶层，起初是游牧的回鹘人，使该地语言突厥语化，但是在文化上与本地相融合。信奉佛教的统治者们不再称呼自己为可汗（khan 或 qaghan，突厥君主们最普通的称号），而称亦都护（idiqut，iduq 与 qut 合成词，都具有"好运"内涵，意谓"神圣的陛下"）。值得注意的是，这个和平国度相对长久稳定，因为她甚至在成吉思汗和其继承人领导下的蒙古扩张的前二十年中居然幸存下来，成为他们忠实的藩臣：高昌亦都护巴而术（Barchuq）很有远见，派遣使者主动归附，并于公元 1210 年在那位令人生畏的征服者到来之前，前往他的朝廷朝觐。高昌王国的幸免不是他们唯一的收获，高昌和新疆其他城市的人民也躲过了蒙古征服的浩劫，这一新帝国的官僚阶级部分由博学的回鹘人组成，其中的塔塔通阿带来的回鹘书写系统后来成为蒙古古典文字。

让我们简短地回顾一下成吉思汗崛起的四个世纪之前的情况，公元 840 年黠戛斯人在鄂尔浑河谷摧毁了回鹘汗国，将其统治延伸到回鹘故地部分地区。黠戛斯人和回鹘人一样是突厥语部众。碑铭，主要是葬礼式的，显示了他们和蓝突厥人、回鹘人一样使用着鄂尔浑碑铭中的手写体。间接史料，主要是汉字史料，揭示他们尽管和其他突厥语部众一样处于半游牧生活状态，还从事着某种程度的农耕和贸易，主要是西伯利亚土特产，如毛皮和猛犸象、海象象牙。不像他们的蓝突厥人、回鹘人前辈，黠戛斯可汗从未把他们的都城迁到蒙古本部，而满足于松散地控制这一地区。因此他们在大约八十年的统治中除了迫使回鹘人迁移之外，几乎没有留下什么痕迹。公元 925 年的资料中被称为"契丹"（Khitan 或 Qitan）的民族，被认为与蒙古人有语言亲戚关系，从东北迁移到这里并取代了黠戛斯统治之时，黠戛斯人也没受多少影响。契丹人也只对蒙古高原有着模糊的兴趣，尽管他们于公元 965 年征服中国北方，以国号"辽"建立自己的统治之后，依然在蒙古高原保留着某种程度的主权。随着公元 1124 年辽国统治被东北女真人这一新的入侵者摧毁后，蒙古高原上这种程度的主权也被终止。女真人在华北建立自己的统治，以"金"为其国号。不像辽国，金国对蒙古高原不感兴趣。从那时起直到 12 世纪末成吉思汗崛起，蒙古高原出现了飘忽不定、断断续续的部落运动、结盟或对抗。回鹘迁移和黠戛斯撤退之后，那里的人们依然由各种突厥语部落组成，显示出当时内亚游牧栖息地的流动性，而且也包括不断增加的蒙古人。这两个族群，突厥人和蒙古人，共享着游牧人的生活方式。突厥人和回鹘人的文学宗教文化已被遗忘，萨满教支配着他们继承者的精神面貌，尽管也受到景教和佛教微弱的影响。

第五章　喀喇汗王朝

千年之交的中亚，萨曼王朝灭亡，喀喇汗王朝取而代之。这一变化对于当时的人们而言，或许没有深思熟虑的历史学家看得那么透彻。在那时，喀喇汗王朝和萨曼王朝一样都是穆斯林王朝，一些可汗对于宗教的炽热之情似乎超过了前朝，宗教信仰继续以阿拉伯文的圣书为基石。撒马尔罕、不花剌（布哈拉）和其他城镇以及乡下农业人口，在语言文化方面依然保持着伊朗语面貌，尽管从粟特语和花剌子模语方言逐渐向波斯语转变。

不过，喀喇汗王朝的到来标志着在中亚地区从波斯语向突厥语优势地位的决定性转变。突厥语部众统治河中地区并非史无前例：我们已经知道在前一个突厥力量周期，突厥草原帝国对中亚小王公们拥有宗主权。不过那种关系是松散的、断断续续的，因为那些突厥语部众是游牧人，其生活方式和心理取向依然沉浸于内亚草原之上。他们后人或亲戚的穆斯林化改变了这一取向。在这千年之交，取代了萨曼王朝之后，喀喇汗王朝将巴格达的哈里发和圣城麦加、麦地那尊崇地视为他们的最高精神权威，河中地区成为他们永久家园的一部分。

"喀喇汗"（Qarakhanid）这一名字是由19世纪欧洲东方学者所提出的，既指这一王朝，也指统治这一王朝的突厥语部众。阿拉伯穆斯林史料称呼这一王朝为"突厥可罕王朝"（al-Khaqaniya），而波斯史料则根据前伊斯兰河中地区的传说中的君主，时常称其为"阿甫剌昔牙卜家族"（Al-i Afrasiyab）。喀喇汗王朝统治着居住在天山最西部的七河地区（大抵对应于今天吉尔吉斯斯坦部分地区）和新疆西部（Kashgaria，喀什噶里亚）的一个部落联盟。前文所述的葛逻禄、样磨和炽俟三部落被认为一直是联盟的核心。在公元9世纪初形成时，这一汗国和它的前辈突骑施，或突骑施前辈西突厥，以及东面处于同一时代的回鹘并无二致。他们都拥有共同的语言、社会结构和游牧生活方式，与相邻的定居民族开展活跃的交流，喜好农耕和城市文明的产品。起初，他们在三个基本方面不同于东南面邻居萨曼王朝，那就是宗教、语言和生活方式。不过到公元10世纪中叶，当喀喇汗王朝一位大汗萨图克·布格拉汗（Satuq Bughra Khan）改宗伊斯兰教，引起他的臣民大规模皈依穆斯林时，这三个基本方面的第一个出现急剧转变，这关键一步是突厥语部众出于自愿迈出的（虽然是受托钵僧鼓舞影响），与半世纪前萨曼王朝伊斯梅尔埃米尔运用更标准手段"圣战"将怛罗斯囊入伊斯兰之地的行动形成强烈对比。这些托钵僧实际上展示了突厥萨满的一些特殊本领，据称，突厥语部众群中流行的伊斯兰教的某些方面可追溯到伊斯兰教和异教元素的融合。

无论是巧合还是受到来自西南面的穆斯林酋长国强化的意识形态的影响，喀喇汗王朝民众一旦成为穆斯林，就将其主要注意力投向这一地区，至公元1005年萨曼王朝最后一位成员放弃了抵抗。从那时起直到12世纪，除了其更远的东北部龙兴之地以外，这一新突厥语王朝还统治着河中地区。继续奉行历史悠久的突厥-蒙古游牧习俗，喀喇汗王朝实行家族和部落统治而非君主独裁制。疆土分成二、四或更多的封地，有时其成员依据其资历或相应统治封地级别（一种"抢椅子"式的继承方式）而获得地位提升。与此同时，七河地区和新疆西部看来保留着王朝龙兴之地的威望，它们的汗与统治河中地区和费尔干纳等地的封臣相比，拥有暗含的、不过经常是理论上的优势地位。这种关系无疑折射出突厥语部众对跨越于天山西部，尤其是山脉北坡延伸至河谷的七河地区大草原这一他们的古老温馨家园的一种眷念之情。喀喇汗王朝封地和四个重要都市联系在一起：七河地区的巴拉沙衮、新疆的喀什噶尔、费尔干纳（拔汗那）的讹迹邗（Uzgend）和河中地区的撒马尔罕。

尽管已经强调了喀喇汗王朝的突厥语属性，这一属性将是中亚的归宿，我们也将指出，他们是热情的新皈依者。伊斯兰教及其文明在这一王朝统治下欣欣向荣，这一事实被统治者的虔诚，他们对打下这一虔诚基石所做的贡献，以及在他们统治疆域内修建的宗教纪念和实用型建筑所证实。在早期修建的穆斯林神学院（madrasas）和医院中，有二座是在撒马尔罕由喀喇汗王朝的易卜拉欣一世·伊本·纳赛尔桃花石汗（Ibrahim I ibn Nasr Tamghach Khan，1053—1068年在位）所兴建。此外，喀喇汗王朝的一些其他建筑依然矗立：最著名的是不花剌（布哈拉）的大清真寺边上的尖塔，它建于公元1127年；以及坐落于讹迹邗的三座陵墓。这三座可不像我们说过的坐落于布哈拉的萨曼王陵保护的那么完整，只有正面部分保存了下来，但是修建于公元1152年的北陵的有两块碑铭幸存下来：一块是阿拉伯语，另一块是波斯语。[1] 前者用阿拉伯库法字体写道：“公正伟大的汗贾拉尔·杜尼亚·瓦一丁，喀喇汗侯赛因·伊本·哈桑·伊本·阿里，真主的选民，纳赛尔的助手，穆斯林信徒统帅，国王”；另一块用阿拉伯装饰体纳斯赫体写道：“这座陵园始建于伊斯兰纪年547年拉比二世4日星期三先知穆斯塔法·穆罕默德迁移时，真主问候他，他家人及其同伴。（最终的）王国就是真主世界。”

在文化上，中亚的波斯居民依旧扮演着重要角色（尽管波斯语和阿拉伯语不得不把支配地位让给新统治精英所使用的突厥语）。这在千年之交和11世纪前十年由在中亚三个主要地区崛起的三位文化巨匠所证实：河中地区的伊本·西那（Ibn Sina，980—1037年），花剌子模的比鲁尼（Biruni，973—1050年）和呼罗珊的菲尔多西（Firdawsi，大约934—1020年）。他们最终都离开了家乡，为其他地区社会和统治者服务：伊本·西那在波斯白益王朝（Buwayhids），比鲁尼和菲尔多西在统治阿富汗和印度的哥疾宁王朝（Ghaznavids）。伊本·西那用阿拉伯语写作，比鲁尼用阿拉伯语和波斯语，而菲尔多西用波斯语。在这一方面，他们是当时中亚穆斯林文明繁荣之典型代表。

伊本·西那[2] 出生在不花剌（布哈拉）附近，在萨曼王朝都城接受过

---

[1] A. Yu.Yakubovskiy, "Dve nadpisi na severnom mavzolee 1152 g.v Uzgende," *Epigrafika Vostoka* 1 (1947): 27–32.

[2] W. E. Gohlman, *The Life of Ibn Sina* (Albany, 1974; a critical edition and annotated translation of Avicenna's autobiography).

教育，是一位哲学家和医学家，他的巨著《医典》（al-Qanun fi al-tibb）成为中世纪伊斯兰世界和基督教世界最广泛使用的医学教科书，欧洲人尊其为"阿维森纳"（Avicenna），他的巨著被意大利克雷莫纳的杰勒德（Gerard, 1114—1187年）翻译为拉丁文。更有意义的是，公元1453年欧洲印刷术产生之后的半世纪里，该书被翻印了15次之多。随后就在公元1527年，安德里亚·阿尔帕戈（Andrea Alpago）重译了这本巨著。该书继续作为医学院的教科书至少又经历了一个世纪，并且吸引了第一波东方学者的注意，结果于公元1593年在罗马产生了该书阿拉伯原版的印刷本。

伊本·西那一生明显可分为两个阶段：成长阶段在不花刺（布哈拉）一直到19岁，职业生涯阶段主要是在伊斯法罕（Isfahan）和哈马丹（Hamadan）。最后他开始写自传，并由他的弟子阿布·乌巴德·尤兹加尼（Abu Ubayd al-Juzjani）最后完成。下面该书开始部分的节选显示出突厥语替代波斯语统治前夜中亚中心的人文氛围：[1]

> 家父最初来自巴里黑，在曼苏尔埃米尔（976—997）统治时期来到不花刺（布哈拉）并在其一个区赫尔麦森（Kharmayshan）担任公职。在附近的一座村庄阿福沙纳（Afshana）迎娶了家母，安居在那里，并有了孩子。我是先出世的，随后就是比我小五岁的兄弟。后来我们搬迁到不花刺（布哈拉）。

接着，伊本·西那叙述他的父亲请了好几个私塾老师教他，随后就是反复出现的且得到强化的主题，学生很快超过老师，逐渐成为一位自学者，如饥似渴地阅读着所能得到的任何有价值的书籍，下面这一片段，颇现这一境界：

> 我阅读着亚里士多德所著的《形而上学》，但是百思不得其解……一天下午祷告时，我正好走在书店街上，忽然出现了一个人，手拿着一

---

[1] W. E. Gohlman, *The Life of Ibn Sina*, pp. 16 ff.

本书寻找买家。他朝我搭讪，我很不耐烦地不愿搭理他。他盯上我说："买这本吧，书主急需用钱，非常便宜。三个迪尔汗就能得到它。"于是我就买下此书，这原来是阿布·纳赛尔·法拉比（Abu Nasr al-Farabi）的《论亚里士多德〈形而上学〉》。我回家之后立即阅读，由于我早已熟记《形而上学》，原来许多书中疑难问题也就迎刃而解。

我们从下面的片段可以看出伊本·西那之好奇心是包罗万象的：

> 我如饥似渴地阅读着自然科学和神学领域中的书籍，无论是原文还是评注，知识之门不断向我打开。后来我变得对医学感兴趣，阅读那一领域的书籍。对我来说，医学不是一门很难的科学，很快我就如此精通这一专业以致很多资深医师开始前来向我请教。我检查了患者，基于经验找到无数种治疗方法……那时我十六岁……当时，不花剌（布哈拉）统治者曼苏尔苏丹得了顽疾，久治不愈，难倒了很多医师。我的名声那时已经传开，已被他们所知，那些医生请求苏丹宣我入宫。我来到宫中，加入他们的治疗工作，并因在宫中服务而出名。

值得注意的是，为统治者服务最大的酬劳不是金钱而是有权使用皇家图书馆：

> 一天我祈求陛下允许我进入皇家图书馆（dar kutubihim），检索并阅读藏书。他准许了我的请求，我被引入一座带有很多房间的建筑，每个房间都有很多装满了书籍的箱子。一间藏有阿拉伯语语言文字和诗歌方面的书籍，另一间是关于法学的，如此等等，每间存放的书籍属于不同的门类。我检索了经典名著（fihrist kutub al-awa'il）目录，要求借阅我所需要的。一些书的作者不被人所知，以前没有见过，以后也不会再见。我读了这些书，受益匪浅。到十八岁时，我已经掌握了这些学问。

喀喇汗王朝突厥语精英统治并没有改变中亚文化上基本的波斯属性，不过却启动了不可阻挡的人口和语言转变进程，这就意味着一些新君主很精明，完全意识到他们不同的独特身份，并准备制定改变学术和文学意识的新政策。证据之一就是在公元1072—1077年由麻赫穆德·伊本·侯赛因·伊本·穆罕默德（Mahmud ibn al-Husayn ibn Muhammad，以麻赫穆德·喀什噶里 [Mahmud Kashgari] 更为人所知）所编撰的《突厥语大辞典》（*Diwan lughat al-Turk*）。麻赫穆德·喀什噶里可能是喀喇汗王朝王室成员。[1]他来自拔塞干或巴思古河（Barskoon），靠近伊塞克湖东南岸的丝绸之路中途站点（因此也就是今天吉尔吉斯斯坦中心地区），有一段时间可能住在喀喇汗王廷喀什噶尔。他的著作显示他利用了自己的个人经历，那就是自家乡出发的广泛的游历，因此对关于其他突厥方言和内亚民俗有了充分的掌握。同时，用阿拉伯语收录的丰富的突厥词汇、短语以及民间诗歌（因此也是阿拉伯语书名）显示出作者接受过扎实的穆斯林教育，这无疑是从《古兰经》开始的。对于今天研究喀喇汗王朝时期内亚突厥语人口的语言学和人类学来说，这部辞典是无比珍贵的文献资料。在某些方面，它可以与两代前的菲尔多西所著《王书》相媲美。这两部都是两位巨匠所倾注贡献的巨著，一位是学者，另一位是诗人，分别属于不同文化：突厥和波斯文化，都崛起于迄今由阿拉伯元素支配所激发的穆斯林文化。然而这一类比也就到此为止，这两部巨著的差异也值得我们注意。除了很明显的题材差别之外（一部是词汇语言专著，另一部是史诗），当时《突厥语大辞典》几乎不为突厥语部众所知（更不用说波斯人或阿拉伯人），只幸存下孤本。而《王书》经历无数次再版修订，有大量注释，影响了几乎整个波斯文化范围的思想甚至行为。事实上，在过去的几个世纪里，它也成为受过教育的突厥语部众的文化遗产一部分。从这些异同之中我们能得出什么结论？《突厥语大辞典》是内亚突厥成分的自然活力的实证，而《王书》也证实了在高层次文学文化方面，有很长

---

[1] 该辞典后来被 B. Atalay 以 *Divanu lugat-it-Türk* (Ankara, 1939-1957), 6 vols. 的形式出版。接着就被译为现代土耳其语：*Divanu lugat-it- Türk tercümesi* (Ankara, 1985-1986), 4 vols. 以英语形式对其中阿拉伯语部分的音译和突厥语部分的介绍与分析，是由 R. Dankoff 和 J.Kelly 以 *Compendium of the Turkic Dialects* (Cambridge, Mass., 1982-1985), 3 vols. vol. 1, parts 1-3 (1982-1985) 的形式完成的。

一段时间，突厥人承认波斯语的优势地位。中亚将在数个世纪里，在很大程度上变得突厥语化，但在文化上，突厥语部众几乎波斯化，或在某些方面阿拉伯化：正是阿拉伯词典编撰者和语言学家给麻赫穆德·喀什噶里做出榜样并提供灵感。

《突厥语大辞典》主要是作为一本突厥语-阿拉伯语辞典，阿拉伯语部分常常扩展为冗长的附注。除了可作为突厥语词汇编撰和民族志研究宝藏外，《突厥语大辞典》完成时的背景也意味深长。麻赫穆德·喀什噶里在巴格达编撰这部辞典历经阿巴斯王朝加伊姆哈里发（al-Qaim，1031—1075年在位）统治的最后三年和穆克塔迪哈里发（al-Muqtadi，1075—1094年在位）统治的头两年。麻赫穆德·喀什噶里将该书献给后者。公元1055年塞尔柱（Seljukid）苏丹脱黑鲁勒一世（Tughril Ⅰ）进入了巴格达，使哈里发摆脱什叶派和波斯白益王朝的控制，万分感激的哈里发将其女嫁给他，并授予他头衔"东西四方之君"（Malik al-Mashriq wa-al-Maghrib），因此也就正式将世俗统治权交给了他。这一举动在穆斯林中东地区使这一历史性转变神圣化，那就是精英和军队统治权力从阿拉伯-波斯人转移到突厥语部众手中。这一转变的先驱者塞尔柱王朝我们将在后面章节讨论，这里我们想指出的是塞尔柱人是属于被称为乌古斯（Oghuz）的突厥语部落，而喀喇汗人则属于不那么能全面定义的族群，最突出的部落是葛逻禄、突骑施、样磨和炽俟。在喀什噶尔和喀喇汗王朝其他政治中心的官方或宫廷语言，经常被麻赫穆德·喀什噶里称为哈加尼语（Khaqani，意为"皇家的"），就是部分基于这些部落所讲的方言，与此同时也拥有突厥和回鹘直系后代的语言特征，例如出现在《突厥语大辞典》前言部分的突厥文字就是属于同时代高昌回鹘王国的。麻赫穆德·喀什噶里使用的术语"突厥"（Türk）因此似乎有两部分重叠含义。"突厥"（Türk），我们已经说过这是建立突厥帝国的核心族群的名字，这意味着这一帝国的威望通过在共同的民族语言亲属世界中传播其主要成分名称而获得持久的影响力，这已被这部辞典的名称所佐证。与此同时，作者也用它作为含蓄的东部语言对应于西部方言如乌古斯和钦察语。也就是说，它作为术语包括喀喇汗王朝的宫廷语言哈加尼语和以其为基础的东部方言。

不清楚麻赫穆德·喀什噶里为何移居巴格达，也就是离开家园，离开他亲戚所统治的王国，前往也是突厥语部众但属于外国王朝统治的异域。不过，我们可以推断出这一新兴的、本质上是阿拉伯的环境使他更敏锐地意识到突厥语部众开始在伊斯兰世界扮演重要角色。逊尼派的哈里发依靠逊尼派突厥语部分提供的保护，公元1071年，也就是在麻赫穆德·喀什噶里开始编撰辞典的两年前，塞尔柱苏丹阿勒卜·阿儿思兰（Alp Arslan）在安纳托利亚东部的曼齐卡特（Manzikert）击败了拜占庭皇帝罗麦纽斯·戴俄格尼斯（Romanos Diogenes）。麻赫穆德·喀什噶里也知道一些阿拉伯人和非阿拉伯人用阿拉伯语言创作了丰富的语言学文献，包括法拉比（Farabi）所著的《阿拉伯语文学辞典》（*Diwan al-adab fi bayan lughat al-Arab*），相比较而言，几乎没有突厥语方面的，因此我们能设想这个经历丰富的，但也许有点思乡的喀喇汗学者为何决心撰写这部无价巨著。该书前言这样写道：[1]

奴仆[2]，麻赫穆德·伊本·侯赛因·伊本·穆罕默德陈述："当我看到至高无上的真主将祥瑞之旭日升到突厥人地界，使他们的王国处于天堂之中，我看到真主称他们为'突厥'（Türk），赋予他们统治，授予他们为时代之王，给予他们世俗统治权，任命他们统治全人类，指导他们公正统治；我看到真主使加入突厥的人们和为突厥尽力的人们更强大，于是他们从突厥那里实现最高愿望，并从愚昧乌合之众的羞耻状态中解脱出来；（然后我看到）每个有理智的人加入他们行列，否则就会陷入他们的箭雨攻击之中。除了学会他们所使用的语言之外，别无他法接近他们，因此要洗耳恭听。当敌方有人加入他们队伍中，突厥人会确保他们安全，然后其他敌人也会效仿跟着过来，所有害怕伤害的恐惧烟消云散了！……我从布哈拉伊玛目中一位可靠消息的提供者，以及尼沙布尔另外一个伊玛目那里获悉，他们两人都报道了下列哈底斯（hadith，圣训），他们两人的渊源都可追溯到真主的使者，愿上帝保佑他并赐予他以和平。当谈到时下的迹象和最终的审判之时，他提及乌古斯突厥人

---

[1] Dankoff and Kelly, *Compendium*, vol.I, pp. 70-71.
[2] 意谓"真主的奴仆"。

之出现,说道:"学会突厥语言,因为他们将长久统治!"现在如果哈底斯是完善的,这两位伊玛目提供举证,那么学习(这种语言)就是神圣义务,如果(圣训)不完善的话,学习也依然是明智的选择。

我已经走遍他们的城镇和草原,学会了他们的方言和韵语:突厥人、土库曼-乌古斯人、炽俟人、样磨人和黠戛斯人(Kyrgyz,吉尔吉斯人)。而且,在他们之中,我是使用语言最优雅的人之一,最有口才的人之一,受过最好教育的人之一,血统最纯真的人之一,投掷长矛最准的人之一。因此我充分掌握了他们每个部落的方言,于是以井然有序的方式收录到这本包罗万象的书中。我要求至高无上的真主帮助我完成这部书,并命名为《突厥语大辞典》,为的是使它成为永恒的纪念、不朽的珍宝。我将该书献给真主陛下,神圣的先知陛下,以及伊马米(Imami),哈希米(Hashimi),阿巴斯哈里发陛下:我的主人和保护人,卡西姆·阿卜杜拉·伊本·穆罕默德·穆克塔迪(Abu l-Qasim Abdallah ibn Muhammad al-Muqtadi bi-Amrillah),真主之信徒,代理真主统治世界的埃米尔。

另外的例子就是术语"突厥"(Türk)本身。基于《古兰经》版本的《圣经》上所给的传统定义(在《圣经》中,蒂尔克[Türk]是诺亚[Noah]一个儿子的名字,这一名字随后传给诺亚之子蒂尔克的后裔),麻赫穆德·喀什噶里从各个方面论述了这一名称,其中一个出处是来自一则圣训(hadith,先知穆罕默德的经典语句):

我们已经说过真主亲自将"突厥"(Türk)名称授予(这些人),是因为这是从一段叙述中推断出来的,这段叙述可追溯到先知穆罕默德……他说:"真主说道:我有很多人,称他们为突厥人(Turks),并将他们安排到东方;每当我对人们变得愤怒的时刻,我将委派突厥人统治他们。"这显示了突厥人优于其他民族。因为真主亲自给他们取名。他把他们安排到世界上至高无上的位置,委派到空气清新的地区,并称呼他们"我自己的军队"。此外,人们可以在他们之中观察到这些值得称颂的优点：端庄、友好、大方、礼貌、孝顺、忠诚、朴素、谦逊、尊贵和勇敢。[1]

喀喇汗王朝统治期间开启政治、语言突厥语化运动的同时，相关进程也在其更远的西南面，也就是靠近伊斯兰中心地区开始启动。公元1055年，伊斯兰中心地区是在塞尔柱王朝（Seljukids）统治之下，我们将在后面讨论这一进程，但在这里我们想强调一下塞尔柱王朝政治和文学方面的波斯文化。突厥-波斯共生关系显著的例证就是《治国策》（*Siyasetname*），是由尼扎姆·莫尔克（Nizam al-Mulk）用波斯文所著的关于统治术的专著。作为塞尔柱王朝灭里沙苏丹（Malikshah，1072—1092年在位）统治时期的宰相，波斯人尼扎姆·莫尔克主要在巴格达活动。这座城市因作为哈里发所在的都城而保持声望。哈里发继续作为伊斯兰世界精神领袖实施统治，尽管是在突厥苏丹权力控制之下。值得注意的是，一部类似的著作也出现在喀喇汗王朝：《福乐智慧》（*Qutadghu Bilig*）是由巴拉沙衮的优素福（Yusuf）用突厥文所著的一本教谕诗。优素福作为喀喇汗王朝统治者的"哈思哈只"（Khass Hajib，私人秘书）。该书著于公元1069年，几乎与麻赫穆德·喀什噶里所编撰辞典同时代，不过比尼扎姆·莫尔克《治国策》早几年。我们可以在《福乐智慧》中看出几个特点：其一，该书洋溢着伊斯兰宗教特色，因为作者以赞美真主和先知的惯例开篇；其二，政治哲学主旨取自两个不同但互补的系统：波斯传统王权与介于君主、大臣和臣民之间的关系（君主的利益就在于公正统治）和突厥原则中君主有义务公正统治（因为天命使得君主统治合法化并要求君主对自己的行为和臣民的幸福负责）；其三，乡土特色，尤其是诗歌用突厥语言表达，令人愉快地描述了作者和同胞的家乡：大地回春，万物生机盎然的自然气息，商队穿行于贯通中原的熙熙攘攘的丝绸之路。和喀什噶尔的麻赫穆德·喀什噶里一样，来自巴拉沙衮的优素福用突厥形式及环境富于表现力地宣称他的族群认同。我们已经提及喀喇汗王朝一些

---

[1] Dankoff and Kelly, *Compendium*, vol.I, p.274. hadith 一书的阿拉伯文版名为 "*Yaqulu Allah jalla wa-azza: Inna li jundan sammaytuhum al-Turk, wa-askantuhum al-mashriqa; faidha ghadibtu ala qawmin sallattuhum alayhim*"。

君主公正统治的努力，而这来自于他们虔诚的基础和行为，《福乐智慧》也阐述了第一个突厥语王朝统治穆斯林中亚的政治和文化气候特征。

《福乐智慧》幸存下来三部不明年代的版本。前两本是阿拉伯文，第三本是回鹘文。书内证据显示它印刷于帖木儿帝国时期（公元15世纪），那时这种文字的通行多亏了游牧君主档案馆中普遍存在的回鹘文，甚至是突厥语贵族之中存在的某种自豪感。今天，这部教谕诗跻身于古代突厥语珍贵资料之列，为语言学家所重视，并在文化和社会方面为历史学家所珍视。

第六章　塞尔柱王朝和哥疾宁王朝

第一个千年之交，在中亚原本讲波斯语的地区开始出现了来自内亚游牧民族的王朝统治，首先是突厥语部众但很快也将包括蒙古人。类似进程也出现在更远的西南和东南面，也就是伊斯兰中心地区和印度次大陆，在那里，塞尔柱王朝和哥疾宁王朝分别崛起。然而在中亚，这一进程导致永久性改变和人口大规模突厥语化，这一切几乎没有在别处发生，除了极小数例外，其中最显著的是土耳其。在伊拉克、伊朗、阿富汗（只举出受这一变化影响的地区），本地王朝或政府很快或最终恢复统治，突厥语化进程，即使很显著的话，也将在波斯或阿拉伯人口、文化和政治的复兴现实面前退却。

本章的话题与本书主题有关是有好几个原因。这两个刚刚提及的王朝都起源于中亚，他们的后裔都讲突厥语，他们都从其龙兴之地呼罗珊分别推进到伊斯兰中心地带和印度，两者都与喀喇汗王朝有着长期复杂的关系。塞尔柱王朝从未放弃呼罗珊：公元1040年与哥疾宁王朝在旦旦坎（Dandanqan）的历史性会战中夺取了呼罗珊，其主支的最后一位君主桑贾尔（Sanjar，1118—1157年在位）在一个世纪之后，选择呼罗珊作为其龙兴之地，而谋夫城为其都城和最后的安息之地。

正如喀喇汗王朝一样，在公元10世纪，塞尔柱王朝也出现在中亚，只不过是在锡尔河下游更远的西部，靠近咸海，属于一个被称作"乌古斯"（Oghuz）的突厥语部落。在第一突厥汗国崩溃之后，乌古斯部向西迁移到欧亚西部大草原，成为那里占支配地位的游牧成员。不像其他突厥语部众有时会创建强大的但昙花一现的帝国和令人印象深刻的文明，乌古斯部在进入伊斯兰之地前似乎保持较低程度的文明。他们的统治者不称自己为"可汗"而是"叶护"（yabghu），是突厥复杂的皇家世袭级别较低的头衔。到了第一个千年之交，乌古斯叶护将靠近锡尔河河口的养吉干（Yangikant）作为冬营地。突厥-粟特语"养吉干"在阿拉伯语中称为"Qarya haditha"[1]，而在波斯语中被称为"Dih-i naw"，都指"新城"。更上游的毡的是另外一座向叶护交税的城市，在那里有其他定居地。定居地民众主要是渡河向南的穆斯林，但一些学者将这种共生关系视为突厥语部众自己比较倾向于定居和城市生活。正如当时大多数其他突厥语部众一样，乌古斯人也是异教徒，萨满祭师和主神"腾格里"的确在他们精神生活中发挥着作用。到公元1003年，叶护皈依了伊斯兰教，并炫耀地使用着一个穆斯林名字"阿布·沙赫·马利克·伊本·阿里"（Abu l-Fawaris Shah Malik ibn Ali），其最后一个部分"阿里之子"（ibn Ali）暗示他也许出生时就是穆斯林。与叶护家族同时的另外一个氏族也皈依了穆斯林：苏巴什（subashi，军事统帅塞尔柱 [Seljuk]）在毡的取得优势，将其人口从向叶护交税的状态中解放出来。

塞尔柱有三个成年的儿子，分别是伊斯拉伊尔（Israil）、米哈伊勒（Mikail）和穆萨（Musa），也许是受可萨汗国（Khazar）仍在草原游牧人记忆中留下痕迹的声望的影响，他们没有皈依犹太教。他们皈依穆斯林比叶护家族更令人印象深刻，这一情况导致了两大氏族之间与日俱增的敌意，于是塞尔柱氏族逐渐向南迁移到穆斯林地区，起初是在喀喇汗王朝和哥疾宁王朝境内。还有其他因素导致了这一涉及人口、政治、社会经济方面的重要变革，例如草原上可能出现的人口过剩、气候异常和随之而来的部落骚乱。到定居地掠夺传说中的财富的吸引力，以及雇佣军寻求更高价的机会，这些都影响了这一重要变革。塞尔柱三个儿子也在这些雇佣军（condottieri）行列之中，他们卑微的出身很难看出在接下来的两个世纪里，他们的后代子孙命中注定将会有辉煌时刻，成为穆斯林中东地区主要政治力量。

我们已经说过，塞尔柱氏族属于突厥语乌古斯部落。在他们向南开始

---

[1] 希望读者能谅解我提及一个无关但有趣的细节：这一闪米特语"新城"之意也可以从"迦太基"（Carthage）之名中体会出来。

迁移以前，这些部落是草原上（今天是哈萨克斯坦中西部，换句话说，就是随后为人所知的"钦察大草原"的东部）的主要游牧民。突厥语钦察人占据了钦察大草原西部，而只是在乌古斯人迁出之后，他们才填补真空，延伸到东部地区。乌古斯人在穆斯林资料中也被称为"古兹人"（Ghuzz），然后成为中东地区永久的突厥成分从土库曼斯坦一直到土耳其。也就是在乌古斯迁移和穆斯林化期间，族名土库曼（Turkmen，更确切的是 Türkmän）开始传播开来。隐含的细微差别可能因此就指成为穆斯林的乌古斯人。"土库曼"（Turkmen，或欧洲语言用法［Turcoman］）这一名称逐渐盛行开来，而"乌古斯"这一名称则隐遁入狭隘的现代突厥学用语中去。

塞尔柱力量的崛起是惊人的：从呼罗珊将其统治延伸到伊朗大部、伊拉克、叙利亚、南高加索。当我们谈及麻赫穆德·喀什噶里之时，曾指出到公元1055年，也正好是旦旦坎战役后十五年，他们进入了巴格达，在那里，哈里发别无选择，只得授予他们的领袖脱黑鲁勒（Tughril Beg）"东西四方之君"称号，并将女儿嫁给他，接受他的监护，以回报他支持自己有权继续作为穆斯林社会的名义首脑。又过了十五年，也就是公元1071年，塞尔柱苏丹阿勒卜·阿儿思兰（Alp Arslan）在安纳托利亚东部的曼齐卡特的上述战役中，击败了拜占庭皇帝罗麦纽斯·戴俄格尼斯。这一事件开启了突厥语部众进入小亚细亚之门，并最终使该地区突厥语化和伊斯兰化。这一新帝国很快分裂成王朝不同成员统治的多个地区政权，这也许折射出内亚游牧民族家族统治而不是个人统治的政治概念，但是在此，地缘政治和心理因素大概起着更决定性的作用。尽管在与拜占庭帝国作战中取得了辉煌胜利，但是阿勒卜·阿儿思兰将西面更进一步的征服留给了家族地位较低的成员，而决心向相反方向扩张，进攻喀喇汗王朝，这却导致他丢失了身家性命，公元1072年，他在河中战役中战死。他的儿子、继承人灭里沙（Malikshah，1072—1092年）则在战场中表现得很出色，因为在第一次战役中迫使喀喇汗王朝河中统治者接受封臣地位，在第二次远征中甚至推进到了新疆，在那里，喀喇汗王朝被迫短期内承认了其宗主权。第二次胜利是如此短暂，也许可以再次归咎于地缘政治因素。人们也许会疑惑为什么塞尔柱王朝是如此热衷于强迫其突厥语穆斯林兄弟喀喇汗王朝承认其宗主地位，而喀喇汗王朝除了偶尔声称呼罗珊主权外,似乎从来没有对其构成很大威胁。游牧民族本质上的扩张性也许是一个因素,邻近呼罗珊的姊妹地区——河中地区是又一因素,喀喇汗王朝较成功的公正统治造就了经济繁荣是另外一个因素,也许还包括与其东邻哥疾宁王朝对抗的因素。

因此正是"伊斯兰之地"东北边疆,特别是呼罗珊,被大塞尔柱(现代历史学家所称"塞尔柱家族地位较高一支")视为他们的属地中心以及居留地。在地位较低的分支中,塞尔柱罗姆人(the Seljuks of Rum,安纳托利亚的穆斯林名称)因为比其他塞尔柱支派存在更长久而脱颖而出,启动了那一地区的伊斯兰化和突厥语化进程,将其转变为土耳其。与此同时,在呼罗珊的谋夫,从位于丝绸之路网络一条干线之上的繁荣农业地区跃升为显赫的都城,作为文化、制造业和贸易中心,较之此前更是欣欣向荣。苏丹桑贾尔,大塞尔柱的最后一位君主,选择逗留此地,并为自己兴建了一座宏伟的陵寝。当时,他的王国繁荣强大:地位较低的支派统治较远的西部和南部,一度危险的哥疾宁王朝最后调整目标向印度发展,喀喇汗人不过是一帮封臣,他们的忠诚是通过家族纽带而巩固的。然而桑贾尔最终却在绝望中死去,他的王朝也随之崩溃。这一戏剧化垮台的原因很复杂,但是公元1141年桑贾尔所遭受的惨败也许起着决定性作用。我们将在后面回到这一事件上来,但要先谈一谈哥疾宁王朝。

正如喀喇汗人和塞尔柱人,哥疾宁人也是突厥语部众,其也根源于内亚草原游牧民族之中,刚刚才皈依穆斯林。不过,这三者却有着各自不同的状况,标志着周期性伊斯兰政治结构。前两个王朝是通过自由家族或氏族以成功的部落组织形式而建立政权的,而哥疾宁王朝则通过完全不同的渠道而掌握政权:作为萨曼王朝的奴隶士兵。我们已经提及"古拉姆"奴隶士兵的重要地位,作为穆斯林统治者如萨曼王朝君主和哈里发亲自掌握的禁卫军。我们已经指出在伊斯兰东部和中心地区,这些"古拉姆"奴隶士兵大多数是突厥语部众,而且他们逐渐掌握大权以至于能够控制自己的主人或者在他们被派遣驻扎的省份独立。这就是哥疾宁王朝的娑甸的斤(Sebüktegin)的出身。娑甸的斤是一位奴隶将军,自公元977年起至二十年后去世,统治着越来越大的疆土,包括阿富汗和萨曼王朝的呼罗珊地区。娑甸的斤死后几年,萨曼王朝的垮台使得他的儿子马哈茂德（Mahmud，998—1030年在位）不仅摆脱封臣地位，并且与喀喇汗王朝分享战利品，呼罗珊就是其主要收获。

哥疾宁的马哈茂德与其后继承人穆罕默德和马苏德（Masud，1030—1041）都与喀喇汗王朝和塞尔柱王朝保持着频繁的联系。哥疾宁王朝与喀喇汗王朝之间的冲突和他们友好联系相比微不足道。这种友好联系有时也包括双方君主间会盟，例如公元1025年哥疾宁的马哈茂德与喀什噶尔的卡迪尔汗（Qadir）在撒马尔罕的会面以及家族联姻。下面就是哥疾宁史学家加尔迪齐（Gardizi）用波斯语记录的这次会面的片段：[1]

当突厥斯坦之主以及整个汗国可汗卡迪尔汗得到禀报，哥疾宁的马哈茂德（Yamin al-Dawla）已渡过乌浒水（Jayhun，阿姆河）之后，他从喀什噶尔出发以便和其会面并签订新的条约。他到了撒马尔罕，并怀着和平和友谊之心从那里出发，直到距马哈茂德埃米尔军队有一个法萨克（farsakh）[2] 单位之远时停下并下令搭帐篷，同时派使者通报马哈茂德他已到达，希望与其会面。马哈茂德埃米尔积极回应，并提议会面场所。随后马哈茂德埃米尔和卡迪尔汗各带小队骑兵扈从到达指定地点。当他们彼此看到对方时，纷纷下马。马哈茂德埃米尔拿出一块由布包裹的宝石交给司库，命其送到卡迪尔汗手中。卡迪尔汗也带来一块宝石，但是因为对他非常敬畏以至于忘了（回赠），直到会面结束时，他才记起宝石，让一侍从递送并表歉意。次日，马哈茂德埃米尔下令搭建一座绣缎大帐篷，并准备款待用品，然后派人送信邀请卡迪尔汗前来作客。当卡迪尔汗抵达时，马哈茂德埃米尔要求宴会安排得越奢华越好，然后二人坐于同席进餐，餐罢走进辉煌的大厅，里面华丽地装饰着奇花异果、宝石、金线织物、水晶、明镜和（其他）罕见物品，卡迪尔汗看得目不暇接，不能自已。他们继续坐了一段时间。卡迪尔汗滴酒不沾，因

---

[1] *Zayn al-akhbar*, ed. Habibi (Tehran, 1347/1968), pp.406-410; Barthold, *Turkestan*, English translation on pp.282-284.

[2] 法萨克（farsakh）：里程单位在波斯大致相当于6.23公里，在阿拉伯大约相当于5.76公里。——译者注

为这是河中地区君主的习俗，尤其是突厥统治者。他们欣赏了一会儿音乐，然后（卡迪尔汗）起身。接着马哈茂德埃米尔下令将礼物呈上，那就是金银制酒杯、宝石、来自巴格达的珍宝、精美织物、奢华兵器、配备金制缰绳和镶嵌宝石马刺的宝马良驹、配备金饰物和镶嵌宝石刺棒的雌象十头，来自巴德哈（Bardhaa）配备金制饰物的骡子、配备金银制马镫和铃铛的骆驼驱使的旅行轿子、绣缎软轿，贵重亚美尼亚手工制织物和地毯、乌外西（uwaysi）和杂色地毯，绣花头巾，来自泰伯里斯坦（Tabaristan）的玫瑰色印章，印度宝剑、卡马瑞（Qamari，位于今伊拉克北部）沉香、马卡斯瑞（Maqasiri）檀香木、灰琥珀、母驴、巴巴里（Barbary）黑豹皮、猎犬、捕鹤猎鹰、羚羊和其他动物。他以隆重礼节送别卡迪尔汗，礼貌殷勤，并表达招待不周之歉意。回到营盘之后，查阅了这些奇珍异物、珠宝、兵器，卡迪尔汗惊异之至不知何以回报。然后他命令司库打开宝库，从那里取出大量钱物回赠马哈茂德。礼物同时还包括突厥斯坦土特产，那就是配备金饰物的宝马良驹，配备金腰带和箭袋的突厥奴隶、猎鹰、矛隼、黑貂、白鼬、貂皮与狐皮、羊皮囊、中国绸缎，如此等等。两位满意的君主和睦地挥手告别。

另一方面，哥疾宁王朝知道与竞争对手塞尔柱王朝不可能妥协，并且在对抗中失败，即前面说过的公元1040年发生的旦旦坎（位于土库曼斯坦，谋夫城西南大约70公里）战役，而这决定性地迫使哥疾宁人将注意力从中亚转向印度。

到了公元1118年苏丹桑贾尔执政的时候，塞尔柱帝国统治看起来坚如磐石，如果将其家族的侧支和附庸国也包括在内的话，它将是伊斯兰世界自倭玛亚和阿巴斯哈里发鼎盛时期以来疆域最广阔的王国：从东北的河中地区到伊朗、伊拉克、叙利亚部分地区和安纳托利亚很多地区。不过，公元1141年，苏丹遭受了一场失败，其后果乍一看损失似乎没有那么惨重，因为他所失去的只是河中地区。不过其延迟效应更加严重，我们现代人借助于后见之明可以补充解释，这一切预示着可怕的灾难。

入侵河中地区和击败桑贾尔的征服者是喀喇契丹人（Qarakhitay），他们是我们前面说过契丹人的后裔。契丹人两个世纪以前在中国北方建立辽朝。然而到了公元1125年，场景再度重演，从东北又出现新的部族通古斯女真人，赶走了契丹人，统治中国北方建立金朝。大量的契丹人大体沿着丝绸之路西迁，被逐出中原仅仅三年后，力量大增，并在新疆击败东喀喇汗国，紧接着就轮到西喀喇汗国和其宗主桑贾尔。公元1141年苏丹和他的封臣在卡特瓦草原（Qatvan Steppe，撒马尔罕东北不远）与其遭遇。契丹人彻底地击败了他们，桑贾尔几乎只身幸免。

对于穆斯林史学家来说，西契丹人（他们也许讲一种蒙古语言）开始以"喀喇契丹"而著称，他们对于当时以及现代史学家而言一直是一个谜。喀喇契丹允许一些喀喇汗人以封臣身份继续统治，他们自己则以七河地区作为驻地，以一个突厥-蒙古地名"虎斯斡耳朵"（Ordubaliq，巴拉沙衮附近）为人们所记住。高昌回鹘的亦都护也承认他们的宗主权，阿力麻里（Almaliq）和凯拉克（Qayaliq，Cailac）的葛逻禄统治者也接着臣服。到女真人将他们逐出中原之时，契丹人已部分汉化，因此在他们复兴时代依然保留着这层汉化外衣：资料只提及他们名字的汉语形式，铸造的钱币中有汉字。尽管在大部分穆斯林地区有着长达八十年的统治，他们却从来没有皈依穆斯林。生活在非伊斯兰教统治之下对于穆斯林来说虽说耻辱，但穆斯林史学家也不得不承认喀喇契丹人是出人意料的公正和宽容的统治者。

然而凭着后见之明的优势，我们今人可以说公元1141年喀喇契丹人击败桑贾尔及其盟友的战斗方式有点残忍。尽管有着汉式的外表，新来者本质上依然是草原游牧民，并制服了原来在此的主人突厥君主。比较起来，这些突厥君主越来越受到近东定居文明及其作战方式的同化。更强的机动性和技艺娴熟的骑兵和弓箭手确保了喀喇契丹的获胜。以上同样的有利因素加之出色的筹划，训练有素，在关键时机集中兵力，更是猛虎添翼，这些在一个世纪之后将使得成吉思汗及其后人率领的蒙古人成为有史以来最伟大的征服者。

然而喀喇契丹人满足于战后格局，这一形势也使得最后两代喀喇汗统治比他们曾经的宗主塞尔柱人持续的更长久，几乎直到蒙古入侵时期，但也不是完全确切的是，因为桑贾尔的失败以及大塞尔柱的崩溃使得反复无常的花剌子模沙们摆脱了羁绊。他们在三角洲绿洲的王国实力增长并向曾经的塞尔柱疆域扩张。然而他们首先必须从喀喇契丹控制中恢复自由，因为他们也曾经被迫臣服并定期进贡。花剌子模沙阿老丁·摩诃末（Ala al-Din Muhammad，1200—1220）分两步实施：他首先消灭了喀喇契丹在撒马尔罕的喀喇汗封臣，然后当喀喇契丹军队着手反击这一暴发户时，也被击败，这发生在公元1210年。从那以后，摩诃末将主要精力向西经营朝向伊斯兰之地的中心。在立志赶超塞尔柱的雄心驱使下，现在轮到他将成为在巴格达的哈里发保护者（或根据一些资料，他将消灭穆斯林中的逊尼派哈里发，自命为先知家属［Ahl al-Bayt］正统，也就是由隐身的马赫迪［mahdi，救世主］象征的先知的后人，出于此原因，他拥护什叶派）。摩诃末几乎如愿以偿，因为他已占领伊朗大片地区，并准备最后深入伊拉克，不过正在此刻，来自中亚的告急迫使他立即返回。

到那时也就是公元1218年，喀喇汗王朝及其宗主喀喇契丹（尽管与摩诃末交战失利，依然保持着七河地区统治）都被屈出律（Küchlüg）所推翻。屈出律是战败的乃蛮部（Nayman）首领之子。在成吉思汗蒙古军队攻势下，他率领残部逃离后逐渐实力恢复，并取代了喀喇契丹统治。通过契丹妻子的影响，屈出律皈依了佛教，并开始对新疆西部那些虔诚的穆斯林居民实行恐怖统治。最后，他进攻并杀死了阿力麻里的葛逻禄统治者。然而这结果导致了其厄运，因为受害者的儿子向蒙古人求援。在蒙古大将那颜哲别（Jebe Noyon）率军攻击之前，屈出律逃离，在帕米尔高原寻求避难时被追上杀死。这一事件具有历史意义，主要是因为它使成吉思汗迅速地将注意力引向内亚西界。这一事件将我们带入内亚历史画卷剧变的转折点，那就是成吉思汗蒙古帝国的崛起。

第七章　蒙古征服

很少有历史事件能像公元 13 世纪二三十年代成吉思汗蒙古帝国崛起那样证明了未来的不可预知性。较少数领导这样一个庞大帝国的人们所具有的精力和天赋一直使所有试图解释这一现象的史学家们百思不得其解。同样，它所带来的影响从恐怖大屠杀、大规模摧毁到令人赞赏的跨文化交流和文明彼此激励并存时代，一直都会使史学家们对此研究乐此不疲。

蒙古入侵和统治的影响是复杂的，在其占领的欧亚大片区域呈现出不同类型和程度。不过，三大地区和文明因它们比其他地区受到的影响更为深远而被挑选出来：中国、中亚和俄罗斯。根据这三者，历史可分为两个阶段，前蒙古时期和后蒙古时期。

蒙古现象的第一个谜就是成吉思汗崛起于一个默默无闻的部落之中。我们已经讨论过突厥时期的蒙古人，那就是从公元 6 世纪一直到 10 世纪，当时的观察者有一定理由认为蒙古地区就是真正最初的"突厥斯坦"，在此突厥人之地曾经存在着蓝突厥人、回鹘人、黠戛斯人或是相互争斗的无定形的部落联盟。一旦黠戛斯人从这一地区撤回到其南西伯利亚家园，契丹也因其转变为中原王朝而放弃该地（这两起事件都发生在公元 10 世纪），蒙古开始成为一个主要是游牧民的地区，主要是东胡人，分成各个部落，但缺乏更大的政治凝聚力或文化活力。鄂尔浑碑铭已经被人忘却，信奉摩尼教的回鹘人已经迁出，刚处于萌芽的城市和农业已经荒废。不过，这一情景的变动性使得部落易受外来影响。贸易依然存在着，内亚的地缘经济位置意味着一些长途贸易路线穿越蒙古地区。摩尼教或许已经消失，但基督教在一些突厥部落如克烈部（Kereit）、蔑儿乞部（Merkit）和汪古部（Öngüt）取得了一些进展。事实上只是基督教的景教（Nestorian）派别而不是罗马天主教、东正教、雅各比派（Jacobite）：在谋夫有景教主教辖区，景教也有可能从那里沿着特殊通道"丝绸之路"传播。

以上这些就是公元12世纪中叶铁木真（未来的成吉思汗）诞生之前的形势。这一地区突厥色彩比蒙古色彩更浓，特别是中部和西部，以土拉河（Tula）和鄂尔浑河（Orkhon）为界。而以东沿着斡难河（Onon）和克鲁伦河（Kerulen）一直到分割蒙古与满洲纵向的兴安岭山脉居住着讲蒙古语言的部落：塔塔尔部（Tatars）和我们发现的一些自称蒙古人的部落。这两者，再加上很多其他突厥语部落在汉语资料中被称之为华北边界政治因素。在中国北方契丹的辽朝屈服于来自东北的入侵者，通古斯女真人，他们于公元1125年建立了一个中原王朝，国号为"金"，定都于北京（汉字意思是"北方的京城"，只是到了公元1368年之后，在明朝时期与其南京「"南方的京城"」相对）。

铁木真大概出生于公元1167年。经历青少年时期仅仅为图生存的艰苦斗争之后，开始作为一个不断扩大的氏族和部落联盟首领而出现。这一联盟起初时只有蒙古人，逐渐地也包括了突厥语部众。公元1206年在斡难河上游举行部落首领"忽里台"大会中，他被拥戴为"成吉思汗"。头衔"成吉思"至今在学术界仍旧是争论不休的话题，但是大多数人似乎认同它可能有"海洋"的含义，因此就有"拥抱世界"之意。

成吉思汗几乎立即向周围的邻居们发动进攻：向北攻入叶尼塞河上游的吉尔吉斯（Kyrgyz，黠戛斯）和卫拉特（Oirat），西南进攻党项（Tangut，唐古特）王国"西夏"，东南进攻金朝，就是前面所讲的统治华北的女真王朝。西夏王国拥有河西走廊和鄂尔多斯地区，是由党项人于公元1038年建立。党项人是藏缅语族民族。这个王国在公元12世纪特别繁荣，部分是由于穿越境内的"丝绸之路"贸易活动。像高昌回鹘亦都护一样，西夏也于公元1209年臣服于（尽管有些勉强）成吉思汗，但后来西夏朝廷食言毁约，这一错误使其自食恶果，于公元1227年灭亡。

尽管偶尔遭遇一些挫折，这位蒙古首领的各项征途全面开花。他在征战过程中采用了灵活性的实用主义，而这也为他的一些后人所继承：和平投降或最好提前宣布效忠能确保统治者保住王位，使其臣民免遭屠杀，抵抗几乎意味着不可避免地面临种族灭绝。公元1209年高昌回鹘亦都护很有远见，及时宣布臣服，并接到召唤后，于公元1211年亲自前往成吉思汗王庭表达敬意。由此，亦都护保住了他的王国，但也给蒙古提供了帮助，这种宝贵的帮助大概当时很少有人会意识到：博学的回鹘人作为官员为蒙古人服务，提供给这一快速发展的帝国那些最初处于文盲状态的游牧人所欠缺的专业知识。

公元1215年北京已被蒙古人攻陷。不是继续追击撤退的金军，成吉思汗反而将主要注意力转向西面，可能是当他洗劫北京后不久，接见了阿老丁·摩诃末派来的使者。花剌子模沙提议双方建立友好关系和开展贸易合作。

不过，成吉思汗很快又重新开启了内亚游牧民族东西向的移动，但这有很大的不同。其他的类似现象，或早或迟，都是出于种种自然和人为因素，诸如气候变迁、政治内讧迫使失败一方向别处迁移，而成吉思汗和其直接继承者（基本上是三代）在万全谋划之后，开创了他的征战伟业，这一方面依靠其远胜其他组织的高效机制，另一方面则要归因于其混元一统的宏大视野，这一视野被一些历史学家称作是承天之命统御天下的意识形态。三代蒙古领袖在所有这些方面展示的天赋以及他们创建帝国的规模一直是一大独特历史现象，单单此就足以证明成吉思汗黄金家族后裔被赋予领袖魅力是理所应当的。这在其后数百年中，依然在内亚突厥-蒙古人中被奉为圭臬，哪怕他的无数后裔一无是处或毫无实权。

在中亚，我们已经看到快速扩张的花剌子模人击败了喀喇汗人和其宗主喀喇契丹人。我们已经谈论到阿老丁·摩诃末之所以没有一路推进到七河地区，最终消灭喀喇汗人和喀喇契丹人，那或许是因为他想在西方从事更具声望的征服，那就是最终占领伊拉克，实现成为哈里发宗主的梦想。正是乃蛮冒险家屈出律结束了喀喇契丹在七河地区和新疆西部的统治，之后在一段时间内奴役当地人，直到由哲别率领的先头部队到来（在此情况下，这支部队更像是救援队），平定了当地的局势。因此，到公元1218年，中亚可分为两大主要政区：呼罗珊、河中地区和费尔干纳属于花剌子模王国，而新疆和七河地区的当地统治者则依附于成吉思汗。

花剌子模沙也许希望让其蒙古邻居统治东方，但他却没能意识到出现在东面的对手有多么强大，也许仅仅这就足以解释那似乎令人费解的问题：他为什么在公元1218年下了如此草率的命令，要不然就是，当来自蒙古征服者的商队到达锡尔河上的边城讹答剌时，当地地方长官声称他们中藏有间谍，因此在将其全部屠杀之后，花剌子模沙宽恕了这位长官鲁莽的行为。另外一个心理方面可自圆其说的理由是由研究这些事件最重要的权威、伊尔汗国史学家志费尼（Juvayni）提到的。亦纳勒术（Inalchuq）是讹答剌地方长官，也是花剌子模沙的舅舅，当他担任该职时，采用了"哈亦尔汗"（Ghayir Khan，或译"海儿汗"）的头衔。被扣留在讹答剌的来自蒙古的穆斯林商队中有一人是亦纳勒术的熟人，他称呼这位长官为"亦纳勒术"（Inalchuq，意为"郡王"）而不是哈亦尔汗（Ghayir Khan，意为"强大的汗"）。这位长官感觉受了羞辱，于是将使者全部逮捕，并送信给正在伊拉克战场准备策划屠杀的花剌子模沙。另一方面，一些现代学者认为，那个地方长官和花剌子模沙怀疑商队藏有间谍的说法也似乎情有可原。这两个方面并非互相排斥：已起疑心的长官自尊心受到了伤害，也许会在送给同样起疑心的花剌子模沙的信中添油加醋。

一年之后，成吉思汗率军抵达药杀水（锡尔河），对花剌子模王国的征服行动一切就绪。到那时，蒙古力量在军事和组织层面已经臻于极致，在接下来的几十年中震惊了世界。摩诃末纠集了数量上占优势的军队，但最终遭到惨败，几个月后逃到里海荒岛，一命呜呼。蒙古军队主要的军事作战行动包括围城、受降，以及追击花剌子模沙之子和继承人札阑丁（Jalal al-Din Mangubirti）。到公元1223年，包括花剌子模和呼罗珊在内的所有中亚地区都已在蒙古人控制之下。与摩诃末相比，其子札阑丁是一位劲敌，他的勇气和毅力赢得了蒙古人的钦佩。在一场恶战之后，札阑丁从阿富汗逃亡，并泅渡印度河，以躲避追捕，据称，当时成吉思汗当着他几个儿子之面赞叹道："一个父亲就应当有像（札阑丁）那样的儿子！躲过这一恶浪旋涡之后到达安全之岸，他将会是建立无数功绩并给我们带来无穷烦恼的对头，任何一位智者怎会忽视他呢？"

成吉思汗正妻给他生了四个儿子：术赤（Juchi）、察合台（Chaghatay）、窝阔台（Ögedey）和拖雷（Toluy）。他们都是大汗发动主要战役的助手，并经常独当一面，完成重要的任务：早在公元1210年和1218年，术赤攻打乞儿吉斯；在中亚，察合台和窝阔台（最后术赤也加入）受命征服花剌子模都城玉龙杰赤，而拖雷进攻谋夫。成吉思汗创建帝国和选择继承人的形式则带有我们常常提及的游牧民族权力观念的痕迹：继承权不必遵循长子继承制，甚至可以不是嫡系。这种制度当然带有内在缺陷：草原帝国被一位强有力的领袖创建后，其延续却因自身缺乏有规律的、无可争辩的继承制而面临险境。这也就是草原帝国的寿命很少能比其创始人更长久的原因所在，要不是成吉思汗至少两代后人有足够严明的纪律和凝聚力以确保帝国延续和扩张的话，蒙古帝国也会步此后尘。这一成功也许更多归功于成吉思汗的审时度势，因为他选择了窝阔台，一些史学家认为这一选择极其高明。同时，运气也偏向蒙古人一方。公元1219年成吉思汗已明确表示选择窝阔台作为继承人。征服者的长子术赤当然对他父汗的决定很不快，在钦察草原的作战中，他日渐表现出忤逆之心。两人之间的军事冲突只是由于术赤比大汗早过世几个月方得以避免。如果他比父汗活得长的话，内战很有可能摧毁这一帝国，或者至少终止其继续扩张，也就是征服俄罗斯公国、伊朗和宋朝的行动。

成吉思汗的遗产被分成封地，被称为"兀鲁思"（ulus，其起源不是与土地而是与军事后勤有关：一群部落成员及其家属被分配给一位首领），传给他的子孙。最年轻的儿子拖雷获得蒙古本土作为"斡赤斤"（otchigin，幼子守产）。这并不意味着拖雷继承了父汗"可汗"或"大汗"的头衔，因为我们知道成吉思汗已指定窝阔台为继承人。成吉思汗健在的最年长的儿子察合台，尊重父汗的遗愿，忠实地拥护窝阔台。除了接受这一至高无上的头衔外，窝阔台也获得了自己的"兀鲁思"：西伯利亚中部和新疆东部，他最喜欢的地区叶迷立流域和额尔齐斯河上游。不过，蒙古帝国的复杂性（或从另外一个角度来说是统一性）由此说明：作为"大汗"，窝阔台仍然可使用拖雷的封地（那就是幼子守产的家园）从事礼仪活动，这就是他而不是由拖雷来执行父汗的命令在哈拉和林建立都城。察合台得到了中亚，这在当时是比表象更重要的决定。成吉思汗长子术赤已死，因此他的诸子前往封地就任：

其长子斡儿答（Orda）得到了大致从额尔齐斯河到乌拉尔河的西伯利亚西部地区，次子拔都（Batu）得到其兄封地以西的地区。除了这些主要的"兀鲁思"外，还存在两个较小的"兀鲁思"分给了成吉思汗的弟弟哈撒儿（Juchi Qasar）和斡赤斤（Temüge-Otchigin）；他们都被安排到帝国东北边疆，也就是如今的中国东北北部、朝鲜北部和俄罗斯滨海地区。哈撒儿的"兀鲁思"部分相当于成吉思汗发动世界征战之前的蒙古地区。

成吉思汗过世两年之后，窝阔台才在斡难河和克鲁伦河之间的故土再次举行的登基仪式上加冕为"大汗"，得到来自兄弟和子侄的拥戴，他发动了两次波澜壮阔的征服浪潮：第一次（1230—1233年）征战终结了金朝的残余统治，第二次（1236—1240年）则吞并了俄罗斯各公国，兑现了成吉思汗许诺给拔都的封地。

将尚未征服的土地给予拔都，这种情况，表明成吉思汗对于自己将领和军队胜任这项任务怀有强大信心，他们也的确如此。我们讨论的这片区域，地理上相当于今天的哈萨克斯坦西部、俄罗斯南部和乌克兰南部地区，这片区域在公元1223年的中亚战役尾声中就已被蒙古人侦察过。当时，一支先遣队曾绕行于里海南缘，然后穿过高加索山脉进入该区域，在亚速海附近的卡尔卡河（Kalka River）遭遇钦察和俄罗斯王公的联军，并将其击败。但他们没有停留，直到公元1238年，并经过1240年一整年的时间，拔都才实现了真正的征服。他得到猛将速不台的协助。速不台也许是最杰出的蒙古将领，在此策划了这场军事行动（他的儿子兀良合台后来在征伐南宋和越南北部时战功卓著）。在宗室层面上，这一战役的意义就在于成吉思汗黄金家族四大支各派子孙作为代表参战：术赤之子拔都、察合台的儿子或孙子不里[1]、窝阔台之子贵由和拖雷之子蒙哥（《元朝秘史》，第270页）。蒙古人的胜利意味着基辅人的俄罗斯（Kievan Russia，或确切地说基辅罗斯公国[Kievan Rus]）的终结，并间接导致莫斯科的崛起。

对于最西部区域的征服：哈萨克斯坦西部、俄罗斯南部和乌克兰代表着蒙古扩张的第二个主要阶段。我们已经说过，这次征服是在成吉思汗之子

---

[1] 应为其孙。——译者注

及继承人窝阔台的支持下进行的。公元1241年，察合台和窝阔台相继去世，这迅速终结了进一步深入中欧的扩张计划，并造成了长达十年之久的围绕汗位继承问题而产生的紧张局势，几乎导致内战。大汗遗孀脱列哥那监国，直到公元1246年其子贵由接任汗位。自俄罗斯战役以来，贵由就一直与拔都不合。起因就在那场战役后的庆功宴会上，贵由和不里拒绝承认拔都为其家族长者，并侮辱了他（这一戏剧性的摩擦详见《元朝秘史》，第275页），而蒙哥则保持了对堂兄拔都一贯的尊重。这些事件预示着最终在宗室内斗中，由拔都系支持的拖雷系胜出。这一结局发生在公元1251年，不过在当时，窝阔台系似乎胜券在握。公元1248年贵由御驾出征，似乎有计划向其堂兄拔都发动进攻。天命再次做出决断，从而维系了帝国的凝聚力，因为贵由正步步逼近拔都（拔都在那时已得到拖雷遗孀唆鲁忽帖尼（Sorqaqtani）的预先警告，因此准备率军迎战）时突然在七河地区去世。贵由遗孀斡兀立·海迷失执政，但却不像脱列哥那那么成功，最终身败名裂，因为胜利者处死了她以及窝阔台家族的几位其他成员。在汗位继承斗争中，拖雷系联合术赤系（或更确切地说是拔都系，因为这一集团的主要创始人是术赤次子拔都），到公元1251年设法使蒙哥被拥戴为"大汗"。正像前面术赤、察合台和窝阔台的情况一样，运气以及堂兄弟拔都和蒙哥之间的紧密团结，共同拯救了帝国，其结果之一就是第三波也是最后一波宏伟壮阔的征服浪潮。

最后一波蒙古扩张浪潮是在黄金家族第三代的手中，也就是成吉思汗的孙辈——拖雷之子蒙哥、忽必烈和旭烈兀兄弟三人实施的。东面的宋朝和朝鲜，西边的伊朗南部和伊拉克，这些地区都在这三兄弟的手中才归于蒙古统治之下。这两个方向的征服都是由成吉思汗本人开启的，但当时只攻陷了这些地区的北部，更大片地区的征服只有在蒙古人典型的有条不紊和宏远谋划之后才获得成功，这一次是在"大汗"蒙哥（1251—1259年）指挥之下进行的。

征服伊朗和伊拉克的任务交给了旭烈兀，这次征服中两个亮点分别是公元1256年摧毁了藏匿于伊朗中部的亦思马因派暗杀团和公元1258年消灭了巴格达的阿巴斯哈里发。随后就是征服叙利亚，也许也包括埃及，但在公元1259年，命运再次降临的方式令人回想起公元1241年的局面。大汗蒙哥去世，而旭烈兀担心蒙古帝国即将出现的汗位继承争夺局面，将由叙利亚向埃及进军的大部分兵力调出。因此，在公元1260年，蒙古大将怯的不花（Ket-Buqa）率领的小股先遣队在叙利亚的艾因·贾鲁（Ayn Jalut，意为"歌利亚之春"）被马木留克（Mamluk）将军贝尔巴斯（Baybars）所击败。同时在蒙古本土也爆发了旭烈兀两个兄弟忽必烈和阿里不哥（Arigh Boke）之间的内战，这也阻止了蒙古人通常在经历任何挫折后所采取的下一步骤——那就是尽力在下场战斗中取胜。外部世界，特别是伊斯兰世界当然不知道这种情况，马木留克的胜利产生了巨大的心理影响，那就是他们粉碎了蒙古人战无不胜的神话。不过，征服伊拉克和伊朗的计划已经完成，旭烈兀成为新的蒙古封地的领袖，接受了伊尔汗（ilkhan，"伊尔"[il]是"从属于"帝国"大汗"之意）的称号。

征讨南宋的战役于公元1258年开始，但是直到公元1279年才结束，这不仅证明这一辽阔区域作战之艰难（尽管征服的只是半壁江山），也说明了宋朝与其臣民的韧性。此外，"大汗"蒙哥与其弟忽必烈都参与了对宋战争。这场战争让蒙哥丢了性命，公元1259年他死于四川，也许是攻城时负伤而死。忽必烈急忙返回故土，因为闻讯其弟阿里不哥在那里自封"大汗"。在到达蒙古"祖地"之前，忽必烈就抢先让自己的人马拥立自己为"大汗"，其弟在哈拉和林也自称"大汗"，因此在蒙古帝国爆发了第一次全面内战。公元1264年，忽必烈胜出，但他很快不得不与拥号自立的诸王交战，他们之中最重要的是海都（死于1303年），他是窝阔台第五子合失之子，也是幸免于公元1251—1252年间宗室仇杀的窝阔台系少数几位成员之一。

与海都之间的对抗却是比征服南宋更漫长的过程，而且它也显示出另外一个重要的差别。尽管忽必烈珍视"大汗"这一头衔，并要求西部诸王顺从，但他的主要精力放在中国。他不再将哈拉和林视为其总部，而是迁都到早在公元1215年已被其祖父成吉思汗摧毁的金朝都城所在地。忽必烈在那里重建了属于自己的城市，以汉语名称"大都"（伟大的都城）而闻名，其蒙古名称是"汗八里"（Khanbaliq，"大汗的城市"，马可波罗笔下的"Cumbalic"，也就是最终的"北京"）。他漫长统治时期中的一半时间都倾注在统一中国的事业上（1260—1279年），剩下来的岁月（1279—1294年）

主要住在北京，在那里，忽必烈是以作为坐镇于都市的中国皇帝的形象而出现的。他对佛教产生了强烈的兴趣，并已充分意识到让能干可靠的官员来管理这个国家。这个国家对于他来说，是内亚任何"兀鲁思"都无法比拟的更大的财富来源地。他遵循了来自北方其他征服者扩张到这一辽阔新地域的典型做法：在公元1271年，他为这一王朝起了中国式的朝代名："元"（开端）。

与此同时，他的对手海都依然完全是一个草原游牧民。最初窝阔台系的"兀鲁思"的中心位于叶迷立河（Emil，今新疆额敏河）与额尔齐斯河上游以及塔尔巴哈台山脉之间，也就是欧亚地理中心之一。从那里出发，海都可以向东、西方向扩张领土。在西面，他间或取得了一些胜利，那里的察合台系"兀鲁思"的一些王公和酋长屈服于他的权威。大概在公元1269年，海都甚至能在怛罗斯召集一次"忽里台"大会，并被窝阔台系和察合台系王公和酋长们拥戴为"大汗"。但在东方，他的表现就不那么出色，尽管他好几次远征都抵达蒙古，但这丝毫没有对忽必烈和其孙及继承人铁穆耳·完泽笃（Temür Öljeytü，1294—1307年在位）在中国的牢固统治产生任何影响。这显示出游牧战士首领和同时成为中原皇帝的前两位"大汗"之间的鸿沟有多大，后者如今有所拥有的人口众多的疆土可以提供强大的资源，同时还拥有蒙古军队一贯具有的勇猛和专业技术。海都又一次试图夺取哈拉和林，但以失败告终，大约于公元1303年在撤退中死去。

随着海都之死，窝阔台系"兀鲁思"也最终消失了，其地域被察合台系、术赤系和拖雷系（元朝）所瓜分。这具有讽刺意味，因为窝阔台系在一开始可以说生机勃勃，其名得自于成吉思汗的直接继承人窝阔台。这一事件也表明蒙古帝国最终分裂，以确保其后续的稳定性。现在的蒙古帝国由黄金家族三大系后人统治的四个部分所构成：(1) 拖雷系控制的元朝，也包括蒙古的"祖先之地"，但都城不再是哈拉和林，而是北京；(2) 察合台系汗国，包括河中地区、七河地区和新疆地区，其汗依然坚持游牧生活方式，主要居住在伊犁河流域，同时在阿力麻里城附近举行一年一度的"忽里台"大会；(3) 术赤系汗国，在穆斯林史料中以"钦察汗国"而闻名，包括两个主要的"兀鲁思"——拔都系"兀鲁思"（后来被西方称为"金帐汗国"）和斡儿答系（Ordayids）"兀鲁思"。除此之外，还有更小的封地如昔班尼家族（Shibanids）和秃花帖木儿家族（Toqay-Timurids）属地；（4）拖雷系伊尔汗国，包括今伊朗、伊拉克和安纳托利亚东部。

察合台于公元1242年去世，其位由其孙哈剌旭烈（Hülegü，1241—1247年在位，并在公元1252年短暂复位）继承，因此开启了中亚历史的新阶段，那就是察合台汗国统治的时期。它的持续时间和影响过于复杂，以至于在这不能充分讨论，但是可以阐明部分特点。花剌子模并不是察合台"兀鲁思"的组成部分，而属于术赤系"兀鲁思"拔都和其继承人在钦察大草原的封地。呼罗珊也不是察合台"兀鲁思"的组成部分，因为其大部分属于伊尔汗国。河中地区本部、费尔干纳和新疆地区才属于察合台汗国，这些区域各自将逐渐发生带有鲜明特性的演化。在超过一个世纪的岁月里，察合台的子孙后代主要居住在七河草原地区和伊犁河流域，他们大都保留着游牧生活方式和非穆斯林身份，遵循的政治道德准则是《大札撒》（yasa，是成吉思汗本人或更有可能是在他去世不久之后所制定的关于蒙古人传统的行为准则）。他们所奉行的游牧方式和《大札撒》与在"兀鲁思"居住的大多数穆斯林居民和农耕民奉行的定居方式以及"伊斯兰教法"形成鲜明对比。蒙古人继续实行欧亚游牧民族惯用的宗教宽容政策（或对宗教持漠不关心的态度），并不干涉其臣民的伊斯兰信仰（除了在某些情况下，当穆斯林仪式与察合台汗国严格遵循的蒙古《大札撒》规定相冲突时。这尤其体现在蒙古人指责穆斯林在流动的水源中斋戒沐浴，以及穆斯林的仪式化宰牲方式上），也不干涉其他宗教如基督教（他们的统治甚至给予天主教一个短暂的传教机会），并基本让定居地区由穆斯林地方长官管理（但通常由蒙古语和突厥语居民监控，被称为"达鲁花赤"）。蒙古语"达鲁花赤"（darughachi），在突厥语中称为"巴思哈"（basqaq）（都来自于动词"掌印"，意为"掌印办事之长官"），阿拉伯语"沙黑纳"（shahna）似乎被穆斯林史学家作为同义词使用。它们之间也许有词义转移上的细微差别，但的确，这一术语可经常指这类官员，可翻译为"总督"或"收税官"。

最后一个特征，很显著的例子就是马赫穆德·牙老瓦赤（Mahmud Yalavach）的职业生涯。他起初只是一个花剌子模商人，在公元1225年被任命为河中定居地区（既包括城镇，也包括农耕地区）的地方长官，随后被其子麻速忽伯克（Masudbek, 1239—1289年）所接替。这些穆斯林长官不是由察合台"兀鲁思"统治者掌管，而是由"大汗"直接管辖，这就给予了这些城镇和农耕区相当程度的自治权，因此在文化上形成了一段相对和平的繁荣局面，这被一些现代史学家赞誉为"蒙古治世"（pax mongolica）：实际上，察合台"兀鲁思"作为蒙古帝国一个组成部分，最终位于前所未有的东包中国、西括俄罗斯南部和伊拉克的帝国辽阔疆域之地理中心，同时也强化了中亚作为贸易和文明枢纽的角色。当然，到了忽必烈时代，这一结构开始解体，他的亲戚们在公元13世纪后半叶起纷纷独立执政，而且双方在争夺最高统治权和地方治理权的自相残杀的过程中，也伴随着"宗教变节"运动：伊尔汗国合赞汗（Ghazan Khan, 1295—1304年在位）以及拔都系金帐汗国乌兹别克汗（Uzbek Khan, 月即别汗，1312—1341年在位）统治下的伊斯兰化运动。

蒙古人给中亚带来了什么影响呢？对此众说纷纭。让我们看一下城市文明。总体来说，起初的影响是灾难性的，大部分城市被洗劫一空，居民遭到屠杀。但最终形成两种结局：一些城市不久就获得了复兴，如撒马尔罕、布哈拉和乌尔根奇；另外一些却再没有复兴，如谋夫。此外，这一总结主要是针对河中地区本部和呼罗珊而言，在七河地区，结局却截然不同，在那里，不仅城市被毁，连定居生活也完全消失。这一解释要考虑到种种因素。其一就是初次打击的严重程度，谋夫看来是被蓄意摧毁的，居住人口几乎被屠戮殆尽，只剩下大约400个工匠被掳掠到蒙古地区，因此，这里就缺少必要的劳动力来维持其绿洲灌溉并防止周围沙漠的侵害。一位当时的见证者、阿拉伯著名的地理学家雅库特（Yaqut）几乎用经文式的语调哀叹这座呼罗珊都城的消失：

> 我在那儿住了三年，要不是这个国家遭受来自鞑靼人的毁灭性入侵，我不会被迫离开谋夫到别处度过余生：这全归功于该地气候温和，好友相伴，大量经典学术藏书。当我离开时，（在谋夫）有十座捐赠的图书馆，所藏书籍的规模和质量是我曾去过的世界其他地区不可

比拟的。例如在大清真寺有两处书库：其中之一被称为"阿齐齐亚"（Aziziya），因为它是由一个叫阿齐兹丁·艾卜·伯克尔·阿提克·赞加尼（Aziz al-Din Abu Bakr Atiq al-Zanjani）的人所捐赠的，他曾是苏丹桑贾尔的官员，在此之前，他一直在谋夫市场上出售水果和芳香植物，然后他成为苏丹的酿酒师。他赢得了尊重。（他所捐赠的）图书馆藏书有大约12000卷。（清真寺的）另一处书库被称为"卡玛利亚"（Kamaliya），但我不知道是哪一个卡迈尔（Kamal）所捐赠的。接着就是谢拉夫·穆尔克·莫斯塔菲·伊本·赛德·穆罕默德·伊本（Sharaf al-Mulk al-Mustawfi ibn Sad Muhammad ibn）图书馆，位于他自己的神学院内，他属于哈乃菲学派（Hanafite Madhhab），去世于伊斯兰历494年（公元1101年）。然后就是尼札姆·穆尔克·哈桑·伊本·伊斯哈格（Nizam al-Mulk al-Hasan ibn Ishaq）图书馆，也在他的宗教学校内，有两座萨曼家族（捐赠的）图书馆，另一座图书馆在阿米迪亚（Amidiya）宗教学校，（接着就是）一位新上任的维齐尔（vizier，宰相）迈季·穆尔克（Majd al-Mulk）的图书馆，王后的图书馆（khatuniya）位于她的宗教学校，在一家托钵僧客栈（khangah）里的图书馆；使用这些藏书是如此便利，我甚至在任何时候无须留下任何押金，都可以带200卷或更多的书籍回家以供阅览，（尽管）它们的价值可抵很多第纳尔。我如饥似渴地阅读着这些书籍，从中受益匪浅，它们使我忘却了同伴和家人。本书和我编的任何其他书的精华都源于我描述的那些藏书中。当我离开谋夫城之际，依依不舍地回眸眺望，并开始轻哼着一位流浪者的作品："伟大（皇家）的末禄（谋夫）（Marw al-Shahijan）与我们同在的夜晚。"

的确，对谋夫城的人口灭绝，一定程度上是因为蒙古人计划将木尔加布河和呼罗珊北部其他山谷（也就是现代的土库曼斯坦）转变为自己的游牧栖息地。但谋士们劝他们改变这一计划，认为与其将之变为牧地，不如从定居地抽税能带来更多的财富。类似的情况也出现在华北，契丹谋臣耶律楚材扭转了那里的形势。如果河中地区逃过一劫的话，那么，七河地区就没有那么好运了：拥有繁荣城市和农耕文明的那一地区转变为游牧草原的情况的确发生了，然而这不是蓄意计划的产物，而是自然适应的结果，因为当地跟河中地区和呼罗珊广阔的半沙漠半绿洲的地理条件相比，更适合采取游牧民的生活方式。正是基于以上因素，七河地区和更远的东部长期以来一直是察合台汗国蒙古人的生计区域。这种转化被几位当时的本地观察者生动地记录了下来。下面就是叙利亚地理学家希哈布丁·欧麦里（Shihab al-Din al-Umar，卒于1349年）所写的片段：

有人在突厥斯坦（Turkestan）各个省份旅行过，穿过乡村，曾告诉我在那儿只有散乱的遗迹和倾颓的废墟。旅行者远看仿佛有着坚固的房屋、周围绿色环绕的一片村落，他充满期待，希望在那里发现友善的居民，但甫一抵达，结果却看到房屋依旧，但空无一人，除此之外，只有一些游牧民，没有任何农作物，原来所看到的一片绿色只是"造物主"允许生长的草地，草地植被上没有人播种或种植。

大约两个世纪之后，当地作者也提到这一转变的巅峰时刻。巴布尔（Babur，1483—1530）在其《回忆录》（*Memoirs*）中写道：

（费尔干纳）的北方，虽然在从前一定有很多城镇如阿力麻里（Almaliq）、阿拉木图（Almatu）、仰吉（Yangi），在书中被记为"怛罗斯"（Taraz），而现在却是一片荒芜，这都是蒙古人和乌兹别克人造成的。

巴布尔的堂弟，稍微年轻点的同代人穆罕默德·米尔扎·海达尔（Muhammad Mirza Haydar）在其著作《拉失德史》（*Tarikh-i Rashidi*）中描绘了下列场景：

蒙兀儿斯坦（Moghulistan）的一些城镇的名称被提到，并在标准的工具书中有所记述。其中之一就是巴拉沙衮。在久远的著名作品之中，据说巴拉沙衮是由昔牙卜（Afrasiyab）建造的城市之一，（他）对这座城市赞叹不已。《诸地形胜》（*Surat al-lughat*）的作者给出了每座城镇出现的显赫人物的名字。在撒马尔罕他只列出不到十位，而在巴拉沙衮，他提及了很多学识渊博和显要的人物，并根据其中一些名人而引经据典。人们很难想象，单单在这座城市里怎么会一度出现了那么多名人，但现在，他们的名字和留下的足迹很难指望在巴拉沙衮重新发现。在一些书中提到的另一座城市是怛罗斯。据说蒙古人称它为"仰吉"。现在在这些草原中他们称作"仰吉"的地方，只留下很多城市的遗迹，它们是以穹顶、尖塔以及学校、清真寺的形式出现的，但不清楚哪一座废城遗址是"仰吉"，或者是其他城市。

最后，蒙古入侵可能带来的另外一个影响值得注意。欧亚大草原不仅是游牧民的家园，而且也是一些生物的产地，其中之一就是土拨鼠。这些啮齿类动物身上容易滋生跳蚤，这就携带了可能导致人群感染上黑死病（一种腹股沟腺炎传染病）的一种病毒。看来，这种疾病的确传染给了蒙古人，但在他们之间的传染程度不是很高。不过，一旦这一病毒接触到外来者，就会导致灾难性的黑死病大流行，到公元14世纪末，夺去了欧洲足足三分之一人口的性命。一些史学家猜测，黑死病大肆虐的起点是在公元1347年克里米亚的港口卡法（Caffa）。卡法当时是热那亚人的殖民地，由于他们和金帐汗国汗贾尼别克（Janibeg，1341—1357年在位）发生争执，导致蒙古人围困这座城市。围城军队显然将染上瘟疫的死者尸体投掷到城内，于是病毒传染开来，并伴随着热那亚船只的远航，如山林大火般迅速传播。首先波及埃及，接着就是欧洲的地中海沿岸区域。

第八章 察合台汗国

距蒙古入侵大约一个世纪之后，一些察合台汗王开始皈依伊斯兰教。这一情况是在他们于河中而非七河地区定居之际出现的，也就是说，他们如今杂处于信仰坚定的穆斯林人口当中。的确，那里生活的很多臣民都是突厥语部众，这些人自突厥汗国和喀喇汗王朝时代起就进入该区域，然而他们之中还有很多人依然保持着游牧民的身份，与蒙古人的生活方式没有多大区别。但是该地的定居人口，无论是波斯语还是突厥语部众，住在城镇还是乡村，都幸存下来，并保持或恢复了其伊斯兰文明的全盛状态，与七河地区形成鲜明对比。

在蒙古统治这些年里，伊斯兰教在本土身份意识的恢复进程中起着主要作用，其中特别具有开创性的部分是由其苏菲派承担的（正如数个世纪后其在苏联统治时代所做的一样）。在公元13和14世纪，在蒙古统治的中亚地区，库布林耶和亚萨维这两个教团（tariqa，道乘）占主导地位。不花剌（布哈拉）的库布林耶派中的谢赫（Shaykh，导师）赛甫丁·巴赫儿兹（Sayf al-Din Bakharzi）就是明证。

赛甫丁·巴赫儿兹一直是库布林耶教团创始人、玉龙杰赤的捏只马丁·库卜剌的弟子。他在一个关键时刻授予赛甫丁·巴赫儿兹以传教使命前往不花剌。在蒙古人猛攻玉龙杰赤城期间，捏只马丁·库卜剌去世，而赛甫丁·巴赫儿兹不仅在不花剌城失陷后幸免，而且随后取得了如下声誉：使别儿哥汗（Berke，金帐汗国汗，1257—1267）皈依了伊斯兰教，并前往布哈拉拜见这位谢赫。此外，拖雷的遗孀、大汗蒙哥和忽必烈的母亲唆鲁忽帖尼，虽然本人是基督徒，却据说捐赠了一大笔相当于1000巴里施（balish）[1]的银币用于在布哈拉建造并维护一所神学院，并指令赛甫丁·巴赫儿兹作为该校的校长（mudabbir）和"瓦合甫"（waqf，宗教公产）捐赠的管理人（mutavalli）。谢赫本人和随后由其在不花剌郊区法特哈巴德（Fathabad）陵墓发展起来的圣地建筑群，共同诠释了中亚在历经蒙古入侵浩劫并复兴的穆斯林社会进程中由宗教机构，特别是苏菲派所扮演的上述角色。

赛甫丁·巴赫儿兹也许对为蒙古人服务的穆斯林世俗力量有影响。因此当库特卜丁·哈巴石·阿密德（Qutb al-Din Habash Amid）担任察合台的"维齐尔"之时，谢赫以诗歌的方式给他写了一封公开信，提醒他对真主负有职责而应当如何对待穆斯林。"既然您已被任命负责使神圣真理通行于这一汗国，如果您失职的话，将在最后审判日以何作为托词？……"当然，在谢赫的信中出现了情有可原的失误：察合台当然不会授权阿密德"使该汗国神圣化，也就是使伊斯兰真理盛行"，除非假设蒙古人并非刻意遵照真主的指令行事。无论如何，这次通信想必出现在公元1242年察合台过世之前，因此也在前面提及的别儿哥来访和唆鲁忽帖尼捐赠发生之前。这些事件的发生暗示着谢赫的权威不断增长，特别是在他晚年时期。很少有人了解后来其子也同时是首位哈里发阿布·穆扎法尔·艾哈迈迪（Abu al-Muzaffar Ahmad）领导时期教团所起的作用，但我们可以推断蒙哥汗死后具有帝国特征的蒙古人之间互相残杀的战争对所涉及地区产生了深远影响，同时也不能不对库布林耶教团产生不利影响。到了第三代，也就是伊斯兰历712年（公元1312—1313年）赛甫丁·巴赫儿兹之孙阿布·谢赫·叶海亚·巴赫儿兹（Abu Shaykh Yahya al-Bakharzi，卒于伊斯兰历736年／公元1335—1336年）就任不花剌分部总管时，情况开始有所改善。那时经济总体形势开始好转，因此谢赫能够增加教团的经济来源，教团的精神和组织中心就位于他祖父的墓园，通过将谢赫个人一部分财产转变为"瓦合甫"或作为捐助，指定用于圣地建设。他买下十一处村落，结果使圣地建筑群得到不同程度的扩大，其

---

[1] "巴里施"（balish）：在波斯语中，意谓"银行储蓄"，是13世纪蒙古的标准货币单位（有趣的是，它的突厥语同义词"雅思科特"（yastuq，意谓"枕"或"锭"）似乎一直作为术语为蒙古人所使用。请参阅：B. Spuler, "Balish," *EI*, vol.I, p.996.

主要功能（包括社区的精神追求及维持这一活动的物质手段）也得以扩展。谢赫·叶海亚的捐赠已被生动地记录在乌兹别克图书馆所藏三部原始"瓦合甫"名录之中，奥尔加·切霍维奇（Olga Chekhovich）[1]对此的俄译评注版已出版。在某些基本方面，这些文件类似于贯穿穆斯林时期的大部分其他捐赠名录：赞美真主先知穆罕默德以及天使之后，捐赠人表明其身份，陈述捐赠之理由[2]，然后就详细描述捐赠的财产或物品，并说明这些如何从其收入拨出用于虔诚之目的，接着就是规定这些捐赠的管理和用途。最后部分包括一长串的证人来证明这一文件的真实性。捐赠活动的日期为伊斯兰历726年斋月1日/公元1326年8月1日，即察合台汗国塔尔麻失里汗（Tarmashirin）统治的第一年。

捐赠实施几年后，伊本·巴图塔（Ibn Battuta）参观了法特哈巴德圣地，这位著名的摩洛哥旅行家是首批外国游客之一。他的描述生动地再现"肯加布"（khangah，寺院、道馆接待游方托钵僧的地方）的氛围：

> 我们在不花剌的一个郊区称之为"法特哈巴德（Fathabad）"的地方停了下来，那里是博学、虔诚和苦行的谢赫赛甫丁·巴赫儿兹之墓（qabr）。他是最伟大的圣人（awliya）之一。一座寺院（zawiya）[3]与谢赫之墓相连，非常宏伟，有着大笔捐赠可为游客提供饮食。其主人叶海亚·巴赫儿兹是其后人，在家中款待了我，在此场合也邀请了（不花剌）城中的显要们。朗读者抑扬顿挫地吟诵着《古兰经》，布道家讲道，他们用突厥语和波斯语（ghannaw bi l-turki wal-farsi）悦耳地唱着。我们在那里度过了一个美好的夜晚，在那个场合我遇见萨尔德·沙里亚（Sadr al-Sharia），一位杰出、博学的法学家（faqih），他来自赫拉特。[4]

---

[1] O. D. Chekhovich, *Bukharskie dokumenty XIV veka* (Tashkent, 1965).
[2] 首要理由是希望通过赞美真主从而能够在来世获得回报；其次但也很重要的理由是保留财产作为捐赠者及其后人的收入来源，而这是通过保留他们有利可图的托管权的形式而实现的。
[3] 伊本·巴图塔将意为"寺院、道馆"的波斯词汇 khangah 翻译为 zawiya。
[4] *Voyages*, vol.III, pp.27-28; *Travels*, vol.III, p.554.

至于蒙古人，最初皈依穆斯林对于某些汗来说的确是很冒险的事。一个很深刻的例子就是上述提及的塔尔麻失里汗（Tarmashirin, 1326—1334），他在阿力麻里举行的"兀鲁思"年度"忽里台"会议上被罢黜，随后在逃跑中，大概在撒马尔罕[1]附近的那黑沙不（nakhshab）被杀。蒙古尊长对他指控的罪行就是他没有遵守国家最高法规《大札撒》。事实上他大部分时间里鄙视他的同伴，遵守异教的伊斯兰教规（sharia）而不是《大札撒》，因而激怒了他们。塔尔麻失里汗皈依穆斯林的热忱可能的确使他没能顾忌到同伴的情绪，这一切被伊本·巴图塔细致地描绘下来：

> 这里可以说明这位国王（也就是塔尔麻失里汗）的贤德：一天我出席了下午的祈祷，但是苏丹还没有来。不过，他的一位青年侍从带来一块祈祷小毛毯，把它放到苏丹平时祈祷的米哈拉布（mihrab）[2]的前面，并对伊玛目（阿訇）胡桑丁·亚基（Husam al-Din al-Yaghi）说："我主人要求你在祈祷时等下他，因为他正在接受洗礼。"伊玛目站起身来，（用波斯语）说："祈祷是为了真主还是塔尔麻失里（Namaz birayi Khuda aw birayi Tarmashirin）？"然后他命令穆安津（muezzin，报告祷告时刻的人。——译者注）继续进行祈祷。当前两个叩拜礼之后，苏丹来临，脱鞋之后进入清真寺大门，并紧跟人群参加了后两个叩拜礼，接着他自己单独进行开头错过的礼仪，然后站起身来，微笑着走向伊玛目握住他的手，和他坐在米哈拉布之前，而我坐在伊玛目旁边。苏丹对我说道："当你回国时，告诉（你的同胞）一个卑微的波斯人是如何对待突厥人的苏丹的。"[3]这个谢赫每周五讲道，命令苏丹依义而行，避免做被禁止之事和不公之为，他用着最严厉的语言，而苏丹一边哭泣，一边倾听着。[4]

---

[1] *Voyages*, vol.III, pp.41-43; *Travels*, vol.III, pp.560-562.
[2] 米哈拉布（mihrab）：指清真寺正殿纵深处墙正中间指示麦加方向的小拱门或小阁。——译者注
[3] 塔尔麻失里是蒙古人，成吉思汗的后裔，他称呼自己为"突厥人苏丹"意味着他不仅皈依了伊斯兰教，而且变得更倾向于他臣民中的主要组成部分——突厥语部众，他的突厥语也许和蒙古语一样好，或甚至比之更好；此外，看来他也通晓波斯语（使苏丹哭泣的布道语言是波斯语），当然，也懂宗教领域中的阿拉伯语（《古兰经》）。
[4] *Voyages*, vol.III, pp.36-38; *Travels*, vol.III, p.559.

正如以上引用的段落所显示的，人们或许会疑惑，在处于支配地位的蒙古语言和观念下，察合台汗国精英们是如何顺应越来越多的突厥语部众改宗伊斯兰这一趋势的。此外，一位伊玛目，同时也是波斯苦行者的描述证实，不管是在当地还是在波斯本土，都体现了波斯元素的力量。

塔尔麻失里汗被随后的几位异教徒汗所接替，但是他的悲剧结局表明，即便从异教的游牧民观点来看，这位叛教汗王的行为比异端走得还要远。七河地区以及毗邻地区，从塔拉斯河一直到伊犁河上游，连同现在的吉尔吉斯斯坦北部形成一种独特认同，那就是蒙古家园认同，并获得了一个新地名，那就是蒙兀儿斯坦，换言之即蒙古之地。我们已经讨论过这一地区从一个局部的定居城市和农耕地区向游牧民族草原之地的转变过程，这个新地名就象征着这种转变。这一发展与河中地区和呼罗珊形成强烈反差，因为那里没有发生或只有过很少的变化。因此，绝非偶然的是，这一分裂最终形成了新的政治形态：到公元1370年，一位突厥语穆斯林帖木儿（Timur）夺取了河中地区的实权，并开创了一个王朝，终结了察合台汗国在那里的统治。不过，在蒙兀儿斯坦和中国新疆，察合台汗国一直统治到17世纪。公元1370年帖木儿的出现可视为中亚历史上又一分水岭，他正式终结了一个半世纪之前由成吉思汗开始领导的征服行动所形成的蒙古霸权。在公元14世纪，这一霸权在一度统一的蒙古帝国疆域内却到处坍塌或开始松动。在中国，元朝最后一位皇帝妥欢帖睦尔（Toghon Temür，1333—1370年在位）被逐出中原。这场运动的开路先锋是一个名叫朱元璋的农民。他成为奠定明朝（1368—1644）的洪武皇帝。在金帐汗国，在贾尼别克汗（Janibeg，1341—1357）统治之后，紧接着就是多年乱糟糟的混战局面，这使得俄罗斯人在公元1380年赢得了对蒙古人的首次胜利：这就是库利科沃（Kulikovo）战役，或也称顿河（Don river）战役，因此打败蒙古万户马迈（Mamay，或译马麦）的胜利者莫斯科大公德米特里（Dimitriy）在史书和大战记忆中以"顿斯科伊"（Donskoy）称号出现。在伊朗，伊尔汗国垮台更早。公元1335年，阿布·赛义德（Abu Said）之死导致了社会动乱，到公元1353年，蒙古统治在那里瓦解。那些声称具有成吉思汗血统，使用蒙古语但没有皈依穆斯林的人们所统治的区域逐渐地萎缩到蒙古本部和某种程度上的蒙兀儿斯坦。不过，即使在那里，伊斯兰教在复兴后，继续向东传播到新疆其余地区，这显示出其韧性与活力：由于秃忽鲁帖木儿（Tughluq Timur，1347—1363年在位），察合台汗王皈依伊斯兰变得不可避免。在他们之中，如满速儿（Mansur，1502—1543年在位）发动"圣战"，目标直指新疆东部，为其统治的主要使命，也就是在此期间曾经信奉佛教的地区如吐鲁番最后也进入"伊斯兰之境"（Dar al-Islam）。然而，到那时，即便是蒙兀儿斯坦和新疆的蒙古部落，大概语言已变得突厥语化，在此，他们也紧步其他宣称具有成吉思汗血统的现存王朝（蒙古本地除外）之后尘。在河中地区，到公元1370年察合台汗国的有效统治结束，而这是由于前述所说的帖木儿之崛起所导致的，这个帖木儿（Timur 或 Tamerlane）不要与秃忽鲁帖木儿（Tughluq Timur）相混淆（Timur，在突厥语中意指"铁"，它有变体形式如 temür 和 demir，在突厥语和蒙古语族群之中是一个非常受宠的名字，甚至出现在成吉思汗的原名铁木真［Temujin］中）。

第九章　帖木儿王朝

帖木儿

如果蒙古统治的插曲（1220—1370年）是中亚历史中的惨痛经历的话，那么帖木儿王朝时期（1370—1507年）可被视为它最辉煌的时代。的确，这个王朝的创始人帖木儿（1370—1405年在位）是一个不亚于成吉思汗的无情征服者，一生大多数时间在沙场征战，他所主导的屠杀和破坏，可与成吉思汗比肩。不过，这一切降临于其他地区（伊朗、金帐汗国）而非中亚本身。不过，帖木儿继承人的态度却是更愿在国内享受美好生活而非大规模征战。尽管为争夺这一部分或那一部分的继承权而频繁爆发混战，他们中却有很多人鼓励文化和艺术事业的发展。帖木儿本人也竭力装饰他的都城撒马尔罕，建造了很多宏伟壮观的纪念建筑，其中一些在今天依然被现代乌兹别克斯坦拥有而自豪：他自己的陵寝，皇陵（Gur-i Emir）是最著名的典范。帖木儿怪异的欧洲称呼"Tamerlane"是"Timur-i lang"的变形，这是出现在某些波斯史料中的突厥-波斯语名字，意为"跛子帖木儿"，原因是他早年负伤，有条腿残疾。

大约在公元1336年，帖木儿出生于河中地区佉沙（Kesh）附近，后来此地被称为"沙赫里夏勃兹"（Shahrisabz），也就是今天乌兹别克斯坦的卡什卡河。他属于巴鲁剌思（Barlas）部落——这一部落和其他部落一样，以拥有蒙古名字和血统为荣，但实际上却是突厥语部落。突厥语是帖木儿的母语，但由于生活的文化背景，他也许会一些波斯语。他几乎肯定不懂蒙古语，尽管蒙古术语还没有完全从行政管理文件和钱币中消失。

帖木儿夺取并行使政权的过程类似于成吉思汗，也就是说，是通过个人和部落结盟。在这过程中，他展示了可与成吉思汗相媲美的指挥才能和韧性。不过在某一点上，他可从来不能匹敌于他的偶像：那就是统治的正统性。成吉思汗在他艰辛的开端和建立最终霸权的过程中没有遇到任何与其竞争的极具声望的贵族或王朝，而帖木儿之崛起夺权在这个意义上更加困难：在他那个时代，拥有成吉思汗血统之魅力是如此之大，以至于在内亚几乎没有任何统治者，从金帐汗国一直到西域和蒙古地区，除非是打着成吉思汗的旗号，否则会遭遇到统治是否合法这一问题。如果想那么做的话，会有很多变通方法：通过与成吉思汗黄金家族联姻或扶植黄金家族的后人为傀儡君主，然后以他们的名义实行统治是最常见的例子，帖木儿则完全诉诸这两种方法。因此他从来没有接受至高无上的"大汗"头衔，而只接受了"异密"（amir）和"戈尔甘"头衔（gurgan，更准确地是"古列干"[küregen，蒙古语，意谓通过娶黄金家族的公主而成为"驸马"]）。第二个策略，也就是扶植黄金家族的傀儡汗，而这傀儡君主纯粹只有形式上的价值，具体体现在公元1370年帖木儿刻意选择了窝阔台系而不是察合台系的人。另一方面，不像成吉思汗，帖木儿可以成为一位穆斯林君主，宣称成功统治就是体现了真主的意愿。然而这种姿态看起来在帖木儿那儿没起到什么作用，他自信和权威的主要动力来自于他自身的政治军事天才。

帖木儿的战绩是惊人的，东征西讨横跨欧亚从新疆东部到俄罗斯南部（莫斯科纯粹靠运气逃过一劫）乃至印度、叙利亚和安纳托利亚。德里、伊斯法罕（Isfahan）、巴格达、大马士革、萨莱（Saray）、伊兹密尔（Izmir）这些名城或被洗劫，或被攻克，足显其征服范围之广。他在下列对手那里取得骄人战绩：金帐汗国汗脱脱迷失（Tokhtamish，1395年）、德里苏丹纳赛尔丁·马哈茂德（Nasir al-din Mahmudshah，1398年）、奥斯曼帝国苏丹巴耶塞特一世（Bayezid I，1402年）。不过，他建立的帝国，无论是从规模还是从结构上看，怎么也不可能和成吉思汗所创建的相媲美，他的儿孙们身上缺乏成吉思汗继承者所具有的征战热情。在此，很可能存在着成吉思汗黄金家族的超凡魅力，而这一切源于那一史无前例的蒙古帝国。

公元 1405 年，帖木儿在讹答剌去世（这真是一个奇妙的巧合，因为公元 1218 年在该地发生的事件，令成吉思汗愤而入侵河中地区），当时，他正准备实施征服中国的计划。随后，就因继位问题引发短暂内战，结果是其子沙哈鲁（Shahrukh，1409—1447 年在位）获胜。

帖木儿王朝

沙哈鲁所继承的疆域包括河中地区、花剌子模、费尔干纳、呼罗珊和伊朗，按一般标准，其疆土广阔，但比不上成吉思汗所遗赠其子孙们的帝国。尤其是在这之后，疆土不断萎缩，而非像成吉思汗黄金家族第二、第三代那样持续扩张。

沙哈鲁的都城不在河中地区而在呼罗珊的赫拉特。他所有重要的继承人都定都在那里，将其作为帖木儿帝国的政治中心。（除了简短的兀鲁伯［Ulugh Beg］统治插曲，从公元 1447—1449 年，定都于撒马尔罕）河中地区首府撒马尔罕，在帝国起着次等重要的角色。帖木儿后王们，我们已经指出，不是以征服者，而是以艺术和科学的赞助人的身份出现，在某种程度上使得他们统治的世纪——公元 15 世纪成为伊斯兰文明以及中亚地区人民的骄傲。与此同时，在此兴盛时期，我们注意到有两个明显的阶段：15 世纪上半叶的撒马尔罕，下半叶的赫拉特。此外，该帝国具有二元特征，那就是两种文化高度共存：已存在的波斯语文化和新出现的突厥语文化。

正是在沙哈鲁统治之下，帖木儿王朝的呼罗珊和伊朗开始从成吉思汗黄金家族的超凡魅力中解脱出来，而那曾经使得帖木儿本人如此入迷：在赫拉特的统治者不再觉得有必要扶持一位傀儡君主，并打着他的旗号进行统治，由此，沙哈鲁以更标准的穆斯林头衔"速檀"自行统治，也就是在他统治之下，波斯-伊斯兰治理和文化传统，与仍旧主要是游牧部落的突厥-蒙古人习俗和方式之间，完全形成一种显著的共生现象。一种突厥-蒙古人的政权组织方式就是家族统治，王国划分为封地，由皇室不同成员所统治。成吉思汗所遗赠的帝国（也就是分给诸子的众多"兀鲁思"），就是最显著而又相当特别的例子，帖木儿继承人也呈现出有点相似但更零碎和不太成功的局面：尽管征服者将其帝国分封给其儿孙们的方式令人回想起成吉思汗，但其产生的结构缺乏蒙古帝国最初所具有的真正团结、精密和纪律严明。每次这样的赠予行为，在帖木儿王朝时期以突厥语术语"莎余儿哈勒"（soyurghal）相称，转移给受封者时涉及过多的管辖、财政、世袭自主权方面的因素，不能将其封地整合到一个总体结构中去，如在成吉思汗之子察合台、窝阔台和拖雷统治下所体现的那样。"莎余儿哈勒"制度的实行，尽管使人联想到伊斯兰中期的土地制度"伊克塔"（iqta）和欧洲的封建制度，保留了自身的极度自治和军事独立性，但是这导致了众多受封者之间的频繁战争，他们觊觎亲戚的财产，或以自己的统治替代其他君主的统治。沙哈鲁花费了大量精力用于镇压在伊朗的反叛侄子们。

一个侥幸的例外就是沙哈鲁的儿子，在撒马尔罕的兀鲁伯（Ulugh Beg, 1394—1449）。这位王子，尽管从未表示过不忠，但在河中地区却是事实上的君主。不过，这不是引起我们注意的原因，而是他作为数学家和天文学家的事业成就，以及对其他科学家的赞助者身份，使他不仅从穆斯林同辈中，而且从其他地区（也包括欧洲）的学术同行中脱颖而出。

兀鲁伯诞生于苏丹尼叶（Sultaniya），伊朗西北部一座小城，靠近德黑兰通往大不里士（Tabriz）道路上。苏丹尼叶因公元1313年在此修建的伊尔汗国完者都汗（Öljeytü）陵寝而值得注意。这乍眼一看很惊异的出生地就是这位王子童年时光所具有的特色，在此期间他经常参与帖木儿的远征。这位伟大的征服者也是一位溺爱孩子的祖父，他聘请名师给他的爱孙提供优秀的古典伊斯兰教育，并有着扎实的阿拉伯语和波斯语语言基础。到了这个孩子十岁之时，帖木儿给予他帝国东北地区作为"莎余儿哈勒"，包括塔什干城以及延伸到蒙兀儿斯坦的部分地区（该地区后来被察合台后王收回）。然而第二年，帖木儿去世，但是让兀鲁伯走运的是，其父沙哈鲁于公元1409年在王位继承斗争中获胜。年轻的兀鲁伯是如此缺乏经验，以至于无法抵抗嫉妒的亲戚们，只有到公元1411年在父王沙哈鲁干预下，才最后把他扶持为下属，但很快，他成为河中地区的实际统治者，以撒马尔罕为其都城。

不久，到公元1420年，兀鲁伯在撒马尔罕兴建了一所著名神学院（madrasa，默得儿塞）之时，方才显示出其主要兴趣所在，这是由他亲自兴办的三所神学院之一：另外两所中，第一所在不花剌（1417年建成），第二所在吉日杜万（Gijduvan，也拼写为 Ghijduvan, Ghijduwan, Gizhdavan 等，为了保持一致，我们将一直只用 Gijduvan），位于不花剌东北部（1433年建成）。我们已经说过，神学院是伊斯兰世界的最高教育机构，相当于欧洲的大学，但其主要功能是训练神学家和法律专家。精密科学（如数学、物理学、化学等）在其开设课程中要么没有，要么就处于微不足道地位。不过，兀鲁伯在撒马尔罕所创建的神学院成为著名的数学和天文学研究中心。像我们的一些现代机构一样，神学院也有一座真正的天文观察台，是由帖木儿王子于公元1428年在市郊的一个叫"库哈克山"（Kuhak，塔吉克语"山"，在乌兹别克语称为"Chopanata"）的地方所建。

兀鲁伯将其作为一位学者和学术赞助人的性情发挥得淋漓尽致，不过，他也尝试着征讨他的邻居们：公元1424年重创察合台后王、蒙兀儿斯坦汗希尔·马哈麻（Shir Muhammad），公元1427年进击钦察大草原上的术赤后王、金帐汗国巴剌汗（Baraq）。1427年之战的结果是场灾难，兀鲁伯几乎被擒。但这场惨败可以说是因祸得福，兀鲁伯自此放弃战争和政治，因为他没有继承其祖父这方面的天赋，为了自己和学术界，他全神贯注地投入到科学事业中去。

撒马尔罕神学院的重要性就是在此从事的学术活动，但其建筑本身也值得注意。其总体结构大部分是学院：环绕一座庭院的长方形建筑群，由学生宿舍、好几座讲演厅和一座清真寺作为主要部分。兀鲁伯的神学院因其宽敞的底层平面而著称（81米×56米），位于撒马尔罕中央广场，其特色是富丽堂皇的装饰。它壮观的入口正面正对着广场，游客穿过前厅进入位于学院四角的讲演厅中的任何一座。如果继续向前，就到了正方形的庭院（边长30米），从那儿穿过，可以到达位于建筑群尽头的讲演厅，再往后就是清真寺，那是一所狭长的祈祷室（22米×8米）。与庭院相连的是两排共五十个单元的师生宿舍，因为这和大多数其他学院一样也是寄宿学校。每个单元看来是住两个学生，包括壁橱、卧室和客厅。整个建筑群四角都有一座尖塔。

墙壁上装饰着各种类型的瓷砖和砖块，都有着精美设计和工艺。学校还有一所澡堂，以其内镶嵌精美的瓷砖而著名。最后值得关注的就是这座学校的装饰铭文，一些是兀鲁伯的题词，其他就是格言，如"追求知识是每一位穆斯林的职责"。

当然，这所神学院主要令人感兴趣之处就在于兀鲁伯所召集来的学者所做出的成就，这些学者包括下列数学家和天文学家：哈的咱得·鲁迷（Kadizade Rumi），一位来自布尔萨（Bursa，土耳其西北部城市）的突厥语部众；札木希德·哈什（Ghiyath al-din Kashi），一位来自卡尚（Kashan）的波斯人；阿里·忽失赤（Ali Qushchi），来自中亚的突厥语部落，因此也是兀鲁伯的同胞。这些学者的起源和最终命运都显示出那时伊斯兰之地（Dar al-Islam）所盛行的世界性学术氛围。在如兀鲁伯这样有灵感的赞助人的鼓舞下，这一学术团体能够在精密科学上取得不亚于当时欧洲的灿烂的学术成果。不过，没有这些支持，科学家只能在非常局限的制度框架下活动。此外，在中亚，他们不仅不得不与神学院所代表的传统学问所竞争，而且要与一股高涨的宗教热情相抗衡。这股宗教热情来自以一个新的苏菲派团体，也就是纳格什班迪耶教团不断发展的制度框架中。兀鲁伯时代之后，正是教团（下文将提及）在他们的群体内定下了学术基调。这也可从阿里·忽失赤的例子中反映出来。这位著名的数学家离开撒马尔罕前往大不里士，并最终接受另一位著名的赞助人、奥斯曼苏丹征服者穆罕默德二世（Mehmet）的邀请来到君士坦丁堡（Istanbul，伊斯坦布尔）。

撒马尔罕学术团体所取得的成就和前面所述的天文台紧密地联系在一起。关于这座天文台，我们需要稍微提一下。首先，必须强调的是我们所说的是望远镜发明（伽利略在公元 1609 年首次使用这种仪器）之前的时代。其次，到公元 19 世纪，撒马尔罕天文台已经完全消失，只有直到公元 1908 年的考古挖掘才设法确定其遗址位置并出土了其残余部分。后续研究部分复原了一部巨大的象限仪，复原的部分长度为 40.2 米，它和子午线对齐，其南部由地下通道构成。其假定的北部应该上升到地面以上 30 米。这是一个一个环形结构，有三层楼高（30.4 米），被认为将其环绕，其中存放着大量天文仪器。兀鲁伯及其同事们在这座天文台工作，最终创作出著名的《兀鲁伯新天文表》（*Zij-i Gurgani* 或 *Zij-i Jadid-i Sultani*）。这部著作包括两部分：波斯文的理论介绍 1018 颗恒星的目录，以及行星表、历法表、三角函数表。全部作品，特别是目录都是以伊斯兰和古典天文学为基础的，这方面的绝对权威是伊巴谷（Hipparchos）和托勒密（Ptolemy），但经过校正或更新。这就是其价值所在，同时也被欧洲科学家所认可，并迅速提升他们自己的研究工作。葛瑞弗（I. Greave）出版了第一部《兀鲁伯新天文表》（拉丁文译本，名为 "*Binae tabulae geographicae, una Nassir-Eddini Persae, altera Ulug-Beigi Tartari* [伦敦，1652 年]），接着，海德（T. Hyde）也出了一部译本，名为 *Tabulae longitudinis et latitudinis stellarum fixarum ex observatione Ulug-beigi* （牛津，1665 年）；波兰天文学家简·赫维留（Jan Hevelius，1611—1687）在其著作《赫维留星表》（*Atlas firmamenti stellarum*）中收录了该书相当一部分内容。即使在这几个时期，因数据更新而被替代，但兀鲁伯仍然被公认为人类探索自然过程中的一位先驱者。兀鲁伯和他的学院同事们也在数学和三角函数方面有着卓越的研究，如三级代数方程的解答。

除了这些学术活动以外，兀鲁伯也在其他领域展示其开阔的视野，那就是穆斯林传统的学问和艺术。他关注宗教学，很显然熟识《古兰经》七种传统版本，实际上也如每个在穆斯林背景教育下的知识分子一样，欣赏和创作诗歌，并在某些情况下作曲。作为作曲家的他揭示出帖木儿王子的生活不只被科学和宗教所填满，而且也包括娱乐时光，也许甚至是狂欢，而在那种场合，酒是必不可少的。最后，兀鲁伯也鼓励学习和编撰史学，在这方面，他跟帖木儿王朝的其他统治者不相上下，这种兴趣起始于帖木儿本人，但兀鲁伯不那么幸运：他用突厥语编撰的《蒙古四大汗国》（*Ulus-i arbaa-i Jingizi*）也许是拉施特（Rashid al-Din）和志费尼（Juvayni）巨著的有益增补，却只留下几本手稿残本。

公元 1447 年，沙哈鲁去世，兀鲁伯应该在赫拉特继承其位。他的确试图这么做，并获得了短暂的胜利，但是帖木儿的这位孙子再次显示出他一点也没有继承他祖先所具有的政治和心理敏锐力。尽管在紧接着发生于公元 1448 年春，在赫拉特附近与其侄阿剌德·倒剌（Ala al-Dawla）的交战中获胜，但在这场战争中他没有给其子阿不都·剌提甫（Abd al-Latif）以足够的奖赏。相反，他显示出对其幼子阿不都·阿即思（Abd al-Aziz）毫不掩饰的偏爱。紧随其后就发生了另一起不公正的事件，并铸成致命失误：不公正的事件就是兀鲁伯没收了阿不都·剌提甫在赫拉特所搜刮的宝库，而致命的失误就是他和阿不都·阿即思一起返回撒马尔罕而留下阿不都·剌提甫担任赫拉特总督。因此兀鲁伯激起了其年长的儿子的强烈不满，并给了他报复的机会。一年之后，不可避免的冲突发生了，阿不都·剌提甫率军进击撒马尔罕，于公元 1449 年 9 月击败了兀鲁伯。兀鲁伯作为一名事实上的逃亡者返回了这座城市，并最终成为他怒火中烧的儿子的阶下囚。更为糟糕的是，宗教权威从来都看不惯这位科学家君主，因此做出宗教判决（fatwa），将其罢黜，并判死刑。兀鲁伯也处于历史并不少见的状况之中，他出发前往麦加朝圣，但在撒马尔罕不远就被逮捕，并于公元 1449 年 10 月 27 日被斩首，不过他却得到体面的安葬：在帖木儿皇陵（Gur-i Emir）陪伴他杰出的祖父帖木儿和家族的重要成员——堂兄马黑麻速檀（Muhammad Sultan）、叔叔米兰沙（Miranshah）和父亲沙哈鲁。他安静地长眠于此，直至公元 1941 年，由乌兹别克学者 T. N. 卡利·尼亚佐夫（T. N. Kari-Niyazov）率领的一支苏联考古队开启了他的石棺。他们发现他的遗骸跟史料所述一样，头颅确实是被剑砍断的。随后采用苏联人类学家所设计的方法，L. V. 奥沙林（L. V. Oshanin）研究了其颅面特征，接着经他的同事 M. M. 格拉西莫夫（M. M. Gerasimov）的雕刻而再现了兀鲁伯的面庞。

当兀鲁伯带领他的团队在撒马尔罕开始科研活动之时，在赫拉特，他年轻的兄弟拜桑格赫（Baysunghur，1397—1433），似乎受到父母沙哈鲁和高赫儿·莎（Gawhar Shad）的宠爱。他也展示出对文化艺术的天赋。这两兄弟给学术和艺术好几个学科注入活力，并将其提升到新的高度。兀鲁伯营造了一种氛围，使穆斯林天文学有可能回到早期辉煌的轨道上来，并达到更高水平。而拜桑格赫则专注于波斯经典史诗——菲尔多西的《列王纪》，在公元 1426 年赞助了其评注版的编撰，同时加入引言，其中包括这位诗人的传记，并让书法家和画家共同创作出豪华版，这意味着自成吉思汗、帖木儿带来破坏创伤的数个世纪以来，这一波斯国宝的再生。王子本人看来也是一位有才华的书法家，也将其他艺术家聚集在周围。据说，他母后在麦什德

(Meshed）建造的大清真寺上，为了用蓝色装饰苏尔斯体（thuluth）和库法体（kufi），建筑师基万姆丁·泰彦（Kivam al-din Tayyan）采用了由王子所绘的图案。拜桑格赫只活了 37 岁，很显然是因喧嚣娱乐过度而毁坏了身体，其中也包括酗酒这一突厥-蒙古人之中很普遍的嗜好。

我们已经指出在沙哈鲁统治下的帖木儿王朝相对平静，当我们把这与帖木儿的远征或者是成吉思汗儿孙们波澜壮阔的东征西讨相比，差异尤其明显。这个王国安静的或甚至收缩的外表被文化繁荣复兴和其臣民的幸福所遮蔽。一种融合互补的演化或是复杂多层面社会完全共存，这一社会被打上了可辨别的阿拉伯、波斯和突厥元素影响的烙印，这就是蒙古入侵带来大灾难之后中亚复兴的状况。这一和平繁荣状态的一个方面就是更繁荣的"丝绸之路"上的长途贸易，其中甚至似乎也涉及帖木儿王朝和中国明朝之间的外交和文化接触。在此背景下，公元 1420 年沙哈鲁向明朝永乐皇帝（1403—1424 在位）派遣了一个使团；兀鲁伯和拜桑格赫也派出私人使者加入这一队伍中去。拜桑格赫的一位使者火者纳高什（Khwaja Ghiyath al-Din Naqqash）留下了关于这一旅行的生动描述。这次旅行沿着古老的路线穿过新疆的一串绿洲，经过甘肃，到达当时明朝都城南京。新疆和蒙兀儿斯坦是当时察合台后王的残余属地之一。他们当时已皈依了伊斯兰教，这一改宗运动加速了伊斯兰教东传的自然趋势。到这次派遣使团之时，伊斯兰教已传播到古代回鹘佛教的重镇吐鲁番，这也是察合台汗国属地的最东端；再往东就是哈密绿洲，该地虽然由当地王公统治，但视明朝皇帝为其宗主。

兀鲁伯被害后不久，阿不都·剌提甫自己也被杀死，接下来，帖木儿王朝本该成为钦察大草原上快速崛起的游牧民族力量月即别人（Uzbeks）的猎物。但是，月即别的阿布海尔汗（Abulkhayr，1428—1468 年在位）只满足于帮助另外一位帖木儿后人卜撒因（Abu Said，1451—1469 年在位）获得在撒马尔罕的王位，因此将接管该王朝的任务向后推迟了半个世纪，直到其孙昔班尼汗（Muhammad Shaybani）手中才得以实现。

公元 1449 年沙哈鲁之死和两年后兀鲁伯被害并没有敲响帖木儿王朝本

该出现的丧钟,恰恰相反,帖木儿王朝全盛的第二阶段即将到来。套用政治术语,这和帖木儿玄孙速檀忽辛·拜哈拉(Husayn Bayqara,1470—1506年在位)联系到一起,同时也以一种特别的间接方式与更晚的后裔扎希尔丁·巴布尔(Zahir al-Din Babur,1483—1530)联系到一起。巴布尔于公元1494年继承其父乌玛尔·沙黑(Umar Shaykh)在费尔干纳的"莎余儿哈勒",但后来于公元1526年在印度建立了莫卧儿帝国。

谨慎起见,我们认为兀鲁伯及其学术圈子所取得的科学成就带动了帖木儿王朝在河中地区文化繁荣的第一阶段,而拜桑格赫则是该阶段最显著的代表,我们也必须承认,第二阶段同时也是最后阶段已经转到了赫拉特和呼罗珊地区,除了巴布尔这个特例以外(他将在本文适当的时候加以讨论)。两阶段之间的差异不仅体现在地域或时期上,而且也体现在主题和语言方面。自兀鲁伯之后,对于精密科学的兴趣开始消退,但在文学、诗歌和艺术方面则取得了前所未有的卓越成就。这一回,赞助者和文化精英超越了仅仅重视像《列王纪》这些文化遗产方面的内容,开始创作出属于他们自己的原创作品。而且不管是古典还是新作品,都被更出色的书法家、画家和艺术家所润色装饰。此外,尽管这种文化在主题和语言方面依然具有波斯特色,同时也出现了灿烂多样的突厥语文学和诗歌,现代学者称此语言和文化为"察合台语言文化"(Chaghatay),并将之限定在一个特定区域,因为这种繁荣出现在曾经属于察合台"兀鲁思"(Ulus,前述的蒙古四大汗国之一)地区的人群中。但是它们的创作者和当时的人们称这种语言为突厥语,并根据他们的籍贯或部落联盟而分别使用不同的方言名称。

帖木儿王朝文化繁荣的第二阶段最值得注意的方面就是双语特征:波斯语和突厥语都被使用于赫拉特宫廷。在那里,最卓越的人士就是该城的一个富有的当地人——诗人涅甫伊(Mir Ali Shir,1441—1501),但更被人们记住的是其笔名"纳瓦依"(Navai,意为"旋律优美")。这位速檀忽辛·拜哈拉终生的好友及私人顾问和其君主一样来自察合台突厥语部落,尽管他不属于突厥-蒙古部落贵族,而是回鹘"巴克什"(bakhshi,抄写员)阶层的后人。他用突厥语和波斯语写作,在用波斯语写作时使用笔名"凡尼"(Fani,

意指按苏菲派学说，"一个人达到了'凡纳'[fana][1]状态，或在真主的真恩深海之中独立存在"），尤其是他的突厥语诗歌在整个突厥语世界成为快乐和灵感的源泉。不过，它的重要性不局限于乐趣和审美方面，因为它在突厥语中成为一种主要文学语言的进程中起着推动作用，同时事实上也证明了突厥高雅文化已经成熟，几乎可以和波斯语并驾齐驱。

诗人自己也许有意识地追求这一目标，并在他用突厥语写出的一部以阿拉伯语标题《两种语言争辩》（Muhakamat al-lughatayn）命名的散文著作中的确间接承认了这一点。这两种语言是突厥语和波斯语（Farsi，法尔西语的旧称）。纳瓦依竭力证明突厥语在语言表达和词汇丰富方面较之其前辈波斯语具有优势。在其诗歌作品中，有两种很突出：《海米塞》（Khamsa，阿拉伯语意为"五卷诗"）和《精义宝库》（Khazain al-maani）。《海米塞》是一种融合抒情和叙述的五言循环诗歌，模仿了波斯诗人尼札米（Nizami，1141—1203）的作品。选择名篇作为样板，然后以新形式再加工是其惯例，而其挑战在于在加工过程中所显示的创意和精熟。无论根据当时还是现代的评价标准，纳瓦依在这一挑战面前都表现得游刃有余。另一方面，《精义宝库》则没有什么定式；其中虽然包含四卷不同时期的兼容抒情哲理的诗歌集，但所秉持的则是作者本人贯穿一生的创作风格。这些诗歌的标题暗示着相应内容：怪异的童年（Gharaib al-sighar）、好奇的青少年（Navadir al-shabab）、光辉的成年（Badai al-vasat）以及富足的中年（Favaid al-kibar）。

纳瓦依的卓越地位不仅体现在他的创作中，而且也体现在成为聚集在速檀忽辛·拜哈拉周围的文学艺术界领袖的地位上。这个文学艺术界的学术光辉不仅远逾帖木儿王朝，在赫拉特盛行的诗歌艺术作品也在整个伊斯兰化的突厥-波斯世界引发了欣赏和模仿的浪潮，其范围从印度到奥斯曼土耳其，乃至埃及的马木留克王朝。最后，我们也该提及纳瓦依的臣民身份，他用自己的财产捐助大规模的市政工程、宗教以及实用性建筑。他受到朝野上下的一致尊重和欢迎，可以说冠绝一时，速檀（比他晚五年去世）为他举行隆重

---

[1] "凡纳"（fana）：人主合一，即人通过一定方式的修行（或外在的苦行修道或内在的沉思冥想）滤净自身的心性，修炼成纯洁的"完人"，在"凡纳"中与真主合一，在合一中获得永久。——译者注

的葬礼，当时的参加者、史学家宏达迷儿（Khwandamir）对此有过生动描述。

我们在纳瓦依以及那些来源于部落贵族但后来统治帖木儿疆域的突厥-蒙古人（以速檀为首）身上强调了其突厥属性（Turkicness），但这并不掩盖这一事实，即该地高雅文化基本上依然保持着阿拉伯-波斯特色，其中波斯元素占主导地位。纳瓦依诗集主要以突厥语写成，但在形式上是波斯化的。在他的作品中，突厥语的民间诗歌和口头传说只扮演次要角色，而在像《海米塞》这样的作品中，我们试图竭力识别突厥语元素的努力往往都是徒劳。此外，尽管在帖木儿王朝文化兴盛时期，赞助人和读者都具有在伊斯兰东部中心占主导地位的突厥-波斯特征，但很多名家的作品无论在语言还是形式上都是波斯化的。诗人贾米（Jami，1414—1492）和画家比赫扎德（Bihzad，卒于1537年）就是例证。

贾米出身于赫拉特附近的贾姆村（Khargird），随后，在他父亲成为赫拉特一所神学院的教授时，随父来到都城。后来他也进入这所学院学习，并最终也成为一名教授，但在此之前，他已显示出更开阔的视野和智慧。他首先来到撒马尔罕，在最著名的兀鲁伯神学院学习精密科学，尤其是数学。到了中年，贾米再次离开撒马尔罕，前往河中地区，主要是为了投奔纳格什班迪耶教团的谢赫——和卓奥拜都拉·艾合剌尔（Khwaja Ubaydallah Ahrar，1404—1490，见后文），这发生在帖木儿王朝两个核心省份河中和呼罗珊最后一次同处于一个君主统治的背景之下，这是因为在这之后，公元1469年卜撒因去世，其子阿黑麻（Ahmad）在撒马尔罕继位，而赫拉特则归忽辛·拜哈拉统治。贾米并没有立即回到故乡，而是与和卓奥拜都拉·艾合剌尔相伴前往塔什干和法拉伯。他之所以这么做，是因为受到谢赫和他的教团的影响。速檀忽辛·拜哈拉不但没有因其出走而排斥他，反而在他返回赫拉特时，对其推崇备至，因为在那时，贾米作为那个时代的另一位伟大诗人，早已闻名遐迩。

贾米一些作品的手稿是由当时最著名的书法家和细密画家编辑和绘制插图。其中的一位细密画家可能是比赫扎德（约1450年后出生，卒于1537年），其名声后来达到传奇般地步。比赫扎德的职业生涯可分为两大阶段：在赫拉特的学徒和巅峰期（1480—1510），在大不里士的成熟期和晚年（1510—1537）。对于他个人生平的其他方面，我们一无所知，甚至对于他的族属也不能确定，而通常会认为他是一个波斯人，也许被一个笔名意思为"出生显赫者"的人所收养，但这不一定准确，而且他也许有突厥血统。很明显，这对于他同时代的人来说，无论是帖木儿王朝、萨菲王朝、奥斯曼帝国还是其他王朝而言，都无关紧要；当时的民族自豪感问题与今天大不相同，纳瓦依和巴布尔偏爱突厥语的特例不应误导我们。作为一位画师，比赫扎德被社会名流所推崇，说不同语言和属于不同教派的统治者，从帖木儿王朝、其竞争对手昔班尼王朝，到其后来的死敌萨菲王朝，也都对他大献殷勤。和当时其他的穆斯林画师一样，比赫扎德主要专注于书本插图，但也涉猎平板纸和浮雕中的具体场景画乃至画像。多亏比赫扎德，我们才能知道速檀忽辛·拜哈拉、月即别统治者穆罕默德·昔班尼（Muhammad Shaybani）这些名人的相貌，以及一些可能是自画像的东西。不过，总体而言，他的大部分作品是波斯经典文学作品插图，例如尼扎米的《五卷诗》（*Khamsa*）或萨迪（Sadi）的《果园》（*Bustan*）。因擅长关注像面部表情这样的细节和精湛刻画激动人心的战争场面和温情图景，以及以蓝色为中心的雅致调色手法，比赫扎德备受赞誉。这位帖木儿王朝画师家喻户晓的声望可以作为他那个时代卓越图书艺术的象征，同时也象征着他经由弟子带给后人，尤其是16、17世纪的布哈拉和大不里士的遗产和影响。

我们所讨论的帖木儿文明的成就也应当合乎自然地以巴布尔和其伟大的自传《巴布尔回忆录》（*Baburname*）而谢幕。但让我们首先环顾一下公元15世纪河中地区以及内亚其他地区的政治社会演变状况。

我们已经提到卜撒因（Abu Said，1424—1469）是兀鲁伯的侄子，也就是帖木儿的曾孙，他于公元1451年在河中地区继承兀鲁伯王位的争夺中以胜利者的姿态出现，部分是由于月即别部阿布海尔汗的帮助。除了垂涎于最具声望的城市赫拉特之外，卜撒因很自然地希望继承统治帖木儿王朝的整个版图。他败给了其堂弟阿布尔·卡西姆·巴布尔（Abu l-Qasim Babur），但是当后者于公元1457年死后，卜撒因重新开始斗争并最终获得王位。这就意味着从公元1458—1469年，曾经的帖木儿帝国中心再次也是最后一次在同一君主下统一，卜撒因有理由满意，因为尽管有着周期性的叛乱和来自不安分的亲戚们以及游牧的月即别人（Uzbeks，乌兹别克人）、蒙古人（蒙兀儿斯坦的突厥-蒙古人）和卡尔梅克人的入侵，但在呼罗珊和河中地区有着一定程度的和平和繁荣。通过对农民实行更人道的税收和他的一个能干的大臣执行的灌溉工程，这反映出卜撒因以值得称道的兴趣致力于改善农业。速檀通过积极争取一个快速成长为强大的政治经济力量的宗教阶层来巩固他在国内的地位。这个宗教阶层就是纳格什班迪耶教团，尤其是其领袖，即前面提到的和卓奥拜都拉·艾合剌尔。在此，我们必须提及这个教团的来龙去脉和随后它贯穿帖木儿王朝末期所起的作用。

与这个教团同名的人是和卓巴哈丁·纳格什班迪耶（Khwaja Baha al-Din Naqshband，1318—1389），出生在离布哈拉东北不远的盖斯尔伊·行都万村（Qasr-i Hinduvan），一生之中大多数时间在其家乡度过，并最终葬于该地。这个圣人坟墓发展成为圣地之后，变成著名的朝圣之地（现在自从苏联插曲之后又恢复其地位），导致了该地从原来的地名"盖斯尔伊·行都万"（意为"印度人的城堡"）更改为现在的"盖斯尔伊·艾瑞凡"（意为神秘主义苏菲派的城堡）。正如该地区其他大部分定居民一样，巴哈丁·纳格什班迪耶是一个塔吉克人，换句话说，他具有波斯语言文化背景。他早年也就是14世纪20年代和30年代正值前面提到的在法特哈巴德的库布林耶教团圣地大发展时期，没有人会预见到这位邻村年轻人将会创建一个新的苏菲教派，并在适当时刻使这一资深教派（tariqa，道乘）黯然失色或者吸收了它。他创建的过程所显示的特征和其他大部分教派以及甚至独特教派相似。不像捏只马丁·库卜剌，巴哈丁·纳格什班迪耶从来没有旅行到伊斯兰中心地区去求学，而只是在其家乡布哈拉或其附近接受教育，记载他的教育经历文件的缺漏从一开始就洒下了神秘的色彩。他从下列谢赫们接受过指导：起关键作用的是和卓穆罕默德·巴巴·赛玛希（Khwaja Muhmmad Baba Sammasi），他很显然在巴哈丁出生不久就预言他将处于圣徒的核心地位并收其为门徒，在适当的时候将他的教育托付给了他的"穆里德"（murid，门人，弟子）和"哈里发"（khalifa，继承人）和卓埃米尔·库拉勒（Khwaja Amir Kulal）。

赛玛希是和卓优素福·哈姆丹尼（Khwaja Yusuf Hamadani）第五代"哈里发"。优素福·哈姆丹尼的荣誉头衔是"和卓"，后来成为两大苏菲教派纳格什班迪耶教团和库布林耶教团中的大部分谢赫们的称号，而这一称号是他们继承人给予的（这一头衔实际上是纳格什班迪耶教团和卓道乘［Tariqa-i Khwajagan］）的别称。

后文我们将回到亚萨维教团，但在这我们要继续谈论纳格什班迪耶教团。和卓优素福·哈姆丹尼随后的"哈里发"（继承人）们（是由他自己亲自指定的）还没有把这个教团发展成熟，这个任务留给了巴哈丁·纳格什班迪耶，尽管甚至是在他随后的继承人们为他完成的，起自于和卓穆罕默德·帕沙（Khwaja Muhammad Parsa，卒于 1419 年），是他赋予这一运动以苏菲教派明显的组织结构。巴哈丁·纳格什班迪耶的主要功绩是他设计的一套苏菲路线，用于引导神秘主义体验，在这条路线上他以身说法起着典范角色。他精神发展的独创特征很显然就是相对独立性，或至少不怎么依赖健在的导师们。我们熟悉的诗人贾米在他所著的圣人传记《纳帕哈提》（［Nafahat al-uns］，又称《人类的馨香》）中告诉我们巴哈丁·纳格什班迪耶是一位"乌外西"（uwaysi），指一位苏菲教徒可以由不在身边（无论是从时间还是空间来看）的导师所指导。这里的导师是和卓阿卜杜·赫力格·古杰达瓦尼（Khwaja Abd al-Khaliq Gijduvani，卒于 1220 年），是和卓优素福·哈姆丹尼的第四代继承人。不像其他的苏菲派谢赫们，也包括随后的纳格什班迪耶教团继承人写了大量的专著，巴哈丁·纳格什班迪耶没有留下什么关于自己或阐述其路线的文字记录，贾米只能够根据谢赫门徒们记录或口传的回忆写下与他有关的记载。

在其中贾米叙述了许多简短问题，以及巴哈丁对于其中一些问题回答节选，并解释了他的苏菲路线的修行方法。它主要原理包括"在社区中隐遁"（khalvat dar anjuman），"表面上在人群之中"（bi-zahir ba khalq），"内心上却伴随着真主"（bi-batin ba Haqq）。这些看来有些似是而非的原则基于这样的信念，那就是一个修行者不必离开尘世而获得或保持隐遁状态从而有助于更接近真主，而实际上可以表面上和其他人们一起生活，而内心生活很有可能是一位虔诚的苦行者，效忠于真主。一个重要的伴随仪式就是实行"无声的迪克尔（虎夫耶）"（zikr-i khafi）。正如我们在导言一章已说过，迪克尔（zikr）就是"重复地回想真主，有时这些词语持续一段时间'La Ilaha illa

Llah'（意为别无其他，只有真主）"，是苏菲修行中基本组成部分，因此也几乎是其各个教团（道乘）的修行方式。大部分教团是在一群苦行僧们齐声实行"有声的迪克尔"（zikr-i jahri），但是巴哈丁·纳格什班迪耶开始提倡"无声的迪克尔（虎夫耶）"，一个人能单独在心中实行的一种仪式，没有外在的参与或干扰，因此实际上可以在任何场合下进行。

这些激进的，迄今为止看来非典型的原则或方法将在中亚苏菲派禁欲神秘主义发展中产生意义深远的影响。巴哈丁·纳格什班迪耶自己在家乡如果不是隐居的话，也似乎过着质朴的生活，除了两次麦加朝圣和一次去赫拉特旅行之外。他几乎不可能预见到他的个性魅力和大胆创新（听从着和卓阿卜杜·赫力格·古杰达瓦尼训诫避免"比达"[bida，不虔诚的创新]）将可能带来什么影响。大胆创新被合理化成一体系，允许纳格什班迪耶后世弟子们在他们所处的社会政治经济生活中占有重要地位，并形成实质上的统治阶层，也包括了富有的地主、商人、政治顾问，甚至有时也包括统治者。吊诡并似是而非的是，在苏联时期，他们也有可能受到善待，即使当苏菲派禁欲神秘主义外的表现在那种情况之下不需要延续其道乘。

巴哈丁实际上完全没有意识到他正在创建纳格什班迪耶教团。这对于其他教团或宗教创建者来说并非不正常，事实也并非是他去世后几年里他的众多门徒和他所宣扬的路线在不花剌几乎被主流宗教机构"乌理玛"（ulama，世俗类型穆斯林教徒）所扼杀。巴哈丁·纳格什班迪耶的继承人和卓穆罕默德·帕沙（Khwaja Muhammad Parsa，卒于 1419 年）在赫拉特营造了更融洽的氛围，在那里沙哈鲁很看重他，并最终支持他胜利地返回不花剌。15 世纪的赫拉特作为纳格什班迪耶教派中心压倒了不花剌，主要是由于来自该城帖木儿王朝精英阶层的支持。该教派在撒马尔罕也取得巨大成功，再次和河中地区统治者形成联盟。只是到 16 世纪才使得教派的发源地开始超越其他中心，无疑是因为创始人的圣地重申其威望地位，但也许更主要的是，最重要的昔班尼统治者们居住在不花剌，他们在精神上受到谢赫们的循循善诱，与此同时，他们发现在那里支持这一教派在政治上也是适宜的。

和卓穆罕默德·帕沙也通过著作等身加强了纳格什班迪耶教派扎实的教义基础。玛瓦拉那·耶古卜·查可希（Mawlana Yaqub Charkhi）也起着不同却同样重要的角色，他最初来自阿富汗城市哥疾宁（Ghazni，加兹尼），是巴哈丁·纳格什班迪耶继承人，前面提及的和卓奥拜都拉·艾合剌尔（Khwaja Ubaydallah Ahrar，1404—1490）的一位最具鲜明个性的"穆尔希德"（murshid，导师）。

和卓奥拜都拉·艾合剌尔出生于离拓折（塔什干）不远的巴赫斯坦村（Baghistan）一个富裕的地主和商人领袖家庭，但他在撒马尔罕的"马克塔布"（maktab，初级宗教学校）和"默得儿塞"（madrasa，神学院）接受了正规教育。受到苏菲路线的吸引使得他从神学院辍学，离开撒马尔罕前往享有盛誉的纳格什班迪耶教派中心赫拉特。正是在那里，或根据另外的报告在相邻的省份赤鄂衍那（Chaghaniyan），他和玛瓦拉那·查可希（Mawlana Charkhi）有着紧密的联系。他最终返回了故乡，大概是他的"穆尔希德"（murshid，导师）宣称他已具有成熟的"哈里发"（khalifa，继承人）和"穆尔希德"的资格。他随后的轨迹充分地证实了这些期望。他再一次离开了拓折（塔什干），这次是决定前往撒马尔罕，在其郊区卡夫舍（Kafshir，现在称为卡曼嘎然[Kamangaran]），他创建了一所道馆，作为艾合剌尔教团总部。

和卓奥拜都拉·艾合剌尔的超凡魅力给他本人、其家族以及纳格什班迪耶教团带来巨大声望、政治地位和大量财富。这位谢赫的个人干预可能促使卜撒因在公元 1451 年的撒马尔罕的王位争夺中获胜。此后他对这位君主的影响只有后来他对卜撒因之子及继承人速檀阿黑麻（Ahmad，1469—1494 年在位）的影响才能与之相媲美。他的声望如日中天，活动广泛，影响远至包括赫拉特（也里）。在这两大中心，他作为一位精神导师、穆斯林社区的保护者、精明的商人，劝诫速檀取消不合法的税收和优待苏菲教派信徒。通过宗教公产捐赠而获得教团财富以及成功的商业投资而积累的家族财富（这两者有时并不容易区分），在和卓艾合剌尔的监管下，不仅在撒马尔罕而且在中亚其他地区都获得飞速增长。和这一教派的创始人巴哈丁·纳格什班迪耶一样，和卓奥拜都拉·艾合剌尔也是伊斯兰教法（sharia）和逊尼派的坚定拥护者，而这一教团所拥有的道德力量帮助后来的王朝，也就是昔班尼王朝与什叶派萨菲王朝进行殊死搏斗。

纳格什班迪耶教派的艾合剌尔支派将会在讨论统治中亚的下一个王朝昔班尼王朝中再次出现。这里有必要说一说中亚帖木儿王朝的衰弱和灭亡以及它在印度的奇特复兴。套用现代术语，卜撒因的外交政策确保了边疆的稳固，因为依照合法统治，帖木儿王朝的主要对手是蒙兀儿斯坦的察合台后王们，他们随时可以宣称河中地区为其家族祖传之地，而这正是也先不花（Esen Buqa，1434—1461）试图要做的。卜撒因坚守在战场上，同时也诉诸政治策略，就是援助蒙兀儿汗的兄长羽奴思（Yunus，自童年就被流放到设拉子[Shiraz，伊朗一城市]）将也先不花逐出，并收复蒙兀儿斯坦西部。卜撒因和羽奴思汗（Yunus Khan，1461—1486）之间随后的联盟不仅是政治军事上的，而且也是属于私交上的，因为卜撒因三子中的两个，阿黑麻和乌玛尔·沙黑（Umar Shaykh）迎娶察合台后王的三女中的两个，弥尔·尼嘉·哈尼木（Mihr Nigar Khanim）和骨咄禄·尼嘉·哈尼木（Qutlugh Nigar Khanim）（第三女库布·尼嘉·哈尼木[Khub Nigar Khanim]嫁给了有声望的朵豁剌惕[Dughlat]家族的一位成员）。这一联盟甚至帮助卜撒因更有效地抵御游牧的月即别人（Uzbeks，乌兹别克人）从北方渡过锡尔河对河中地区周期性的袭击。不过，这位帖木儿速檀却走出一步臭棋，很显然是受到和卓艾合剌尔的煽动，而这令他丢了性命：他介入了伊朗西北和安纳托利亚东部两个土库曼王朝，也就是白羊王朝（Aqqoyunlu）和黑羊王朝（Qaraqoyunlu）之间的战争，结果是公元1469年他既输了战争也丢了性命。

如果卜撒因的死敌是白羊王朝首领乌宗·哈桑（Uzun Hasan）的话，那么帖木儿王朝又苟延残喘了一代之后，被另外一位突厥征服者月即别（乌兹别克）汗穆罕默德·昔班尼（Muhammad Shaybani）所终结。尽管具有显赫的成吉思汗血统，但是昔班尼汗从语言上来说是突厥语钦察人，从文化上来说是一位虔诚的穆斯林。他年轻时的一段时光是作为一位学习穆斯林科学文化的学生在不花剌度过的，当时，纳格什班迪耶教团在遍及帖木儿王朝疆域都占有优势。不过，穆罕默德·昔班尼却对另外一个教团情有独钟，那就是前文提及的亚萨维教团。

亚萨维教团可被视为纳格什班迪耶教团的姊妹教团，这有如下两个原因：两者都起源于中亚，两者都可将其源头追溯到同一位苏菲派大师——

和卓优素福·哈姆丹尼。和卓优素福是一个波斯人，根据他名字后缀的提示，可确定来自哈马丹。他早期曾到巴格达接受教育，在那里学习标准的穆斯林知识，特别是在著名的莎菲耶学派（Shafii）法学家阿布·伊斯哈格·设拉子（Abu Ishaq al-Shirazi）指导下学习法学（fiqh）。然后他提升很快，成为一名教师，然而，他放弃了这些正统学问而选择了苏菲路线。他不是投奔一位杰出的健在大师，而是受到一位过世很久的大师的启迪，那就是贝耶兹德·毕斯塔米（Bayezid Bistami，卒于878年，在这种情况下，他可被视为"乌外西"，正如其精神上的后人巴哈丁·纳格什班迪耶一样）的神秘话语在真正形成教团之前已经启迪了连续好几代苏菲派后人。和卓优素福·哈姆丹尼自己的超凡魅力吸引了一大批门徒，并得到其他穆斯林文化中心的邀请，尤其是谋夫、赫拉特（不里）和不花刺。他生活在政治上属于大塞尔柱帝国统治的地区，其晚年正值桑贾尔和其藩臣喀喇汗统治时期。正是在不花刺，这位谢赫培养了四位主要的哈里发：头两个过世之后，公元1160年阿赫马德·亚萨维被授予这一头衔，但是没有在那里久留，将该座依然是波斯城市的职责托付给阿卜杜·赫力格·古杰达瓦尼，然后返回故乡亚斯（Yasi），大概在他的突厥语同乡们之中继续传播导师的路线。和卓道乘，和卓之名得自于其倡导者的头衔（也就是和卓优素福·哈姆丹尼），通过在中亚的两个分支体现出其典型表达：不花刺的波斯风格起自于和卓阿卜杜·赫力格·古杰达瓦尼，亚斯的突厥风格起自于和卓阿赫马德·亚萨维。伊朗分支，我们已经知道，只有到两个世纪之后在和卓巴哈丁·纳格什班迪耶领导下合并成一个成熟的教团，然后以这个创始人名字命名；另一方面，突厥分支从一开始就蓬勃发展的亚萨维教团，成为中亚突厥语部众最伟大的苏菲教团。

和卓阿赫马德·亚萨维返回突厥斯坦没多久，就于公元1166或1167年（伊历562年）过世。然而，他与同乡们最后相处的六七年足以使这位和卓赢得大批草原突厥语部众追随，并将火炬传给其哈里发们，他们保存了对他的回忆以及他为了那些质朴热情的新皈依者所创作的苏菲诗歌。他创作的这些说理诗被称为《大智之书》（hikmats，从阿拉伯语来的借词，意为"智慧"），在中亚突厥语部众中广为流行，并通过模仿者，甚至流行于土耳其人之中。它现在的版本《大智诗集》（Divan-i Hikmat）几乎不可能是他写的或是别人记下的他的语录。最早的现存副本能追溯到17世纪，但其文字可以明确地说不是12世纪的突厥语。不过它必定包含着启迪这位和卓的思想，并转而鼓舞他的追随者和效仿者。

作为一个系统化的苏菲道乘，亚萨维教团最终让位于纳格什班迪耶教团（或更确切地说，被纳格什班迪耶教团所吸收），但是不像中亚第三个苏菲道乘库布林耶教团那么彻底。正如我们预料的那样，尽管受到纳格什班迪耶教团元素的渗透，亚萨维教团还是在钦察大草原上的突厥语部众中保留了一些属于自己的特征。此外，和卓阿赫马德·亚萨维持久的典范形象和陵墓继续在钦察大草原上的游牧突厥语部众中（如果我们转换一下年代，在哈萨克斯坦和其他中亚共和国的穆斯林大众中）起着强有力的穆斯林精神支柱的角色。正如其他穆斯林圣人，他的陵墓变成大众朝圣的目的地、权势人物崇拜和慷慨布施的对象。我们已经说过公元1395年帖木儿为其建造了宏伟的陵寝。一个世纪之后，和卓阿赫马德·亚萨维的典范形象给予另外一个征服者以灵感，这一次是来自钦察大草原的突厥语月即别（乌兹别克）人，前面提及的穆罕默德·昔班尼。这位可汗不仅是一位武士，而且也是一位文人，用突厥语写过政治宗教诗歌及专著。这位君主创作的其中一首曲子，叙述了小城亚斯转变为突厥斯坦（Turkestan）伟大的朝圣之地的进程，表达了他对阿赫马德·亚萨维的崇敬：

> 圣人是这位突厥斯坦（Turkestan）的主人*，他是突厥斯坦的一轮明月，照耀着大地……人们说："您去哪？撒马尔罕有很多圣人！"*我，昔班尼，只有一个心愿：突厥斯坦官廷（也就是阿赫马德·亚萨维神殿）。[1]

---

[1] A. J. E. Bodrogligeti, "Yasavi ideology in Muhammad Shaybani Khan's vision of an Uzbek Islamic Empire," *Harvard Journal of Turkish Studies* 18 (1994): 41-56.

第十章　帖木儿王朝与昔班尼王朝之交

卜撒因的王位由他两个儿子先后继承，即前文提及的阿黑麻（Ahmad，1469—1494年在位）和马合木（Mahmud，1494—1495年在位）。后者又由其子阿里（Ali，1495—1500年在位）继位，河中地区南北情况的鲜明反差也许有助于这位羸弱君主的统治再苟延残喘一段时间。位于阿姆河以南就是其较为安定的亲戚速檀忽辛·拜哈拉，而锡尔河以北游牧的乌兹别克（月即别）人、哈萨克人、蒙古人和卡尔梅克人依然忙于互相厮杀或巩固他们新近形成的阵营，以至于除了频繁短暂的袭扰之外，没有攻击帖木儿王朝。

前文我们已经提到月即别汗阿布海尔（Abulkhayr，1412—1468，从1428年开始统治），在公元1451年帮助卜撒因夺取撒马尔罕的王位。阿布海尔拥有成吉思汗血统，和在钦察大草原的大多数其他成吉思汗后裔一样，可追溯到成吉思汗长子术赤。然而他的祖先既不是金帐汗国的拔都，也不是白帐汗国的斡儿答（Orda），而是术赤第五子昔班（Shiban）。昔班曾经也获得了一块"兀鲁思"，但却在更远的北方，靠近乌拉尔山脉南端。他的后人受益于金帐汗国和白帐汗国，也就是拔都系和斡儿答系之间的相互争斗——在公元14世纪最后几年里也诱发了帖木儿毁灭性的介入，因此昔班系后人竭力填补从白帐汗国地域一直到锡尔河之间的"力量真空"。到那时，昔班尼王朝（Shaybanid）已形成一个大家族，各个子孙之间争权夺利，几乎没有给他们的邻居带来什么影响，但到公元1428年这一切随之改变，年方十六岁的阿布海尔正式成为可汗。

尽管流淌着显赫的成吉思汗血统，阿布海尔却是一位穆斯林，并和钦察大草原上其他大部分游牧突厥-蒙古人一样，在语言上和文化上突厥语化。当时这种变革甚至也许在蒙兀儿斯坦的察合台系蒙古人中扎下根来。阿布海尔统治的部落，大多数通行钦察突厥语，有着属于他们自己的世系和称呼，但他们也被统称为"乌兹别克"（Uzbek），这个词来源尚存争议，不过也许的确来自金帐汗国乌兹别克（Uzbek，或更确切地说是 Özbeg，月即别）汗（1312—1341年在位）。阿布海尔汗早期依然统治着大草原深处，作为图拉（Tura）和西比尔（Sibir）汗，也就是乌拉尔山南部以东的河流地区。但到公元1431年他席卷外锡尔河一直到花剌子模，在那里夺取乌尔根奇（Urgench，玉龙杰赤）城。这是一次相当怪异的远征，没有带来什么持续效果，除了作为实例证明草原上精力充沛的游牧民依然有活力完成他们想做的事情。前文提及的公元1451年阿布海尔的介入确保了卜撒因赢得在撒马尔罕的帖木儿王朝继承权，这就再一次证明了游牧民族的这种活力，也同时是半个世纪后其孙穆罕默德·昔班尼更大胆行动的一次预演。不过阿布海尔也许仍旧感召于帖木儿王朝的威望，只满足于将他封地的政治中心搬到锡尔河右岸，在那里他夺取了好几处关键要塞，并从中选择了塞格纳克（Sighnaq）作为总部。乌兹别克汗的这次搬家使得他成为河中地区帖木儿王朝的近邻，并几乎邻近蒙兀儿斯坦的察合台后王。这种本来就错综复杂局势因卡尔梅克人闯入而突发混乱。

这是那些东方游牧民三次主要西侵的第一次。第二次发生在一个世纪之后，第三次是在公元17、18世纪。卡尔梅克人属于蒙古人，但在使用方言和最后所居住的地区上不同于成吉思汗的黄金家族，因此卡尔梅克人和相关部落在文献又有着"西蒙古人"这一称呼。另外，他们同时具有好几个族名称呼而使人们相当困惑，瓦剌（Oirats，卫拉特）、厄鲁特（Ölöts）和准噶尔（Jungars）是真正的蒙古名称，而卡尔梅克（Kalmyk）却是突厥语词源，我们使用这一名称是出于好几个原因。首先，只有这些深入中亚和南俄的西蒙古人才通常和这一名字联系到一起（而那些停留在更远的东方与东蒙古和中原王朝处于或战或和的接触状态的西蒙古人被称为瓦剌部或准噶尔部），而正是出于这个原因，卡尔梅克这一名称更多地出现在穆斯林史料中，在那里出现的名称拼写为"Qalmaq"（喀尔木克），而"Kalmyk"拼写方式则流行于俄语资料中，但在英语资料中是以"Kalmuck"方式出现。

自从公元 1368 年元朝势力被明朝逐出中原、回归蒙古高原时起，卡尔梅克人很快就在那里开始扮演政治角色。但是在蒙古高原，他们只是偶尔短暂地取得霸主地位，更大的机遇却在遥远的西方等待着他们，那就是在新疆、钦察大草原，有时乃至在西藏和花剌子模。他们的情况当然暗示着与成吉思汗系蒙古人的某种相似性。他们之间的确有些类似，但却有着更多的基本差异：最根本的差异就是卡尔梅克入侵是属于自然而然的常见类型，主要产生于整个部落自由迁移的过程中，而不是大胆设想、精心筹划的宏伟征战的再现，就像成吉思汗及其后人那样使公元 13 世纪发生的事件成为独特的历史性现象。卡尔梅克人所获得的胜利、成功的征服和建立的帝国与他们东方亲戚们所曾取得的辉煌成就相比，相形见绌。不过，在两个方面，这两群蒙古人最终经历了相似的命运：放弃他们祖先的萨满教，皈依了佛教；并在远征、迁移和新皈依宗教方面，最终付出了惨重的人口代价。另外卡尔梅克人第三度朝向中国和俄国的扩张也崩溃了，部分是由于重大变革已经开始将军事天平从机动的草原游牧民族偏向配备火炮的定居国家的现代军队。

公元 1456 年卡尔梅克的阿马桑赤台吉（Amasanji）率领骑兵突然冲入蒙兀儿斯坦和钦察大草原，打败了和他们类似的骑兵，首先是羽奴思汗，然后是阿布海尔汗。这位乌兹别克首领逃回总部塞格纳克，经受住了卡尔梅克军队的围攻，但这一失败意味着对其声望的一次毁灭性打击，终止了他所扮演的信守承诺的角色。这场灾难带来额外的特殊影响就是很多乌兹别克部落不再承认阿布海尔汗权威而退出，并加入到另外两支成吉思汗后人——贾尼别克（Janibeg）和克烈（Girey）的队伍中去，这两个人最近在遥远的东北，深入到从前的白帐汗国（也就是现在的哈萨克斯坦中部）建立了一个新汗国核心。这些反叛的乌兹别克人开始被称为哈萨克人（Kazakhs），这个词被一些人认为和俄语中的"kazak"和英语中的"Cossack"有着相同的词源。后来在公元 18 世纪和 19 世纪早期，当俄罗斯人和哈萨克人（Kazakhs）接触加深后，"Qazaq"让俄罗斯人听起来太像"Kazak"，在该区域被俄国吞并之后，征服者将其居民的名字改成吉尔吉斯人（Kirghiz, Kirgizy），为的是将其与哥萨克（Cossack）区分开来。而真正的吉尔吉斯人（Kyrgyz,

用了最新官方的、确切无误的拼法）本身却后来被称为"Karakirgizy"（黑吉尔吉斯人）或"Dikokamennye Kirgizy"（一个有点不起眼的称谓，意为"旷野吉尔吉斯人"，可能是指他们居住在山地）以与"Kirghiz"（也就是Kazakhs，哈萨克人）相区别。这种怪异的族名重组在西方游记甚至学术文献中造成了无休止的混乱状态。基于本地的族名正确术语的恢复是公元1925年苏联在民族划分中最好的应对措施之一。

使帖木儿王朝感到万幸的是，卡尔梅克可汗[1]没有认真试图推进到锡尔河以南，而且这一新威胁因公元1470年阿马桑赤台吉之死而自行解除。阿布海尔汗比卜撒因早一年过世，也就是公元1468年。在这个世纪剩余的岁月里，乌兹别克人、哈萨克人、蒙古人和卡尔梅克人在别处忙得不可开交，顾不上盘算帖木儿王朝。卜撒因的其他儿子，一个是先前提到的乌玛尔·沙黑获得了费尔干纳作为其"莎余儿哈勒"，在那里统治直到公元1494年去世。这个封地并不是他唯一的财产，因为和兄长阿黑麻一样，他也娶了羽奴思汗的一个女儿（前文提到的骨咄禄·尼嘉·哈尼木），因此也得到了成吉思汗黄金家族给其出嫁女儿的一份嫁妆。因此，其子札希尔丁·巴布尔（Zahir al-Din Babur），生于1483年，父系属于帖木儿王朝，母系属于黄金家族。到了公元1530年巴布尔过世那年，世界已变得面目全非，除了那些剧变之外，这位统治者自己是否意识到这些转变很值得怀疑。那些剧变使他成为一个不幸的受害者、不情愿的鼓动者和有灵感的创造者。他早期的梦想就是获得在撒马尔罕的帖木儿王位，但是他和他的王朝在与乌兹别克汗穆罕默德·昔班尼的较量中落败。巴布尔几乎是作为逃亡者带着他的人马越过兴都库什山抵达喀布尔的，然后就是史诗般地征服了印度，以公元1526年帕尼帕特（Panipat）战役胜利而圆满成功，但这对于他来说只不过是个安慰而已。巴布尔击败了德里苏丹易卜拉欣·洛迪（Ibrahim Lodi），伟大的印度斯坦的莫卧儿帝国随之诞生。他于四年之后在阿格拉（Agra）去世，也许没有觉察或不曾注意到在他相对短暂的一生中，欧洲人渡过重洋，环绕非洲，抵达西印度；并发现美洲新大陆，已实现世界环游。他也不可能知道，在欧洲

---

[1] 卡尔梅克首领不称"可汗"，而称"台吉"，据称源于汉语词"太师"。——译者注

148　另一种类型的新世界正掀起第一波浪潮，这个新世界的人们将发掘自己的潜能去了解和掌控大自然到一个前所未有的高度。巴布尔的一生暗合着欧洲的萌芽阶段，我们称之为"文艺复兴"（Renaissance），这是一个有点不贴切的术语，因为古典或过去价值的再现只是这场革命的初始环节。

第十一章　昔班尼王朝

穆罕默德·昔班尼汗（1500—1510年在位）粉碎了巴布尔一生的梦想，不仅如此，还终结了帖木儿王朝，并以属于自己的昔班尼王朝（1500—1599年）取而代之，恢复了成吉思汗系在中亚的统治。他是阿布海尔汗之孙，其成吉思汗血统，我们知道可追溯到成吉思汗之孙昔班（Shiban）。"昔班"这个后缀这个来源于蒙古语，而被穆斯林史学家在其后加上不相关的阿拉伯语拟音读作"昔班尼"（Shaybani）。公元1501年，穆罕默德·昔班尼渡过锡尔河，从巴布尔的堂兄弟阿里手中夺取了撒马尔罕，击退了巴布尔和其他竞争者恢复其帖木儿王朝祖传基业的所有企图。七年之后，公元1507年，他做了一次成功的冲刺，夺得了帖木儿王朝的其他战利品——赫拉特，由此中亚大部的控制权现在让渡给了来自钦察大草原的游牧乌兹别克人。在一定程度上，这一变化只是角度不同而已（并无实质性改变）：昔班尼王朝和帖木儿王朝一样来自突厥语部落，尽管他们说着一种不同的方言——钦察突厥语（Kipchak），与当地的突厥语不同；两者都有一定程度的游牧生活方式，都有部落社会结构，尽管在新来者身上体现得更明显；和该地区的大部分定居人口一样，这两者都属于逊尼派穆斯林；此外乌兹别克人已完全接受了阿拉伯-波斯穆斯林文化，这确保了其统治基本延续。昔班尼王朝随后的表现的确显示出其延续大于变化，也许是我们太迷恋于帖木儿王朝赫拉特和撒马尔罕所绽放出的学术灿烂之花，太沉醉于兀鲁伯、忽辛·拜哈拉、纳瓦依（Navai）、贾米（Jami）或巴布尔这些人物的魅力，而往往忽视了这种延续性。

不过在其他方面，变化的确在发生。我们已经提及的最富有戏剧性的、激进的变化正在世界其他地区积蓄势能，尽管在地理上相差很远，它们终将对中亚和内亚很多地区造成冲击。首先，贯穿大陆的"丝绸之路"的主要线路穿过新疆和河中地区，但现在有着来自欧洲海上长途路线的竞争，说到底，这种变化的后果可被视为一度繁忙的世界贸易中心地带退化为内陆的一潭死水。这种新型的竞争开始影响内亚的经济和文化环境的程度和速度还是一个值得商榷的问题，但对传统上认为这是造成这一地区衰退的原因的看法也需要修正。衰退的确是在逐渐地、不均衡地发生着，这是由一系列复杂因素所交织引起的一个漫长的进程，其中海上贸易路线只起着微不足道的作用。在经济上，中亚在公元16世纪，甚至在17世纪，实际上似乎经历了一定周期的繁荣发展，这得益于当地农业和商业人口的内部活力，而由像阿卜杜拉二世（Abdallah II）这样的昔班尼汗制定的政策，以及印度莫卧儿帝国和沙皇俄国这样的贸易伙伴的出现而推动着。然而这一最终变革的种子萌生于16世纪，如果我们将"东方衰落"的说法替换成"西方崛起"的话，这也许就更容易理解。一方面，欧洲包括俄国开始经历技术和经济革命，紧随其后的就是工业和军事革命，那将大幅度地增强他们的实力，但这一切被世界其他地区所错过；另一方面，在中亚和波斯之间新产生的意识形态对抗将逐步导致这一内陆地区文化地方主义的萎缩，昔班尼王朝统治下出现的这种现象却被因逃离萨菲王朝迫害而涌入的杰出人物所掩饰。

公元1501年正当穆罕默德·昔班尼消灭帖木儿王朝而成为河中地区君主之时，沙赫伊斯迈尔（Shah Ismail）打败了在伊朗西部由土库曼人建立的白羊王朝，并建立了一个新王朝——萨菲王朝，一开始定都于大不里士。至少在语言上，穆罕默德·昔班尼和沙赫伊斯迈尔都来自突厥语部落；正如自塞尔柱王朝以来的大部分伊朗统治者，伊斯迈尔将突厥语部落精英和人力作为其军事力量的基石。出于种种原因，这两人都声称伊朗是他们的合法统治地区，其中之一就是一种使命感：萨菲王朝是什叶派穆斯林，而昔班尼王朝是坚定的逊尼派穆斯林，双方都声称为神圣的事业而战。

不可避免的冲突在这十年即将结束时在谋夫附近爆发，乌兹别克人失败了，他们的可汗也战死疆场。在接下来的几年里，这位波斯沙赫试图运用这新近获得的优势压倒昔班尼的继承人速云赤（Köchkunju，1511—1530年在位），但却没成功。这一对抗演变成持久的僵持状态，使得穆斯林什叶派的伊朗与穆斯林逊尼派的中亚势不两立达300年之久，直到公元19世纪中亚被沙俄征服为止。除了内在有害影响之外（尤其是文化方面），这种对抗（尽管由于周期性的和平接触甚至务实合作而缓和）将中亚与土耳其、近东阿拉伯半岛隔绝开：因为由充满活力的什叶派意识形态统一而产生强大敌对力的伊朗，在相当程度上封锁了东、西穆斯林世界的商人、朝圣者和学者之间的直接接触交流。

然而，沙赫伊斯迈尔在与其他逊尼派对手奥斯曼苏丹塞利姆一世（Selim I）交锋中却不那么走运。公元1514年塞利姆一世在安纳托利亚东部的查尔迪兰（Chaldiran）战役中打败了他。土耳其人的胜利很大程度上归功于威力强大的火炮，这种新武器正在使欧洲战争革命化，但是大多数穆斯林统治者仍旧忽视或回避这一革新。

除了塞利姆一世，另一个例外就是巴布尔，但却是在他离开中亚开始征服印度的时候，在那儿，由于他身为领袖所具备的素质，加之他指挥军队的献身精神，而且偶尔使用火炮，使他战胜了配备大象的王侯（rajas）和苏丹们的军队。这些表明帖木儿王朝或莫卧儿王朝征服者通过来自奥斯曼帝国的兵器制造师获得了这项革新技术。不过，尽管我们可能发现巴布尔征服印度斯坦的壮举既迷人，其影响又很大，但仅此不足以使他在历史伟人之林获得一席之地。使他脱颖而出是他所著的《巴布尔回忆录》这部自传，部分是根据他所保留的日记所编撰，用母语突厥语所写，这是一部前现代穆斯林文学中最具独创性的迷人的散文作品，因为巴布尔生动而真实地再现了他所耳濡目染的生活、他自己和周围的世界，无论是社会还是自然生活。而且也正因为从多方面描绘了丰富多彩的生活，《巴布尔回忆录》是我们研究那一时期社会的珍贵文献资料：除了巴布尔自己的军事征战及其过程中的冒险经历之外，还包括自然环境、社会习俗、政治事件、引人注目的人物和文学艺术追求。在书中，他自己也以一个精力充沛和富有同情心的领导者、忠于家庭的人、朋友和敏锐的文学评论家以及大自然的观察者等多重身份出现。自巴布尔之后，他在阿格拉所建立的王朝的历史只是略微间接地触及我们本书的主题。他的后人认为他们的确是成吉思汗和帖木儿的后人；其名称"大莫卧儿"（Great Moghuls）在英国人统治时期的普及通行将会使他们感到震惊。在其后人之中，突厥语的使用至少又历经了两代以上的时间，培拉姆汗（Bayram Khan，卒于1560年）是侍奉巴布尔之子胡马雍（Humayun）和之孙阿克巴的一位大臣，用突厥语和波斯语写诗。不过皇帝们开始逐渐和印度妇女结婚，并调整王朝以适应这一新环境，印度穆斯林文化的波斯外衣再次显现。因此在公元1590年阿克巴命令宰相（khan-i khanan）阿卜杜勒·拉希姆·米尔扎（Abd al-Rahim Mirza）——培拉姆汗之子及继任者，将《巴布尔回忆录》翻译为波斯语。

本书从一开始就显露出令人喜爱的独特个性。巴布尔抛弃了他那个时代通行的冗长前言格式，详述了一个重要的年代，即公元1494年，他生命中第一阶段的生活背景：

> 伊历斋月（Ramadan，伊斯兰教历中九月），在费尔干纳地区，我成为国王（padishah boldum）。费尔干纳是一个拥有第五种气候（Fifth Climate）的省份，位于定居世界的边缘，东面是喀什噶尔（Kashgar），西面是撒马尔罕，南面是山区与巴达赫尚（Badakhshan）接壤，在北面尽管过去是阿力麻里、阿拉木图和仰吉（Yangi，其名在书本上记录为讹答剌），[居点] 已完全被蒙古人和乌兹别克人所摧毁，没有留下任何遗迹。
>
> 这是一个很小的省份，出产谷物和水果。除了西面的撒马尔罕和苦盏，它被群山环绕。除了那个方向之外，在冬季敌人不会入侵这里。
>
> 锡尔河被称为"苦盏河"（Khujand River）来自东北，向西横穿该地。

然后巴布尔以引人入胜的细节描述了各个省份、城镇及其特点，下面就是他家乡安集延（Andijan）的人们所使用的语言：

> 这里的人们是突厥人（*Eli Türktür*），无论是在市民之中还是在集

市上，没有人不懂突厥语（Turki）。他们所说的语言和纳瓦依（Mir Ali Shir Navai）所著文学作品的书面语言一致，尽管他是在赫拉特出生和长大的。

巴布尔的《回忆录》和纳瓦依的作品都用前文提及的那种特殊的突厥语所书写，它最终被现代突厥语言学家称之为察合台语（Chaghatay）。正如我们可以从上面引用的片段中得知，突厥语（Turki）在巴布尔时代依然是更常用的语言，不过却逐渐地只作为日常口语使用，而察合台语则专用于书面语。距巴布尔一个世纪，另外一位中亚王子阿布哈齐·巴哈杜尔汗（Abulghazi Bahadur Khan）敏锐地指出了它们之间的差异。巴布尔注意到了纳瓦依"尽管是在赫拉特出生和长大的"，但却用突厥语写作，这一点很重要。这个位于波斯语言地区的呼罗珊城市，在纳瓦依时代却是帖木儿王朝都城，其宫廷语言主要是当时突厥-蒙古贵族所使用的突厥语。巴布尔在这部作品中逐渐过渡到刻画当时突厥-蒙古贵族人物，我们可以称之为"人物传记"部分。他很自然地从他父亲开始写起：

> 乌玛尔·沙黑殿下（Umar Shaykh Mirza）诞生于伊历860年（公元1456年），他是速檀卜撒因殿下第四子……是一位虔诚的哈乃菲学派信徒，从没有漏过日常五次祈祷，在整个一生中弥补了他所错过的祈祷仪式。他经常背诵《古兰经》，献身于和卓奥拜都拉·艾合剌尔殿下，并为能与他切磋讨论而感到无比荣幸，和卓殿下于是称他为"（吾）子"。他完全识字，过去经常阅读两部《卡玛萨》（Khamsa，五言诗）[1]和《玛斯纳维》（Masnavi）[2]，但其他大部分是《列王纪》（Shahname）[3]。他有

---

[1] 波斯语中的第一部《卡玛萨》（Khamsa，五言诗）是由诗人尼扎米（Nizami）所著，第二部就是上文所说的纳瓦依的突厥语的《卡玛萨》。
[2] 《玛斯纳维》（Masnavi-i Manavi），是由梅夫拉纳·鲁米（Mevlana Jalal al-Din Rumi, 1207—1273）用波斯语所创作的一首长篇苏菲诗歌。诗人尼札米出生并随后一生都在阿塞拜疆，而鲁米尽管出生在巴里黑，但主要生活在安纳托利亚，在那时由塞尔柱王朝当地一支所统治。
[3] 菲尔多西（Firdawsi）的代表作。巴布尔的评论阐明了当时突厥-蒙古精英接受以优雅的波斯文化为主的熏陶。

诗歌才能，但没有志向写诗。他非常具有正义感，（曾经）得到禀报称安集延以东山麓出现的暴风雪摧毁了来自中国的大商队一千多顶帐篷，只有两人生还，他派出收税员将商队所有残余财产记录下来，尽管没有失主继承人在场，他还是将这些财物保管了一两年，直到邀请失主继承人前来认领属于他们的财产。

不过，尽管巴布尔英勇奋战，力挽狂澜，但是16世纪的中亚却属于昔班尼王朝。我们已经提到帖木儿王朝15世纪之后的延续性要大于由朝代更替和游牧突厥语部落重新涌入而引发的变革。自穆罕默德·昔班尼建立一个比帖木儿王朝更合法的帝国和重建伊朗的逊尼派统治的希望破灭之后，这一王朝的可汗们花费大量精力重建在河中地区、费尔干纳、呼罗珊东部的统治地位。撒马尔罕和不花剌轮流或共同作为统治家族的都城，而巴里黑则变成王储的驻地，塔什干成为四个主要封地的中心。大多数可汗致力于通过修建新的灌溉工程和大坝刺激农业发展，建造更多的驿站和桥梁以鼓励手工艺和贸易的发展，建造更多的清真寺、神学院、道馆来拥抱真主和支持宗教阶层，对于世俗神职人员和强大的纳格什班迪耶教团都很慷慨大方。在文学艺术方面，他们也被证明是书籍艺术上值得尊敬的赞助者。自帖木儿王朝的赫拉特破败以后，大不里士可能成为最主要的受益者，比赫扎德和其他工匠加入了萨菲君主的画室，而昔班尼王朝的布哈拉和撒马尔罕也各自分得了一杯羹。

在这一王朝的可汗中，有三人因特别杰出而值得一提：王朝的开创者穆罕默德·昔班尼汗（Muhammad Shaybani [Shaybak] Khan，1500—1510年），其侄奥贝都剌汗（Ubaydallah Khan，1533—1539年，实际统治自1512年），阿卜杜拉汗或阿卜杜拉二世（Abdallah Khan [Abdallah II]，1583—1598年，自1557年实际统治）。

昔班尼王朝创始人在与沙赫伊斯迈尔争夺帖木儿王朝在伊朗遗产的战争中落败，并丢了性命。他的继承人只满足于周期性地袭扰波斯的呼罗珊，尽管公元1528年战争差点重演了1510年的那一幕，当时沙赫塔赫马斯普（Shah Tahmasp，1524—1576年）击败了奥贝都剌汗，这次胜利部分原因是使用火炮，而这正是波斯人从灾难性的查尔迪兰（Chaldiran）战役中领略到火炮威力的缘故。不过奥贝都剌汗可没那么鲁莽，在其由实际统治转为正式统治时，他更关注所统辖的区域。他获得了公正虔诚的统治者的美誉，他心爱的城市布哈拉繁荣发达，在那里，昔班尼文明的发展几乎可以说是帖木儿王朝文化成就的复兴。一个例子就是辉煌的米尔依·阿拉布神学院（Mir Arab madrasa），在可汗的支持下，尤其是在首席大法官（shaykhulislam）米尔依·阿拉布的直接赞助下在公元1535年兴建。这座神学院同时可作为可汗和其神职人员的安息之地。它也是在整个苏联时期乌兹别克斯坦被允许运行的两座伊斯兰神学院之一（另一座是位于塔什干的巴拉克汗神学院［Barak Khan madrasa］）。下面就是奥贝都剌汗较年轻的同辈海达尔·米尔扎（Haydar Mirza，1499—1551年），《拉失德史》（*Tarikh-i Rashidi*）的作者，所叙述的关于可汗和其统治下的布哈拉：[1]

> 几百年来，我从来没有所见或所闻像他这样贤明的君主。首先，他是一位真正的穆斯林，虔信宗教，持身谨严，清心寡欲；其次，他治理政教大事、军务与庶民之事时，始终一丝不苟地按照圣法教律行事；他勇武过人，豪爽盖世。他能写七种不同的书法，但写得最好的是纳斯赫体（naskh，普通书写体）；他誊写几部《古兰经》，把它们送到麦加和麦地那两大圣城；他的纳斯塔利克书体（nastaliq）书法很好，曾用突厥语、阿拉伯语、波斯语编过诗集；他精通音律，其若干歌谱至今仍被乐师歌唱。总之，他是一位德才兼备的君主；当他在世之时，首都不花剌成了文学和艺术的中心，可以和速檀忽辛·米尔扎（Sultan Husayn Mirza）时代的赫拉特相媲美。[2]

---

[1] Mirza Haydar Dughlat, *Tarikh-i-Rashidi: A History of the Moghuls of Central Asia*, tr. E. Denison Ross, London 1898, p. 283; and ed.and tr.W. M. Thackston, Harvard University Department of Near Eastern Languages and Civilizations, 1996, vol. 1 (Persian text) pp. 233-234; vol. 2 (English translation translation), p. 182.

[2] 译文参考王治来译：《拉失德史》第二册，第187—188页。——译者注

阿卜杜拉汗起初以其父伊斯坎德尔（Iskander）之名进行统治，与王朝大家族好几位亲戚准备激烈争夺之后获取了继承权，因为这一家族统治仍具有残留着的突厥-蒙古游牧民族特征，受乌兹别克异密（emir）派别支持的其他王子时刻准备着拒绝效忠可汗或开始自己自立为王。甚至在他巩固统治和正式登基后，阿卜杜拉汗不得不发动战争重申其权威。河中地区边界以南的呼罗珊依然是与萨菲王朝长期较量的战场，但在那里以东，阿富汗北部，这片古代的吐火罗斯坦成为昔班尼王朝有价值的疆土，其首府巴里黑开始起着中亚和帖木儿王朝或莫卧儿帝国印度之间的一个商业枢纽的角色。巴布尔与昔班尼王朝的敌对状态，到其孙阿克巴（Akbar，1542—1605，自1556年开始统治）统治时期，转变为友好关系，除了贸易外，还包括外交和文化联系。友好睦邻政策，甚至结盟和君主间私下交往也在昔班尼王朝和察合台后王之间发展起来；后者在整个16世纪继续统治蒙兀儿斯坦和塔里木盆地，尽管其王权式微，但其统治甚至延续到17世纪。

昔班尼王朝也见证了纳格什班迪耶教团力量在中亚的稳健增长，这个教团与可汗家庭的亲密关系可匹敌或甚至超过其与此前帖木儿王朝之间关系。然而起初看来却很不顺，谢赫穆罕默德·叶海亚（Muhammad Yahya）是和卓奥拜都拉·艾合剌尔之子和哈里发，在乌兹别克征服过程中，支持着穆罕默德·昔班尼的对手。可汗尽管表面上很尊敬这位谢赫，却没有原谅他。因感觉受到威胁，谢赫决定去麦加朝圣，但是没走多远，怀有敌意的乌兹别克异密们派来的一队士兵在呼罗珊赶上了他，将他及其三个儿子杀死。可汗尽管没有公开卷入这一谋杀，但至少可疑地宽恕了这一行为。

艾合剌尔派很快就从这一悲剧事件中恢复过来。谢赫奥拜都拉·艾合剌尔在乌兹别克人之间的威望甚至在他们征服河中地区之前就已确立，这一事实可由穆罕默德·昔班尼之侄和最后继承人奥贝都剌汗就以这位谢赫命名而被证实。和卓之墓发展成为艾合剌尔圣陵，其后成为纳格什班迪耶教团总部。艾合剌尔派成为实质上的统治王朝，其苏菲圣徒、宗教权威人士、农场主和制造商们不只汇集在这位谢赫圣地周围，而且遍及中亚其他很多地区。他们作为维护圣地的"瓦合甫"（waqf，宗教公产）捐赠的受托人（mutavallis），因其不断增长的捐赠而积聚财富，他们也受益于王室和其他虔诚施主的慷慨赠予，并通过他们和代理人参与的投资、生产、贸易等经济活动也积聚了大量财富。乌兹别克档案保留的许多宗教公产名录（waqfnames）证实了大量的捐赠行为，也保留着其他文件表明艾合剌尔派的经济力量和可汗们对他们的尊敬。

下列这部文件是在公元 1543 年由阿布都拉·拉提夫汗（Abd al-Latif Khan, 1540—1552 年, 奥贝都剌汗继承人）发布的, 核实了谢赫穆罕默德·叶海亚好几处财产的所有权和免税地位。这人是和卓奥拜都拉·艾合剌尔之孙, 这位创始人被害继承人之子, 并与之同名。这份资料也可用来显示阿拉伯-波斯文化氛围中的突厥属性, 它不像喀喇汗时代自 11 世纪起用阿拉伯文书, 以及自 14 世纪起用波斯文书写的宗教公产名录那样, 这一命令（nishan 或 yarliq）使用突厥文书写（尽管其中也点缀着阿拉伯-波斯术语）。下面就是一些节选：[1]

> 我们确认这符合我们神圣崇高的甄别职责，以无比敬爱、宽宏大量、关心备至之情来对待圣洁的和卓奥拜都拉·艾合剌尔的这位伟大的尊贵的后人……（这份报告）已呈交给我们威严的陛下，就是数年以来，某人违背纯洁的伊斯兰教法获得，并拥有列入此文件背面的财产和建筑（amlak va havilar）的使用权（mutasarrif bulghan irmish）。（这些财产属于）和卓穆罕默德·叶海亚，圣人之孙，愿拥有崇高地位的他永恒……既然慷慨大方之想法对于这位出身高贵人士是无比优待的，经验讫（这些财产状况）后……我们将这些财产，实物，果园，店铺，配有庭院的房屋……作为"莎余儿哈勒"授予这位受让人，以使这位贵人的代表能每年获得税收中的什一税（dahyak）和什二税（dahdu）用于维持日常开销……（此外收税员）不允许对这些财产任何一项征税（mal），如什二税、特殊费用税（kharj-i kharajat-i avariz）、失业税（bikar），不得强征徭役（hashar）、家园税（dudi）、什一税、礼物税

---

[1] Published, together with a Russian translation and commentary, by Olga D. Chekhovich, *Samarkandskie dokumenty XV-XVI vv.: O vladeniyakh Khodzhi Akhrara v Sredney Azii i Afghanistane*（Moscow, 1974）, doc. 16 on pp. 311-315.

(savari)、结婚税（madad-i toyana）、胜利税（fathana）或这个省份的其他任何税收……（这正在讨论的财产）应当免税……而且如果有一般征税（Agar harz-i kull bulsa），征税官和抄写员（harraz va bitikchi）禁止进入这些房产以便（将其囊括在内）征税……（这些官员）不得违反我们的命令，不得每年申请新的命令和规章……这项命令发布（书写）于伊历950年兔年（tavushqan yil）十月三日（公元1543年12月30日）。

另外一个能证明艾合剌尔派谢赫们的地位、活力和适应力的事例就是在贯穿中亚政治变迁过程中，他们一直享有着王室的恩惠，无论是权力从昔班尼王朝一支转移到另一支中，还是在世纪之交，权力从昔班尼王朝转交给阿斯特拉罕王朝（札尼王朝，Toqay-Timurids）。他们的权威甚至渗透到迄今为止享有无可匹敌地位的世俗神职阶层中去，公元1580年阿卜杜拉二世将撒马尔罕的首席神学家机构转交给了他们。这个机构有些类似于我们的最高法院，自那之后，就被艾合剌尔派谢赫们世袭占有至少到17世纪末。

在纳格什班迪耶教团中，艾合剌尔派并没有在声望和财富上保持该王朝的垄断地位。首先，在靠近不花剌的巴哈丁·纳格什班迪耶陵墓周围发展而起的圣陵具有超过位于撒马尔罕附近的艾合剌尔圣陵的内在优势，这可从昔班尼王朝相对重要的君主们选择安葬在"伟大和卓"（Great Khwaja）之墓附近的"盖斯尔伊·艾瑞凡"（Qasr-i Arifan，神秘主义苏菲派的城堡）中看出端倪。其次，至少有两个其他纳格什班迪耶教团谢赫派别在16世纪崛起，并开始扮演着非常重要的角色。其中一个派别的创始人就是麦哈迈德·赫瓦贾·卡桑尼（Ahmad Khwajagi Kasani），也被称为"玛哈图木·阿杂木"（Makhdum-i Azam，"伟大的主宰"，1461—1542）。正如其名后缀所提示，他来自卡桑（Kasan），位于费尔干纳北部的小镇，靠近现在的楚斯特（Chust）。后来他离开故乡前往塔什干，大概希望成为马黑麻·哈孜·不鲁罕丁（Muhammad Qazi Burhan al-Din，卒于1515年，是和卓奥拜都拉·艾合剌尔的一位继承人）的一位弟子。在具备导师（pir, murshid）资格之后，他逐渐获得声望，成为一位圣人，有很多专著。他的声望也为奥贝都刺汗所知，于是给予他大力支持，赐予大量礼物，授权在不花剌靠近他住宅处建造一所道馆。随后这位和卓成为塔吉克人和乌兹别克人的导师，包括马黑麻·速檀·祝巴里（Muhammad Sultan Juybari，1481—1563年）和札尼·别克速檀（Jani Beg Sultan）那些人。前者是祝巴里谢赫集团的创始人，是位于不花剌以西的苏米坦（Sumitan）村的伊玛目艾布·伯克尔·艾哈迈德·伊本·赛德（Imam Abu Bakr Ahmad ibn Sad）圣陵的纳格什班迪耶教团管理人；后者创建了昔班尼王朝后续的札尼王朝（Abulkhayrid，阿斯特拉罕王朝）的札尼·别克派（Janibegids），在16世纪中叶获得支配地位，并一直延续到昔班尼王朝统治结束。关于伊玛目艾布·伯克尔（Imam Abu Bakr），他是在16世纪文件中描述的一位10世纪的神学家，他本人捐赠宗教公产建其陵墓；文件还声明宗教公产的建立是为了伊玛目男性后裔的利益，并暗指和卓赛德·祝巴里（Khwaja Sad Juybari）在当时是处于那一位置。和卓赛德是马黑麻·速檀·祝巴里之子和继承人，也正是因为他，位于不花剌西郊苏米坦村祝巴里圣陵才有惊人的发展。他享有来自阿卜杜拉二世的感激和宠信。阿卜杜拉二世，是札尼·别克速檀之孙，没有忘记他们这一王族获胜多亏祝巴里谢赫们相助。圣陵开始被称为"查尔·巴克尔"（Char Bakr），发展成为一座建筑群，包括一所道馆、一座清真寺、一所神学院。在公元1557年札尼·别克系胜利后，维护以上设施的捐赠飞速增长。祝巴里系通过参与贸易、制造业和农业也积累了财富，并派他们的代理人作为贸易代表团远赴莫斯科。这一特殊三角关系中的第三方纳格什班迪耶教团导师和富裕的企业家们开始占据位于不花剌的首席神学家（shaykhulislam）机构，我们知道，在撒马尔罕的这一荣誉机构是被艾合剌尔派导师所控制的。此外，这一岗位在中亚往往是世袭的，在整个19世纪被祝巴里系掌控。

　　让我们再谈谈玛哈图木·阿杂木（和卓卡桑尼），他一生大部分时光都在撒马尔罕以北的达赫比德（Dahbid，或Dahpid）村度过，在那里，他的坟墓成为一座圣陵的中心。他的重要性在于纳格什班迪耶教团和他在喀什噶尔所创建的王朝，不过这位谢赫本人好像从来没有访问过那一地区。由于收到察合台后王阿不都·拉失德汗（Abd al-Rashid Khan）访问该地的邀请，玛哈图木·阿杂木派遣他两个儿子代表自己前往，这就是纳格什班迪耶教团向新疆和中国内地显著扩张而迈出的第一步。这个故事将在我们介绍中国新疆的章节中展开。

到了16世纪，察合台后王和其部落成员一样成为坚定的穆斯林。不过现在他们与新来者作战或者收编他们，新来者主要是卡尔梅克与吉尔吉斯游牧民。我们已经提到15世纪下半叶的卡尔梅克第一波浪潮席卷了大致对应于蒙兀儿斯坦的区域。与此同时，可能作为盟友，吉尔吉斯人也出现在这一地区。不像卡尔梅克人是蒙古人，吉尔吉斯人属于突厥语族群。如前所述，他们是西伯利亚南部叶尼塞河上游的居民，公元9世纪突袭蒙古中部摧毁了回鹘汗国。然而多数吉尔吉斯人（黠戛斯人）仍然留在故乡，也是在那里，成吉思汗找到并将他们并入不断发展的帝国中去。几乎没有留下什么具体资料说明吉尔吉斯人后来是如何活动的，但似乎他们的确参与了最初的蒙古西征和由成吉思汗后人，尤其是他的曾孙海都（Qaydu，大约1262—1303）所发动的战争。很多人大概活动在蒙兀儿斯坦西部山区，也就是现在的吉尔吉斯斯坦，从那时起，尽管其中一些吉尔吉斯人一时退缩到靠近故乡不远的地方，但在14世纪80年代帖木儿发动战争时逃离了他的控制。不过，其他吉尔吉斯人依然留在故乡，在15世纪最初几年里，吉尔吉斯部落首领们在瓦剌部试图与成吉思汗系争夺蒙古的过程中扮演着一定的角色。我们知道，瓦剌人在那里没有成功，于是他们的攻击只好转向西面：15世纪和16世纪，吉尔吉斯人成为他们频繁攻击的目标。然而大多数卡尔梅克人没有待在蒙兀儿斯坦西部，而是通过一系列的从蒙古西部到南俄的部落政治运动，改变了他们的驻扎地；与此同时，吉尔吉斯人也开始变得随遇而安，在其最后的新家园，受到来自河中地区穆斯林托钵僧改宗的鼓舞，或者因察合台后王们的强制手段而变成了穆斯林，而卡尔梅克人则皈依了佛教。

察合台后王们，尽管拥有魅力四射的血统，他们的权威却被下列因素所限。第一个因素就是惯常的家族统治观念，也许因受来自很多后世子孙的对抗而黯然失色；蒙兀儿斯坦本部，喀什噶里亚（阿特沙尔［六城］，Altishahr）和畏兀儿地（Uighuristan，吐鲁番地区）之间的地缘政治对比或许也有一定的影响。第二个因素就是一些部落首领的影响力，特别是朵豁剌惕氏族（Dughlat），他们的权力有时甚至凌驾于察合台后王之上。第三个因素就是纳格什班迪耶教团托钵僧的渗透。在察合台统治者热情好客的感召下，他们之中很多人从河中地区来到喀什噶里亚，其中之一就是和卓马黑麻·优素福（Khwaja Muhammad Yusuf），他给虔诚的赛德汗（Said Khan，1514—1532年在位）留下如此深刻的印象，以至于后者想成为一位托钵僧。但是这位和卓劝阻了他，理由则基于这样一种原则，那就是一位世俗统治者不应当放弃利用世俗工具来拥护伊斯兰教的责任。然而主要的动力是来自前面提及的玛哈图木·阿杂木（和卓卡桑尼），他就间接地根据这个原则而树立了榜样，因为他派出的使者在喀什噶尔建立了两所道馆，他两位妻子为其所生的两子后来在喀什噶尔创建了两个令人印象深刻的政权：白山派和卓和黑山派 和卓。这些托钵僧贵族与察合台后王们争夺更大的世俗权力，并在公元1678年完全取代了他们成为新疆阿特沙尔（六城）地区的统治者，直至公元1759年被清朝所镇压。

在这些值得注意的察合台后王中，前面提及的羽奴思汗（1461—1486年在位），其孙满速儿汗（Mansur Khan，1502或1503—1543年在位），后者弟赛德汗与赛德之子阿不都·拉失德汗（Abd al-Rashid Khan，1532—1570）脱颖而出。事实上后三位君主统治时间的重叠证明了家族统治的观念，满速儿汗的领土是蒙兀儿斯坦本部和阿特沙尔（六城）北部，以阿克苏为都城，而赛德汗统治南面的叶尔羌。然而在这一社会中，最令人感兴趣的人物不是王朝的王子而是朵豁剌惕家族的一位成员米尔·海达尔（Mir Haydar）或马黑麻·海达尔·米尔扎（Muhammad Haydar Mirza，1499—1551），他写了我们已引用的著作《拉失德史》，详细记述了王朝的历史和统治下的国家。米尔·海达尔是巴布尔年轻的堂兄弟（他的母亲是前面提到的库布·尼嘉·哈尼木，是巴布尔母亲骨咄禄·尼嘉·哈尼木的妹妹），他们作品之间的类比也立即映入我们的眼帘。巴布尔《回忆录》是用突厥语所写，而米尔·海达尔《拉失德史》却是用波斯语写成。

昔班尼后王们和察合台后王结盟的一个原因就是防备他们北方的近邻钦察大草原东部的哈萨克人。这一地区是现代哈萨克斯坦中部和南部，在那里，独特的哈萨克民族的形成是由上述几乎轶事般的变节加入贾尼别克部（Janibeg）和克烈部事件造就的，而到16世纪真正定型。在钦察大草原，政治组织已变得比蒙古帝国遗留下来的要松散得多，最持续的特征就是结盟、冲突和游牧迁移这些活动不断的潮涨潮落。昔班尼系的成吉思汗血统继续发挥着作用，但是没能出现强有力的人物从而创建扮演重要角色的王国和民族。内亚的新命运在 16 世纪中叶就已经开启，到了 17 世纪初，其轨迹已牢固确立。

第十二章 沙俄的崛起、金帐汗国的灭亡和察合台汗国的韧性

忽辛·拜哈拉（Husayn Bayqara，1470—1506 年在位）几乎与伊凡三世（Ivan III，1462—1505 年）这一莫斯科大公国（Muscovy）大公的统治时期相始终。如果帖木儿王朝在赫拉特的统治闪烁着精致的文化生活之光的话，那么莫斯科大公国脱颖而出则出于不同的原因：即公元 1480 年，它决定性地从"鞑靼桎梏"之中解放出来，并在莫斯科的旗帜下快速统一其他公国。到伊凡三世之孙伊凡四世（Ivan IV，1530—1584 年），又称"恐怖的伊凡"，在公元 1547 年登基之时，莫斯科大公国已变成俄罗斯，一个由一位更强有力沙皇统治下的新兴帝国。

与统一的俄罗斯崛起对照的是它曾经的蒙古宗主的衰败。钦察汗国，也就是统治俄罗斯人的"金帐汗国"，在公元 1395 年帖木儿摧毁其都城撒莱（Saray）和其他经济中心之时已遭受沉重打击，其后又因为其内部各势力明争暗斗而被弄得四分五裂，在公元 1466 年分裂成四个独立汗国——"大帐汗国"，是曾经强大汗国微不足道的残余，位于伏尔加河下游西面，以及喀山汗国（Kazan）、阿斯特拉罕汗国（Astrakhan）、克里米亚汗国（Crimea）。公元 1502 年，克里米亚汗国统治者明里·格莱（Mengli Girey）帮助俄罗斯打击它的对手，摧毁了"大帐汗国"余部，因此破灭了这个集团试图重建金帐汗国的梦想。

其他剩余三个汗国的统治者与其臣民到那时都已皈依穆斯林，变得突厥语化，并与其他伊斯兰国家，尤其是中亚和奥斯曼帝国保持着密切的联系。公元 1475 年，奥斯曼帝国占领克里米亚半岛南缘，随后将宗主权延伸到克

里米亚汗国。16世纪,他们试图与昔班尼王朝乌兹别克人合作建立"共同阵线"。这一新联盟主要针对什叶派的伊朗,但是在短期内,在索克鲁·麦合麦特·帕夏(Sokollu Mehmet Pasha)从1565—1579年担任大维齐尔(grand vizier,奥斯曼帝国首相)时,其目标也包括俄罗斯。这位有远见的奥斯曼帝国政治家的关注是正确的,伊凡四世在两次战役中分别消灭了喀山汗国(1552年)和阿斯特拉罕汗国(1556年),并吞并了它们的疆土。由强大的奥斯曼帝国领导下的"伊斯兰之地"(Dar al-Islam)势如破竹般的扩张浪潮,将会遭遇可能出现的前所未有的逆流。更糟糕的是,这一征服几乎在一夜之间造就了一个奥斯曼人(Ottoman)和中亚突厥语部众的强大的新邻居。索克鲁设想出一个大胆的计划,那就是从顿河到伏尔加河挖掘一条可通航的运河,因此可以使奥斯曼帝国船只抵达里海。这一工程计划在公元1569年与克里米亚鞑靼人合作实施,但帝国中心和汗国朝廷缺乏对此的热情,妨碍了这一工程的实施,直到冬天来临之时不得不放弃这一计划。如果这项计划成功的话,他们有可能解放阿斯特拉罕,随后可能采取扩张政策与俄罗斯争夺仅有稀疏突厥语人口居住的钦察大草原,而非在巴尔干半岛与哈布斯堡王朝或在地中海与威尼斯人进行冗长的战争,导致其毁灭,那么他们的帝国很有可能最终会表现得更为出色。不过,如果说索克鲁·麦合麦特担心俄罗斯的话,但是他的同僚之中却很少有人有这一忧虑,而从那以后的一段时间里,俄国的行为似乎证明了他们大多数人的看法是正确的。俄罗斯人看起来只满足于抵达伏尔加河口和里海海岸,并没有利用自己的优势进一步向南深入到奥斯曼帝国或昔班尼王朝境内,相反,他们的扩张却向东发展,越过乌拉尔山脉进入辽阔的西伯利亚,唯一有力的抵抗来自西伯利亚汗国(Sibir,又称"失必儿汗国")。公元1582年俄国人第一次进攻该汗国,到1600年,随着库楚姆汗(Küchüm)之死,这一汗国崩溃。到公元1649年俄罗斯人抵达太平洋,并在那里建造鄂霍次克要塞来巩固他们的势力存在。仅仅三年之后,俄罗斯人就通过在大陆地理中心位置建造要塞伊尔库茨克而立桩标出其对西伯利亚的所有权,以防蒙古或中国人对这一地区的领土要求。除了成吉思汗帝国之外,这是一个有史以来最波澜壮阔的大陆扩张帝国,但是根本的结构差异将它们两者区分开来,蒙古帝国组织根基不稳,而俄罗斯帝国则将

第十二章 沙俄的崛起、金帐汗国的灭亡和察合台汗国的韧性

坚如磐石。

在靠近本土，俄罗斯又足足等了一个时代，直到公元1783年才吞并克里米亚，并从公元1865—1884年征服了中亚。然而对中亚的征服，如果把哈萨克斯坦北部也包括在内的话，那就起始于18世纪。征服的每一步骤都各具典型特征和内外部影响因素。乍一看，对西伯利亚的征服几乎是从基层开始的，也就是由哥萨克和商人自发的活力推动进行的，由有条不紊地建立战略或后勤殖民地而支撑起来。不过，尤其是莫斯科将牢固的国家控制持续地延伸到新近获得的土地上，因此成为本书所研究内亚大部分地区的永久邻居。

不过在面临俄罗斯直接攻击之前，内亚民众依然专注于他们面临着的更直接的目标和冲突。尽管哈萨克可汗们目击到北面这个异教徒巨人的扩张进程包括吞并西伯利亚汗国，但是他们的视线却主要转向南面的锡尔河和伊犁河以及这两条河流对岸的区域。他们的哈斯木汗（Qasim，1511—1523年）是将其统治下新近形成的民族组成具有更明晰政治结构的汗国第一人。从那时起直到16世纪末，他的继承人通常是紧紧控制锡尔河北岸以及塔什干和塞兰（Sayram）等城市，除了在一段时期昔班尼王朝的阿卜杜拉二世（Abdallah II）发动攻势将他们赶回哈萨克草原深处之外。另一方面，哈克·纳咱尔汗（Haqq Nazar，1538—1580）则很显著地深入蒙兀儿斯坦，特别是进入伊塞克湖地区，在那里他和他的哈萨克人与吉尔吉斯首领穆罕默德（Muhammad）建立了友好关系。哈斯木汗和哈克·纳咱尔汗能够代表所有哈萨克人提出一些合法要求。不过从17—19世纪俄罗斯征服期间，这些游牧民只是很少和在简短的时期里认可单一汗权；通常他们形成三个单独的部落联盟或游牧群（Hordes，帐），因此被俄国人称为"斡儿答"（Orda），但在哈萨克语中被称为"玉兹"（Jüz，意为"一百"）：小帐（Lesser Horde）在哈萨克斯坦西部，中帐（Middle Horde）在哈萨克斯坦中部，大帐（the Greater Horde）在哈萨克斯坦东南部（大致等同于七河地区）。这一支离破碎般组织状态因此削弱了他们用来对付随后卡尔梅克人入侵以及俄罗斯人最终征服的抵抗能力。

昔班尼王朝在大部分时间里和统治着蒙兀儿斯坦和喀什噶尔的察合台后

王们保持着和平关系,但那只是在后者放弃觊觎费尔干纳之后;河中地区的大多数统治者都声称对这一地区拥有控制权。对这一地区的争夺导致了这两个王朝最初的冲突。这场冲突于公元1508年以穆罕默德·昔班尼俘获并处死阿特沙尔（Altishahr，新疆南部）的马哈木汗（Mahmud）而告终。马哈木汗的兄长,蒙兀儿斯坦的阿黑麻汗则死于1503年,他的两个儿子,前面提及的满速儿和赛德将推动王朝在接下来几代中较为成功地统治新疆。满速儿汗（1503—1543）是一位虔诚的穆斯林,主要精力用于对处于中原王朝和蒙古势力范围内的"灰色地带"残留的佛教势力发动"圣战"（jihad）,如绿洲城市哈密（Hami，或Qomul）和敦煌。他也致力于在国内加快那些异教徒臣民皈依穆斯林的进程,主要是吉尔吉斯人。与此同时,赛德汗（1514—1532）则将目标对准了拉达克（Ladakh）地区,在这里他得到了我们说过的那位朵豁剌惕（Dughlat）异密和历史学家马黑麻·海达尔·米尔扎的协助。后来他也侍候赛德汗的继承人阿不都·拉失德汗（Abd al-Rashid Khan，1532—1570）,但很快这两人关系破裂,导致海达尔·米尔扎于公元1541年逃往印度,在那里为巴布尔之子胡马雍（Humayun）效力,受命统治克什米尔省。

阿不都·拉失德汗开始全神贯注于蒙兀儿斯坦西北部地区的事务,也就是伊塞克湖周围的天山山脉地区和伊犁河下游地区。正是在那个地方,我们前文提到的哈克·纳咱尔汗发动攻势。满速儿汗的继承人沙汗（Shah Khan，1545—1570）无法抵御哈克·纳咱尔汗的攻击,因为他被自己兄弟马黑麻（Muhammad）在更远的东部的叛乱弄得焦头烂额。这一错综复杂的局势说明了察合台后王力图中兴的活力越来越微弱,它使家族成员之间关系破裂,这些成员之间很少有和谐关系,而正是在满速儿汗和赛德汗领导下,这种和谐激发出一定程度的"察合台汗国复兴"状态。而且他们的继承人逐渐失去了对蒙兀儿斯坦北部的控制,而哈萨克人和卡尔梅克人则日益充斥于该地区,因此只有新疆本部,也就是喀什噶里亚和畏兀儿地依然是他们最重要的控制区域。在那里,他们的统治倾向于分裂成三部分,它们的中心城市通常是:(1)阿克苏,位于这一地区的西北边缘,尽管被看作是阿特沙尔(六城)的一座城市,也被视为蒙兀儿斯坦的一部分;(2)喀什噶尔或叶尔羌

(阿特沙尔);(3)吐鲁番(Uighuristan,畏兀儿地)。正如吐鲁番,喀什噶尔也因为好几个因素而拥有着特殊的地位:作为古代"丝绸之路"的十字路口和进入河中地区的关口,是历史悠久的割据王国的都城;同时,德高望重的宗教人物也曾住在此地,并葬于附近,因此它作为一座古城不断地扮演着重要政治角色。16世纪30年代,不花剌的玛哈图木·阿杂木派遣使者正是在那里建立了一个伊斯兰教托钵僧基地,后来宗教领袖趁机从察合台后王们的手中夺取了世俗统治权。

第十三章　蒙古佛教徒

妥欢帖睦尔（Toghon Temür）是元朝的末代皇帝，属于黄金家族的拖雷-忽必烈系，在元朝政权于公元1368年被明朝取代之后，逃回蒙古高原。从那时起，他的后人和黄金家族其他派系都声称对蒙古高原拥有统治权，但却没有重新统一蒙古各部，更不用说复兴蒙古帝国的霸业了。再次征服蒙古北部和西部包括具有历史意义的哈拉和林，对于其语言上的堂兄弟卫拉特部（瓦剌部）来说的确是一项艰辛而长期的挑战。能干和精力充沛的达延汗（Dayan Khan，公元1470年登上汗位，1481年开始统治）没能做到这一点，尽管他从1492年就开始发动战争。这一胜利只是到了同样杰出的其孙阿勒坦汗（Altan Khan，1543—1583年）以及阿勒坦汗的侄孙库图克图彻臣洪台吉（Khutukhtai Sechen Khungtaiji），这位鄂尔多斯部首领（1540—1586年）时才大功告成。公元1552年，他们对于卫拉特部的胜利尤其有利于东蒙古的喀尔喀部，他们占据着蒙古高原的中部和西北部，并最终成为现代蒙古的核心。不过在当时，东蒙古人政治权力中心在地域上对应于现代的内蒙古，更具体地说，是土默特部（Tümet）和鄂尔多斯部居住地区。与此同时，卫拉特部失败后向西撤退，加入他们欧亚大草原上亲戚们的队伍中去，这一行动将有助于在新疆建立准噶尔汗国和在南俄建立卡尔梅克汗国。

当元朝（蒙古人）入主中原时，忽必烈和其继承人们开始放弃祖先的萨满教，该教以对其他宗教的漠视或容忍为其典型特征，他们对佛教显示出日益增长的兴趣。他们之中，尤其是忽必烈，相比其他宗教，看来更偏爱这种宗教。然而蒙古人大规模的皈依佛教却是在元朝残余势力退出中原返回蒙古地区之后才发生的。阿勒坦汗皈依佛教启动了大多数东蒙古人快速接受佛教的进程,而且,在接下来的世纪里,佛教也在卫拉特人中经历相似的过程,并最终也扩散到西伯利亚南部的布里亚特人之中。在这三种情况中,皈依的佛教形式是藏传黄帽派,被称为"喇嘛教",更准确地用学术术语,就是用藏语称呼为"格鲁巴"(Gelugpa)。它以极端的隐修制度而著称,其神权最终以来自拉萨的达赖喇嘛(Dalai Lama)统治和一套复杂的活佛转世制度作为象征。这意味着蒙古族和藏族教会之间持久的互助关系。这种关系起自公元1578年索南嘉措(Sonam Gyatso,或如果我们遵循通用的学术音译的话,那就是bSod-nams rgya-mts'o),这位藏族教会的首领前往蒙古组织一个新分支。正是在那时,头衔"达赖喇嘛"[1]第一次出现,这是蒙古语和藏语的混合词,意为"无所不在的喇嘛"。很显然阿勒坦汗将这一头衔授予了这位藏族高僧,并从那时起,西藏教会的精神和世俗领袖就拥有这一头衔。随后索南嘉措就返回西藏,但在蒙古留下了代理人,那就是一位居住在呼和浩特(Köke-khoto 或 Huehot)的"活佛",该城位于内蒙古境内靠近黄河东北弯曲处,现在是中国内蒙古自治区的首府。

这一皈依喇嘛教的影响,特别是在东蒙古人中,意义深远,无所不在和持久牢固的。它影响了蒙古人的政治社会和经济组织结构、文化生活乃至人口。在人口方面,它最终吸引大约40%男性人口投身于蒙古地区大量的喇嘛庙中去,这对于人口来说导致了几乎自杀般的后果。

蒙古人的社会结构意味着他们的皈依过程是沿着各个部落开始的,南部的土默特部和鄂尔多斯部,也就是现在中国内蒙古,在阿勒坦汗的领导下皈依佛教比北部要早几年。土门札萨克图汗(Tümen-Sasakhtu,1557—1593年),达延汗的另一位后人,这位察哈尔部首领皈依佛教值得注意,因为正是这位汗开始颁布基于佛教的蒙古新法典。然而从长期来看,更重要的是公元1588年喀尔喀部的皈依,因为正是在他们之中,新达赖喇嘛的转世确定在达延汗的后人中,这个新生婴儿暂时生活在乌尔加(Urga,即后来的库伦),那里是游牧民的巡回总部,直到十三岁才在拉萨正式坐床

---

[1] 达赖是蒙古语"海"的意思,喇嘛是藏语"上师"的意思。——译者注

成为第四世"达赖喇嘛"。与此同时，另外一位"活佛"，迈达理呼图克图（Maidari Khutukhtu），于库伦成为"哲布尊巴丹呼图克图"（Jebtsun-damba-khutukhtu），喀尔喀宗派的首领。他的精神后人最后也成为世俗首领，正如达赖喇嘛一样，他们的权威延伸到整个蒙古，直到公元1924年（不是1921年，很明显的出入将在下文解释）他们的神权被共和政体所替代。

正如我们说过，皈依佛教也出现在卫拉特人中，但是要到17世纪他们部落的大多数已经迁移到准噶尔地区和更远的西方之后。奇怪的是，即使他们拥抱这一最安静的宗教之后，也没有立即在他们之中产生曾在东蒙古人中出现的那种根本性的社会变革。恰恰相反，新疆准噶尔汗国精力充沛的四处扩张和卡尔梅克人横穿钦察大草原发动攻势却都同时发生在17世纪初期他们正皈依佛教或已皈依佛教之后。

我们已经提到，15世纪下半叶，卫拉特人（卡尔梅克人）第一波向西扩张到钦察大草原，更具体地说，是到哈萨克斯坦最南端。然后卫拉特人撤回到靠近西伯利亚南部故乡的区域，直到公元1552年在占据蒙古西部的过程中被阿勒坦汗击退为止。这次被击退激发了他们中一些好战部落开始第二波袭击，进入了哈萨克斯坦的上述地区，但没有任何真正意义上的征服企图，反而大多数返回集结在准噶尔地区。

他们之中最杰出的部落是绰罗斯部（Choros）、杜尔伯特部（Dörböt）、土尔扈特部（Torghut）及和硕特部（Khoshot），但却是"准噶尔"（Jungar，也拼写为Dzungar或Zungar）这一称号及其新领土与"准噶尔部"（Jungaria，准噶里亚）变得更著名。这一特殊的族名（"准噶尔"字面意为"左翼"，与"巴噶尔"[barungar]，意为"右翼"相反。它出现于在一个更大的部落联盟活动中混乱不清的时刻，用以指明他们的位置）在这个民族消灭后却被继续使用。正是在那里，卫拉特人开始拥抱佛教，这比起其东蒙古的堂兄弟足足晚了一代。到公元1620年达到高潮的这一进程是类似的：部落首领如和硕特部的拜巴噶斯·巴图尔（Boibeghus-baatur）、绰罗斯部的哈喇忽剌（Khara-kulla）、杜尔伯特部的达赖台吉（Dalaitaiji）、土尔扈特部的和鄂尔勒克（Khu-Urluq）先皈依，然后他们的部众效仿。紧随这一皈依行动之后发生的，无论是巧合还是有一定的因果联系，就是好几个具有历史意义的事件和最终悲剧性的结局。

留在准噶尔的这些卫拉特人在绰罗斯部首领巴图尔珲台吉（Baatur-Khongtaiji, 1634—1653 年）率领下巩固了这一地区，并使其总部稳定在一个具有城市雏形的地区，也就是现在的塔城（Chuguchak）。巴图尔珲台吉也派遣了其子噶尔丹（Galdan）前往拉萨，进入一座喇嘛寺修行学习。不过，噶尔丹最终得到许可破除其誓约，返回准噶尔参与巴图尔珲台吉死后的继承争夺，这一继承斗争使得他们兄弟之间剑拔弩张。到公元 1676 年，噶尔丹以胜利者的姿态开始了统治（1676—1697 年）。正是在他手中，这个弱小的汗国转变为新疆地区一个昙花一现但给人深刻印象的准噶尔帝国，一直持续到公元 1758 年被清朝消灭为止。他建立这一帝国可分为两个阶段：第一阶段，将在准噶尔地区的所有卫拉特部落都统一在其统治下；第二阶段，将其宗主权延伸到整个新疆。噶尔丹后来主要也是最终导致其失败的攻击目标是蒙古和中国内地这一事实，加强了第二阶段几乎偶然和反常的特征；因为这是由成吉思汗后人和先知穆罕默德后人发生争执而引发的：察合台后王伊斯梅尔（Ismail）竭力恢复被和卓们，尤其是喀什噶尔的赫兹拉·阿帕克和卓（Hazrat Apak）所夺取的阿特沙尔一些权力。这位和卓逃往西藏，在达赖喇嘛处寻得庇护。达赖喇嘛指示噶尔丹恢复这位托钵僧以前的地位。于是这位卫拉特汗占领了喀什噶尔，将伊斯梅尔囚禁在伊宁（Kulja），公元 1678 年恢复了阿帕克和卓先前的地位，但将其作为附庸。这些事件极具讽刺意味：一位伊斯兰先知的后人请求达赖喇嘛，一位转世的活佛帮助他恢复威望和权力地位，而他又被一位不信仰伊斯兰教的汗王扶植并恢复旧职。

不过噶尔丹主要的雄心在更远的东方。公元 1682 年，夺取吐鲁番和哈密之后，噶尔丹巩固了他在新疆的局势，公元 1688 年击退了蒙古喀尔喀五部之一的首领察珲多尔济（Tsaghun-Dorji）发动的进攻，并顺势亲自攻入他的地盘。喀尔喀人撤退到内蒙古境内的土默特部地域，请求清朝派兵保护。康熙皇帝（1661—1722 年在位）开始着手反击噶尔丹的进攻。公元 1690 年在位于库伦和张家口之间，大约距北京以北 300 公里处，两军遭遇，清军获胜。这次胜利部分归功于使用耶稣会士为他们制造的火炮。噶尔丹撤出内蒙古，而喀尔喀王公们则返回他们的属地。第二年，也就是公元 1691 年，在内蒙古东南角的多伦诺尔（Dolon Nor），一座离北京以北大约 250 公里的城镇，康熙皇帝接受了喀尔喀王公作为封臣对他的效忠。这一仪式正式确立了清廷对生活在蒙古高原的喀尔喀蒙古人的宗主权。

生活在这片随后演变为内蒙古地区的部落们，早在公元 1644 年满族政权崛起时就已并入了清朝版图。内蒙古被中华帝国所统一，从政治和人口方面皆是永久性的安排。政治上，内蒙古比公元 1911 年垮台的清朝更为持久，至今是中华人民共和国内蒙古自治区。人口上，蒙古族被汉族移民超过。在外蒙古也是如此，中国在外蒙古的宗主权持续到 20 世纪——直至公元 1911 年或根据其他解释更晚一些，其最后终点是公元 1945 年——但在那里没有经历类似内蒙古的人口变革。

公元 1696 年，噶尔丹汗在经历第二次同样试图对抗清朝失败之后，撤回了军队，一年后去世。这次清帝一路追击卫拉特人到哈密，并占据了该城，作为半个世纪后攻陷准噶尔汗国并收复新疆的一次预演。噶尔丹之位由其侄策妄阿拉布坦（Tsevang Rabdan，1697—1727 年在位）所继承。像其前任一样，策妄阿拉布坦也与康熙皇帝交锋过好几次，但却有明显的区别，即清帝主动进攻蒙古人。第一次具有持久的影响力的重要交锋就是争夺控制西藏，在那里发生的内部动荡导致公元 1710 年清朝扶持的达赖喇嘛上位，这激起了卫拉特人的干涉。策妄阿拉布坦派遣一支军队于公元 1717 年占领拉萨，并取得了对清军的初次胜利，但随后被清廷派出的第二支远征军击败，清廷在公元 1720 年拥立新的达赖喇嘛，并派出两位大臣监督佛教神权统治，由此使西藏接受了中央王朝的直接控制。这几乎与新疆战场同时，在那里卫拉特人和清军之间也发生了战争。这是由公元 1715 年策妄阿拉布坦企图再次占领哈密而引发的，导致公元 1720 年清朝远征军前来并深入准噶尔汗国的心脏，在乌鲁木齐附近击败了卫拉特人。康熙皇帝过世后，相对平和的雍正皇帝（1722—1735 年在位）继位，同意与卫拉特汗签订合约，因此导致了准噶尔汗国即将面临的被吞并局势向后延期。

不像噶尔丹，策妄阿拉布坦似乎不再怀有打败清朝而创建一个帝国的梦想，因此他与康熙皇帝的交锋主要是防御性的。另一方面，他向西采取扩张政策进入了曾经的蒙兀儿斯坦和钦察大草原地区，现在已变为吉尔吉斯斯坦和哈萨克斯坦。吉尔吉斯人，被卫拉特人称为"布鲁特人"（Buruts），开始在其统治之下，他们在那时已成为穆斯林，尽管他们的皈依依然是非常表面化的，并充斥着萨满信仰。在哈萨克人前线，卡尔梅克人的入侵引发了交战，导致1698年"中帐"头克汗（Tauke，1680—1718年在位）战败和1723年其继承人波拉特汗（Pulad，1718—1730年在位）战败。后一次失败给哈萨克人大众带来了难以言状的痛苦，并被称之为"阿克塔班·苏比里第大灾难"（Aqtaban shubyryndy）。

公元1727年策妄阿拉布坦去世，其子噶尔丹策零（Galdan Tsereng，1727—1745年）即位，准噶尔人、喀尔喀部和清朝三者之间关系似乎稳定下来。清朝拥有新疆最东部或历史上著名的畏兀儿地（Uighuristan）远及吐鲁番的部分地区；喀尔喀部牢牢地占据着蒙古中部和东部，以库伦作为其总部；而准噶尔控制的，除了新疆大部以外，还包括拥有科布多（Kobdo）、乌里雅苏台（Uliassutai）的蒙古最西部。不过，噶尔丹策零还是挑起了与清朝皇帝及其封臣喀尔喀部的冲突。清朝和它的被保护者喀尔喀部在这场拉锯战中逐渐占了上风，但在公元1735年雍正皇帝同意与噶尔丹策零缔结和约，并于公元1740年，被其继承人乾隆皇帝（1735—1795年在位）所承认。而正是因为缺乏内部稳定性，准噶尔汗国最后难逃一劫。灾祸起始于噶尔丹策零之子和继承人策妄多尔济·那木扎勒（Tsevang-dorji-namgyal，1745—1750年），并在他死后紧跟着发生的继位争夺而加剧。其中一位竞争者阿睦尔撒纳（Amursana）没能战胜他的对手，逃往清朝，在公元1755年公开宣布愿意接受清朝的宗主权。由班第将军率领的一支清军打败了执政的达瓦齐汗（Davaji），并占领了伊宁，打算实施改组准噶尔部计划，将阿睦尔撒纳作为清朝的一位封臣。当阿睦尔撒纳意图违背誓约之时，班第抓获了他并准备将其囚送至北京，但这位卫拉特首领逃脱了，并设法组织叛乱反击清军。班第被迫自杀，但是阿睦尔撒纳的胜利只是短暂的，清军将领兆惠率领另外一支军队前来，在公元1757年粉碎了所有抵抗。阿睦尔撒纳逃往西伯利亚，不久在那里去世。其间，兆惠率领清军彻底摧毁了生活在准噶尔地区的卫拉特部落，其过程是如此惨烈，以至于到公元1758年成为清朝领土之后，该地几乎荒无人烟。于是清廷接着向这一地区迁移各族人口，不过汉人被排除在外，最终居住该地的这些民族也包括卡尔梅克土尔扈特人，他们是公元1771年离开他们在伏尔加河下游的汗国返回此地的。

正当准噶尔地区正经历最终导致其居住的卫拉特人口种族灭绝的大巨变之时，喀什噶里亚则继续被黑山派和卓达涅尔（Qarataghliq Khwaja Daniyal）的四个儿子所统治：玉素普（Yusuf）在喀什噶尔，加罕（Jagan）在叶尔羌，阿尤布（Ayyub）在阿克苏（Aksu），阿卜杜拉（Abdallah）在和田。在精力充沛的玉素普的领导下，黑山派利用混乱，在1753年宣称完全独立，以此来反抗异教宗主的统治。两年之后，阿睦尔撒纳引导着清军返回准噶尔，并安排一小队清军驱逐叛乱的黑山派和卓（Qarataghliq Khwajas），扶持他的竞争对手白山派和卓波罗尼敦（Aqtaghliq Khwajas Burhan al-din，大和卓）和他的兄弟和卓霍集占（Khwaja Jan，小和卓）取而代之。大小和卓自1720年起就在伊宁处于半囚禁状态。这一计划成功了，但当阿睦尔撒纳和清廷开始反目时，大小和卓宣告自立，并在公元1757年击败了前来镇压的小股清军。然而第二年，更多的清军到来，将大和卓围困在喀什噶尔，将小和卓围困在叶尔羌。公元1759年这两城被攻占，两位和卓逃往巴达赫尚，当地穆斯林统治者迫于清朝的压力，将这两人处死。喀什噶里亚（天山南路）和准噶尔一样被纳入清朝领土，成为新疆的一部分。

在准噶尔地区的卫拉特人是和硕特部[1]，自他们的汗哈喇忽剌（Kharakhula，卒于1634年）和其子巴图尔珲台吉（Baatur-Khongtaiji，1634—1653年在位）巩固了卫拉特人在这一地区的控制之后，就在此地处于主导地位。准噶尔汗国的第一次扩张指向其西边的邻居，哈萨克"大帐"。在两次值得铭记的战役中，公元1635年巴图尔击败了额什木汗（khan Ishim），然后在公元1643年又击败了其子扬吉尔（Jahangir）。后来噶尔丹汗开始完全投入对新疆、西藏、蒙古和清廷的事务中，无暇继续巴图尔征服哈萨克的事业，但这由其继承人策妄阿拉布坦所弥补，他的统治正值哈萨克头克汗时期。后者作为强有力的首领和统治三大帐的少数几位汗，在哈萨克历史上脱颖而出。公元1694年他接待了来自俄罗斯的使臣，四年后，卫拉特的使者也前

---

[1] 应当是绰罗斯部（Choros）。——译者注

来，然而头克汗处死了他们，这一行为招致了策妄阿拉布坦的迅速报复，他在同年攻击并击败了头克汗。

然而，卫拉特人的重拳却在公元1723年落在头克汗的继承人波拉特汗（Pulad，1718—1730年在位）身上，也就是前文提及的"阿克塔班·苏比里第大灾难"。卫拉特人突袭哈萨克汗国，一路打到锡尔河右岸，洗劫了塞兰、塔什干等城市。这次袭击展示了与此前十六七世纪所发生的惊人的相似，在那时卫拉特人，或在那背景下更被人们记住的是"卡尔梅克人"，洗劫了相同的地区，乍一看，这两次攻击之间甚至还有另外一种类似：早期的攻击重创了乌兹别克人的力量和声望，尤其是阿布海尔汗；后来的袭击也对哈萨克人依法炮制。不过它们之间有一个明显的差异。在早期，一旦卫拉特人撤回后，乌兹别克人和哈萨克人就恢复了实力；而18世纪的失败却发生在一个关键时刻，那时俄罗斯帝国已完全吞并西伯利亚，并开始将触角无情地向南伸向哈萨克斯坦和中亚。这第三波也是最后一波西蒙古人的入侵所带来的灾难，随着准噶尔汗国被清朝消灭而宣告结束，但到那时，哈萨克人已处于如此混乱虚弱之中，而不能有效凝聚起来统一抵抗来自俄国人的初期扩张。

并不只是哈萨克"大帐"和"中帐"遭受卫拉特人入侵的困扰。和硕特部[1]和土尔扈特部因为共同拥有准噶尔地区而造成彼此间局势紧张。公元1616年，大概正值和硕特部巩固他们的准噶尔汗国之际，土尔扈特部在和鄂尔勒克（Khu-Urluq）率领下从这一地区，迁移到更远的西部哈萨克"小帐"所在的地区，大致是恩巴河（Emba）和伏尔加河（Volga）之间的区域。公元1643年，土尔扈特汗在靠近伏尔加河河口设立总部，因此这些卫拉特人不仅在穆斯林突厥语部众当中，而且也在俄罗斯人中开始被称为"卡尔梅克人"。他们横跨伏尔加河下游，在伏尔加河下游一直到里海北岸的恩巴河口之间的大草原上过着游牧生活，并成为这一地区最重要的游牧力量。从那时起一直到公元1771年，他们大部又继续迁移，不过这次是反方向，返回伊犁盆地和准噶尔地区。这个卡尔梅克汗国的故事是不同寻常且令人心酸的历史插曲。它塑造出一种特殊的文化二元结构和宗教三元结构：在这片区域

---

[1] 应当是绰罗斯部（Choros）。——译者注

原来居住的主要是诺盖人（Nogays），这是穆斯林突厥语游牧人，然后是一支新的信佛教的蒙古游牧人如疾风骤雨般突入其内并迅速控制了他们，但不得不和东正教的俄罗斯之间达成临时协定。而东正教的俄国人通过沙皇在阿斯特拉罕的总督明确展示其强大的势力存在。卡尔梅克人，正如他们的准噶尔堂兄弟一样，具有好战气质，在其汗国势力范围的很多地区从事着掠夺性的征战，但是这些袭击的目标主要是他们东南面的突厥语邻居，特别是曼格什拉克（Mangishlak）的土库曼人和希瓦汗国（Khiva）。比较起来，他们和俄罗斯不仅保持着友好关系，而且他们的汗也毫不迟疑地承认他们是沙皇的封臣。这种关系在阿玉奇汗（Ayuka，1670—1724年在位）漫长统治时期尤其引人注目。公元1673年，阿玉奇汗开始向阿斯特拉罕总督表达敬意，而在半个世纪之后，公元1722年，彼得大帝在萨拉托夫（Saratov）盛况空前地接待了他。不过在接下来的数十年里，俄罗斯的宗主权开始变得日益繁重且不堪忍受，终于在公元1771年1月，超过11000帐或150000人，大约占该国卡尔梅克人总人口三分之二，出发迁移返回准噶尔。到了他们最终抵达清朝新疆地区的这年秋天，卡尔梅克人遭受了惊人的损失，大概有多达三分之二的人口死亡，主要是由于恶劣天气条件和敌视的哈萨克人的进攻以及俄军围追堵截。准噶尔地区刚刚被清军征服，人口锐减，所以清政府欢迎准噶尔的这些卡尔梅克亲戚前往这一人口锐减的地区。俄国女皇叶卡捷琳娜认为卡尔梅克人是其臣民，徒劳地向清政府施压要求把他们遣返回俄罗斯。

这些参与反向迁移的卡尔梅克人原先都住在伏尔加河东岸。当时住在伏尔加河西岸的卡尔梅克人后来变成卡尔梅克国家的核心，在苏联成立后获得在俄罗斯联邦境内的一个自治共和国地位。

第十四章 17—19世纪的布哈拉汗国、希瓦汗国和浩罕汗国

布哈拉汗国

当阿卜杜拉二世（Abdallah II）于公元1598年去世时，其子和继承人阿布德·穆明（Abdalmumin）早已担任巴里黑总督多年，他试图保住其汗位，但仅过数月就在其父汗去世所引发的混乱中被推翻杀死。阿卜杜拉二世没有一个成年的儿子活到继位那一刻（统治者的妻妾们所生的过多子孙而导致纠纷问题的继承体系中屡屡出现的怪状）。在那种情况下，阿卜杜拉二世也许是受到盟友奥斯曼土耳其人例子的启发，但运用了修改的版本，镇压了除阿布德·穆明之外的所有男性汗位继承竞争者。

然而，阿卜杜拉二世没有做的就是清除他的妹夫札尼·穆罕默德（Jani Muhammad），其父雅尔·穆罕默德（Yar Muhammad）自公元1556年阿斯特拉罕汗国被俄罗斯人征服之后就逃到了昔班尼王朝的布哈拉避难。札尼·穆罕默德娶了乌兹别克汗的妹妹，于是在布哈拉登上空缺的汗位宝座，成为札尼（Janid）或阿斯特拉罕（Astrakhan）王朝的第一位统治者。札尼王朝也是属于术赤系（Juchids）后人，但不是昔班而是术赤的另外一个儿子（实际上是其第十三子）秃花帖木儿（Tuqay Timur）一脉的后裔，于是一些史学家偏爱称呼其为"秃花帖木儿王朝"（Tuqay-Timurids）而非不怎么凸显其家谱的名称"札尼"或"阿斯特拉罕"王朝。在他们的统治下，这座城市和汗国转变成几乎是当时穆斯林政体的经典模式，珍惜并强化传统价值

观，而无视或排斥由欧洲人开启的在当时已波及世界其他地区的令人炫目的变化。大多数汗们，尤其是贤德的阿布都拉·阿齐兹（Abdalaziz，1645—1681年在位）是一位虔诚的穆斯林，优宠宗教机构，在布哈拉兴建了更多的清真寺和神学院。虽然撒马尔罕也没有被忽视，但政治和宗教活动中心已明确迁往布哈拉，以至于外部世界开始认为中亚就是布哈拉。对于俄罗斯人而言，常去他们帝国做生意的中亚商人被称为布哈拉人，甚至新疆也得到一个昵称"小布哈拉"。在宗教方面，这里的神学院中，米尔依·阿拉布神学院（Mir-i Arab madrasa）是最著名的，赋予这座城市以穆斯林最重要的正统学术中心的声望，而其苏菲谢赫（shaykhs，导师）和托钵僧，尤其是前文所说的在"盖斯尔伊·艾瑞凡"的巴哈丁·纳格什班迪耶圣陵和在苏米坦村的艾布·伯克尔圣陵首当其冲，增加了大众广泛的吸引力和参与热情。札尼王朝的都城以"尊贵的布哈拉"（Bukhara-i Sharif）这一称号而著名，并成为逊尼派穆斯林学问中心和托钵僧以其礼拜和生活方式鼓舞大众的地区。

我们已经看到帖木儿王朝统治下以赫拉特和撒马尔罕为代表的文化繁荣在昔班尼王朝统治下继续发展，由此我们可以称之为相同文化传统的辉煌的"白银时代"。对于17世纪札尼王朝的布哈拉，我们也可以持相同的看法，并在某种程度，也可指希瓦汗国（Khiva）。建筑艺术、文学文化、书籍艺术，在精致方面尽管与前朝无法相比，但却依然发展着。一个例子就是史学，一位乌兹别克贵族，马哈茂德·伊本·瓦里（Mahmud ibn Vali）在公元1634年开始写一本他称为《伟人传奇之谜》（*Bahr al-Asrar fi Manaqib al-Akhyar*）的著作。这部著作是受巴里黑未来的汗纳狄尔·穆罕默德（Nadhr Muhammad，1641—1645年在位）的委托所写。其纲要符合始于波斯蒙古汗国的拉施特开创的历史学派，并兴盛于帖木儿王朝，产生了如下著作：哈菲兹·阿布鲁（Hafiz Abru）的《武功记》（*Zafername*），萨拉夫·雅兹德（Sharaf al-Din Yazdi）的同名著作，或者是好几部关于昔班尼王朝汗的传记诸如《沙的荣誉之书》（*Sharaf-name-i Shahi*），是由哈菲兹·塔尼失·布哈里（Hafiz Tanish Bukhari）所写关于阿卜杜拉二世统治历史的著作。卡迪·巴迪·撒马尔干迪（Qadi Badi-i Samarqandi）和米尔·穆罕默德·阿明·布哈里（Mir Muhammad Amin-i Bukhari）编撰了记录纯文学和音乐文化的《传记辞典》

（tezkere）。在纪念建筑中，最卓越的一部分是由总督阿尔钦·亚兰脱失·伯克（Alchin Yalantush Bek）赞助，在撒马尔罕建造的；他下令在市区的中央广场（rigistan）建造两座漂亮的神学院：第一座完工于1618年，被称为"舍尔·多尔"（Shirdar，是印在学校大门拱肩上的两只生肖白狮而命名），由一位著名的建筑师阿卜杜尔贾巴尔·纳哈昔（Abdaljabbar Naqqash）所建造。第二座是吉利亚·科里（Tilakar，"镶金"）神学院，竣工于1630年，也坐落于该中央广场。三座神学院之中，兀鲁伯神学院和舍尔·多尔神学院正对，而吉利亚·科里神学院则划定了广场的第三边，构成了精致的组合，同时也是中亚建筑艺术和城市规划的著名范例之一。

阿布都拉·阿齐兹汗也因其英勇的行为将巴里黑，这一传统上的王储封地置于更严密的控制下而为人们所记住，他更被人们铭记的是他支持宗教和学术阶层，纳格什班迪耶教团和其他教团的和卓们以及穆斯林世俗学者（alims）都得益于他的支持。然而，他不能抵御在阿鲁沙汗统治下的正值鼎盛时期的希瓦汗国的频繁入侵；公元1681年的入侵导致布哈拉的暂时失守，使这位上了年纪的君主精神崩溃，并被迫退位。

公元1682年，布哈拉汗国阿布都拉·阿齐兹汗的汗位被其兄弟苏布罕·库里汗（Subhanquli Khan，1681—1702年）所继承，后来后者之子奥贝都剌汗（Ubaydallah Khan，1702—1711年，不要与昔班尼王朝同名的汗相混淆）和阿布都拉·哈兹汗（Abulfayz Khan，1711—1747年）先后继位，这场导致了阿布都拉·阿齐兹汗退位的危机促使乌兹别克部落首领越来越独立，加快了札尼王朝的衰落步伐，并在公元1747年以阿布都拉·哈兹汗被谋杀而告终。阿布都拉·哈兹汗是被曼吉特（Manghit）异密穆罕默德·拉希姆比（Muhammad Rahim Bi）所杀，后者是这个王朝的大管家。这一衰落本身可由这个部落异密家族实际统治体现出来，起初是作为大管家，然后从公元1785年开始正式成为最后一个王朝统治布哈拉（1785—1920年）。第一位曼吉特大管家是古德亚比（Khudayar Bi），从1714年开始占据这一职位直到1722年过世，然后其子穆罕默德·哈基姆比（Muhammad Hakim Bi）继承其位，并增强其权威，然而一场混乱重创布哈拉，这包括由哈萨克游牧民长达七年之久的袭击，他们最初是作为难民因卫拉特人入侵钦察大草原而逃到这里来的。哈萨克人撤退后仅仅十年，河中地区又遭到波斯人的入侵：公元1740年，伊朗的新统治者纳迪尔沙赫（Nadir Shah）渡过阿姆河，接受了穆罕默德·哈基姆比的投降，然后被阿布都拉·哈兹汗默许，因此沙赫继续进攻希瓦汗国。公元1743年穆罕默德·哈基姆比死后发生了叛乱，其子穆罕默德·拉希姆比原先跟随纳迪尔沙赫回到伊朗，这时沙赫派遣他返回镇压。这就使得穆罕默德·拉希姆比成为下一任大管家，并在公元1747年纳迪尔沙赫死后，他杀害了名义上统治的阿布都拉·哈兹汗，接着用同样的手段除去了这位汗22岁的儿子阿布都拉·穆明（Abdalmumin）来加强其地位。从那年起一直到1785年，这位曼吉特大管家通过继续扶植傀儡汗登上宝座，依然打着成吉思汗系合法统治的幌子，但穆罕默德·拉希姆比在第二个任期里（1753—1758年）至少已自己掌握实权。不过，习惯上将曼吉特王朝（Manghit Dynasty）的开端和穆罕默德·拉希姆比堂弟沙赫·穆拉德（Shah Murad，1785—1800年）继位联系在一起。

自从帖木儿王朝（除了自身也是最后一个当地君主政体）以来，曼吉特王朝是第一个不再具有成吉思汗血统的王朝统治着河中地区。类似的演变也出现在希瓦汗国和浩罕汗国，来源于乌兹别克部落的汗们不再觉得有必要仰仗成吉思汗血统来实施合法统治（尽管在浩罕汗国，明格王朝［Ming，和中国明朝没有一点关系］统治者似乎的确试图将他们和巴布尔联系到一起，因此也在其母系一边获得一点成吉思汗血统）。布哈拉的曼吉特王朝所采取的新策略强调着统治者的头衔从汗（khan）向埃米尔（emir）转变，这种情况意味着从部落的突厥-蒙古人向穆斯林正统转变：因为埃米尔（emir）在这里代表 Amir（al-Muminin），意为"信徒们的统帅"，曾经是哈里发（Caliph）时代有威望的阿拉伯头衔（尽管有学者认为曼吉特王朝统治者称呼他们自己为"埃米尔"只是因为这是他们的原来身份，"埃米尔"或"伯克"［beg］，非成吉思汗血统的突厥-蒙古人部落成员和军事精英）。

通过减少乌兹别克部落酋长的权力，依靠小规模的非乌兹别克族常备军和从埃米尔波斯奴隶中招募而来讲波斯语的官僚阶级，曼吉特王朝在致力于实现中央集权方面比拥有成吉思汗血统的前朝做得更为成功。他们以虔诚的穆斯林统治者的形象出现，赞助宗教阶层，既包括世俗派也包括苏菲教团，是埃米尔巩固其权威的另外一种手段。这造就了更稳定的国内形势、人口增长和一定程度的经济复苏，并在与俄罗斯之间不断增长的贸易中受益。不过，与此同时，这一政权专制保守的本质使其不能理解在其他地区正在发生着的戏剧性变化，特别是和其最关紧要的俄罗斯。这产生两个重大后果：其一，她在公元1868年被俄罗斯征服；其二，这个几乎具有中世纪社会结构的埃米尔酋长国（emirate），作为俄罗斯的一个非正式保护国，直到1920年。

希瓦汗国

公元1501年，昔班尼王朝在河中地区本部建立之后，来自钦察大草原的另外一支乌兹别克游牧人昔班系雅迪噶尔·昔班尼（Yadigarid Shaybanids，也称阿拉布沙希）于公元1515年成为花剌子模汗。这一事件揭示出整个中亚地区本部被置于乌兹别克人统治之下绝非偶然，而是由于当地人口不能用一个属于自己的新政权继而取代日渐衰弱的本土力量。北面的突厥-蒙古人凭借他们固有的倾向于具有军事机动性的征服和统治的游牧生活方式，经常能抓住试图袭击和征服的机会，在这一阶段，河中地区和花剌子模是绝佳的目标。尽管昔班尼王朝和它的后继者秃花帖木儿王朝周期性地试图夺取这一地区，阿拉布沙希王朝的征服和统治也显示出地缘政治的力量，在这一王朝的长期统治中，花剌子模保留着自己的身份和独立地位。在其后继者亦纳克王朝（Inaqids，也称昆格拉特王朝）直到1873年俄罗斯征服以前，甚至直到公元1919年前作为俄罗斯保护国时也是如此。正如河中地区，在花剌子模统治阶层和被统治阶层中，游牧民和定居城镇或农业人口的二分法依然保持或甚至发展着。在依旧具有魅力的成吉思汗血统的汗的统治下，政治和军事权力继续掌握在突厥语部落寡头集团手中，而城镇居民和农民则被称为"萨尔特人"（Sarts），被排除在外。这些定居人口有很多是原来该地区波斯人口的后裔，但不像河中地区，他们现在几乎完全突厥语化了。

在昆格拉特王朝统治下的花剌子模，由于种种因素遭受普遍衰退。其中之一就是和上文有关的动荡政治进程。在这有太多的部落活动和反抗，迫使汗们施行必要的法律秩序。随后发生的不安定局势进一步导致长途贸易的恶化萎缩。长途贸易过去一直在花剌子模进行或从该地穿过，连接着"丝绸之路"网络通往黑海北岸大草原和俄罗斯。逐渐地，这个汗国的重心稳定在靠近阿姆河三角洲顶点的左（南）岸地区，而以希瓦、新乌尔根奇（New Urgench）和新柯提（New Kath）作为最重要的城市群。历史上位于右岸的旧柯提城因不断入侵的克孜勒库姆沙漠而事实上被放弃。再往西北，原来的乌尔根奇，但那时地名前已加上"老"（Kunya）的称号，已变成遗址。她的毁灭是自公元1381年由帖木儿开始的，但在本书的导言一章已经指出，该地区直到1576年才被放弃，在那时三角洲最西北的分支乌兹波以河河道转弯流回咸海而不是里海，从而使该城断水。

紧挨着阿拉布沙希王朝统治下的花剌子模以南的就是卡拉库姆沙漠，一直延伸到沿着木尔加布河和捷詹河（Tejen）以及考匹特塔克山脉（Kopet Dagh）和巴尔坎山脉（Balkhan）边缘的绿洲。在萨珊王朝和伊斯兰早期，这片地区被认为一直属于呼罗珊，但现在是土库曼人地区，甚至比乌兹别克人统治下的花剌子模和河中地区或哈萨克人的钦察大草原更为混乱，因为土库曼部落从来没有统一为属于他们自己与北方邻居们并驾齐驱的汗国。他们由许多部落而组成如特克部（Tekke）、约穆德部（Yomud）、埃尔萨里部（Ersary）、查乌都尔部（Chavdur）、萨利克部（Saryq）、撒拉部（Salar）、戈克兰部（Göklen）；前面三个部落是最重要的部落，而由特克部占据着这一地区的中心，约穆德部在西部（包括里海沿海地区），埃尔萨里部东部。袭击南面波斯地区有着宗教意义（因为那里的人们是属于异端的什叶派）并能够带来物质回报，那就是以抓获俘虏的方式提供给希瓦汗国和布哈拉汗国的奴隶市场。

在某段时期，阿拉布沙希王朝强大到能将土库曼人地区包围在其王国之内；在那种形势下，他们认为他们的王国可分成两部，"河"部（su tarapy 或 su boyu，意为"阿姆河"）和"山"部（dagh tarapy 或 dagh boyu），阿姆河三角洲最北端被称为"艾瑞尔"（Aral，现专指咸海），常常处于阿拉布沙希王朝控制之外，并形成了属于自己的汗国，包含其他说钦察方言的游牧部落，范围从锡尔河下游沿着咸海东岸一直到阿姆河口。

另一个特殊地区位于里海和咸海之间，其中两个最重要部分被称为"高原"（Ust Yürt）和"曼格什拉克"（Mangyshlak），一个一直延伸到里海东北部的宽阔的大半岛。以前和花剌子模一起附属于金帐汗国，这一地区之所以重要，是因为其位于河中地区和钦察大草原之间的贸易路线上。现在它处于任何强权的控制之外，居住着不断拼凑的土库曼和哈萨克部落，作为钦察大草原和南方之间这些部落移动的走廊。在17世纪，这也是前文所说的卡尔梅克人实施攻击的通道，并一度迫使曼格什拉克半岛上两支土库曼部落移往高加索北部。

正是阿拉布沙希王朝阿拉卜·穆罕默德一世（Arab Muhammad I，1603—1623年在位）在公元1619年选择希瓦城（Khiva）作为其统治的中心。这座城市的历史可追溯到前伊斯兰时代（"希瓦克"[Khivak]），这是它第一次作为一个王国的都城，终于这个汗国开始被称作与此城同名的"希瓦汗国"，一个介于都城以国家而得名（在伊本·巴图塔的记录中"城市花剌子模"为玉龙杰赤[Urgench]）和更常见的，国家以其城市而得名（比如布哈拉）之间的心理变位的例子。希瓦在中亚文明中扮演着一种次要的角色，展示了某种个性，也许可由其地缘政治形势和历史根源来加以解释。这一个性的特别恰当的方面就是17、18世纪史学光辉。在17世纪，两位汗，阿布哈齐汗（Abulghazi Bahadur Khan，1643—1663在位）和其子以及继承人阿鲁沙汗（Anusha，1663—1685年在位）都是历史学家。阿布哈齐汗文武双全，正如一个半世纪前的札希尔丁·巴布尔（Zahir al-Din Babur），他的作品和生平都是那一时期中亚国家社会政治的珍贵文献资料。

阿布哈齐汗出生于公元1603年，也就是其父王阿拉卜·穆罕默德一世刚刚登基不久，挫败了"亚伊克"（Yayik）哥萨克的袭击，他们是来自乌拉尔河的哥萨克。这一引人注目的插曲预示着动荡的生活将等待着这个孩子，尽管俄罗斯人的危险至少将向后推延又一个世纪。但暂时的政治内讧、结盟、自相残杀、部落之间或甚至种族及宗教之间战争，主要出现在内亚游牧民自己身上。参加者有乌兹别克人、土库曼人、哈萨克人、波斯人和卡尔梅克人；主角是部落酋长、布哈拉的乌兹别克汗、突厥斯坦和塔什干的哈萨克汗、伏尔加河下游的卡尔梅克汗和伊朗萨菲王朝的沙赫们。

阿布哈齐刚到二十岁时，就突然卷入一场政治风暴，父王被其另外两子所谋害，直到公元1642年他的兄长伊斯法迪雅尔（Isfandiyar）死后，他的个人才干加之运气将他推上了汗的宝座。在此前的二十年里，这位年轻人分别以难民、盟友、客人或甚至囚犯的身份流落于乌兹别克汗的布哈拉，哈萨克汗的突厥斯坦（Turkestan，也就是突厥斯坦城）和塔什干，卡尔梅克汗的伏尔加河下游，伊朗萨菲王朝沙赫的哈马丹，还曾短暂地逗留于希瓦等地。阿布哈齐滞留最长的地方，很反常但却又意味深长，那就是哈马丹（1630—1640年）。在那里，这位乌兹别克王子，同时又是一位逊尼派穆斯林，几乎是什叶派沙赫的一个养尊处优的囚犯。在那里，阿布哈齐可以加深他对阿拉伯-波斯文化的理解，与此同时他也抓住机会如饥似渴地研究有关突厥人和蒙古人历史的原稿。因此除了提供给他弥足珍贵的个人阅历和对中亚同胞的了解之外，这些年的颠沛流离也使阿布哈齐有能力去继续涉猎史学，从书面和口头来源中获取资料，这些最后就积累成两部重要的历史著作《土库曼世系》（*Shajara-i terakime*）和《突厥世系》（*Shajara-i turk*）。

公元1642年其兄伊斯法迪雅尔之死，使得阿布哈齐经过最后一年的运筹帷幄之后，获得了王位。登基之后，就有点像罗马帝国皇帝克劳狄（Claudius），开始编撰历史，这中间他也将自己的意志施加于当时的历史发展过程。如果希望继续执政，阿布哈齐汗就必须作为一位能征惯战的汗而保持活力：他能获得王位多亏乌兹别克派，也就是花剌子模乌兹别克部落酋长们的支持，而与其前任所打土库曼人的牌相反，因此他在位的很多时间必须不断保持远征的成功以酬谢乌兹别克支持者们，并抑制卡拉库姆沙漠和曼格什拉克地区桀骜不驯的土库曼部落。

不像当时的大多数中亚其他历史学家，阿布哈齐汗不是用波斯语而是用母语突厥语写作。这也是他和巴布尔好几处类似之一。除了具有主要的史料价值以外，他的著作也是语言文献。他所著两部中的第一部，《土库曼世系》完稿于1659年，叙述了突厥-蒙古人的历史，尤其是那些有着成吉思汗血统的王朝，因为作者能够将来自拉施特的《史集》（*Jami al-tavarikh*）、萨拉夫·雅兹德（Sharaf al-din Yazdi）的《武功记》（*Zafername*）等史料结合

第十四章 17—19世纪的布哈拉汗国、希瓦汗国和浩罕汗国

起来，但更有趣的是来自今天已失传的史料如十七种不同版本的《成吉思汗史》（Genghisnames），还包括口传史诗和传说。更宝贵的是第二部著作《突厥世系》[1]，该书直到阿布哈齐汗过世还没有完稿，最后由其子及继承人阿鲁沙汗完成。该书开始部分与第一部重叠，但随后聚焦于作者自己的家族和王朝历史到公元1663年为止。下面就是摘自阿布哈齐汗所撰写的《突厥世系》前言，表达了其主旨：

> 这部著作的撰写初衷如下：成吉思汗的后裔，阿拉卜·穆罕默德汗之子，花剌子模人阿布哈齐说："历史学家已用突厥语和波斯语（Turki ve Farsi tili birlen）撰写了统治不同国度的成吉思汗祖先及其后人的历史……斗转星移，岁月如梭，已有十部、二十部或三十部这类史书记载这些君主的历史。现在我本人就拥有十八部史书记载了统治伊兰（Iran）或图兰（Turan）的成吉思汗后人的历史。不过，由于忽视了我们的祖先和无视花剌子模人民，竟没有一部关于我们家族统治者们历史方面的著作……起初我原想委托某人以完成书写这段历史之使命，但我发现无人能够胜任这项任务。这也就是我为什么决定亲自着手的缘故……现在请不要误解我在书写这段历史时会被个人喜恶所驾驭，或篡改事实，或无故地自我粉饰。真主一直以慷慨之胸怀对我，特别是他赐予我三方面的知识：（1）关于战争艺术，其原则和规则方面的知识；（2）关于不同类型诗歌如玛斯纳维（mesnevi，叙事双行韵诗体）、颂诗（qasida）、加札尔（ghazal，抒情诗）、"断母格"（muqatta）、"鲁拜格"（rubai）[2]方面知识，以及掌握阿拉伯语、波斯语和突厥语；详细掌握自亚当以来直到目前在阿拉伯、伊朗、图兰和蒙古[3]的各朝各代君主的名

---

[1] Edition and French translation by P. Desmaisons, *Histoire des Mongols et des Tatares par Abou-l-Gazi Behadour Khan* (St. Petersburg, 1871-1874), 2 vols.

[2] "鲁拜格"（rubai）这种诗形，一首四行，第一、第二、第四行押韵，第三行大抵不押韵，和我国的绝句诗相类似。——译者注

[3] 参见 Edition and French translation by P. Desmaisons, *Histoire des Mongols et des Tatares par Abou-l-Gazi Behadour Khan* (St. Petersburg, 1871-1874), 2 vols., vol.I, pp.1-2 (Turki text) and vol.II, pp.1-3 (French trans.).

称、生活和行为。

阿布哈齐随后提及了本书史料的主要来源，那就是《史集》，由拉施特用波斯语编撰，伊利汗国合赞汗（Ghazan Khan，1295—1304）统治时期的这位宰相奉命主持编撰。合赞汗颁布命令基于如下理由：他的子民已经忘记自己民族的语言和历史。除非趁现在还有几位在世的老前辈记得一些祖先传说并能看懂蒙古文而加紧编撰王朝和蒙古人历史，否则这一切回忆将无可挽回地失去。合赞汗让这些在世的蒙古老人听命于拉施特，在通力合作下创作这部不朽著作，并开始在中亚的蒙古突厥语精英之中盛行。当阿布哈齐决心写书之时，他有三十种不同版本《史集》手稿以及很多其他史书。这对于他来说出于下列原因而好坏参半：

372 年以来，无知的抄写员一直在誊写这部书（《史集》），已经出现二十种，或甚至三十种版本。随着每一次编辑，就出现一些词汇差错，依次累加到如此程度，以致到现在整部书的三分之一，甚至二分之一是错误的。山脉、河流、地点、人物的名称是蒙古语或突厥语的。作者和誊写员都是波斯人或塔吉克人，既不懂蒙古语也不懂突厥语。如果你试图教一个塔吉克人（突厥语或蒙古语词汇），他舌头就不对劲了，又如何指望他写准确呢？令人崇敬的真主已赐予这位可怜的奴仆（也就是我）懂得突厥语和波斯语，词汇和术语的掌握程度超过（他曾赐予的）任何突厥语或塔吉克语部众。此外，出于某种原因，我曾在卡尔梅克人群中住了一年，熟悉了蒙古语言、术语和习俗。我现在已用突厥语写下了这段历史，包括好事和坏事。现在本书所使用的突厥语，即使三岁孩童也能理解。为了表达清晰，我已避免添加察合台语、波斯语或阿拉伯语词汇。[1]

---

[1] Edition and French translation by P. Desmaisons, *Histoire des Mongols et des Tatares par Abou-l-Gazi Behadour Khan* (St. Petersburg, 1871-1874), 2 vols., vol.I, pp.36-37 (Turki text) and vol.II, pp.35-36 (French trans.).

阿布哈齐在前几页中就展现其卓越的洞察力和品位。和巴布尔一样，他也不受当时文体规范的影响，这种文体规范要求作者必须展示其文学学识和语言技巧。乍一看，他对察合台语的评论有点莫名其妙。根据现代突厥语言学，他的确是用察合台语写这部书的，和巴布尔相同。然而在此情况下，阿布哈齐将察合台语和突厥语区分开来，和区分奥斯曼土耳其语和现代土耳其语的方法一样。在这里，他所说的有点像凯末尔·阿塔图尔克（Kemal Atatürk）的做法，支持用真正的土耳其语词汇替代阿拉伯语和波斯语词源的词汇，从而净化土耳其人所使用的土耳其语。尽管后来在土耳其，阿塔图尔克之后的这种进程出于民族主义因素而变得过度夸张化，以至于有时会达不到语言原来的真正目的，那就是可理解性，而这是阿布哈齐的写作指南：一个证明就是，他使用的 rawshan（意谓"明晰而可理解"）起初是波斯语词汇，但到他那个时代已完全归化于突厥语。

希尔·加齐汗（1715—1728 年在位）是阿拉布沙希王朝最后一位有能力的汗。这位赞助学问和文学的君主统治时期一开始看来就很繁荣昌盛，在1717—1718 年，他抵挡住了也许是殖民主义者第一次正式攻击：彼得一世派遣一个切尔克斯人（Circassian），名叫别科维奇·切尔卡斯基（Bekovich Cherkasskiy），率领一支足有750 人的远征军进攻希瓦，但被希尔·加齐汗所歼灭。不过，在1728 年，昆格拉特（Kongrat）和曼格特（Manghit）部落间发生内部争斗导致希尔·加齐汗被谋杀，并由对手阵营中推举出候选人即位。这些有名无实的汗们有些是阿拉布沙希王朝王室后人，通常是由昆格拉特部所推荐，其他的是从哈萨克人之中遍及的术赤系后人中获得由曼格特部所支持的推荐。不过名义上，阿拉布沙希王朝统治延续到1804 年，在那时，最后一位汗阿布哈齐三世（Abulghazi III）被伊尔土泽尔（Iltüzer）赶下台。伊尔土泽尔是昆格拉特部落联盟的一位乌兹别克伯克，同时也是一位早在1762 年就开始宣称拥有自己权力的酋长的后人。在那时，帖木儿·加齐汗（Temir Ghazi Khan）就任命穆罕默德·阿明（Mehmet Emin）为"亦纳克"（inak，首相），第二年，他就杀死了这位汗以及很多支持他的曼格特部酋长，然后统治希瓦，在宝座上走马灯似地换了多达十一位汗，其中有些汗属于阿拉布沙希王朝王室，其他的则不是，但都拥有成吉思汗血统。

昆格拉特王朝翻开了希瓦汗国历史新的也是最后一页。这一王朝的一个变革和在布哈拉一样，那就是非成吉思汗血统王朝第一次掌握了名副其实的权力；另外一个变革就是昆格拉特王朝倾向于把更多的权力给予萨尔特人，也就是非部落城镇或其他定居民阶层，其中蕴含的目的就是摆脱游牧贵族的控制，尽管他们也从中崛起；还有一个变革是结局性的：昆格拉特王朝所统治的汗国将试图应付19世纪的挑战，最重要的就是以俄罗斯为代表的欧洲殖民主义的攻击，最后就是由布尔什维克革命所引发的剧变导致王朝崩溃。

浩罕汗国

我们已经知道，费尔干纳谷地在中亚自古以来一直就是一个特殊地区，如同花刺子模，也有着自己的特征和独特的地缘政治形势。人们可把这两个地区视为同一片区域之两翼，中央部分就是河中地区本部或索格底亚那（Sogdia，粟特），如果我们面朝北方，那么花刺子模在左，而费尔干纳在右。这两个地区划界不同，但都有着与众不同的特征。花刺子模被环绕着的沙漠和咸海所限定，而费尔干纳则被天山和帕米尔高原所阻隔。这两个地区都可把其土地肥沃归功于中亚两条大河所提供的灌溉，阿姆河及其分叉的三角洲蔓延于花刺子模，而锡尔河及其网状支流遍布于费尔干纳。同时，这两个地区都位于"丝绸之路"主干道网络之中，与距离遥远但很重要的国家有着商业和政治联系：东达中国，西往俄罗斯和地中海世界，南到伊朗和印度，北抵欧亚大草原游牧民和西伯利亚针叶林区居民。然而不像花刺子模，费尔干纳谷地从来没有发展成一个具有特色的政治单元，也就是说，在18世纪，当俄罗斯殖民征服的前夜，不过散布着一簇小封建主们。不过这种发展趋势由其获得的"莎余儿哈勒"（soyurghal，封地）地位而加以预示。"莎余儿哈勒"的地位是在帖木儿王朝末期所取得的，随后又由类似于在中国新疆和塔什干的和卓神权所统治。我们已经看到帖木儿王朝统治者卜撒因把费尔干纳分给他一个儿子乌玛尔·沙黑。随着公元1469年卜撒因死后，其子阿黑麻在撒马尔罕继位，而阿黑麻弟乌玛尔·沙黑则巩固其地位，在安集延（Andijan）城进行统治直到公元 1494 年过世，并由其子巴布尔继位。安集延位于该地区东部，靠近天山山脉，到那时，在该地区城市群中显得很突出，一个著名的本地人在《巴布尔回忆录》（Baburname）介绍该地区七座城市时曾列举出安集延所出现过的人物，但自从乌兹别克入侵河中地区和巴布尔撤往阿富汗和印度之后，该城丧失了作为都城的资格，这一地区也失去了相对的独立地位，而只有当地部落酋长在布哈拉汗国内拥有特权。

意味深长的是，成功迈出完全独立的第一步不是当地"贝依"（bey）[1]或部落酋长，而是由查拉克城（Chadak）的一位和卓所实现的。查拉克城位于费尔干纳北部楚斯特（Chust）和纳曼干（Namangan，今乌兹别克共和国东部城市）。由此体现出转向神权统治的一种趋势，其早期形式早在几个世纪前布哈拉的"萨迪尔"（sadrs，显赫的宗教首领）的权力中就已出现。然而，尽管主要人物是官方宗教机构成员，但其重心逐渐转移到苏菲谢赫（shaykhs）和托钵僧那里，他们在大众之中的超凡魅力使他们能与部落首领和王朝争夺世俗统治权力。我们已经看到新疆喀什噶里亚地区（Kashgaria，天山南路）已发展成这种演变的最显著例子。到了公元 17 世纪，这种转向神权统治的趋势也出现在费尔干纳地区，稍晚时刻，塔什干也处于和卓政权的统治之下。从长远来看，没有一个这样的神权统治能够在部落王朝和首领们决定性行动中幸存下来，在中国清朝的打击中更不可能，但是他们的短暂统治与其保留在大众的持久影响相比，或许不那么重要。

我们已经知道在新疆喀什噶里亚地区和卓们如何与察合台王朝残余争夺权力，以及后来游说达赖喇嘛和准噶尔汗帮助他们实现统治，直到最终屈服于征服新疆的清朝力量。公元 1710 年，费尔干纳的和卓们也不得不屈服于沙鲁赫比（Shahrukh Biy），一位来自钦察大草原漂泊于河中及其毗邻地区乌兹别克部落中的明格部（Ming）的酋长。明格王朝（Ming Dynasty，因以其部落而被命名，当然与中国明朝完全没有任何关系）的崛起，就是从一个部落首领摇身一变成为一个不断扩张汗国的统治者的过程，占据了 18 世

---

[1] "贝依"（bey），为突厥语音译，也称"贝格"、"巴依"、"伯克"，意谓："首领"、"头目"、"统治者"。——译者注

纪的大部分时间。这一过程和新统治者从建造宫殿开始而不断发展的浩罕城（Khoqand）联系到一起的。浩罕城位于费尔干纳西部，离锡尔河南岸尚有一定距离，选择它而不是现存的都城如安集延，也许部分原因是出于它离天山山脉较远，因此较少面临吉尔吉斯人和卡尔梅克人的袭击。另一方面，这个新都城靠近布哈拉埃米尔的属地，于是随后深陷于这两个汗国之间的战争。但当浩罕汗国变得足以强大，成为一个喜欢朝一个方向扩张（也就是说，哈萨克斯坦南部和布哈拉埃米尔国东部）的征服者时，这可能就转变成了有利条件。

在整个18世纪，明格王朝统治者所采用的称号是较谦恭的"比"（biy，是突厥语头衔"伯克"[beg]的本土形式），但是他们的属地在伊尔达娜·额尔德尼·比（Irdana Biy Erdeni，1740—1769年在位）统治时期形成一个诸侯国明晰的组织结构。在其统治下的费尔干纳大部，额尔德尼被动和主动地参与国际政治与结盟活动。其统治正值中国新疆和布哈拉剧变时期，这种环境促使费尔干纳很快发展成为浩罕汗国。学者根据汉文资料引证额尔德尼承认清朝的宗主权也许更多的是尊敬一个强邻的明智表示，而非一个封臣的实际状况，这也可追溯到前伊斯兰时期，费尔干纳的当地统治者与中国的唐朝有着类似的关系。与此同时，额尔德尼与阿富汗的艾哈迈德·沙·杜兰尼（Ahmed Shah Durrani，1747—1773年在位）形成一种奇怪的联盟，也许是为了抵御来自天山的吉尔吉斯部落带来的麻烦而不是中国。总之，与阿富汗人的联系不过是短暂的插曲而已，对于浩罕汗国与其东、西、北邻居的持续关系而言，则相形见绌。在纳尔布塔比（Narbuta Biy，1769—1788年在位）统治下，这种联系持续着，而当马德拉萨·依·米尔神学院（Madrasa-i Mir）建成后，浩罕城开始更加城市化。中国人的宗主权继续存在着，但在一位俄国使节看来，北京称呼浩罕统治者为"汗"这一事实而说明了这种关系的礼仪性。无论如何，纳尔布塔比之子及继承人爱里木（Alim）在公元1800年左右正式称"汗"。

的确，在纳尔布塔比之子爱里木（1788—1810年在位）和奥马尔（Umar，1810—1822年在位），其孙穆罕默德·阿里（Muhammad Ali）或玛达里（Madali，1822—1842年在位）的数代统治下，浩罕汗国发展成为一个生机勃勃的扩张汗国。尤其是向北面和西北面扩张，从公元1803—1809年，塔什干、奇姆肯特、塞兰等城市被先后征服，阿克梅切特（Akmeshit，在哈萨克语中为 Aq masjid，意为"白色清真寺"，在沙俄期间为佩罗夫斯克[Perovsk]，在苏联时期为克孜勒奥尔达[Kyzyl Orda]）于公元1820年建成。在东北方深入吉尔吉斯地区，在比什凯克建立了一个要塞。这些吞并和加强防御的地区，由浩罕军队驻守，具有军事功能，但其中一些在经济上也有着相当程度的重要性，比如在阿克梅切特，中亚和俄国的贸易路线在此汇合。

在当时浩罕汗国与布哈拉争夺着中亚的主导权，其汗更是大胆地宣称对这个埃米尔国东部有领土要求，包括城镇吉扎克（Jizakh）和乌拉·特佩（Ura-tepe）。在玛达里汗（Madali）统治时期，汗国达到其疆域和力量的巅峰。其疆域包括钦察大草原上的阿克梅切特、突厥斯坦城、塔什干、楚河河谷、伊犁河下游，即从今天的哈萨克斯坦南部和乌兹别克斯坦北部到帕米尔地区的卡拉捷金（Karatekin）、达瓦兹（Darvaz）、鲁尚（Rushan）和库拉伯（Gulab），囊括塔吉克斯坦部分地区和吉尔吉斯斯坦大部。此外，以一种似是而非且怪异的方式侵蚀着中国对新疆的主权。公元1826年，在由他们支持的和卓张格尔（Khwaja Jihangir）在喀什噶尔发动的叛乱失败之后，浩罕统治者居然获准派遣收税官员在阿特沙尔（六城）（Altishahr，阿克苏[Aksu]、乌什吐鲁番[Ush Turfan]、喀什噶尔、英吉沙尔、叶尔羌、和田）的穆斯林人口中收税。同时他们也与俄罗斯有了初次的官方接触：公元1812年，一个浩罕使团访问了奥伦堡（Orenburg），次年，沙皇的使臣也回访了浩罕。

然而最值得注意的是，这个汗国极具特色的活动和精力形成了一定程度的文艺复兴，并通过修建令人印象深刻的灌溉水渠使农产品得以增加。这很难断定有多少归功于可汗们自己，有多少是由正在明格王朝统治下的这一地区的内部活力及其人口所带来，又有多少源于来自动荡的布哈拉难民的涌入或与俄罗斯之间不断增长的贸易活动。第一条主要的灌溉水渠"沙赫里汗河"（Shahr-i Khan Say，意为"可汗之城的溪流"），命名自新城，伴随该城地基而建的工程，是在奥马尔汗统治下挖掘至安集延以西，它长120公里，可灌溉大约77700公顷土地。类似的工程也出现在别处，不仅在费尔干纳，而且也在新吞并的位于"大帐"和"中帐"的边缘地区，由塔什干总督管理。在塔什干，"汗阿里克运河"（Khan Ariq，意为"皇家水渠"）也于公元1835年挖掘，水渠挖掘在总督米尔扎·艾哈迈德（Mirza Ahmad，1853—1858）时期达到巅峰，正值俄国征服前夜，覆盖了从突厥斯坦城到楚河河谷之间地区。甚至在征服开始，当可汗承认了沙皇的宗主权时，费尔干纳最大的运河，乌鲁纳赫尔运河（Ulugh Nahr，意为"大河"）在明格王朝末代可汗胡达雅尔（Khudayar，其第三次执政，1865—1875年在位）的支持下开工挖掘。丝绸和棉花是费尔干纳自古以来的传统产品，继续供应当地的纺织业，而且，棉花成为越来越重要的经济作物出口到俄罗斯，部分在于南北战争对美国棉花出口造成的影响。

城市建筑，包括民用和宗教性质，都受益于这一繁荣局面。浩罕城最大的清真寺，"马德拉萨·依·贾米"（Madrasa-i Jami）具备作为学校和清真寺的双重职能，建于奥马尔汗统治时期。同样引人注目的是哈基姆·阿因（Hakim Ayin）神学院、苏丹穆拉德比（Sultan Murad Bey）神学院和"乌尔达"（Urda）皇宫，皇宫完工于公元1871年胡达雅尔汗统治时期，也就是在沙俄征服的前夜。该建筑以其正面用地方特色风格装饰和接待大厅上木制绘画天花板而著称于世。在奥马尔汗和玛达里汗统治时期出现了文学繁荣，尤其是诗歌，值得注意的是突厥语言作品，在诗人行列中也出现了女诗人。其中杰出的是娜蒂拉（Nadira，1790—1842年），她是奥马尔汗的妻子，玛达里汗的母亲。作为来自巴布尔故乡的一个当地人，娜蒂拉因美貌、艺术天赋在浩罕汗国获得了主导者的声望，又因是可汗的妻子和汗位继承者的母亲而获得权力。娜蒂拉用波斯语和突厥语创作诗歌，被收集到两部诗集（divan）中。她有一首诗歌的主题就是在斋月斋戒了一整天后，每一个夜晚信徒再度重聚；这一场合不仅是享用晚餐而且也是高朋相聚的时刻，如条件具备且相处正欢，这一聚会可持续到凌晨而散。这就是奥马尔汗的社交圈子，但妇女被排除在外：在这里，伊斯兰道德观念战胜了挥之不去的给予妇女更大自由空间的游牧习俗，也压倒了宫廷中盛行的非传统的学术氛围，即可汗的宫廷对才华横溢之人另眼相看，即使是女性。不过，宗教机构最终还是对她实施了报复。以穆斯林的观点来看,娜蒂拉的行为举止被视为"比达"(bida,不允许的创新),因此于公元1842年被定罪,与其子玛达里汗、其孙阿里一同被处死。

奥马尔汗增进与宗教机构的友谊,部分是出于政治原因,因为他力图通过摆脱部落同伴,也就是乌兹别克各个酋长,以竭力加强自己的权力。此外,他建立了一支雇佣军,这不是由乌兹别克人或者其他部落成员,而主要是由来自帕米尔高原的高地波斯人所组成。在其继承人的统治下,定居民与游牧民之间的紧张关系也显得更加普遍。在这里的定居人口中,讲突厥语言的被称为"萨尔特人",而讲波斯语的则被称为"塔吉克人"。定居居民的行列也随着像明格这样的乌兹别克部落的快速定居化而不断扩大。仍然具有游牧元素的包括最近才从哈萨克大草原迁入费尔干纳(跟随着一个世纪之前抵达这里的像明格部这样的其他部落的步伐)的钦察部落(Kipchak,这也是"钦察"[Kipchak]一词的意义所指,其内涵不同于现代语言学家所使用的民族语言术语所指的那些曾经使用或正在使用突厥钦察方言的族群),以及费尔干纳谷地汗国东部和南部山区外围的吉尔吉斯游牧民。这些紧张局势不只是由于经常提及的玛达里汗和其继承人们的放荡个性,布哈拉埃米尔们也随时准备介入和利用在公元1840—1876年间这一汗国政治结构的瘫痪局势。公元1840年,反叛者请求埃米尔纳斯尔·阿拉赫(Nasr Allah)给予援助。这位埃米尔亲自率军前来打败了玛达里汗,后者不得不宣称自己是属于布哈拉的一位封臣。不过两年之后,另外一场叛乱推翻了玛达里汗,他在试图逃跑时被杀,浩罕被纳斯尔·阿拉赫的军队占领,这时,这位埃米尔完全吞并了这一地区。不过他的总督也几乎瞬间被赶走,玛达里的叔父西尔·阿里汗(Shir Ali,1842—1845年在位)接掌权力。公元1843年,这位埃米尔再次出现在浩罕城前,将城围困了40天,但希瓦汗国的阿拉赫·忽里汗(Allah Quli Khan)攻打布哈拉迫使他赶紧撤退回国,由此拯救了这座城市,西尔·阿里汗同时也收复了苦盏和塔什干。

某些可汗们的道德败坏,与布哈拉之间的战争,以及可汗权威、部落派系、定居人口三者之间尚未解决的紧张局势,再加上由此导致的内战,终于摧毁了这一汗国的政治稳定形势,最后俄国人采取了自己的解决方案。这种政治混乱可由末代君主胡达雅尔（Khudayar，1845—1875年在位）的生涯加以证明：公元1858年他被撵下台被这一王朝的另一位成员马拉汗（Malla Khan，1858—1862年在位）取而代之。1862年胡达雅尔恢复汗位，但不久又失去了宝座，被他的另一位亲戚所取代（1863—1865年）；最后在公元1865年，胡达雅尔第三次也同时是最后一次即位，这多亏了从布哈拉埃米尔穆札法尔（Muzaffar）提供的帮助。中亚人之间的歧见很典型地体现了他们不理解正在改变他们世界的历史事件。也就是在公元1865年，俄罗斯人占领了塔什干。1868年打败了布哈拉埃米尔，吞并了他的领土，并迫使其成为事实上的封臣。同年，不费一枪一弹，在吞并浩罕汗国所有西北部和北部地区之后，俄国人强加给胡达雅尔汗有着类似形式的条约。然而这一协议与布哈拉的相比，并不足以拯救可汗或汗国。公元1873年，由伊斯哈格·哈桑（Ishaq Hasan）和阿卜杜拉赫曼·阿夫托巴奇（Abdurahman Awtobashi）所领导的一系列起义爆发，并于1875年七月迫使胡达雅尔汗向俄国使团寻求庇护。俄国人帮助他离开汗国，并在塔什干避难。塔什干在那时已成为沙俄帝国新成立的突厥斯坦省（guberniya）的行政中心。胡达雅尔之子纳西尔丁（Nasir ad-Din）在浩罕城被扶上汗位，但于同年10月他被篡位者普拉特汗（Pulat Khan）所推翻，不得不在俄占苦盏城寻求庇护。这个汗国混乱持续到1876年2月沙俄占领全境并将其吞并为止，后来成为沙俄突厥斯坦总督区的费尔干纳省（oblast）。

第十五章　沙俄征服和统治中亚

根据其时间、方式和目的，沙俄征服中亚可分为两个周期：第一周期，沙俄夺得了相当于今天的哈萨克斯坦大部，除了其南端的七河地区和锡尔河地区；第二周期，攫取了七河地区和锡尔河以及中亚其他地区，也就是今天的乌兹别克斯坦、吉尔吉斯斯坦、塔吉克斯坦和土库曼斯坦。第一周期持续较长并采取较渐进方式（1730—1848年），在结构上的某些方面类似于此前获取的西伯利亚（于是也可被视为类似于"美国西部开拓"）；第二周期相对较短，从公元1864年持续到1884年，不过决定性的阶段可压缩为1865—1868年之间的几次战役，因此也处于与其欧洲殖民同行"争夺殖民地"的心理背景之中。

我们已经知道，到了公元1730年，哈萨克人被看成是作为一群生活在钦察大草原东部的独特的游牧部落，说着一种特殊的突厥钦察方言，但却缺乏整体政治的统一。对于这一不足却有一种有点奇特的政治弥补，那就是部落们被合并成三大部落联盟，即前文提到的"大帐"、"中帐"和"小帐"。地理以及部落政治无疑在它们的形成过程中起着一定作用："大帐"占据的区域大致在今天的七河地区，"中帐"在今天的哈萨克斯坦中部，而"小帐"在哈萨克斯坦西部。尽管俄语"orda"和英语"horde"单词最初都来源于突厥语词汇，称呼游牧部落更普遍的哈萨克语名称是"玉兹"（*jüz*），意为"一百"（因此 Ulu Jüz "大帐"，Orta Jüz "中帐"，Kishi Jüz "小帐"）。除了早期历史中的短暂时刻之外，哈萨克人从来没有塑造一个统一汗国，并随后变成一个草原帝国，正如他们中世纪的突厥-蒙古前辈那样。其缘由之一也许就是部落中苏丹林立，各立山头，在此情况下，草原贵族们仅仅声称具有成吉思汗血统就足以成为"可汗"，仍旧可以拥有声望和一些权力，但却遏制了真正具有超凡魅力的新领袖崛起，从而能够再现其伟大祖先所取得的功绩。另一方面，具有成吉思汗血统的草原贵族所拥有的声望，也许是用特殊的方式将哈萨克（Qazaq）社会垂直分割成两层的原因之一，即所谓的"白骨头"（Aq Süyek）和"黑骨头"（Qara Süyek）。某些其他凭证，诸如具有显赫穆斯林祖先血统，也可以允许某些经常有和卓（qojas，khwaja 的哈萨克语形式）称号的个人要求具有"白骨头"地位的资格。在头克汗（khan Tauke，1680—1718 年在位）统治时期，哈萨克地区的社会政治机构有了一部权威的法典（jeti jarghy，意为"七项法典"），有点类似于蒙古的大札撒（yasa），但却花了更长的时间书写下来，实际上在哈萨克斯坦被并入沙俄帝国之后才完成。

俄罗斯崛起为现代强国，起始于前文所述的伊凡四世（Ivan IV，又被称为"恐怖的伊凡"，1547—1584 年在位）时期，并在彼得大帝（1682—1725 年在位）统治时期加速发展，因此使得沙俄的实力相对于其亚洲邻居们具有压倒性的优势。鉴于这一新的不断加大的差距，俄罗斯入侵哈萨克大草原只不过是时间和决策上的问题。起初缓慢的入侵步伐和零星般的胜利大概是由于在当时占领西伯利亚是一项足够大的挑战，随后就是丰厚回报的吸收消化期。俄罗斯人最初只满足于接受来自不同哈萨克首领们的封臣请求，除了不断地建造要塞来逐渐地蚕食哈萨克之外，事实上没有获得对这一区域的军事或行政控制。这种复杂的进程起始于公元 1730 年，"小帐"汗阿布海尔（Abilay 或 Abulkhayr）希望沙皇成为他的宗主，俄罗斯同意了这一请求。在 18 世纪的很多时间里，俄罗斯也从其他哈萨克首领们收到了类似的效忠表白，但却发现这些只不过是他们的权宜之计，旨在加强他们在部落之间战争中的酋长地位。他们类似的效忠也曾在公元 1758 年中国统一新疆后向清朝皇帝表白过。

然而在叶卡捷琳娜大帝（1762—1796 年在位）统治时期，在哈萨克西北、北、东北边缘的沙俄桥头堡已经开始形成，俄罗斯农民的殖民以及军事据点已经逐渐深入到诸如亚克摩林（Akmolinsk）和图尔盖（Turgai）这些哈萨克地区。伏尔加河地区的鞑靼人自公元1552年喀山陷落后已完全并入沙俄帝国，他们的精英们正经历着经济和精神上的复兴。鞑靼商人也深入到中亚，在那里代表着俄罗斯的商业利益，沙俄政府热切保护他们，视他们为穆斯林臣民中最合适的代理人，因此贸易繁荣起来。而且在那时，在那些俄罗斯足以控制的哈萨克地区，圣彼得堡认为通过一种乍一看很奇怪的方式，即将那些稍微穆斯林化的哈萨克人更坚定地和伊斯兰教联系到一起，以此巩固这一控制是切实可行的。这种方式就是吸引难以驾驭的游牧民更倾向于定居生活方式，特别是沙皇的臣民鞑靼毛拉们（mullahs，伊斯兰教士）他们在哈萨克人群中作为教师，甚至建造清真寺和神学院。而相伴随的，同样值得注意的是，沙俄政府不太允许东正教臣民传道活动。在商业和宗教方面，使用鞑靼人精英的政策，作为沙俄政府在哈萨克前进的基石，产生于18世纪70年代并一直持续到1860年，也就是沙俄最后征服中亚中心区域的前夜。

有点奇怪的是，俄罗斯对于中亚本部，即锡尔河南岸地区的兴趣，甚至还要早于她初次涉足哈萨克地区。公元1717—1718年，彼得大帝派遣一支大约300人远征队在陆军上校别利维奇·切尔卡斯基率领下前往希瓦汗国，其使命与其说是征服还不如说是侦察和建立联系，但是与敌人希瓦汗国希尔·加齐汗（Shirghazi，1715—1728）遭遇，并被消灭。又一次类似的企图出现在一百多年以后，公元1839—1840年，彼罗夫斯基（Perovskiy）将军率领的远征军，因这个汗国领土在多面都有荒凉沙漠作为抵御攻击的屏障，因此导致后勤补给问题而失败。除了中亚以外，这两支远征军的目的可能也是调查通往印度的可能路线，这反过来与其说是实际方案还不如说是白日梦，完全有悖于俄罗斯扩张所具有的井然有序和务实的特征。

沙俄征服中亚分成1730—1848年和1864—1884年两个阶段。第一阶段可依次再细分成两步，其中第二步发生在1822—1848年，正是沙俄决心完全消灭哈萨克四大帐（第四帐较小，被称为"比凯伊帐"[Bükey's horde]，形成于小帐的西面，位于乌拉尔山和伏尔加河之间）：公元1822年镇压"中帐"，1824年"小帐"，1845年"比凯伊帐"，1848年"大帐"。

征服哈萨克斯坦各帐打消了沙俄想支配哈萨克大部分地区的所有顾虑，但是仍然留下了南部边缘。这有好几个原因：后勤方面，主要是锡尔河中游和下游距离相当遥远，半干旱地带将其与哈萨克斯坦北部和中部分隔开；政治方面，当时该地处于浩罕汗国控制之下。与浩罕汗国发生冲突也许会导致与英国和中国的关系紧张，而这正是圣彼得堡想要避免的，获得该地需要一种不同的心理上、外交上和军事上的策略。不过，公元1853年，沙俄从浩罕人那里夺取了阿克梅切特（Akmeshit）。一年之后，他们建造了韦尔内城（Vernyi），也就是后来的哈萨克斯坦首都阿拉木图，然后推进到比什凯克，即现代吉尔吉斯斯坦首都，但当时不过是浩罕汗国的一处边境哨所而已。这些行动策略说明有巨大的资源可供沙俄支配，它巨大的铁钳开始从西面和东面挤压哈萨克残余势力，东面是从西伯利亚边境开始的。随后就是短暂的停顿，这是由外部情况而造成的，即克里米亚战争和在高加索地区由谢赫·沙米尔（Shaykh Shamil）领导的起义。随着1860年的到来，这些障碍都消失了，经过最后一击，这一阶段尘埃落定：1864年攻陷了奇姆肯特和奥李-阿塔（即现在的江布尔［Jambul］），在1865年6月强攻塔什干而达到顶峰。

塔什干当然是乌兹别克斯坦的首都，由此我们把它和这个共和国而不是哈萨克斯坦联系到一起。不过，在公元1865年，这一事件更多地被视为征服哈萨克斯坦的最后一击。在当时，比起任何向南推进会激起英国在印度西北边境的行动而言，圣彼得堡的主要政策规划者认为与浩罕、希瓦和布哈拉保持和平相处而非征服的政策更为可取。与浩罕军队发生冲突不只是意味着战争，因此，性急的切尔尼亚也夫将军（Chernyaev）猛攻塔什干几乎违背了沙俄政府当时的意愿。

仅仅三年之后，1868年，沙俄就与布哈拉埃米尔国交战，派遣军队前往好几个战场，并吞并了这个埃米尔国大片领土（包括撒马尔罕），允许剩余地区作为俄罗斯事实上的保护国。五年之后，即1873年，沙俄又以相似的方式击败了希瓦汗国，吞并其很多领土，并将剩余地区作为保护国。到1876年沙俄完全消灭了浩罕汗国，囊括了其残余领土。只是大致对应于现代土库曼斯坦的地区未受影响，但到五年后的1881年，当俄罗斯人在格奥克捷佩（Göktepe）战役中粉碎了土库曼人的抵抗之后，这一地区也被吞并。

所有这些征服战役的原因和目标是复杂多变的，但有两个催化因素可以点明：其一，当地世俗和宗教方面的领袖不切实际地试图收复被异教徒所夺取的领土，因此激怒了俄罗斯人采取了他们本不想如此迅速推进的行动（尤其是对于布哈拉而言）；其二，浩罕汗国政府实质上的垮台，起源于公元1842年玛达里汗（Madali Khan）之死，并在19世纪50年代和60年代形势恶化，俄罗斯人在好几年里竭力与浩罕统治者建立关系，但最后作罢转而实施吞并计划。另外的因素也许就是克里米亚战争失败给沙俄带来矛盾的影响。许多俄国人，尤其是军队中更暴躁的成员试图通过在其他地区扩张来寻找心理上的慰藉，在中亚这意味着通过阻碍世界上首屈一指的殖民强国和沙俄帝国的对手——大英帝国的真实或想象中的征服计划而得以安慰。最后，这当然也是殖民动机：为沙俄发展中的工业产品获得市场，同时为工业发展获得原材料基地。

沙俄征服中亚随着公元1884年夺取谋夫而完成。这一肥沃的绿洲包括前伊斯兰和伊斯兰早期伟大城市的遗址，以及附近同名的一小片定居点。不过，这不是谋夫的历史，而是它与阿富汗，进而与英属印度毗邻使得1884年发生的这个事件如此重要。它沦陷于沙俄，以及随后俄罗斯人向南深入到阿富汗边界上的库什卡，这都使英国人对其殖民地的担心达到了偏执状态的边缘，然后在19世纪90年代，当俄罗斯人从他们的费尔干纳省向南穿过帕米尔高原逼近英属印度的克什米尔边界时，这两大强国的互相争执白热化，几近战争的边缘。也许主要是因为这两大强权都没有对方所怀疑的企图，所以和平得以拯救，这种局势促进了1895年帕米尔边界委员会的工作。其协议在1907年英俄会议上得到进一步的贯彻，约束双方尊重对方的地区利益，并在帕米尔和克什米尔之间形成一细长地区作为象征的且有效的缓冲区，其属于阿富汗（阿富汗"手指"东端与中国新疆接壤）。

因此我们可以将公元1895年视为沙俄向南推进的时间终点，以及随后苏联中亚——即现在独立的土库曼斯坦、乌兹别克斯坦和塔吉克斯坦的最终版图确定时间点。当然沙俄获得这一新的，非俄罗斯、非斯拉夫和非基督教的穆斯林地区也是有其先例的，那就是恐怖的伊凡于1552年、1556年分别摧毁喀山汗国、阿斯特拉罕汗国；叶卡捷琳娜大帝于公元1783年吞并克里米亚汗国。不过这些征服不完全是现代殖民类型，而是和西班牙的"收复失地"（Reconquista）以及俄罗斯扩张到广阔的西伯利亚有着类似的元素；

另一方面，征服中亚具有19世纪欧洲殖民扩张的所有特征：诸如攫取丰富廉价的原材料供应提供给俄罗斯纺织业的棉花的动机，以及为沙俄贸易获取特权的动机；在轻便快捷的军事行动中，现代欧洲强国少量训练有素、装备精良的军队战胜了具有人数优势的土著部队，随后以务实路线清剿残余势力和管理征服地区使其大体上符合殖民者的利益，同时在某种程度上，也使殖民地人民受益，这些都是这次扩张的主要特征。

英属印度是被经常提及的作为俄属中亚的殖民地的先驱、样板抑或对手，但法属北非却显得更相似（尽管对印度次大陆的起初尝试和旷日持久的入侵的确类似于沙俄初探哈萨克斯坦）。从时间顺序来看，法国征服和沙俄相同——公元1830年征服阿尔及利亚，1883年突尼斯，1912年摩洛哥——与18世纪英国开始的一路高歌猛进形成对照。法国和俄国征服从一开始就由政府主导，不像英国到达印度是由一家私营的东印度公司开始的；这三者所吞并的都是非常广阔的地域，但是由移居者带来相当规模的殖民化包括农业和城市，只出现在中亚和北非的殖民帝国之中；最后地理现状也必定是强大的心理和后勤因素：中亚与沙俄本土毗邻，北非和法国相对邻近，也许在这些国家"视它们为母国不可分割的部分"这一不断演化的概念形成进程中起着催化作用，而这与印度形成对照。印度远隔两大洋，其人口远远超过英国，并拥有博大精深的文明，这一切使其不可能从属于征服者，并令其打消任何此类意图。

圣彼得堡对于这一新领地所设计的行政框架历经好几个阶段，并经过数次修订。这些阶段分别是公元1865年攻陷塔什干，1868年和1873年分别击败和肢解布哈拉埃米尔国和希瓦汗国，1876年清除浩罕汗国，1884年随着攻陷谋夫而完全征服中亚，以及1895年侵入帕米尔高原。其结果就是设立沙俄突厥斯坦总督区（Turkestanskoe General-Gubernatorstvo 或 General-Guberniya Turkestan），由坐镇塔什干的军事总督统辖，并分为五个省（oblasts）和两个保护国（protectorate）。这些省分别是锡尔河省（塔什干为其省会），谢米列契耶省（七河地区）（韦尔内为其省会），费尔干纳省（斯珂培莱夫［Skobelev］为其省会），撒马尔罕省（撒马尔罕为其省会），后里海省（Zakaspie 或 Trans-caspia，阿什哈巴德［Ashgabad］为其省会）；保护国分别是布哈拉埃米尔国和希瓦汗国。

与此同时，管理北面的大草原——也就是现代哈萨克斯坦大部分地区——是沿着那条有些独特的界线，但是没有隔绝与突厥斯坦多方面的联系。此外，该地区的特殊性在于其与俄罗斯本部以及西伯利亚有着历史、地理上的联系。结果就是，不像突厥斯坦总督区有着具体的行政地理单位，该地区居住着三个不同部分的哈萨克人：最西部对应于"比凯伊帐"和"小帐"，就是现在的乌拉尔斯克省（Uralsk），省会是乌拉尔斯克城，其地方长官直接由内务部管辖。中部大致就是以前的"中帐"，包括图尔盖（Turgai）和亚克摩林两省；图尔盖省地方长官甚至并不驻留该地，却是穿过行政边界驻在奥伦堡，因为该职也同时兼任奥伦堡总督，由内务部直接管辖；另一方面，亚克摩林省和塞米巴拉金斯克省（Semipalatinsk）形成了一个具备独特资格的总督区，那就是草原总督区，但是该总督并不坐镇于此，而是越过行政边界驻在西伯利亚城市鄂木斯克（Omsk），因此这个城市在某些地图中也标属该总督区管辖。塞米巴拉金斯克省也包括了曾经的"大帐"部分地区，但"大帐"大部分地区对应于突厥斯坦谢米列契耶（七河地区）省和锡尔河省东部边缘，都在突厥斯坦总督区管辖之内。

对于中亚行政边界的最后评论就是：希瓦汗国和布哈拉埃米尔国都失去了它们最重要的地区，那些原来属于希瓦汗国的领土被并入锡尔河省，而原来属于布哈拉埃米尔国的领土则被并入了撒马尔罕省，连同这座名城在内。另一方面，埃米尔国的疆域却向东延伸以至于几乎包括现代的塔吉克斯坦全部，除了巴达赫尚东部和苦盏。巴达赫尚东部被并入费尔干纳省，而苦盏则被费尔干纳省和撒马尔罕省一分为二。

这一中亚新的政治地图因此反映了沙俄征服者所使用或创造的地理、历史和战略因素组合。当地人口在这一进程中起着微不足道或被动的角色，这一进程只是最低限度地考虑到民族语言现状，而那将在苏联时期发挥重要作用。然而当地人的生活还是越来越受到这一新秩序的直接影响。与过去决裂引发了很多激进的偏离，但有两点值得特别注意：在这一过去自相残杀、抢劫猖獗的地区，欧洲征服者带来了相对的和平和秩序；当地人民将其归宿完全交由这个新的异族同时也是异教徒的主人所主宰。

塔什干成为沙俄总督坐镇的行政中心。这一选择在好几方面都可以解释得通。其气候宜人,尽管属于大陆性气候,但没有过南或过北的极端气候特征;其位置乍一看有些反常,但正处于突厥斯坦总督区中心;靠近锡尔河右岸,南面具有历史意义的河中地区和北面钦察大草原在此交汇和重叠;在民族语言重叠方面,该城居住的萨尔特人讲突厥语或塔吉克人的波斯语,而在乡下的哈萨克人讲钦察突厥语;这种重叠也可以从塔什干作为长途贸易路线的十字路口之一的历史角色中看到。事实上,塔什干的地位在以前不足以与布哈拉和撒马尔罕相匹敌,也可同样地归因于其在过渡区的位置:尽管塔什干受益于与草原游牧民的联系活动中,但也过分暴露于对方不可预测的入侵和部落运动,暴露在河中地区与哈萨克人和其他游牧民族的统治者之间的时而对抗中,以致塔什干不能成为一座大都市。然而一旦俄国确立了稳固的和平状态,塔什干就迅速超越中亚其他城市。塔什干的脱颖而出,当然部分在这座城市的功能是作为中亚第一个现代都会以及殖民政府中心。俄罗斯人在当地人的城市旁建造了一个属于自己的社区,确立了一个很多其他城市都会效仿的模板,即一座通过合理的城市规划体系发展起的欧洲城市,与迥然不同的传统本地城市形成鲜明对照。

突厥斯坦总督区的第二任总督是康斯坦丁·彼得罗维奇·冯·考夫曼(Konstantin Petrovich von Kaufman)将军,他出生在一个俄罗斯化德裔波罗的海家庭,曾在与布哈拉至关重要的战役中统帅俄军。他是一位有才干的军官和管理者,而且他的较长任期(1867—1882年)有助于奠定中亚殖民政府的稳固基石。这一殖民体系一直持续稳定到公元1917年布尔什维克革命爆发导致沙俄帝国大厦垮台为止。俄罗斯中亚征服的主要动机一直是经济利己主义,而1868—1917年之间中亚殖民地的演化则充分满足了这一目的。这一地区依照经典的殖民模式变成俄罗斯工业的原材料供应基地及其产品的市场。我们已经指出当地棉花作为最重要的商品输入俄罗斯。棉花种植扩大到几乎变成该地区的单一作物,这种片面性的不利影响伴随着谷物种植的减少而加剧,这使得中亚依赖于从俄罗斯进口供应小麦。另一个主要方面就是前文提及的农业移居者,主要是俄罗斯人和乌克兰人所带来的殖民化。主要受影响的是哈萨克斯坦,也包括突厥斯坦的七河地区,其中包括现代吉尔吉斯斯坦部分地区。一些最肥沃的成片土地因此被夺去，并伴随着征用游牧民牧场，妨碍了他们为了寻求水源和新的牧场所进行的季节性迁移，从而加剧了不利影响（因此是一个反转过程，与前文提及的蒙古人造成的反定居化运动形成对比）。其他类型的移民殖民化也遍及两个省份，他们大部分是城市专业人士类型：行政部门、运输和交通系统、初期工业、现代教育这些主要是由俄罗斯人充当和为俄罗斯人工作。这些安置导致了一些特殊的城市人口面貌，居住在自己的社区欧洲人口开始匹敌或超过当地人口。与俄罗斯之间的贸易，从前是经过中间人鞑靼商人，现在已被殖民者自己接管。对于基础生产必不可少的本地人在很大程度上被排除于管理和高薪阶层之外。

在文化和精神领域，俄罗斯人是比较宽容的殖民者。尽管确保了他们自己文明和宗教的优势地位，但不像西欧大多数殖民者，他们很少向土著人表现出的一种居高临下或彻头彻尾的轻蔑态度。伊斯兰教的伊斯兰教法（sharia）、宗教公产（waqf）、宗教习俗惯例和教育以及一般的生活方式都不会受到干涉，除非与沙俄的利益发生直接冲突，但这不包括奴隶制度。沙俄效仿其他殖民列强在其领地采取措施禁止奴隶制度（离公元1861年沙俄镇压农奴起义尚隔不远）。东正教会传道活动，尽管参与了猛攻塔什干城的行动，却没有得到来自当局的任何鼓励。然而这种态度不仅来自于俄罗斯人的宽容，而且也来源于欧洲的学术宗教氛围发生了变化，这呈现出与早期的鲜明对比。16世纪征服喀山汗国时，强制改变宗教信仰或者将拒绝改宗者驱逐出境，或者其他方式的迫害，给鞑靼人带来巨大的灾难。例如以同样方式，公元1830年法国人在阿尔及尔（Algiers）登陆不同于西班牙人的"收复失地"运动，尽管参战的法国主教不吝洋溢之词赞美基督回归北非。中亚的当地人民，虽然丧失了政治和经济独立，却保留了他们精神自由，大多数坚定的穆斯林们有着自己的宗教、文化以及生活方式。然而这也意味着大多数人口几乎领略不到灿烂的学术与科学进步，而这是俄罗斯人早在彼得大帝时代就早已参与其中了。

除了军事占领本身，大约有四万军队一直驻守在这两个总督区，面积大约为1277000平方公里（493000平方英里），拥有大约六百万人口。建设铁路和电报通讯网络被证明是控制这一殖民地的有效手段。尤其是铁路强化了这一控制，并将在后来布尔什维克革命的动荡岁月里，在维持突厥斯坦总督区作为俄罗斯领地的过程中，起着至关重要的作用。第一条铁路线于公元1881年开始运营，将里海港口Uzun Ada[1]（1894年迁移到克拉斯诺夫斯克）与土库曼城市克孜尔·阿尔瓦特（Kizil Arvat）连接起来；在殖民地这一地区的最早的铁路线位置区域却是最后征服的，这乍一看似乎可能令人惊讶，但是其修建理由就在于便捷与繁忙的里海航运联系着里海北岸俄罗斯一侧的港口以及巴库（Baku），也就是俄罗斯外高加索地区（Transcaucasus）。到1898年这条铁路线一直延伸到塔什干，1906年从塔什干到奥伦堡，因此也就和沙俄帝国其他地区联系到一起（例如到萨马拉[Samara]、梁赞[Riazan]、莫斯科和圣彼得堡）的一条铁路完工。这条铁路网络具有战略、经济和心理上的重要性，从结构上确保了中亚并入俄罗斯帝国的可行性，而这对于其他拥有海外殖民地的欧洲列强来说是不可能的。此外，修建一条支线从谋夫到阿富汗边界上的库什卡，也就是俄属突厥斯坦的最南端，这取决于整个沙俄帝国的战略考虑，而从撒马尔罕通往安集延的支线则主要为经济利益服务。另外一处细节也值得注意，那就是这条线路马鲁到撒马尔罕之间的部分，穿过布哈拉埃米尔国，但绕过布哈拉东南大约12公里，这也就是卡甘（Kagan）或新布哈拉的火车站的所在地，主要居住着俄罗斯行政人员，由此发展并最终在导致当地政权垮台的事件中起着作用。

从米哈伊尔·罗曼诺夫斯基（Romanovskiy，1865—1867）将军到亚历山大·库罗帕特金（Kuropatkin，1914—1917年）将军结束为止，一共有11人担任俄属突厥斯坦总督区总督。在这数十年里，中亚获得了经济发展，使殖民者从中获益，但在某些基本方面，损害了当地人民的利益，例如将土地交给移民、单一作物的不利种植、当地人口依赖来自俄罗斯进口的食物和制成品。从积极方面看，当地人口的确在由殖民者强力推行的俄罗斯和平（pax Russica）环境中，以及与由俄罗斯所代表的现代文明接触中得到了一些好处。不过，大多数中亚人继续过着往昔的生活，很少人能接受教育，那

---

[1] 此处应为土库曼巴希（Turkmenbashi），而Uzun Ada在土耳其。——译者注

里的教育则依然是以《古兰经》和阿拉伯-波斯文化经典名著为基础的传统教育。

不过,一小部分中亚人通过种种渠道开始接触现代教育。其中一个就是俄罗斯人为当地人开办的一些学校,在那里是由当地语言和俄语双语教学(也称"双语学校"[*russko-tuzemnye shkoly*])。另外就是由一些穆斯林们自己所宣传的现代教育,这些改革者们常常是来自另外的、更早被俄罗斯帝国所统治的地区,或者是曾经在沙俄体制下生活学习过的中亚人。一位这样的改革者,名叫伊斯梅尔·贝·加斯普林斯基(Ismail Bey Gasprinskiy 或伽斯皮拉里[Gaspirali])的克里米亚鞑靼人,发起了"扎吉德运动"(*usul-i jadid*,改革派运动),因为新式教育是其主旨。因此一定数量的"扎吉德学校"(新式学校)(*jadid*,意为"新")也出现在这两个省份。致力于启蒙大众的实践也采取了其他方式,诸如报社(例如伽斯皮拉里从1885—1914年在克里米亚城市巴赫其萨莱[Bakhche Sarai]创办的报纸《特居曼》[*Terjuman*,意为"翻译者"])。尽管是处于草创时期且很短暂,这份报纸的确推动形成了一小群很重要的中亚人团体,他们逐渐意识到有必要实现现代化。这些新思维大多是通过俄罗斯人以及通过掌握俄语的当地知识分子了解西方文化而传入的。这些知识分子同时也是觉醒的一代,意识到改革的需要,而这一改革正在很多伊斯兰国家如火如荼地展开,尤其是在奥斯曼帝国。而在像奥伦堡或圣彼得堡这样的俄罗斯城市,只有极少数中亚人有机会经常去那里旅游和学习,其他一些人前往伊斯坦布尔接受不仅是现代化也是现代民族主义的思想,大部分是以"泛伊斯兰主义"(*pan-Islamism*)或"泛突厥主义"(*pan-Turkism*)的相应形式出现的。阿卜杜勒拉乌夫·菲特拉特(Abdarrauf Fitrat,1886—1938年)有一段时间在奥斯曼帝国都城度过,然后回到故乡布哈拉,成为一个新成立的"青年布哈拉党"(Young Bukharans)组织的成员,正如在奥斯曼帝国的"青年土耳其党"(Young Turks),努力改造这一社会。"改革"成为直到沙俄时期结束时的"青年布哈拉党"的主要纲领,而这一纲领开始超越与其并行或竞争的口号"泛伊斯兰主义"或"泛突厥主义"。最明确的组织出现在布哈拉绝非偶然,与其他由塔什干的沙俄总督直接管辖地区相比,这个埃米尔国的落后状态变得那么显眼,而其相对独立程度也许促使"青年布哈拉党"认为最紧迫的目标是改革而不是从沙俄统治下解放。菲特拉特之后的生涯非常戏剧化,但却最终演变成悲剧,而这在沙俄,以及随后的苏联统治时期慢慢展开。戏剧的第一幕发生在沙俄统治的最后几年里,菲特拉特写了《辩论》(*Munazara*),这篇改良主义文章激励他的同胞们觉醒起来意识到时代的召唤。尽管最后成为察合台突厥语言文学的一位主要学者和出版者,菲特拉特也用波斯语写过宣传小册子,进一步突显了这位改革先驱是一位典型的双语布哈拉人,后来成为突厥语言文化复兴的主要倡导者。政治上,他的主要目标就是改革,由此他和他的大多数同伴起初不反对与沙俄联系和合作。

沙俄当局与布哈拉埃米尔国都很谨慎地关注着它们区域内出现的种种改革派潮流,当他们感觉到现存秩序受到威胁之时,就会毫不犹豫地加以干涉。对于这一事态,当地的保守势力,尤其是宗教阶层支持俄罗斯人。不过与这些新兴的民族主义势力相比,沙俄政权有更危险的敌人需要对付。沙俄国内的社会主义异议人士、形形色色的革命者,他们的队伍在中亚随着不断涌入的来自沙俄的被驱逐者而日益壮大。尽管大多数来自知识界和专业人士阶层,这些革命者在俄罗斯工人们和驻守在殖民地的士兵们之中迅速取得进展,他们实际上忽略了当地人而同时也被当地人所忽视,他们几乎不认识或不信任当地农民或是被边缘化的当地工人阶级。这对于中亚来说是决定命运的演变,因为这些革命分子的动力、政治技巧和最终所采取的军事手段将在适当的时候将该地区作为俄罗斯的一个属地加以维系,打击勇敢地捍卫自己抱负的穆斯林,他们缺乏经验,且没有武装。

在第一世界大战前夜以及随后的巨变之中,中亚这两个地区由此彻底地被并入俄罗斯帝国。极少数当地人的暴动,通常是由那些宗教人物,如1908年费尔干纳的纳格什班迪耶教团依禅马达里(Ishon Madali,更被人所知的是杜克奇依禅[Dukchi Ishon])所发动的,被俄国人迅速镇压。半个世纪的殖民统治有着和其他欧洲人的殖民地相同的影响。殖民地在心理上取悦于俄国人,但在经济上从他们那里获益,但也许最强有力的、看似牢固持久的联系却来自在当时已根深蒂固的俄罗斯选民,他们遍及各行各业,从专业人士到工人、农民,他们已把殖民地视为自己的家园,且确实在其他地方没有其家园；再一次，这与北非的法国移居者尤其类似。与此同时，当地的穆斯林人口，从遥远北方的哈萨克人和南方腹地的土库曼人和塔吉克人，正经历着一场现代殖民地概念之下的崭新、复杂、不规则的自相矛盾的进程。殖民者，也许甚至包括殖民地人民都没有充分意识到这种现状是多么的短暂，在其中，我们再一次看到与其他殖民地相类似，尤其是北非。这一现实一直持续到1917年这两个地区都崛起了有着良好教育且政治老练的当地精英，他们证明自己有能力为他们民族的权益勇敢地斗争。最终他们失败了，但随后即使是手段最强硬的异族统治也不能完全改变他们统治的暂时性，正如公元1991年所发生的事件所显示的那样。

第十六章　中亚从总督区到加盟共和国

作为沙俄时代的二等公民，中亚穆斯林的正式身份是非斯拉夫土著人（*inorodtsy*），同时事实上也不要求他们服兵役。而当第一次世界大战爆发之后，这一现实使得他们受益，那就是青年人可以不必在战场上流血牺牲。不过到了1916年，形势发生了变化，帝国政府采取措施，其后果证明对俄罗斯人不利，而对中亚人则是一场灾难。帝国政府发布命令，大量中亚穆斯林将被征召到战线后方，主要是挖掘战壕。这一命令所蕴含的侮辱性，加之更离奇荒诞的谣传在中亚各省份里引发了众多起义，起义目标对准了政府代表，也包括平民，特别是移居的农民。当局猝不及防，没能避免俄罗斯一方的严重伤亡，当他们最终镇压了这些反抗时，当地人死亡数字惊人，且伴随着更大的心理创伤。特别受到沉重打击的是吉尔吉斯人，因为他们攻击伊塞克湖附近的定居者尤其猛烈，由此后来对他们的镇压也就异常残酷。很多人越过边界逃往中国新疆，但在公元1916—1917年的冬季，因恶劣天气而导致进一步伤亡。

突厥斯坦总督库罗帕特金控制了当地的局势并制定计划进一步开拓殖民地，因为大量吉尔吉斯人逃亡致使更多土地腾空出来，但那时沙俄帝国心脏却开始爆裂。尽管公元1917年二月革命后克伦斯基（Kerenskiy）领导的临时政府对中亚穆斯林的态度，充其量也很含糊，但这一变化的确给予中亚穆斯林他们前所未有的一些自由：他们可以成立自己的组织，自由出版报纸和提出要求。因此在4月4—8日[1]，突厥斯坦穆斯林在塔什干召开了第一次

---

[1] 确定这期间的准确日期很困难，因为沙俄帝国依旧使用罗马儒略历（Julian Calendar），而直到十月或十一月革命之后才转向格里高利体系（Gregorian System），而这些导致了二手资料中出现偶尔不一致，而我无意于确定具体特定日期是否已转换过来。

代表大会，成立了突厥斯坦穆斯林中央委员会（Türkistan Müslüman Merkezi Shurasi），推选穆斯塔法·卓开（Mustafa Chokay）作为主席。1917年4月8日大会通过了如下决议：

> 遭受多年来的沙俄压迫之后，由于爆发的革命以及我们对于沙俄统治的反抗，如今我们穆斯林首次有机会提出我们的要求：我们认为成立一个组织机构很合适，致力于传递我们民族的心声和解决我们主要的问题。该机构有如下目标：
> 1. 面对革命当局代表突厥斯坦人民的利益。
> 2. 为突厥斯坦自治做好准备。
> 3. 保护宗教权利（伊斯兰教法庭 [shariat courts]，一个处理宗教事务的中央管理机构）。
> 4. 处理土地占有问题。
> 5. 促进突厥斯坦文化发展。
> 6. 审核所有涉及突厥斯坦穆斯林的法律。
>
> 该机构被称为"突厥斯坦穆斯林中央委员会"。我们要阐明它不是一个政党，但其宗旨是联合所有关心故土福祉的突厥斯坦的爱国者们。

该机构由两个部分所组成：由席尔·阿里·拉平（Shir Ali Lapin）所领导的保守派和由莫纳瓦尔·卡里（Münevver Qari）所领导的改革派。保守派然后成立了自己的组织"乌理玛联盟"（Ulema Jemiyeti）[1]，而改革派则成立了"伊斯兰委员会"（Shura-yi Islam）。穆斯林中央委员会的对话和要求方含蓄地指向在塔什干和彼得格勒（Petrograd，圣彼得堡的改名）的俄罗斯当局，但却没有收到实质上的回应。穆斯林和俄罗斯人在突厥斯坦的新斗争才刚刚开始。

也正是1917年的第二次革命，10月到11月爆发的布尔什维克革命似乎许诺真正的解放，因为实现前沙俄帝国统治下的各族人民的完全民族自决

---

[1] "乌理玛"（Ulema）意为伊斯兰国家中有声望的神学家和教法专家。——译者注

211 就是其宣称的目标之一。这很明确地阐明在新政府——人民委员会于公元1917年11月2日和20日分别发布的两份宣告之中。第一份宣告属于概括性质，涉及俄罗斯的所有非俄民族；而第二份宣告则专门面对穆斯林，内容如下：[1]

致俄罗斯所有穆斯林工人，东方同志们！兄弟们！

俄罗斯正发生着重大事件。为了瓜分外国土地而发动的一场血腥的战争即将告终。已经征服世界各族人民的掠夺者们的统治正在垮台。在俄国革命的打击之下，以奴役为基石的腐朽帝国正在倒塌。恣意妄为压迫的世界已到尾声。一个新世界，一个已经解放自己的工人阶级的世界正在诞生。站在这个新世界的最前线的是俄罗斯工农政府——人民委员会。

革命委员会的工农兵代表遍布整个俄罗斯。权力掌握在人民手中。俄罗斯的劳苦大众一致希望建立真实的和平，帮助全世界受压迫人民获得自由。

……正身处于这些伟大事件中，我们和你们，在俄罗斯和东方的劳苦的却被剥夺权利的穆斯林们站在一起。

俄罗斯穆斯林们，伏尔加河和克里米亚的鞑靼人们，西伯利亚和突厥斯坦的吉尔吉斯人和萨尔特人们，外高加索的突厥语部众和鞑靼人们，高加索的车臣人和山地居民们，你们所有的清真寺和朝拜场所都已被摧毁，你们的信仰和习俗都已被俄罗斯沙皇和压迫者所践踏！从现在开始，你们的信仰，你们的习俗，你们的民族和文化机构都被宣布为自由和神圣不可侵犯的。请自由地安排你们的民族生活吧！这就是你们的权利。要知道，你们的权利和所有俄罗斯人民的权利一样，受到革命力

---

[1] B.Hayit, *Sowjetrussische Orientpolitik am Beispiel Turkestans* (Köln-Berlin, 1962), pp.217-218. 作者在这引用了两部苏联出版作品作为俄文原本资料：*Sobranie ukazov rasporyazheniy raboche-krestyanskogo pravitelstva* (Moscow, 1917-1918), vol.19 (Dec.1917), no.7, appendix 2; and Narodnyi komissariat po delam natsionalnostey, *Politika sovetskoy vlasti po natsionalnym delam za tri goda, 1917-1920* (Moscow, 1920)。

量及其代表机构工农兵代表委员会的保护。由此请支持革命及其执行机构——政府！

……俄罗斯穆斯林们！东方穆斯林们！在这条通往世界重生的道路上，我们期待着你们的同情和支持！

签名：V. 乌里扬诺夫（V. Ulyanov［列宁］），人民委员会主席。J. 朱加什维利（J. Dzhugashvili［斯大林］），民族事务委员。

距彼得格勒革命爆发仅隔几天，在塔什干也爆发了布尔什维克革命，1917年11月15日第三次突厥斯坦苏维埃代表大会宣布在中亚成立新的权力机关。这个新政权将由地方政府——突厥斯坦人民苏维埃（Turkestanskiy Sovet Narodnykh Komissarov，通常缩写成 Turksovnarkom）委员所代表。与这次大会同时进行的，是第三次中亚穆斯林代表大会也在塔什干召开。一些与会者要求自治，但主持大会的席尔·阿里·拉平向苏维埃建议成立一个俄罗斯人和突厥斯坦人的联合政府。这些要求和建议被拒绝，突厥斯坦人民苏维埃主席 F. I. 科列索夫（F. I. Kolesov）发表了如下声明：

目前接受穆斯林进入地方革命政权最高机关是不可能的，因为当地人对于工农兵苏维埃代表的态度不甚明朗，而且当地居民也还没有无产阶级组织，如果以后有的话，（布尔什维克）党欢迎其加入政府最高机关。

这些事件出现在彼得格勒中央政府对俄罗斯穆斯林的宣告之后，随后的事态发展证明，是塔什干声明的精神而不是彼得格勒的宣告，将一直决定着苏维埃政府对于俄罗斯穆斯林的态度。不过，这两种态度的不一致的确被彼得格勒宣告中的一处具有深远影响的措辞所掩饰：这一呼吁是向伊斯兰世界所有工人（*trudyashchiesya*，也许更确切的翻译为"劳工，劳动者"），用马克思主义术语说就是"无产阶级"。尽管它重申了民族自决的权力，但隐含地排斥了资产阶级从而给予苏维埃政权以策略优势，并随后使其优势更加完善：因为在中亚，如当时的其他伊斯兰国家，没有当地工人阶级，而大多数本地领导者不是来自资产阶级就是来自宗教机构。

彼得格勒宣告的另一个重要特征就是其普遍性：它是面向所有穆斯林，不仅仅是在俄罗斯人统治之下的。这显示出中亚在世界革命的概念下是多么完全地处于从属地位，而且显示出这一设想是多么得必然，即现在的俄罗斯掌权者应该就是那场革命无可争辩的领袖。对于他们来说，突厥斯坦不过是一个跳板，而不是为了该地区自身的利益而解决这里的问题，满足当地人愿望。正如1919年斯大林发表的声明中特别明确地出现的一场非常严肃的巨大的竞赛，而在这场竞赛中突厥斯坦的角色不过是作为一件非常重要的抵押品。斯大林说："突厥斯坦，因其地理位置，是连接社会主义俄罗斯与东方受压迫国家之间的一座桥梁，因此在中亚加强苏维埃政权也许会对整个东方产生最伟大的革命意义。"这就是在莫斯科（首都自彼得格勒迁入）的共产党中央政权的全球视野，但这也无疑不排除其他因素：最首要的就是那些掌权者在心理上自然倾向于将他们的观点和愿望强加到那些被其统治的人们身上，以及继续保持曾经获得的一切。此外，俄罗斯曾经作为一个伟大帝国的民族自豪感，也许会在俄罗斯社会各阶层中起着重要的心理作用。社会各阶层包括地位低下的俄罗斯公民一直到像斯大林那样一旦越过民族鸿沟，加入或成为该帝国的主人行列的异族人。斯大林在当时是民族事务委员，随后即使民族委员会（Narodnyi Komissariat Natsionalnostey，简称为 Narkomnats）被废除之后，他自己也成为俄罗斯最有权力的人物，但也从来没有停止重视苏联的非俄民族问题。随着斯大林崛起，起初对于如何严肃采用民族自决权的可行性讨论已经结束。只有那些拥有无懈可击的凭证的人们才有这样的权力，这些凭证中最重要的部分就是坚定不移地忠于莫斯科。

"浩罕实验"

公元1917年11月，在其统治初期，塔什干的布尔什维克人加速建立与彼得格勒政府的牢固联系，11月23日他们发出如下电文："人民苏维埃（Sovnarkom）认为执行你们的命令是职责之所在。"在塔什干的人民苏维埃和苏维埃政府——议会和政府初始模式——也许会传播革命的和进步的思想，但它们也几乎被突厥斯坦的俄罗斯人和欧洲少数民族所独占。我们已经提到席尔·阿里·拉平试图与俄罗斯人协商从而能分享权力，在遭到科列索夫的反驳之后，穆斯林领导人决定召开第四次会议以寻求解决方案。于是1917年12月他们在浩罕会谈，浩罕在那时尚处于革命的塔什干行政和军事控制之外。这次会议的显著之处不仅在于保守派"乌理玛联盟"（*Ulema Jemiyeti*）与进步派伊斯兰委员会（*Shura-yi Islam*）形成联盟，而且在于反布尔什维克的非穆斯林也参加了会议。

这次大会推选出一个议会，即人民议会（*Khalq Shurasi*，"*Shura*"从俄语"*sovet*"翻译过来，意为"建议，会议"，其英语形式为"*soviet*"），由54名成员组成，其中36位是穆斯林，而其他18位是俄罗斯人或其他非穆斯林，席尔·阿里·拉平成为这个议会的主席。1917年12月11日该议会提议任命一个由10名成员组成的委员会，打算组成一个临时政府。这个议会和政府宣称代表这一地区和人口，因此与在塔什干的苏维埃政权宣称代表的区域范围相同：居住着5363000人口的1524000平方公里的地区。该议会采取如下决议：

> 第四次特别大会表达了突厥斯坦人民依照伟大的俄国革命所公布法则而寻求民族自决的愿望，宣布突厥斯坦地区联合俄罗斯联邦民主共和国实行自治。突厥斯坦自治方式的详细解释委托给突厥斯坦制宪会议，该会议必须尽快召开。大会因此宣誓少数民族的权利将得到充分保护。

由此从1917年12月至1918年2月，在突厥斯坦出现了主要以穆斯林为主的浩罕地方政府，与主要以俄罗斯人为主的塔什干政府之间的具有历史意义的对抗。根据民族自决精神，前者可以宣称具有更合法的身份；然而在布尔什维克人眼中，它是一个资产阶级政府，必须被消灭：对于他们来说，二者之间不存在任何妥协，但是人民议会在公元1918年1月向布尔什维克政府间接呼吁他们履行民族自决的公开承诺时，浩罕的穆斯林们还没有充分意识到莫斯科的中央政府究竟更倾向于哪一方。作为民族事务委员，斯大林针对浩罕要求解散塔什干苏维埃的上诉，做了充满讥讽的回复：

> （塔什干）苏维埃在他们内部事务中实行自治，并依据实际资源履行职责。由此，突厥斯坦当地无产阶级不该因为认为突厥斯坦苏维埃依靠的是非穆斯林军队，就向中央苏维埃政权上诉请求解散突厥斯坦苏维埃，如果他们依赖的武装力量是来自当地无产阶级和农民的话，他们自己应当自行以武力解散突厥斯坦苏维埃。

斯大林当然知道突厥斯坦真正的武装力量掌握在俄罗斯人手中，而且也知道塔什干和浩罕的对抗中只能产生一个结果。那就是，说到底是莫斯科和浩罕之间的较量，只是初期的内战一开始就避免了来自中央政府的直接干预。即使在那种情形下，穆斯林证明无法对抗塔什干的俄罗斯人：浩罕政府事实上没有军队，几乎没有行政机构，只有微不足道的资金。塔什干政府派出一支小规模的远征队，在1918年2月22日攻下浩罕，逮捕了没有逃走的议会成员，并在费尔干纳确立了苏维埃统治。

阿拉什·斡耳朵和吉尔吉斯（哈萨克）苏维埃社会主义自治共和国（KAZSSR）

当寿终正寝的突厥斯坦总督区的穆斯林竭力获得权力认可，首先在塔什干，然后的"浩罕实验"均告失败之时，草原总督区和其他两省，图尔盖省和乌拉尔斯克省的哈萨克人也做了类似的努力。这些努力以一场名叫"阿拉什·斡耳朵"（Alash Orda）运动的具体化形式出现，其名得自于哈萨克游牧人的传统战斗口号"阿拉什！"（Alash）。起初这个运动的机构类似于那些各种各样的爱国者组织，但是经过公元1917年7月到8月在奥伦堡召开的第一次大会之后，它担负了一个处于领导地位的民族党派的角色。到1917年12月，这个党建立了一个哈萨克政府，然后向莫斯科恳求认可，其方式类似于稍晚但较短暂的浩罕政府。它最终也失败了，其原因也相似：没有一支可供支配的真正军队，财源匮乏，因此不足以抵抗布尔什维克，而布尔什维克坚决消灭任何竞争对手。作为控制着哈萨克地区相当大区域的民族政府，"阿拉什·斡耳朵"甚至几乎没有存在过；另一方面，作为一场运动，它一直努力坚持到1920年3月，也就是红军对白军的决定性胜利之后，被吉尔吉斯（即哈萨克）革命委员会（该组织由俄罗斯布尔什维克所控制）下令解散。

到那时，莫斯科对于哈萨克斯坦有着自己的计划，并迅速开始实施。1920年8月26日列宁和斯大林签署"关于建立吉尔吉斯苏维埃社会主义自治共和国"的命令。这在同年的10月变成了现实，在奥伦堡召开了哈萨克苏维埃大会，于是吉尔吉斯（即哈萨克）苏维埃社会主义自治共和国产生了。在某些方面，在哈萨克斯坦的进程和结果类似于突厥斯坦，在后者那里，突厥斯坦苏维埃社会主义自治共和国也几乎同时产生。不过，在某种特殊意义上，哈萨克地区却领先于中亚其他地区，不像突厥斯坦，哈萨克的苏维埃社会主义自治共和国是以民族语言因素，即在一个本土民族哈萨克人的基础上成立的。这一因素作为主要原则将在1924年指导成立中亚的其他四个共和国，即乌兹别克斯坦，吉尔吉斯斯坦，土库曼斯坦和塔吉克斯坦。

突厥斯坦苏维埃社会主义自治共和国（TASSR）

正如我们看到的，公元1918年2月"浩罕实验"失败之后，在突厥斯坦地区除了仍然继续存在着布哈拉埃米尔国和希瓦汗国外，塔什干苏维埃是唯一的政权组织。俄罗斯人的统治在那里很牢固，但是离俄罗斯中心的距离遥远，加之它们之间关系因暂时的内战而阻隔，的确产生了某些特殊情况。其一就是在较长一段时间里，布尔什维克与俄罗斯的其他政治派别共同分享权力。因此在1918年4月塔什干召开的突厥斯坦苏维埃第五次代表大会上，263位代表中只有86位来自布尔什维克，紧跟其后的最强大派别是拥有70名成员的社会主义革命分子集团（SRs），即少数派；剩下来的87位代表是无党派（bezpartiynye），其人数超过了布尔什维克。布尔什维克清除其他派别不过是时间问题，并将分配给无党派以永久附属角色，这一形势，虽然很短暂，但对于穆斯林们而言却有着一定意义。

尽管对于穆斯林任何真正自治的企图都给予无情的镇压，布尔什维克虽然不一致，但的确试图终止俄罗斯人虐待穆斯林的行为，同时也开始吸收一些可证明自己阶级背景清白的穆斯林代表候选人进入政权。因此当代表大会任命新的苏维埃委员时，由 F. A. 科博泽夫（F. A. Kobozev）主持的地方政府 16 名成员有 4 位是穆斯林，在由代表大会选举产生的 36 名中央执行委员会（*Tsentralnyi Ispolnitelnyi Komitet*，缩写为 *TsIK* 或 *Ispolkom*）中有 10 位是穆斯林。塔什干的布尔什维克努力吸收当地人进入他们的政治进程中是来自莫斯科方面的压力的结果。此外，他们还对突厥斯坦其他俄罗斯人也表现出相同的态度：保持统治者和被统治者之间的基本分离，鼓励在所有阶层加强俄罗斯人和其他欧洲成员的地位。因此，塔什干苏维埃（*Sovnarkom*）一位显赫的成员陶博林（Tobolin）在 1918 年曾说："从马克思主义观点来看，吉尔吉斯人（这里是指哈萨克人）是非常虚弱的，无论如何，他们都会不得不消失，所以更重要的就是应该利用他们的人力资源去前线与革命的敌人战斗而不是让他们面对饥荒白白饿死。"

在饥荒肆掠横行于突厥斯坦和哈萨克斯坦的那些岁月里，特别是 1918—1919 年的严酷冬季，对于当地人的打击比欧洲人更为严重，不过穆斯林的大量伤亡数字并不完全是非常讨厌的：俄罗斯移居者可以取而代之，当地人死亡数字的估计从一百万到三百万不等。谢米列契耶省（七河地区）一位共产党官员 G. 萨法洛夫（G. Safarov）在 1921 年的俄罗斯共产党第十次代表大会上陈述："自苏维埃政权成立之后，谢米列契耶省的俄罗斯人土地拥有比率从 35% 上升到 70%，而吉尔吉斯人（即哈萨克人）的死亡率估计达到 35.5%。"

看来莫斯科的一些领导人也对这些发展感到满意。1921 年，G. L. 皮亚塔科夫（G. L. Pyatakov）写道，大约二百万（当地）人死于突厥斯坦，因此计划转移 150 万俄罗斯人迁居到被腾空的土地和房屋中去。

然而莫斯科更注重意识形态的布尔什维克领导阶层开始对这一状况变得忧心忡忡，因为虐待突厥斯坦穆斯林可能危害把中亚作为朝向整个殖民世界革命跳板的计划。因此从 1918—1920 年，中央和塔什干地方的共产党领导们之间出现了争执且不断深化。塔什干苏维埃意识到从长远来看，他们需要莫斯科的支持来维护突厥斯坦俄罗斯人的利益，同时他们也要求大量的自治从而以自己的方式管理这个省。但最终莫斯科获胜，强制地方政权善待当地人和开始吸收当地人进入权力机关。同时，在莫斯科和那些加入共产党的突厥斯坦穆斯林们之间的另外一场争执初步成形。他们加入共产党后试图保持对于自己国家将来的看法和目标。在这一方面，莫斯科也将获胜。这些平行而矛盾的争执给突厥斯坦苏维埃社会主义自治共和国（TASSR）的历史打上烙印。

公元1918年4月30日，突厥斯坦苏维埃第五次代表大会结束时成立了突厥斯坦苏维埃社会主义自治共和国。由此塔什干共产党遵从了P. A. 科博泽夫（P. A. Kobozev）带来的命令，他随后成为前文提及的中央执行委员会（TsIK）主席。在过去近一年中，本地领导人应当进入党、政府和甚至军队的命令不被理会，因为内战阻隔了突厥斯坦与俄罗斯之间的联系，使得那种不服从的状况得以出现。穆斯林领导人在1918—1919年的那场严冬中所最能做到的就是组织行动减轻他们同一信仰者所面临的饥饿死亡威胁的困境。一位这样领导人是图拉尔·雷斯库洛夫（Turar Ryskulov，或 Riskul-uulu，1894—1938年），他是来自哈萨克-吉尔吉斯边境地区的哈萨克人或吉尔吉斯人。

到1919年春季，内战已经平息，莫斯科开始在突厥斯坦采取更果断的行动。一个突厥斯坦非常委员会（Turkkomissiya）被派遣直接监督当地苏维埃（Sovnarkom）。虽然当时只有其中一位成员科博泽夫（Kobozev）设法抵达了塔什干，但他和助手们开始采取措施并取得重要成果。其中之一就是在1919年四月形成了共产党穆斯林派（Musulmanskoe byuro，简称Musbyuro）。很快党的队伍因这些如T. 雷斯库洛夫（T. Ryskulov）和N. 霍贾耶夫（N. Khojaev，或 Khodzhaev，注意不要与费祖拉·霍贾耶夫［Fayzulla Khojaev］，布哈拉人民共和国主席相混淆）等人的加入而变得复杂。这一新政策不同寻常的特征就是忽视了加入布尔什维克的基本保留条件。这些基本保留条件，无论在塔什干还是在其他地区，总是与当地新成员的阶级认同方面有关。这些新成员都是真正的民族领导人，主要来自中、上阶层。在进行本土化（korenizatsiya）方面，莫斯科似乎忘记了对自己的告诫，很快就不得不面对在突厥斯坦出现的一个新问题,即民族共产主义。

也许只有很少数的当地领导人真正信仰共产主义,但他们也不属于保守派。大多数是来自扎吉德(jadids)改革派运动,实现突厥斯坦现代化、社会公正和民族解放是其目标。1919年莫斯科的行动使他们相信作为民族共产主义者,他们可以实现这些目标,而且起初这一信念也受到列宁本人的鼓励。与俄罗斯穆斯林的关系总体得到改善,布尔什维克政府和哈萨克以及巴什基尔(Bashkir)民族团体的敌对关系已经停止。共产党第八次代表大会启动新行动纲要吸收穆斯林加入社会主义阵营,政府似乎准备与穆斯林领导人协商。巴什基尔人泽基·瓦利迪(托甘)(Zeki Velidi [Togan])很长一段时间在莫斯科,见到了列宁、斯大林和其他布尔什维克领导人。突厥斯坦、哈萨克斯坦、巴什基尔斯坦(Bashqurtistan)、鞑靼斯坦(Tatarstan)和其他穆斯林地区的将来地位问题看来前景明朗,在当时观察者和参与者看来,真正的自治或甚至独立似乎有了可能。

当时,俄罗斯人自己似乎对于重要的一点犹豫不决:突厥斯坦是否应该成为一个民族政治单元,还是应该被分成几个更小的具体单位。事实上,这一问题甚至在行政和政治意义上超越了突厥斯坦的问题:很多穆斯林领导人将所有的中亚地区视为广义上的突厥斯坦,包括哈萨克斯坦、巴什基尔斯坦和鞑靼斯坦。这暗含在泽基·瓦利迪与列宁的谈话中,因为这位巴什基尔领导人声称代表广义上的突厥斯坦。1919年7月初,列宁要求泽基·瓦利迪评估一下来自泛伊斯兰宣传者穆罕默德·巴拉卡图拉(Muhammad Barakatullah)[1]的一份穆斯林地区计划;泽基·瓦利迪反而向列宁递交了一份他自己的方案。据泽基·瓦利迪所说,列宁很欣赏这一建议书,并将其大部分——虽然不是全部,这是很重要一点:军队是其中例外——吸收到中央指示中去,并于1919年7月12日用电报发到塔什干。这使得突厥斯坦的布尔什维克们惊慌失措。的确,即使有上述提及的例外,中央新指示也超越了共产党第八次代表大会决定的以及科博泽夫在当年2月所带来的政策。不

---

[1] 来自博帕尔(Bhopal,印度城市名,是印度中央邦首府)的巴拉卡图拉是一位最有性格的穆斯林知识分子,在第一次世界大战爆发前离开印度,继续从事泛伊斯兰民族主义或革命活动。请参阅 J. M. Landau,*The Politics of Pan-Islam* (Oxford, 1990), pp. 195-197。

过，莫斯科拒绝将基本上是俄罗斯人的红军替换为当地人军队，或拒绝将基本政府让渡给穆斯林，或在突厥斯坦非常委员会让穆斯林成员占多数。

即使在这些情况下，穿着共产主义新外衣的穆斯林民族主义者们起初似乎达到了他们的一些目标。在图拉尔·雷斯库洛夫领导下，他们反对把突厥斯坦分成几个单独民族的初期划界，但拥护成立一个真正自治的突厥斯坦共和国，将有着属于自己的军队、外交事务和财政。公元1920年1月在塔什干召开的第五次突厥斯坦地区共产党代表大会上，穆斯林成员在党的框架里获得了所能取得的最伟大的政治胜利。1月17日大会通过如下决议：

> 本着工人阶级和被压迫者的国际团结的利益，大会决议反对努力将突厥人民分成不同民族群体如鞑靼人、吉尔吉斯人、哈萨克人、巴什基尔人、乌兹别克人或其他民族以及成立更小的单独共和国的提议。反而，着眼于塑造所有突厥人民（也包括到目前为止没有加入俄罗斯苏维埃联邦社会主义共和国 [RSFSR] 人民）的大团结，大会提议成立一个突厥苏维埃共和国的方式以统一它们，无论是否可能实现，提议依照地域邻近的原则，联合不同突厥民族。

这一决议意蕴深远：尽管没有协商与俄罗斯的联邦关系，穆斯林代表设想了一个突厥苏维埃共和国，拥有潜在的广阔地域，其首要共性将是突厥身份认同。除此决议之外，雷斯库洛夫集团也要求将突厥斯坦苏维埃社会主义自治共和国重新命名为突厥共和国，将突厥斯坦共产党更名为突厥人民共产党；另外一个要求就是解散突厥斯坦非常委员会（*Turkkomissiya*）因为它的存在已经妨碍了突厥斯坦的自治。

回顾起来，民族主义者的这些要求显得不切实际，但这些都是拥有这个共和国最高政治发言权的突厥斯坦共产党大多数表决的结果，因为这大多数表决的确反映了这一地区的民族构成。正值此时此刻，作为决定性力量的俄罗斯共产党和红军开始发力。1920年3月8日，莫斯科给出明确的和决定性的回复：突厥斯坦共产党今后仍是俄罗斯共产党的一部分，作为其地方分部；毫无疑问会有一个突厥共和国。就突厥斯坦苏维埃社会主义自治共和国而言，其国防、外交、铁路、财政和邮政人民委员会必须置于联邦上级部门的管辖之下。

这就是突厥斯坦多方面斗争的结果。这有两个阶段：首先莫斯科抵消了那些俄罗斯势力，他们一直不愿在政治上平等接纳本地人；然而随后塑造这个前殖民地未来是它自己的观点和愿望，而非穆斯林们的。莫斯科也打了一手好牌，但说到底，无可争辩地掌握红军才是确保这场胜利的关键。

花剌子模和布哈拉苏维埃人民共和国

突厥斯坦苏维埃社会主义自治共和国成立于公元1920年3月，持续到1924年10月，从地域上是沙俄突厥斯坦总督区的行政延续。其行政沿革也在同一时期，包括布哈拉和花剌子模（Khorezm，或Khwarazm）苏维埃人民共和国。在殖民时代，布哈拉酋长国和希瓦汗国想方设法强加给他们臣民两个世界中最糟糕之处境：人数很少但精力充沛的布哈拉和希瓦青年党知道作为沙俄的被保护国，他们祖国进入屈辱的受剥削的殖民地行列；作为半中世纪独裁者的臣民，他们自己甚至也被剥夺了俄罗斯殖民者给予其直辖的突厥斯坦总督区那种微不足道的"恩惠"。他们认为，公元1917年爆发的十月革命和随后布尔什维克向俄罗斯穆斯林的呼吁书，提供了一个难得的机会，将他们祖国从腐朽专制和殖民统治下解放出来。结果，他们设想中的斗争在中亚成型，同时，他们在从1917—1920年的行动呈现出与这一地区其他地方的穆斯林同伴的不同之处。

改革者们起初并没有企图废除君主政体，他们所需要的是温和的专制统治以及一定程度的现代化的政治体制和教育。然而，希瓦汗国，尤其是布哈拉酋长国，以及它们内部的保守派，被证明是强硬顽固的死敌。他们特别固执地拒绝这些改革，所以改革派最后在逻辑上和心理上被迫投入俄国革命者的怀抱并成为他们必不可少的盟友。因此当塔什干的布尔什维克们正在消灭愈演愈烈的"浩罕实验"时，这两个保护国的改革者们向他们呼吁在他们为自由而斗争时给予援助。在1920年同月，当莫斯科浇灭了塔什干的穆斯林代表建立一个真正独立的突厥斯坦共和国的希望时，布哈拉穆斯林们看到了他们唯一的希望就在于俄罗斯干涉反对这一更加险恶的埃米尔专制，而埃米尔现在认为自己已经摆脱了沙皇强加的宗主权给他带来的种种限制。这个任务的艰巨不只体现在当地人对于劝说埃米尔接受改革的无能为力，而且也体现在 1920 年 3 月俄罗斯第一次远征进攻埃米尔的失利。第二场战役，发生在同年 9 月，因为有充分准备，从而迅速获胜。埃米尔逃走了，当布哈拉苏维埃人民共和国在 10 月成立时，民族主义者认为他们的梦想终于成为现实。费祖拉·霍贾耶夫成为政府总理而阿卜杜勒拉乌夫·菲特拉特（Abdarrauf Fitrat）任外交部长。尽管一些俄罗斯人也进入了政府，但是这个共和国看起来正是浩罕和塔什干的爱国者所争取建立的一个穆斯林共和国。同样的进程也发生在 1920 年 2 月，花剌子模（这个地区具有历史意义的地名压过了其最近的都城希瓦）苏维埃人民共和国成立了。

1924 年的民族划界终止了这两个共和国的存在，他们的领土被并入新成立的乌兹别克斯坦、土库曼斯坦、哈萨克斯坦和塔吉克斯坦这些共和国。这一措施显示出这两个共和国独立的虚幻本质。不过，它们的确拥有过也许被称之为真正的自治，尤其是它们存在的头两年，也为中亚穆斯林们有着能够管理自己的活力和精力做出了最好诠释。在废止这两个共和国之后，他们的一些领导人如霍贾耶夫和菲特拉特参与这一政治进程，并成为新成立的共和国，尤其是乌兹别克斯坦的知识分子精英。

民族国家划界

1920 年 3 月，在突厥斯坦苏维埃社会主义自治共和国，穆斯林领导人失去了权力，但他们没有立即屈服。无畏于他们俄罗斯同志给他们贴上的"资产阶级民族主义者"或"右倾分子"的标签，他们直接向莫斯科陈情，希望中央机关会作为更具有同情心的听众。1920 年 5 月，他们的代表团由 N. 霍贾耶夫（N. Khojaev）、贝克-伊万诺夫（Bek-Ivanov）、T. 雷斯库洛夫（T. Ryskulov）组成，抵达莫斯科，带去了请愿书，其中包括重复他们的要求和抱怨地方当局和移居者造成了当地人民的持续苦难。与此同时，不为那些穆斯林代表所知的 Sh. Z. 叶利亚瓦（Sh. Z. Eliava）和伊恩·E. 罗素达克（Ian E. Rudzutak）也到达了莫斯科。他们是突厥斯坦委员会的成员（他们都不是突厥斯坦人，叶利亚瓦来自格鲁吉亚，而罗素达克来自俄罗斯波罗的海省），将向中央政府提供他们版本的来龙去脉。5 月 25 日，政治局研究了这一局势，而列宁对此怀有特别的兴趣。该决议在 7 月 13 日公布：命令突厥斯坦委员会与泛伊斯兰主义和泛突厥主义做斗争，但也要组织准备一份地图显示突厥斯坦的民族构成并研究这样一个问题："融合"（*sliyanie*）还是"划界"（*razmezhevanie*，但"划分"是更好的译意，不过"划界"是苏联问题专家使用的标准术语），哪一个是更好的解决方案。因此启动了这一进程并将在 1924 年导致突厥斯坦转变为一个拥有 5 个国家单位的地区：也就是哈萨克斯坦、吉尔吉斯斯坦、乌兹别克斯坦、土库曼斯坦和塔吉克斯坦这些现代共和国的早期形式。

　　这一进程最值得注意的特征就是，经历 1920 年春、夏一连串活动之后，却保持休眠状态直至 1924 年初。对于这一延期有两个主要原因：一个原因就是当时中亚本身复杂局势，因此中央的布尔什维克领导人感觉有必要设计比俄罗斯帝国更广泛的多民族的苏维埃帝国的形式和名称；另一个原因就是发生了巴斯马奇（*Basmachi*）运动，一场当地人反抗苏维埃的暴动。镇压这场暴动优先于在中亚所采取的其他措施。到 1923 年末，这些问题大部分已经解决或在掌控之中。成立于 1922 年 12 月的苏维埃社会主义共和国联盟（简称"苏联"）为新国家的加入提供了合适的框架和名称；布哈拉和花剌子模的苏维埃人民共和国是非常顺从的政体，随时听从来自莫斯科的指示，而巴斯马奇运动不再构成威胁。因此在 1924 年初，列宁过世后不久，苏联领导人认为在中亚沿着民族语言线重塑边界的时刻已经到来。

　　第一步措施就是于 1924 年 1 月 31 日在莫斯科召开的俄共中央委员会会议，做出了在中亚实施民族国家划界（*natsionalnoe razmezhevanie*）的决议。上文提及的一位突厥斯坦委员会成员伊恩·E. 罗素达克被委托对这一计划做进一步的研究。"进一步研究"的重要部分就是将莫斯科决议传达给中亚共产党机关，因此在 1924 年 3 月 10 日突厥斯坦苏维埃社会主义自治共和国共产党中央委员会批准了民族划界计划。布哈拉和花剌子模这两个人民共和国党委也做出了类似的批准，并由莫斯科实施其后的重要步骤，5月11日中央委员会中亚局决定：（1）将成立乌兹别克苏维埃社会主义共和国和土库曼苏维埃社会主义自治共和国；这两国随后将直接（neposredstvenno）加入苏维埃社会主义共和国联盟；（2）将成立塔吉克自治区，随后将加入乌兹别克苏维埃社会主义共和国；（3）将成立喀喇-吉尔吉斯（Kara-Kyrgyz，也就是现代术语中的吉尔吉斯）自治区，但随后加入哪一个政体有待商榷；（4）居住在现在突厥斯坦苏维埃社会主义自治共和国地域的那些吉尔吉斯人（也就是现代术语中的哈萨克人）将加入已经成立的吉尔吉斯（也就是哈萨克）苏维埃社会主义自治共和国。

　　1924年6月24日俄共中央委员会接受了这一计划，因此从那时起，主要就是实施方面的问题。两个负责这一计划的机构，中央地区委员会和民族国家划界委员会遇到艰巨挑战，那就是在简短的三个月中，进行民族语言调查，分配经济和金融资产并核实随时冒出的奇妙的地域民族主义（例如哈萨克对乌兹别克：塔什干是一座乌兹别克城市，但郊外是哈萨克人）。1924年9月25日，中亚局主席I. A. 泽连斯基（I. A. Zelenskiy）向政治局呈递了一份关于这一计划最终形式的报告。这份计划被核准，到了10月14日，全俄苏维埃中央执行委员会批准了民族划界的草案，并在那时做了一些局部修改，随后做出决议：喀喇-吉尔吉斯自治区将加入俄罗斯苏维埃社会主义联邦共和国。1924年10月26日俄共中央委员会全体会议对这一裁定一锤定音。中亚的五个共和国，两个是最终形式，三个是初始形式，由此形成。

第十七章　苏联中亚

225　　我们已经知道，公元 1924 年 10 月，通过莫斯科所领导启动的一场特殊的历史性进程，中亚的突厥语和波斯语穆斯林获得共和国和自治区（州）地位，不过在这一进程中，他们本身却几乎没有积极参与进来。识别他们的语言和民族，将他们分类，以及随后他们的民族国家划界这些工作不是从一个国家内部崛起朝向民族自决的行动进程，而更像是研究动植物的科学家们被委派到公园或植物园所做的工作。不过在此情况下，这些科学家是俄罗斯语言学家、人类学家和政治家，他们的工作非常称职。一个证明就是，当 1991 年 8 月一场反对戈尔巴乔夫改革的政变失败导致苏联垮台时，哈萨克斯坦、吉尔吉斯斯坦、土库曼斯坦和乌兹别克斯坦公开宣布其独立共和国身份。

　　西方卷帙浩繁的关于苏联和后苏联时期问题的研究著作频繁陈述通过民族国家划界而形成的边界线是"人为的"，中亚很多地区存在着的少数民族飞地被提出作为佐证。此外，像在吉尔吉斯斯坦的奥什地区，1990 年 6 月该地最大的少数民族——乌兹别克族和吉尔吉斯民族主义者之间爆发的流血冲突这类事件，也可作为引证，预示着不久将会爆发灾难性的巨变。那种解决方案，即只有纯粹的单一民族、单一语言人口的地区才是他们自己的家园和处于政治支配地位的情况，在世界任何地区都很少见，因此，事实上每一个民族国家对于如何处理国内一个或多个少数民族问题，都必须设计出一种折中方案。与官方语言对应着的方言或少数民族语言的相关问题也被提及，以证明边界线是"人为的"。我们知道，乌兹别克斯坦是一个真正遍布大量突厥方言的地区。官方或"准确"语言与除了少数民族语言之外的形式各样的地域或社会方言的二分法，不只局限于乌兹别克斯坦，也可以从德国和英国的方言到美国的黑人英语（Ebonics）和西班牙语那里找到无数的例子。

这并非说就没有一个少数民族摆脱其少数民族身份的例子，不管是出于纯粹人数还是其他情况如地缘政治方面。哈萨克斯坦就从这两个方面展现了出来。其大量聚居的斯拉夫人口，随着民族国家划界后的二次移民潮而进一步膨胀，如果这个共和国的边界完整与其公民身份和忠诚对应的话，也许就产生了令人棘手的问题。塔吉克斯坦也被有些矛盾的问题所困扰：它甚至缺乏部落形成和部落联盟所提供的最低程度的凝聚力。他们具有突厥语游牧人特征，也许会帮助他们发展出一种民族认同感；与此同时，一个本该能将塔吉克社会凝结成立足于一个具有明确政治地域的可行政体的元素，这就是波斯语言和文明，但它太广泛了，并与其他文化和政治中心联系到一起，以致不能在受过教育的塔吉克精英的思想感情上注入必要的爱国精神。他们感觉像撒马尔罕、布哈拉或设拉子那些城市是他们历史文化中心，与之相反，塔吉克斯坦，甚至其首都杜尚别，也许很难摆脱其偏狭乡下或无关紧要的角色。

我们知道，在1924年10月奠定了苏维埃中亚的五个共和国的基础。其框架就是两年前，也就是1922年12月成立的苏联，为从前的沙俄帝国每一个非俄民族在这个新组织中找到自己合适的位置。这些位置因依照由莫斯科规划师分配各个族群的标签而有所不同，其中一些标签经过一段时间之后得到修改或重新洗牌。这也同样发生在中亚，到1937年这一进程最终完成，获得政治身份的地区将一直延续到苏联政权结束，这一政治身份的特征就是最终一致。这五个共和国都获得了加盟共和国地位——早在1924年的乌兹别克斯坦和土库曼斯坦，1929年的塔吉克斯坦，1936年的哈萨克斯坦和吉尔吉斯斯坦——在1937年春，一部宪法被各个共和国议会所采纳（在1978年被另外一部，也就是苏联最后一部宪法所替代）。各个国家的名称都是其民族名称后跟着形容词修饰语"苏维埃社会主义"，限定了该共和国的性质，例如，乌兹别克苏维埃社会主义共和国（Uzbek Sovet Sotsialistik Respublikasi〔其首字母缩写形式UzSSR具有优势，也可以代表这个共和国的俄语名称

Uzbekskaya Sovetskaya Sotsialisticheskaya Respublika])。其形式 *Uzbekiston*，在俄语中为 *Uzbekistan*，也被使用，但用在不那么正式的语境中。苏联有15个加盟共和国都按照同一模式组成，但诸加盟共和国中的首位（*prima inter pares*），即俄罗斯苏维埃社会主义联邦共和国（其简称为 *RSFSR*），享有特别地位。"联邦"一词表达了其内部进一步的联邦结构，因为这个共和国包括了16个"自治"共和国，都与其"俄罗斯老大哥"结成了联邦关系。这一用法有点不准确或不一致，因为一些其他的加盟共和国也包括了"自治"共和国，如乌兹别克斯坦包括卡拉卡尔帕克自治共和国，因此后者名称里也应该加入那样的描述性词语，即乌兹别克苏维埃社会主义"联邦"共和国（UzSFSR）。在中亚，塔吉克斯坦是拥有这种政治单位的其他唯一共和国，只不过其地位较低：戈尔诺-巴达赫尚（Gorno-Badakhshan）自治区（州）。

　　成为一个加盟共和国必须满足一定的条件，它享有一些特权，尽管这些被授予的特权只具有理论价值。最显而易见的条件就是它们有一段边界和外国接壤。在我们讨论中的这五个共和国中，哈萨克斯坦和吉尔吉斯斯坦与中国接壤，塔吉克斯坦与中国和阿富汗接壤，乌兹别克斯坦与阿富汗接壤，而土库曼斯坦与阿富汗和伊朗接壤。在一个加盟共和国所拥有的特权之中，最广泛的——如果它应该的确被视为一项特权而非一种强加义务的话——就是其组织结构仿照俄罗斯苏维埃社会主义联邦共和国（*Russian SFSR*），并在某些方面，总体上仿照苏联。其中最显著的权力，明确地规定在1937年的宪法中，那就是可以完全脱离苏联，变成一个独立的国家。各个共和国"主权"附加的标志就是其国旗、国徽和国歌。术语"主权"（是来自俄语 *suverennyi* 的借词，并由此获得中亚语言的形式，通常是 *suveren*）而不是"独立"（例如，俄语为 *nezavisimyi*，乌兹别克语为 *mustaqil*）被使用在各自的宪法中，这两个词之间具有重要的细微语义差异。这里的"组织结构"我们主要是指行政管理、政治和经济组织结构，也包括文化精神机构，甚至生活方式。在这个意义上，后者可能由莫斯科所塑造。

　　一个很好的例子就是乌兹别克苏维埃社会主义共和国1978年通过的第三部宪法所最终采用的苏维埃形式，而这被记录在《乌兹别克苏维埃大百科全书》（*Uzbek Sovet Entsiklopediyasi*，塔什干，1980年出版，第14卷，第

490—491页）中：

> 乌兹别克苏维埃社会主义共和国是一个社会主义民主国家（*sotsialistik umumkhalq davlat*），表达了共和国的工人、农民、知识分子（*ishchilar, dehqonlar, va ziyalilar*）以及其所有民族（*millatlar*）和族群（*elatlar*）劳动者的利益和意志……乌兹别克苏维埃社会主义共和国是在苏维埃社会主义共和国联盟框架下一个主权国家（*suveren davlat*），享有平等权利。苏联紧密地联合所有民族和族群，也就是苏维埃人民，形成一个国体，其目标是共同建设共产主义（*kommunizm qurish uchun*）。其政府在属于自己的领土管辖范围内独立地运行，<u>除了那些和苏联最高机关有关问题之外；它有权自由脱离苏联（*öz erki bilan SSSRdan chiqish huquqini saqlaydi*）</u>……乌兹别克苏维埃社会主义共和国有权与外国建立关系，签订条约和任命外交和领事代表，以及参与国际组织活动。乌兹别克苏维埃社会主义共和国主权权力由苏联根据自己的宪法（也就是苏联宪法）保证……最高政府机关是乌兹别克苏维埃社会主义共和国（*Uzbekiston SSR Oliy Soveti*）的单院制最高苏维埃（俄语"sovet"，字面意为"会议，建议"，但在这具有"国会，议会"的内涵），推选任期5年……在休会期间，其工作由最高苏维埃主席团主持。最高执行和行政管理机关是乌兹别克苏维埃社会主义共和国部长会议（*Uzbekiston SSR Ministrlar Soveti*）。地方政府机关是来自地区（州）（*oblast*）、区（*raion*）、镇（*shahar*）、乡（*poselka*）、村（*qishloq*）和营地（*ovul*）的代表组成的人民苏维埃，推选任期两年半。来自乌兹别克斯坦的32名代表和卡拉卡尔帕克斯坦（*Karakalpakistan*）的11名代表被推选入苏联最高苏维埃民族院（*Millatlar Soveti*）……<u>共和国政府和社会组织的中枢（*özak*）是苏维埃社会的指导和领导力量，是苏联共产党及其先锋队（*avangard otryadlaridan biri*）乌兹别克斯坦共产党。</u>

我们将在上面引用的摘要中的两句下画线以着重强调，它们因其特殊重要性而凸显出来。第一句陈述了乌兹别克斯坦政府在属于自己的领土管辖范围内独立地运行，除了那些和苏联最高机关有关问题之外；讨论中的首要问题是国防、财政、通讯、交通和外交，都由莫斯科统一指挥。仅仅这就显示出乌兹别克斯坦能自由脱离苏联显得是多么得纸上谈兵。第二句，"共和国政府和社会组织的中枢（özak）是苏维埃社会的指导和领导力量，是苏联共产党及其先锋队（avangard otryadlaridan biri）乌兹别克斯坦共产党……"尤其重要；它显示出共产党的独特角色，完全不同于西方意义上的政党：超越法律和传统政府之上，是这个国家真正的主人。对于其乌兹别克分部的评论也显示出：像一个军事先锋队，必须执行来自中央统帅部的命令（因此，俄罗斯-乌兹别克术语"奥特亚德"[otryad] 在军事用语之外使用得相当不寻常）。

除了这些整合平行的具体方面之外，这也存在着普及但隐蔽的整合。双轨运转就是如此设计：事实上在每一个最高主管职位，无论是是政府的、政治的，抑或文化上都有一个类似"双胞胎"的同事，理论上那个职位上的"第二号人物"但却实际上担负着监视他伙伴的角色。在大部分情况下，"第一号人物"是乌兹别克人、哈萨克人等。根据共和国规定，"第二号人物"由一位斯拉夫人，通常是俄罗斯人或乌克兰人担任。因此俄共党委与那些共和国党委平行，此外还存在着最高权威苏联共产党；俄罗斯科学院与其他加盟共和国科学院平行，此外又存在着苏联科学院；俄罗斯作家协会与其他共和国的平行，此外又有着苏联作家协会。文学月刊《新世界》（Novyi Mir）由在莫斯科的苏联作家协会出版，与之相对应的是双月刊《沙尔卡·裕尔图兹》（Sharq Yulduzi）由在塔什干的乌兹别克作家协会出版；《苏联大百科全书》（Bolshaya Sovetskaya Entsiklopediya）也有对应着的各个加盟共和国出版的百科全书，紧随1978年新宪法出台之后出版（除了14卷本的乌兹别克版，还有13卷本的《哈萨克苏维埃百科全书》[Qazaq Sovet Entsiklopediyasy]，8卷本的《土库曼苏维埃百科全书》[Türkmen Sovet Entsiklopediyasy]，8卷本的《塔吉克苏维埃百科全书》[Entsiklopediyai Sovetii Tojik] 和6卷本的《吉尔吉斯苏维埃百科全书》[Kyrgyz Sovet Entsiklopediyasy]）。

宪法中当然没有提及任何关于宗教方面的问题，除非我们采用似是而非的观点，认为共产主义和共产党担任了宗教信仰和一个有组织的宗教阶层的角色。我们已经看到，在中亚，伊斯兰教曾经占据了这一地区穆斯林的生活，而新政权则做出持续巨大的努力根除它，以"科学无神论"和共产主义取而代之。事实上这一政权不能完全消灭它，因为没有完全铲除组织化的宗教阶层，并最后允许数量大大减少的教会作为顺从的政府机构继续运行。因此在1942年，"中亚和哈萨克斯坦穆斯林理事会"在塔什干成立，数量减少的清真寺被允许在该区域运行。两所神学院，塔什干的巴拉克汗（Baraq Khan）和布哈拉的米尔依·阿拉布（Mir Arab）培训少量的穆斯林教士，然后他们将从事被政府尽全力搅得模棱两可的职业。为什么苏维埃允许组织化的伊斯兰教这样勉强维持呢？这出于好几个原因：一个就是简单地模仿俄罗斯联邦，在那里以类似的方式对待东正教；一个就是希望取悦国外的伊斯兰国家，他们的国家元首和官方代表团经常会被邀请访问中亚。

传统上认为中亚的这种整合平行模式是被取得的非凡的成就所支持，因为苏维埃努力使该地区现代化，其社会以史无前例的速度和活力发展。一旦苏维埃统治建立后，随后进行的就是创新改革，一些计划是立即进行的，但其他一些计划要等到第二次世界大战结束之后才逐渐展开。

在短短几年里，读写能力在学龄一代就变得普及，然后通过广泛的"扫盲运动"在其余人口中提高识字率。沿着统一的苏维埃路线将教育重组、扩大，并使之现代化，从小学实施当地人入学义务教育，到促进大学和学术研究机构教育。印刷的文字证明了这种变化。这一地区曾经只有少量或几乎没有报纸、杂志或印刷书籍，但到1924年之后，这些都很快以五种文字出版发行，其数量和内容飞速发展。最值得注意的是，语言文化革命的最终结果是，在一个曾经只使用察合台突厥语和法尔西语（波斯语）（Farsi [Persian]）作为书面语言的社会创立了6种新文学语言，即乌兹别克语、哈萨克语、吉尔吉斯语、土库曼语、塔吉克语和卡拉卡尔帕克语（Karakalpak）。

社会经济重组打破了旧秩序和建立了一个在某种程度上类似于在俄罗斯已建立的新秩序。生产资料如农田、牧场、牲畜、森林、矿藏和工业，都被国有化和集体化。宗教机构财产，在中亚因伊斯兰宗教公产（waqf，虔诚的捐赠）而特别可观，被充公没收，其宗教机构，如清真寺、神学院、道馆,被关闭,除了上述具有象征性的位于塔什干的巴拉克汗神学院和在布哈拉的米尔依·阿拉布神学院,以及一些七零八落的清真寺之外。妇女在教育和就业方面被给予平等权利和机会,不仅欢迎而且积极地吸收当地人参与政治和行政过程。具有沙俄和革命时期特点的俄罗斯人和当地人、统治者和被统治者的分离制度让位于一种理论上的平等,它由对"老大哥"地位的谨小慎微地尊重所调控。

俄罗斯统治下很有意义的结果之一——特别具有苏维埃式的——就是人口增长和城市化。这在一定程度上归因于殖民势力所建立的法律和秩序,而这与过去肆虐于该地区的频繁战火形成鲜明对照;部分则在于引入现代医学,尽管根据西方标准,也许是多么原始(并依旧如此)。在苏联时代之前,人口动态统计的精确数字要么缺乏,要么就是使用得很局限;在征服之前,现代意义上的人口普查基本不存在,在苏联之前的中亚的行政边界也完全不同于现在,从而无法做精确比较。这一切随着1924年民族国家划界而得以改观。1926年进行了第一次全面人口普查,然后分别于1939年、1959年、1979年和1989年再做普查。在1926年,总人口是13671000,而到了1989年,则达到49119267。其中一部分的增长来自前文提及的从帝国其他地区,主要是俄罗斯人和乌克兰人移民的涌入。而这使得他们在哈萨克斯坦形成了极大的规模,这在某种程度上也发生在吉尔吉斯斯坦,特别是在像塔什干、阿拉木图和比什凯克这样的政治经济中心。不过人口增长的主要原因是当地人的高出生率。直到最近,这一现象被视为中亚发展中的积极因素,受到苏维埃政府的鼓励。

然而这些措施、目标和成就都基于一些原则和方法。这些原则和方法如果超过一定的范围,就会危害到这一体制所取得的积极成果和最终价值判断标准。在这据称是没有阶级的社会中,拥有全部权力的共产党精英们创建了一个新的官僚贵族阶层,这一悖论因自相矛盾地宣称苏维埃统治就是工人阶级统治而被加以强调。工人的利益从未在政府的政策中失去其重要位置,但却变得越来越从属于共产党新官僚阶层至高无上的利益。这些新官僚阶层热衷于维护他们自己的势力和特权,而对这一切的保障只能通过镇压任何在其他方法、辩论或实验方面的企图,不管是在政治上、经济上抑或文化上(例如，罢工就不可能）。也许引用一位西方记者的话会有所裨益。他在 1992 年访问了哈萨克城市卡拉干达（Karaganda），富含煤矿的地区中心。这一地区仍受到 1989 年爆发的那场史无前例的事件的影响："1989 年这些可怕的（煤矿开采）隧道所喷发出的矿工罢工事件的回声响彻全苏联。这些愤怒的年轻人很有组织，要求并赢得了一个独立的工会。经过 6 年的奴役之后，工人们在进军。但他们的榜样，据他们自己说，是美国。"[1]

在全苏联，这导致了越来越停滞的状态，并滋生出一种不自然且虚伪的心理氛围；在中亚，新共产党阶层"纵向的"利己主义被一种"横向的"利己主义，也就是明显的以莫斯科和俄罗斯人为中心的"沙文主义"所混合。这一"沙文主义"继续迫使当地人顺从于俄罗斯人，尽管这一体制宣称"国际的"平等。"国际的"一词（在俄语中为 internatsionalnyi，引入到乌兹别克等语言中为 internatsional）在此语境中具有特殊意义：因为其含义被苏联的外延所严格限定，所以这一术语专指在苏联范围内所有国家之间相互关系，它不同于另外一个词 mezhdunarodnyi（乌兹别克语为 khalqaro），作为 internatsionalnyi 的近义词，则指与苏联之外国家之间的关系。从苏联意识形态观点来看，Internatsionalnyi 一词的含义是积极的，在某种意义上，事实上却是其本义的倒转：抹灭民族差异从而支持不断地发展相互性并最终达到同一性。这同一性不得不指向俄罗斯或俄化身份所锚定的目标，被称为"融合"（sliyanie），并最终出现传说中的"苏维埃人"（sovetskiy chelovek，该词在中亚语言中也有其对应术语，例如在乌兹别克语中为 sovet kishisi）。这也许的确是常年反复强调的"共同建设共产主义"的最终意义，否则就为一个早已由共产党政府统治的社会所困惑。[2]

总之，俄罗斯语言文化以及俄罗斯民族的角色作为价值标准和模范而被采纳，并最终完全势不可当地被加以确认，不容置疑或批评。俄语是每一个共和国的首要官方语言，并在公众日常双语生活和"国际"合作中占有优势地位；它也以两种方式侵入本地语言：通过字母和通过词汇。一个具有特色

---

[1] C. Thubron, *The Lost Heart of Asia* (Penguin Books, 1994), p.340.
[2] 纯马列主义者当然能反驳，认为共产党的角色只是引导社会主义国家走向共产主义的黄金时代。

的补充就是 1940 年莫斯科下令从罗马字母向西里尔字母转变。1928 年中亚人自己放弃了阿拉伯字母，而采用罗马字母，这在好几个方面是明智之举。例如，像古典的回鹘语所使用的粟特字母的情况一样，阿拉伯字母结构，在闪米特语言使用时可行，但对于中亚的突厥语和波斯方言来说就不适合，而罗马字母却能满足这些要求。土耳其也正在采取类似的措施，而使用相同的拼写字母，除了带来明显的实际利益之外，还将增进中亚和安纳托利亚突厥语民众之间交流渠道；最后，罗马字母更贴近世界舞台的窗口，因此选择它在中亚和在土耳其一样都有意义。当然，这最后两个理由，从莫斯科立场来说，是主要反对原因，最后莫斯科如愿以偿。其他的措施就是俄罗斯语言词汇和语音侵入本地语言（主要是突厥语言，但也入侵到塔吉克语）。借词对于中亚来说不陌生，但是它们进入当地语言要经历长达数个世纪的文化移入进程，从而顺应当地语言的语音规则。就拿吉尔吉斯语来说，阿拉伯词汇 *fatiha*（"法蒂哈"，指《古兰经》首章）变成 *bata*，*ramadan*（"拉马丹"，伊斯兰阴历九月）变成 *yramazan*，波斯语 *hunar*（指艺术，工艺）变成 *önör*。另一方面，俄语词和名称及其颤舌音都被引入 —— 就是用突厥语言和伊朗语言说话时必须带颤舌音，而苏联时期以前已经本土化的那些词汇要全还原到原来外语语音的形式（因此 *iskusstvo* 指"艺术，美术"，尽管有吉尔吉斯语本土化形式 *körköm önör*）。一个相关特征就是强行替代当地地名，用普尔热瓦尔斯克（Przheval'sk）重新命名这座城市，从而对原来纯粹的吉尔吉斯城市卡拉克尔（Karakol）造成不利。这也许故意弄得笨拙不得体的现象，超越了语言问题，我们也可以用吉尔吉斯斯坦首都伏龙芝（Frunze）的例子加以说明，其现代名称比什凯克（Bishkek）改自米哈伊尔·瓦西里维奇·伏龙芝（Mikhail Vasilevich Frunze），后者是出生在比什凯克的摩尔多瓦-俄罗斯人家庭的一位布尔什维克将领，在内战期间，指挥了主要的军事作战，巩固了中亚的苏维埃政权（如果采纳这一名字的吉尔吉斯语流行读法 Paranzo 的话，也许这一措施带来的影响会减轻）。乌兹别克、土库曼等民族至上的开国元勋、英雄、当代的领导人，也是俄罗斯人或俄化的苏联领袖，从列宁到斯大林、勃列日涅夫和戈尔巴乔夫。例如，以一个俄罗斯人而不是乌兹别克人命名主要机构甚至可以侵入一直是当地人神圣不可侵犯的领域，因此乌兹别克科学院文学研究所的名字中加上了一个形容词修饰语"普希金的"（在俄语中为 imeni Pushkina，乌兹别克语为 Pushkin nomidagi）——好像乌兹别克人从来没有拥有过属于自己民族的伟大诗人。例如自 15 世纪帖木儿王朝最伟大的诗人纳瓦依之后，事关本民族文化尊严的这一机构应该以谁命名？是更现代的名人更可取吗？而且为什么不是乌兹别克文学名人？乌兹别克斯坦的俄罗斯主人的思维过程，或者那些乌兹别克人急于迎合他们主人的思维过程就是政治精神病理学中的一处耐人寻味的案例。1837 年，普希金在 38 岁时过世，曾为有这样一种他发现很难妥协的制度而感到羞辱；一个世纪之后，乌兹别克诗人乔里番（Cholpan）也在类似年纪，因类似原因而在古拉格集中营（Gulag）消失。这一遭遇以及他勇敢美妙的诗句使得一些评论家称他为"乌兹别克的普希金"。乔里番不是一位政治人物，在他要妥协的对象中，不只是这个制度，还有外国入侵者。他于 1934 年被捕，随后短期内被释放，然后再次被捕，最后消失于古拉格集中营。初次释放他的时候，当局大概是认为他已经吓得与其他大多数人一样变得屈服，但他在塔什干一座剧院的一次公开露面中朗诵了如下诗歌："最后一块石头在我手中，我将投向我的敌人；最后的痛苦在我心里，我要实现我的梦想。"（Qolimda songgi tash qaldi, Yavimga atmaq istayman. Könglimdä songgi dard qaldi, Könglimdä songgi dard qaldi, Tiläkgä yetmaq istayman...）

镇压的主要目的可能就是最终的一体化进程，这是通过完全抛弃民族意志投向俄罗斯人。这些共和国历史的官方版本以及无数的申明和文章将俄罗斯征服描述为不是征服，而是"乌兹别克人（或哈萨克人、吉尔吉斯人等）和俄罗斯的自愿统一（dobrovolnoe prisoedinenie）"，其效果是积极的，即使这种"自愿统一"是发生在受到百般谴责的沙俄政权统治时期；而现在则被描绘成黄金时代，在此之中，这两个民族的归宿就是"永远"团结在联盟之中，慷慨和明智的"老大哥"和心怀感激的"小弟弟"。这个学说中也许不太显眼但很重要的一面就是事实上不允许有其他解释。

有一段时间，苏联政府曾以非洲和亚洲受压迫的殖民地人民的支持者形象出现，大力抨击殖民者；从 20 世纪 50—60 年代，一旦殖民地独立之后，苏联的宣传就迅速地转向新殖民主义主题，同时利用苏联的资源从事颠覆性的致命竞争，从而将世界的那一部分变成共产主义阵营。与此同时，它在中亚殖民掠夺的特殊烙印不仅肆无忌惮地继续，而且在某些方面达到了惊人的地步。运走原材料，以制成品作为回报的经典殖民模式在此实现的程度和形式，就连西方殖民势力在其殖民地的所作所为也望尘莫及。正如我们在导言一章已经说过的，莫斯科将中亚变成大农场，旨在生产更多的棉花。以此为目的，灌溉工程不断膨胀，超过了中亚河流的承载能力，使用化肥的单一种植作物使土壤耗竭，庄稼被喷射了大量的杀虫剂和除草剂，被完全机械化生产所取代后，廉价的当地劳动力常常被使用在采摘乌兹别克"人造白金"（oqoltin）的场合，而苏联宣传则不寻常地称这一特殊品种为"棉花国王"。这一冷酷场面中的廉价劳动力是学童，在秋天被驱赶到对身体有害的棉田中去而不是在教室里学习。单一种植棉花的政策在三十年代就已出台，但是从六十年代到八十年代达到真正惊人的地步。与此同时，这一地区真正有益的经济发展如工业化，小规模地起始于二十年代，保持着缓慢的增长，因为莫斯科选择将资金投到其他地区。此外，这里的工业倾向于集中到城市地区，那里经常输入俄罗斯和其他欧洲劳动力，人数超过了当地人。

　　乌兹别克斯坦、土库曼斯坦、塔吉克斯坦以及在某种程度上的哈萨克斯坦是主要的棉花生产地区。为了满足莫斯科的统治者，以其他方式利用哈萨克斯坦和吉尔吉斯斯坦。在沙俄时代，哈萨克游牧民看到他们的游牧空间随着俄罗斯移居者的大量涌入而不断缩小，但在苏维埃政权初期，他们仍旧在这个国家的中部和东部拥有可观的空间。在 20 世纪 20 年代末和 30 年代初，苏维埃政府强制性地将游牧民定居化，并将他们的畜群强制为集体所有。游牧民抵制这一运动，经常毁坏自己的牲畜，但随后的饥荒反过来摧毁了至少一百万哈萨克人口。到了三十年代后期，在这个共和国，哈萨克人口的比例下降到29%。 腾空出来的或人口稀疏的地区变得更加诱人，吸引着斯拉夫移居者进一步的涌入，这从五十年代后期至六十年代初期达到高峰。在那一段时期，赫鲁晓夫启动了著名的"开拓处女地"运动。这项政策从经济角度的可行性怎么看也是备受质疑的。这一地区对于全面农业开发而言，似乎缺乏足够的降雨，而只适合畜牧经济。在那里出现了不祥的征兆，即水土流失和沙漠化，但这对于当局来说，如同诸如露天开采那样的疯狂开发而导致环境退化的其他方式一样，他们完全无动于衷。

哈萨克斯坦东部的塞米巴拉金斯克被选作核试验地区，但在戈尔巴乔夫时期的改革（perestroika）和公开化（glasnosta）政策之前，在该地区的核试验以及其对当地人民的危害甚至没有被提及。核试验已经停止，但在那里，其留下的后遗症还是非常严重的。哈萨克人可以把这视为自被异族征服一百年以来对其国家造成创伤的又一个罪证。此外，中亚其他地区被用作有毒废物的垃圾倾倒场。很显然，其中一个这样的场所就位于契尔奇克（Chirchik，距塔什干东北大约30公里的一座城镇）附近。根据乌兹别克作家达达·汗·努瑞伊（Dada Khan Nuriy）所称，官员们——乌兹别克官员们——企图掩盖这处垃圾场的存在，但他们最终的坦白值得注意：

> 既然我们已经公开化了（glasnosta），那就顺其自然吧：事实就是，同志们在1985年接到高层的指示，将莫斯科地区的电子工业部含砷废物运到这里掩埋起来……我必须服从命令。[1]

无论是莫斯科在中亚覆盖的大片棉田，或是斯拉夫移居者前来种植玉米的集体农庄，还是有毒垃圾倾倒场，这些政策都在中亚当地人中实施得一帆风顺。20世纪20年代和30年代的共产党爱国者们被新生代共产党官员们所取代，他们的主要目标就是如何想方设法地逢迎他们莫斯科的主人，从而获得拥有特权享乐的地位。这一切的代价就是完全背叛他们自己国家民族的利益。

不过在中亚，不论政府官员还是精英，也受益于苏联政权的光明一面，在那里涌现出了全新一代受过教育的人才。他们自己在政府大力推广的免费教育中把握住了机会，然后开始从事自己选择的职业，尤其是那些他们最喜欢的职业如记者，或在不断增加的学校、学院和大学里从事教学和研究工作。的确，这和政府官员有一定程度的相似。他们无疑是现实主义者、共产

---

[1] J. Critchlow, *Nationalism in Uzbekistan* (Boulder, 1991), pp.92-94. 作者提到了一篇由 Dada Khan Nuriy 所写的1989年12月15日刊于 *Özbekistan adabiyati va sanati* 报的文章。

党员，或者至少向政权宣誓效忠过，而这是任何个人活动顺利的先决条件。在二战结束后的数十年里，当地学者和作家创作出大量丰富的文学作品和学术专著。他们知道什么可行，什么不可行。而这如果发生在三十年代，他们将会被毫不迟疑地撵回家，以至于在后来需要时偶尔被提醒。每一个加盟共和国完全顺从地实现一体化，而这首先是莫斯科的设想、设计和实施的政治进程，然后这一政治进程依靠无所不在的控制和强制执行机构得以开展。前文提及的乔里番就是最凄惨事件的例子之一，他们这些人是恐怖统治的受害者，恐怖统治对出现的哪怕一丁点的独立爱国主义热情都要加以扼杀。因此，阿卜杜勒拉乌夫·菲特拉特——20世纪早期的学者型改革者，正如其他突出领导人一样，也是在三十年代末期消失在古拉格集中营里；菲祖拉·霍贾耶夫（Fayzulla Khojaev），菲特拉特的同时代人，早年的乌兹别克苏维埃社会主义共和国总理，也位列1938年在莫斯科接受审判被处决的那批人当中。陶克尔·艾特玛托夫（Törekul Aitmatov），是著名的吉尔吉斯作家钦吉斯·艾特玛托夫（Chingiz Aitmatov）的父亲，一名共产党员，也因被怀疑有民族主义倾向而被投入古拉格集中营致死。这一后果就是当涉及他们自己民族的尊严、价值观或甚至他们同胞的物质利益等问题时，乌兹别克人和其他中亚人倍加小心谨慎。菲特拉特的命运警告了那些本来希望追随他的步伐，超越乌兹别克这个共和国界限之外追求以察合台语言文学为象征的中亚文化遗产的人们。在霍贾耶夫的例子中，他只是在他兄长墓前朗诵着一段来自《古兰经》的诗篇，一种很明显地体现他精神价值取向的行为，后来旧案重提被列入他罪证之一，导致像他那样的人在苏维埃法庭中的厄运。乔里番和陶克尔可以说分别站在这个社会的两端，因此看来毫不相容——一位是异议人士，另外一位是共产党员——也许被莫斯科的独裁者决心将这两人与打击所统治人民的精神的行动联系到一起。

不过，正如我们已经暗示的那样，我们对于苏联所强加给中亚人的一切所持的批判性观点都需要证据。苏联的民族和语言政策其实充满着矛盾，其学说的大部分哲学依据作为整个体系的基础。它的民族语言政策起始于确立民族语言边界的初期。莫斯科本来可以选择别的方式组织中亚，例如沿着经济和地理分割线。那样的措施本可以通过在教育、读写能力和出版方面，专用俄语而使其成为唯一真正可行的语言，并迫使钦察语、突厥语、塔吉克语"方言"后退到善意的富有家长作风的人类学研究的怀抱中去。但是莫斯科不仅以语言作为坚实的基础正确地指导着如何识别主要民族，而且通过上述的教育和出版运动立即巩固了这个形成的基础。如果最终的俄罗斯化是其目标的话，那么1924年的民族国家划界就是错误的举措，而接下来的政策以官方规定的新语言为基础来推动大众教育和出版会使中亚受到致命打击。[1]莫斯科的自相矛盾心理可能的确在其民族政策中达到高峰。它残酷地攻击"察合台主义"（在这一地区突厥语部众中产生的一种学术思潮，希望设想将中亚看作一个文化单元），并将其贴上"资产阶级民族主义"标签，因为害怕其成为中亚统一和独立的一种强有力工具；但是与此同时，莫斯科推动建立一种乌兹别克民族语言认同，允许当地人在官方认可的乌兹别克语（在察合台突厥语言方面，或是"老乌兹别克语"）标签下，培养共同的民族遗产。尽管莫斯科也一度曾侵入这一最终形式的民族语言认同，其民族遗产的重要方面被搁置一边，而使俄罗斯民族遗产被规定为仰慕和采纳的丰碑，即使那样，这一体制并没有放弃自己的原则，即宣称基于民族语言的自主和发展，条件是只要中央集权和共产主义地位不受挑战。莫斯科有时试图诋毁乌兹别克史诗《阿勒帕米斯》（*Alpamysh*）或吉尔吉斯史诗《玛纳斯》（*Manas*），但从来没有停止以中亚这些国家的语言出版列宁著作译本、党的日报和这些共和国的文学杂志。

　　中亚人继续保持着对其身份认同的敏锐意识。在像菲特拉特和乔里番那些领导人过世后的一二代时间，也就是苏联体制的最后阶段，他们的后人以拥护相同价值观的面目出现，但却能够继续幸存下来，这是由于他们已经从前辈那里吸取了教训，以及苏联体制本身的矛盾性或对他们不可避免地加以认可。我们已经提到陶克尔·艾特玛托夫之子钦吉斯·艾特玛托夫（生于1928年），作为拥有这些价值观的有说服力的使者。他所写的故事和小说在吉尔吉斯斯坦广受赞誉，尽管其大多数作品是用俄语创作的手稿，以及作者本人在表面上，似乎乐意向莫斯科的"凯撒"表达敬意。这两个方面，即作

---

[1] 致命打击就是指"俄罗斯化"运动。

品的俄文本和表面上接受这一体制，使得艾特玛托夫有可能继续生存下来，而且他的魅力不仅仅局限于鲜为人知的家乡和语言之中，也开始在全苏联，甚至在外国出名。再一次，我们不得不惊讶于这个体制运行的最后阶段的矛盾复杂性，而这不能做任何简单的定义和解释。艾特玛托夫的父亲作为一名共产党员，因持有吉尔吉斯爱国主义思想而被杀害，在青少年时代，艾特玛托夫被他休戚与共的宗族（苏联体制所抨击的一个社会特征，被贴上"封建余孽"的标签，注定将被灭绝）所拯救；一旦生存得以保障，他可以就学于苏联教育系统，而这一开始就会使他获得一份体面工作（他成为一位兽医）。一旦他提笔写作，他的天赋就会显露出来，并获得奖学金在莫斯科的高尔基文学院学习；在那里，历经两年时间的培训，磨砺了他的写作技能，从而使他的才能得到完善，随后在吉尔吉斯斯坦作为《真理报》（*Pravda*）的一名记者，结果使他敲开了最终成为一名作家的奇妙之门。像他的大多数同胞一样，他加入了共产党，以其优秀的故事和小说在吉尔吉斯人、俄罗斯人以及其他读者群中风靡，其中的一些被改编搬上银幕。不过，他一度被强调着这是一个无情压抑的体制。当他发表小说《白轮船》（这在1970年以俄语书名 *Belyi parokhod* 初次发表，直到后来才有吉尔吉斯语书名 *Ak keme*），官方不喜欢这部小说的悲惨结局，因此苏联强制性命令艾特玛托夫重新提笔，以乐观主义结局收尾。他不得不如此照办，但是他和他的读者们没有把这个粉饰的改动当回事——除了一种可能的例外，那就是党的监察部门依然愿意自欺欺人罢了。但是他们的不舒适感不太容易消弭，因为又有一批小说出现了，却是以当权者很不安的主题为基础的。其中一个例子就是乌兹别克作家皮瑞姆库尔·库迪若夫（Pirimqul Qodirov）所著的《繁星之夜》（*Yulduzli tunlar*），一部关于一位伟大的安集延人——巴布尔皇帝的历史小说。正如艾特玛托夫的《白轮船》一样，《繁星之夜》一开始也被评论家和读者誉为一部杰作，直到党的监察部门攻击这部作品暗含民族主义。因此在这里，这两位作家有一定程度的类似，却也有着有趣的差异。这两人同年（1928年出生），都在位于莫斯科的高尔基文学院接受过至关重要的文学训练，也是苏联体制光明面的一处例证。自其小说《白轮船》出版之后，艾特玛托夫就遭到审查，这却不是民族主义而是悲观主义的缘故——这个例子却显示这个体制的公平（俄罗斯作家或是艺术家也会面临同样的麻烦——肖斯塔科维奇［Shostakovich］因其歌剧《姆钦斯克的马克白夫人》［*Lady Macbeth of the Mtsensk District*］遇到同样的麻烦），而皮瑞姆库尔·库迪若夫遭到审查的原因却是民族主义（在这里，苏联体制是以俄罗斯为中心的，阿列克谢·托尔斯泰［Alexey Tolstoy］一部歌颂了彼得一世的伟大历史小说却得到来自苏联最高层的一阵喝彩）。

当谈论像菲特拉特那些人的活动和悲剧命运时，我们也应该提及一下与他们同时代的一位重要人物萨德里金·艾尼（Sadriddin Ayni，1878—1954）。艾尼最初是属于布哈拉扎吉德运动（*jadids*，改革派）成员，和他们有着相似之处，尤其是与菲特拉特。然而他后来的命运和他们迥然不同。艾尼不仅从三十年代的恐怖统治中幸存下来，且直到晚年都一帆风顺，甚至被政府荣幸地推举为当地和全苏联的作协代表。1951年，他的事业达到了顶峰，成为新成立的塔吉克斯坦科学院院长，并一直担任此职，直到过世。回顾一下他在布哈拉酋长国的早年生活，在撒马尔罕的盛年以及在杜尚别的晚年，也许能帮助我们知道他获得成功和成为重要人物的秘诀。

艾尼出生于一个叫塞克泰尔（Saktare）的农村，靠近吉日杜万（Gijduvan）[1]，离布哈拉东北大约40公里的一个区中心城镇，位于泽拉夫善河右岸，通往撒马尔罕的路上。那里的大多数是塔吉克人，因此法尔西语（波斯语）是这个孩子的母语。不过在很小的时候，他就认识讲突厥语的邻居们，后来到十一岁时前往布哈拉，为的是入学神学院，他已经具备双语读写能力。随后的十年，他是在高中和大学一体的穆斯林学校中度过的（1890—1900年：1889—1891年在米尔依·阿拉布，1892—1893在奥利米琼［Olimjon］，1894—1896在拜达尔贝克［Badalbek］，1896—1899在浩吉·儒希德［Hoji Zohid］，1899—1900在库卡尔多希［Kukaldosh]），这使他接受了社会上两种教育精英类型的影响：保守型，主要是具有基本的中世纪视野的教士一类，以及那些领悟到有必要改革，并努力传播改革思想的人

---

[1] 吉日杜万（Gijduvan）：这也是阿卜杜·赫力格·古杰达瓦尼，巴哈丁·纳格什班迪耶"乌外西"（uwaysi）的形式中出现的一位重要的和卓。

们。他在宗教学校所接受的教育属于学术类型，不过学校里的一些教师员工已投身于改革者阵营，而正是通过与他们或其活动的接触，经常在宗教学校教师宿舍或私人住宅中进行着热火朝天的文学辩论和聚会，使艾尼耳濡目染，初次领略到新思想。在他的《回忆录》（Yoddoshtho）第三卷和第四卷中，艾尼告诉我们艾哈迈迪·多尼什（Ahmad Donish, 1827—1897年）的人格和作品对他成长时期的影响。多尼什是一位布哈拉学者和政府官员，曾参加了好几次由埃米尔派往圣彼得堡的外交使团，注意到了知识革命已使欧洲走上现代化和成为世界主宰之路，因此在家乡转变为要求改革的先驱者。他那么做时却没有遭到埃米尔的报复，因为埃米尔在那一阶段还没有意识到这位改革者批评的尺度。像大多数布哈拉知识分子一样，多尼什也用波斯语写作；也正如艾尼，多尼什后来也被塔吉克斯坦共和国视为属于他们的"塔吉克人"。塔吉克科学院被冠以如下荣誉称号"以多尼什的名义"（Donish nomidagi Akademiyai Ulumi Tojik）。

　　当他离开学校以后，艾尼开始了他的教师、作家、学者和记者职业生涯。艾尼完全支持改革主义者的主要目标，那就是新式教育（usul-i jadid）。有意思的是，这位随后丰富多产的学者作家所出版的首批作品之一就是面对学童的教科书《青年教育》（Yoshlar tarbiyasi）。当时，他和"青年布哈拉党"非正式组织其他成员们依然希望埃米尔统治不用被推翻但必须进行改革，以及伊斯兰社会大体上只需要取消外国人施加的特权并紧随西方所呈现出的一些现代化趋势，从而恢复自己往日的辉煌和摆脱西方世界的监护。不过，阿利姆汗（Alim Khan）的残暴统治击碎了这些幻想，因为他强烈地反对"青年布哈拉党"组织所做的努力，特别是1917年在圣彼得堡爆发二月革命以后，这一组织变得更加大胆。那年夏天，那位拒绝改革的暴君的残忍表现得淋漓尽致，当时他命令他的亲信围捕了很多改革者，然后对他们施以笞刑：艾尼被抽了75鞭，由于驻扎在附近属于俄罗斯飞地的卡甘火车站的俄罗斯军队赶到干涉，他和其他受害者得以幸免，被送往那里的医院。[1]但是这次干涉却没能挽救艾尼的弟弟，他在随后的镇压中遇难。我们可以想象

---

[1] 请参阅 Kniga zhizni Sadriddina Ayni 中的第36幅插图；The Book of Life of Sadriddin Aini（Dushanbe, 1978）（该张照片显示了他受伤的后背）。

这一惨痛经历给艾尼的心理上带来了巨大的创伤，这一直伴随他直到生命的最后。

紧随布哈拉镇压活动，就爆发了十月革命。"扎吉德"改革运动成员一片欢呼，正如应该向许诺帮他们消灭埃米尔和允许他们争取突厥斯坦现代化和民族自决的任何俄罗斯力量欢呼一样。现在他们的活动集中在塔什干和撒马尔罕，只有当俄罗斯军队驱逐了埃米尔之后，才能返回布哈拉。我们看到，直到1920年9月，这一切才到来。耐人寻味的是，艾尼并没有加入他们，而是留在了撒马尔罕。而这不只具有逻辑上的意义。不像菲特加特、霍贾耶夫和其他从前的"青年布哈拉党"成员，他差一点积极参加正在中亚展开的那场政治闹剧，但基本上留在了革命的文化界之内。而且他加入布尔什维克一方，并终身追随。这不仅确保了他的生存，并使他脱颖而出，成为莫斯科以及中亚的官方文化机构最欣赏的一位人物。

我们因此可能倾向于将艾尼视为与当局勾结者，尽管他情有可原。不过他的情况太复杂有趣，而且他的文学和学术贡献弥足珍贵，不能轻易地如此慢待。在文学方面，他用波斯语或突厥语所写的诗歌、短篇故事、小说成为强大的武器，为这些方言——也就是自此之后官方认可的塔吉克语和乌兹别克语——打下坚实的文学基础，并抵御俄罗斯化的危险（除了拥有一个无可否认的内在价值之外），而这又被新创办的期刊所加强，他则作为供稿人和编辑而经常参与其中。在学术方面，再次以这些语言（历史方面主要是乌兹别克语，文学方面是塔吉克语），他发表了扎实的历史和文学研究成果。不可否认，他没有公开反对三十年代的恐怖统治，而在那期间，他有很多以前的战友被迫害致死，并在一段时间在中亚出现大幅度的文化倒退。如果他那么做的话，无疑就等于自杀，而他所努力要避免的就是像他的一些同胞那样阿谀奉承以保全性命，并卑躬屈膝地跪倒在莫斯科独裁者的脚下。艾尼的成功部分在于他早期以及后来一致拥护主流，在政治新闻领域诸如像《工人之声》（乌兹别克语为 *Mehnatkashlar tovushi*，1918—1922）或《革命之火》（塔吉克语为 *Shu''lai inqilob*，1919—1921）这些报纸发表文章，和随后避免与"察合台协会"（*Chaghatay gurungi*）接触太紧密。"察合台运动"在二十年代由菲特加特和其他突厥斯坦爱国者发起，他们没有预见到他们发起爱国主义运动会被当局加上"民族主义"的标签，而这导致了他们后来的厄运。也许可以说，艾尼从那一组织分离出去并不能简单证明他是一个政治投机主义者。毕竟他的母语是波斯语，他所拥护的主要文化遗产是更广义的波斯范畴。菲特加特，尽管他也成长在布哈拉的双语社会，但最终认同中亚的突厥范畴，于是这两人分道扬镳了。在这里，幸运之神也站在艾尼这一边：与在中亚的波斯或塔吉克民族主义相比，莫斯科更害怕突厥民族主义，而扶持该地区的波斯遗产也许实际上被视为对付更强大危险的突厥民族主义的一剂良方。而成立塔吉克斯坦可被视为将这种观点付诸实践：除了分离不同的突厥语言从而将中亚分割为数块之外，成立一个伊朗语政治单位，就为统一突厥斯坦之梦树立了另一处障碍。我们说过，塔吉克斯坦是通过实施民族国家划界政策（*razmezhevanie*）进程而形成的最不自然的共和国，而其成立的主要原因应该是莫斯科分而治之（*divide et impera*）的政策。不过，现实不那么简单。对于这一通盘解读，我们持保留意见，而艾尼的一生，在这里也许可以作为苏维埃政策矛盾性的一个例证。他选择撒马尔罕安顿下来，无疑将在那里度过余生，如果不是被任命为新成立的塔吉克斯坦科学院院长而调往杜尚别度过他生命中最后四年的话。对他来说，撒马尔罕以及周围基本上可以说是一座塔吉克城市，大概和布哈拉一样，而杜尚别与这些中亚文明中的历史名城相比，似乎看起来不过是微不足道的孤陋小城而已。不清楚他在当时或后来对实施民族国家划界政策进程是否表示过异议，但如果莫斯科将撒马尔罕和布哈拉作为"飞地"划给这个共和国管辖的话，艾尼肯定是大喜过望。而莫斯科反过来应该高兴地将这不公正划分地区的特殊形式作为预防泛突厥主义前线的防护栅栏。莫斯科有办法这么做，但却没有。纯粹的监控可能是一个手段，但在那时，莫斯科已划定最后界线，认为这些"飞地"会引起太多的混乱。（另外一种方法应该就是很简单地将整个泽拉夫善河道划给塔吉克，而使当地的乌兹别克人变成少数民族，而那对"泛突厥主义"[Pan-Turanism]来说是更为沉重的打击）。

也许值得提一下艾尼的一些作品。1920年，他用突厥语发表了《布哈拉革命史料》（*Bukhoro inqilobi tarikhi uchun materiallar*），也就是关于这个酋长国的垮台和布哈拉人民共和国成立的信息；次年，再次用突厥语出版了《曼吉特酋长国史》(*Bukhoro Manghit amirligining tarikhi*)；1926年，艾尼出版了一部《塔吉克文学选集》(*Namunahoi adabieti Tojik*)，并在三十年代到四十年代对波斯和察合台文学人物进行了一系列研究，包括菲尔多西（Firdawsi）、鲁达基（Rudaki）、胡坚迪（Khujandi）、瓦西菲（Vasifi）和纳瓦依（Navai）。与此同时，他从未停止创作政治诗歌，而这是将历史悠久的波斯宫廷诗人的传统和他主要的活动、参与政治新闻写作结合起来。一个这样的例子就是奇特有趣的诗歌《自由进军》（突厥语为 *Marsh-i hurriyat*，波斯语为 *Surud-i azadi*），创作于1918年，所用的旋律是基于《马赛曲》(*Marseillaise*)。

　　写诗当然是大多数受过教育的波斯人的爱好，而写学术和历史散文在其也有着悠久的传统。另一方面，纯文学散文几乎不存在，而在这方面，艾尼的贡献是非常重要的，他的短篇故事、小说和长篇自传为塔吉克和乌兹别克文学中的这种文学体裁奠定了基础。几乎无一例外，这些作品的背景是关于19世纪和20世纪早期布哈拉的波斯语和突厥语双语社会。1934年艾尼发表了代表作《奴隶们》，同时以双语出版，塔吉克语为 *Ghulomon*，波斯语为 *Qullar*。出版的这一年同样具有意义：1932年在莫斯科召开苏联作家大会，宣布对于作家而言唯一的思想主题就是社会主义现实主义，而斯大林的肃反正愈演愈烈。不过，艾尼努力创作出一部真正的文学作品，描绘布哈拉在苏维埃政权促成其转变之前的三代人的引人入胜的画卷。在其令人印象深刻的四卷本自传中，艾尼展示了类似的才能，这又是分别以塔吉克语（*Yoddoshta*）和突厥语（*Esdaliklar*）写就，从1949—1954年分别出版，包括了在塞克泰尔的童年（第一卷），在布哈拉宗教学校的学生时代（第二卷），当时的布哈拉社会（第三卷）和后来这个酋长国发生的扣人心弦的社会文化大变动（第四卷）。我们被告知是死亡阻止了艾尼继续写完这部《回忆录》。如果完成那部著作，当然意味着运用社会主义现实主义所规定的所有程式来描述当时幸福安康的社会，也许正是出于这个考虑而不是他的死亡，才阻碍了这部《回忆录》的完成。意味深长的是，艾尼的学术类和纯文学类散文都完全汇聚于苏联以前的时代，只是零零星星涉及莫斯科的执政者。甚至像以 7 世纪穆盖奈尔起义[1]（*Isyeni Muqanna*，斯大林纳巴德，1944 年版，第 65—66 页）为题材的作品也可以有多种解释：据说怀有类似社会主义思想的中亚领导者反对阿拉伯入侵者使得这一事件在苏联史学界成为可接受的主题，同时也可被视为爱国者起义反抗外国侵略者。更耐人寻味的是，艾尼对于蒙古入侵时期一段插曲的研究，苦盏总督帖木儿·灭里（*Timur-Malik*）英勇但最终失败，未能成功抵抗由成吉思汗派他两个儿子察合台和窝阔台率领前来的一支军队。艾尼的作品《突厥人民的英雄——帖木儿·灭里》（*Qahramoni khalqi Tojik Temurmalik*）在卫国战争时期出版，根据苏联及其卫星国史学家所说，象征着"作者对于入侵其祖国的仇恨"（也就是德国入侵苏联）。更细致入微的解释的可信性是显而易见的。因此，萨德里金·艾尼在重申中亚文化语言认同方面扮演了举足轻重的角色，但在苏联民族政策实施的复杂矛盾氛围中，这种角色无法进行这种简单的解释，毕竟他利用了苏联统治的某些方面，使得中亚人能够成功地抵御俄罗斯化企图。同时，他在中亚框架下所构建的帖木儿·灭里实质上的塔吉克-乌兹别克双重角色，阐明了该地区民族语言复杂性的状况，可作为相互尊重和合作的模式，但那也需要该地区政治家和公民的智慧和宽容，如果中亚人民希望争取一个和谐的未来的话。

在这个民族和文明设法将其意志强加于其他民族文明之上的戏剧中，伊斯兰教扮演着有趣而复杂的角色。像在俄罗斯的东正教一样，它也几乎从公众甚至私人生活表面被抹去，直至二战爆发，官方宣传的无神论几乎与共产主义理论竞争新宗教的地位。不过，政府所不能做的就是改变有着千年历史的生活方式所形成的心理积淀，甚至最坚定的共产党员在某些基本方面保持着穆斯林的方式，诸如饮食偏好、婚姻、葬礼以及像割礼那样的习俗。所有那一切将他们和俄罗斯同志们区分开来。穆斯林与俄罗斯人或其他欧洲人的异族通婚很少见，尤其是当新娘应该是穆斯林时（伊斯兰教禁止与异教者通

---

[1] 穆盖奈尔起义是中亚河中地区反对阿巴斯王朝和当地大封建主的农民起义（776—783），亦译为"穆康那起义"、"粟特农民起义"。起义领袖为哈希姆·伊本·哈金（Hashim ibn Hakim）。因其经常用绿布蒙面，据说是因凡人不能忍受他脸上的圣光，时称"穆盖奈尔"（即蒙面先知），故名。——译者注

婚)——这一事实在抵御语言和文化方面的俄罗斯化起着重要作用。

其中不过，伊斯兰教的角色不仅局限于此。由于被迫转为地下[1]，其信徒继续在隐秘的清真寺从事宗教活动，他们中的一些人属于前文提及的苏菲道乘，该教团从中世纪以来一直在中亚扮演着相当重要的政治和社会角色。而且，宗教生活中极其强大的吸引力就是对当地圣人的崇拜和前往这些圣人的圣陵朝圣。那些有钱有势的人们也经常选择安葬在著名的圣人墓地附近。这一行为有可能被苏维埃政府所制止，但是朝圣本身，尤其在大众中流行，经受住了当局的所有打压企图。这里列举的一些例子也许会有启发意义。

其中一个这样的地方就是"夏伊辛达"（Shah-i Zinda，意为"永生的国王"），位于撒马尔罕北郊。据传说，在公元 676 年，先知穆罕默德的表弟枯沙姆木·伊本·阿巴斯（Qutham ibn Abbas），作为阿拉伯的先锋，为了信仰而牺牲于此。最终他的坟墓发展出具有两种古典特征的穆斯林圣地：其附近成为精英们最喜爱的最终安息之所，社会各阶层的信徒纷纷到此朝圣（事实上，撒马尔罕人每星期来两次，即星期四和星期日）。在帖木儿王朝时代，一系列宏伟的陵墓在这里崛起，而这个地方终于也引起了文化历史学家和旅游者的注意。苏维埃当局鼓励旅游者，但阻止朝圣者。不过，当本书作者在公开化政策之前的苏联统治的最后几年里访问了这个地方时，朝圣者人数超过了游客——尽管在其入口处有一个"无神论"（Bezbozhnik）地方分会所设的办公室。

另外一个值得纪念的地方就是"沙赫马尔丹"（Shahimardan）之墓（mazar），这是位于吉尔吉斯斯坦境内的一块很小的乌兹别克"飞地"，在乌兹别克城市费尔干纳和马尔吉兰（Margilan）以南。根据民间传说，阿里·伊本·阿比·塔利布（Ali ibn Abi Talib），先知穆罕默德的堂弟及女婿，第四任哈里发，也是第一位什叶派伊玛目安葬在这里，因此名字"沙赫马尔丹"的字面意思就是马尔丹（mardan，指"人们"）的沙赫（Shah，

---

[1] 或被称为"并行的伊斯兰教"，苏联问题专家常用的术语：指与由前文所述的中亚和哈萨克斯坦穆斯林理事会控制的官方允许宗教相并行，该理事会由政府控制。

指"王"），意为"众人之王"，即他的波斯头衔。事实上，这个说法毫无历史根据（阿里真正的——或至少最主要的——坟墓在伊拉克城市纳贾夫 [*Najaf*]），但这个传说也同时出现在很多其他类似的地方，并根据大众的想象，与这位受尊敬的圣人安息之所联系到一起（最著名的阿里传说之墓，读者可能知道，位于阿富汗的马扎里沙里夫）。1929 年，哈姆扎·哈吉姆扎特·尼亚齐（Hamza Hakimzade Niyazi，生于 1889 年），一位从前的乌兹别克改革派教师和剧作家，加入布尔什维克事业，号召反对这位圣人之墓以及向其朝圣的行为，但却被"狂热的毛拉们"所杀害——或者这是苏联官方版本所称。政府捣毁了遮蔽坟墓的砖砌圆顶，并惩治了凶手，但一年之后，充满韧劲的当地人重建了圣地。1940 年，它再次被摧毁，取而代之的是一座布尔什维克烈士纪念碑和一座无神论博物馆，该地随后又发展成一座文化公园，并重新命名（包括附近的一座城镇）为"哈姆扎巴德"（Hamzaabad，意为"哈姆扎之城"）[1]。因此，这位被害的作家兼宣传者进入了苏维埃先烈的纪念之所，被无数的往事记载加以称颂，例如他较年轻的熟人，随后是乌兹别克官方坚定的作家哈米德·阿里木江（Hamid Alimjan，1909—1944）所著的《沙赫马尔丹传奇》。不过，所有将一座穆斯林圣陵转变为一座布尔什维克烈士纪念碑，即一座穆斯林奉献的圣殿转变成一座激进的无神论圣殿的努力，看来在大众方面失效了。在苏联时期，信徒们仍继续成群蜂拥至此，在 1978 年，一位苏联学者谴责这一"打着旅游的幌子"从事朝圣活动（包括公众祈祷和供奉）的行为。乌兹别克作家 K. 雅申（K. Yashen）甚至在其小说《哈姆扎》（*Hamza*）中描述了一位亚萨维教徒在那里履行齐克尔高声赞念（*zikr*，高声赞念）仪式。[2] 政府所能做的就是以更直率或明智的方式抑制这些被证明是旨在虔诚参拜（*ziyarat*）的行为。后一种方式的确获得相当程度的成功：对于外国的或不那么激动的观察者和游客来说，这一场所的本来面目早已不为人所知，哈姆扎巴德获得的一个公共认同是一处祭拜布尔什维克先烈的陵园。然而，这一光环在后苏联时期黯然褪色：据英国记者

---

[1] 在俄语西里尔字母拼写为：Khamzaabad；在乌兹别克西里尔字母则拼写为：Hamzaobod.
[2] 引自 Bennigsen, *Le soufi et le commissaire*, p. 213；小说的两章出现在 *Nauka i religiya* (1982), nos. 5 and 7.

C. 萨布伦（C. Thubron）所称，当地的老前辈现在宣称尼亚齐不是被狂热的毛拉们所杀，而是有两兄弟为了报复那位好色的共产党员玷污他们的妹妹而采取的报复行动。[1]

在中亚其他众多陵墓之中，下列至少值得简要提及：亚斯（Yasi，即突厥斯坦城）的和卓阿赫马德·亚萨维陵墓，布哈拉附近的和卓巴哈丁·纳格什班迪耶圣地，乌尔根奇附近的纳吉姆丁·库布拉维（Najm al-Din Kubra）之墓。读者应该记得这三位苏菲派圣徒在他们中亚家园分别以自己的名字创建了三个伟大的道乘（教团）。他们的坟墓随后崛起为显赫的圣陵，穆斯林信徒直到今天还去参拜。正如其他场所的情况一样，苏维埃政府尝试采取不同手段与这些持久的宗教中心斗争。和卓阿赫马德·亚萨维陵墓被宣布为一座重要的建筑纪念碑，政府出资修复，并同时将陵墓复合体转变为"休憩之所"（dom otdykha），类似于介于反宗教博物馆和一座文化公园之间的场所。巴哈丁·纳格什班迪耶的陵墓，建筑上不太令人印象深刻，没有受到如此大的关注，因此政府也长期成功地将这所圣地与世隔离。不过一旦公开化政策出台，这一圣地重新恢复其角色，"1987 年，在一次失败的游行示威中，布哈拉抗议者正是向这一陵墓禁区前进，好像这是他们城市中最后的圣洁象征"。正如过去，巴哈丁·纳格什班迪耶陵墓再次受到来自贫富强弱各阶层的崇拜：在 1993 年，乌兹别克斯坦总统伊斯兰·卡里莫夫（Islam Karimov）从国库拨款翻修陵墓，这一工程标牌树立在圣陵之外，上面铭刻着当年翻修的埃及和沙特阿拉伯其他捐助者名称。1994 年，穆克塔·阿卜杜拉耶夫（Mukhtar Abdullaev），一位来自纳格什班迪耶圣地的伊玛目，被乌兹别克政府任命为塔什干的"穆夫提"[2]。与此同时，正如在那里任何对于这一主题感

---

[1] *The Lost Heart of Asia*, pp. 242-243.
[2] "穆夫提"（*mufti*）即伊斯兰教教法说明官的阿拉伯语音译。在逊尼派居主要地位的伊斯兰国家里，通常设有由穆夫提领导的官方或半官方的教法咨询院，依据《古兰经》、圣训的规定来解释和决定有关教法的问题。对于一些在《古兰经》和圣训中找不到解释和决定依据的宗教、社会问题，咨询院的教法学家们便运用"公议"和"类比"原则演绎教法，并做出权威性的法律决定，然后由穆夫提正式公布实行。在伊斯兰教学者中，精通《古兰经》、圣训，对教义、教法造诣颇深并在穆斯林中享有威望者，才能被推举为穆夫提。逊尼派的穆夫提相当于什叶派的宗教长老和阿亚图拉，但在政治和宗教方面的权威相应地低于长老和阿亚图拉。在中国伊斯兰教"三道制"中，穆夫提是协助伊玛目处理教法的助手。——译者注

兴趣的游客都可以看到的一样，各行各业的信徒纷拥到此。而至于旧乌尔根奇附近的谢赫纳吉姆丁·库布拉维之墓，尽管陵墓主人的道乘已经消失或被其他道乘所吸纳，这座陵墓依然显示具有与其他陵墓一样的活力特征，吸引了大量的穆斯林信徒前来瞻仰。

几乎可以说，在苏联最后几年统治下，一种奇怪的妥协，甚至是双重性格已经出现在中亚地区。在正式的官方层面，自斯大林之后，看来几乎没有什么变化，这可由1978年新宪法颁布后，这些共和国被迫采用国歌这一事实而证明。我们将引出乌兹别克国歌作为例证，揭示出尽管中亚人不得不谦卑屈膝和暂时顺从，这和哈萨克、土库曼等其他共和国国歌一样，简直没有被中亚人民当回事。然后我们将引用两首诗歌的片段，一首是来自乌兹别克诗人米特米尔·图萨诺夫（Mirtemir Tursunov，生于1910年），发表在1970年新年的《苏维埃乌兹别克斯坦日报》（Sovet Ozbekistani）上；另外一首来自土库曼诗人马赫图姆库里（Magtymguly，1732—1790）1983年的文集之中。这两首都是对他们的国家和民族真正的赞美诗——事实上，就是他们真正的国歌。在这里，莫斯科的主人不得不向事实低头，他们有力量将刀架在他们臣民的脖子上，迫使他们接受这荒诞的国歌，但在面对他们真正民族感情复苏时，是那么苍白无力。最后，另外一个条件也可能是必备的：苏联时代典型的俄罗斯沙文主义或民族主义更可能是政治体制，而不是俄罗斯人民本身的缘故。对于莫斯科主人而言，最重要的就是控制他们的多民族帝国，为了这一切，他们需要一个共同基石，那就是俄罗斯语和已经俄罗斯化的臣民。多样性可能意味着差异、异议或是分离，因此需要注射俄罗斯元素疫苗使之无害。控制苏联外延的强烈权力欲或是害怕失去它，将会在主人无所不能的方面出现不祥的豁口，而这将引发心脏破裂。这才是那些独裁者"俄罗斯"沙文主义背后的动机，正如这个政策背景下最冷酷的传播者斯大林身上所显示的那样。1978年颁布了苏联以及所有加盟共和国的新宪法。到那时，恐怖统治余波早已远去，除了最近出现的但总体上微不足道地活跃着的异议人士之外，中亚人民，正如其他苏联公民一样，在这一体制下接受了这种临时协定（modus vivendi）。双方相互开始妥协。莫斯科学会接受在中亚存在着主要的非俄民族这一现实，允许他们在规定的条条框框之下培育他们自己的文化遗产，并很有信心地认为通过妥协方案而焊接的这一联盟也将在那里继续存在。伴随着赫鲁晓夫的非斯大林化运动而产生的死后平反浪潮中，没有包括乔里番（例如，乔里番名字甚至没有出现在非常大胆出版的《乌兹别克百科全书》中），但菲特拉特和霍贾耶夫确实获得了一定程度的平反，尽管莫斯科没有平反陶克尔·艾特玛托夫，但是他的儿子钦吉斯的作品在吉尔吉斯人中和家乡备受赞誉。乌兹别克人和其他中亚人看上去一定证实了莫斯科的信心，因为他们的议会在新宪法颁布之后接受了新版的国歌。下面就是乌兹别克国歌的歌词内容：

> 向你们致敬，俄罗斯人民，我们伟大的兄弟！向您问候，我们的天才列宁，敬爱的列宁！
> 你向我们展示了通往自由之路，乌兹别克人民在苏维埃家园非常自豪！
> 党是指南针，亲爱的乌兹别克斯坦，沐浴阳光的国度，繁荣发展！
> 你们的大地遍藏宝藏，幸福是你们的命运，在苏维埃家园幸运是你们的同伴！
> 我们在沐浴阳光的国度没有看到光明，我们傍着河流但缺水。
> 黎明破晓，革命，列宁是向导，人民感激伟大向导列宁！
> 共产主义花园——永远的四季如春，永远的兄弟——友谊万岁！
> 苏维埃的胜利旗帜根植于大地，飘扬之光闪耀宇宙！

这首国歌，以雷鸣般地向俄罗斯人民致敬开始，而只在第二节提到了乌兹别克斯坦。至于乌兹别克人民，他们的名字以有点奇怪谦恭的方式露面。像"永远的"、"宇宙"等术语与苏联共产主义联系起来是这一意识形态的特征，显示一种无法容忍的包罗万象的宗教症候。

其他四个中亚共和国国歌的主旋律上也大体相同，即颂扬俄罗斯和苏联共产主义。中亚人民几乎不把这些国歌当回事，它们只与在苏联解体之前体制虚伪和妥协的特征所展示的这一特殊组合相关。

即使有的话，也很少有人意识到这种妥协的命运是多么命中注定，但迹象摆在那里。前面提到的米特米尔和马赫图姆库里的诗歌,而不是官方的国歌,表达出中亚人民的真情实感。首先这首标题为《你,乌兹别克斯坦!》的乌兹别克诗歌:[1]

> 我想谈一谈幸福,
> 唱一曲欢快的颂歌,
> 记起明天和今天,
> 举办一场丰富的盛宴;
> 在我眼里你出现了,
> 你是最后一个,永恒的学习对象,
> 你,乌兹别克斯坦。

> 孩子的辛苦是你,心灵之声,
> 妒忌者们每一年都是心烦意乱,垂头丧气;
> 每走一步都是你的天堂,一座伊甸园,一座花园,
> 你的夜晚点着无数不熄灭的烛台,
> 你对敌人无情,对朋友抚慰,
> 危险远去,你是一座平静的凉亭,
> 你,乌兹别克斯坦。

> 你手中拿着开启宝藏的钥匙,
> 在你的花园和沙漠一年到头回旋着快乐之歌,
> 左右是你的黄金,你的丝绸;
> 无数人们在你的路上狂喜,
> 你是异果,美酒,清泉和蛋糕。
> 你是爱的姊妹河,
> 你,乌兹别克斯坦。

---

[1] 引自 Critchlow, *Nationalism in Uzbekistan*, pp.22-24。

> 你是你自己的工具制造者，你自己的牲畜饲养者，
> 你自己的学者，你自己的文化人，
> 你是自愿的战士，尊贵的向导，
> 一座装满无价之棉的仓库，无可匹敌。
> 你的灵魂永远是列宁的孩子，
> 你，乌兹别克斯坦。

和艾特玛托夫、库迪若夫一样，米特米尔也是一位共产党员，同时也像他的同胞们一样不想做无谓的牺牲，他也向莫斯科的执政者和他在中亚的代理人表示敬意。诗歌中提到了列宁（以及作为一个乌兹别克人，也要提到棉花）是一种回避无所不在的政治调查危险的一种标准方式。以下选自一位土库曼诗歌的片段：

> 在阿姆河与里海之间，沙漠上刮起一阵土库曼狂风。
> 含苞待放的玫瑰，我眼中黑色瞳孔——土库曼激流从黑山奔流而下。
> 上帝抚育了他，给予他以庇护，他的畜群遍及大草原。
> 他盛夏葱翠的草原上百花争艳——土库曼草原飘逸着罗勒（basil）[1]气息。
> 他美丽的少女穿红戴绿，洋溢着龙涎香似的芬芳。
> 伯克们和尊长们是大地的主人——土库曼美丽家园的守护人。
> 他是一位勇士的儿子，勇士是他的父亲；高若戈理（Goroghli）[2]是他的兄弟，醉醺醺是他的常态；
> 如果敌人们追赶他在群山或平原，他们将不可能让土库曼，老虎之

---

[1] 罗勒（basil）为芳香的草本植物。——译者注
[2] 高若戈理（Goroghli）是流传于土耳其、阿塞拜疆和中亚一首口传史诗，在中亚（土库曼人、乌兹别克人、卡拉卡尔帕克人、哈萨克人）的版本中，高若戈理是其中的主人公，是一位强有力的君主，在其朝堂之上有着一群为之效劳的勇敢的家臣。——译者注

子，活着出来。

部落们像兄弟，部族们是朋友；他们的命运并非多厄，他们在上帝圣光普照之下。

当勇士跨上战马，准备战斗——土库曼开始反击敌人！

他开始出发斗志高昂，他的心跳加速；他劈开群山，前方一路平坦。

我眼中视线，心中快感所向并非寻求别景——马赫图姆库里[1]说着土库曼的语言！[2]

苏维埃政府很显然认为这些民族感情的表达无害，因为怀有这种感情的人们也给人感觉已接受他们的国歌以及莫斯科施加其他苏维埃爱国精神的其他附件。不过有人会怀疑，如果这首诗歌是一位"健在的"土库曼人所作，政治调查将不可能放过他，除非诗中会把一些对列宁或俄罗斯的敬意紧添在后面。马赫图姆库里可以侥幸成功，因为他过世已久，他作品的出版者也可以成功，因为苏维埃官方史学界致力于将他的一些诗歌铸造成反对"封建"或"伊斯兰蒙昧主义"元素的武器。

这一情况的确将可能以相同的方式延续到另一代，如果不是米哈伊尔·戈尔巴乔夫时代发生历史偶发（或必然性？）事件的话。

---

[1] 马赫图姆库里（Magtymguly）是18世纪土库曼最著名的诗人，土库曼人民把他作为诗圣，伟大的思想家、土库曼语言大师、土库曼文学的先驱者和奠基人，土库曼人民的最忠诚的儿子和良师益友而备加爱戴和崇敬。马赫图姆库里的诗集中概括地反映18世纪中叶土库曼社会现实。马赫图姆库里诗歌的内容极为丰富，集中体现了他对美丽富饶的土库曼及真正勇敢的土库曼人民的赞美和对土库曼美好未来的憧憬。——译者注

[2] W. Feldman, "Interpreting the poetry of Makhtumquli," 收录于 Jo-Ann Gross (ed.), *Muslims in Central Asia: Expressions of identity and change* (Durham and London: Duke University Press, 1992), pp.167-189（其中包括土库曼文文本和英文翻译）。这首诗的土库曼文文本已经收录在 *Zindaginamah va barguzidah-i ashar-i Makhtumquli Firaghi* (Biography and selection of poems of Makhtumquli Firaghi, in Persian), ed. Abd al-Rahman Dihji (Tehran 1373/1994), pp.227-228（阿拉伯字母）中。

第十八章　中亚走向独立

到 1985 年戈尔巴乔夫担任苏共总书记之时，人们知道他的国家在经济、社会方面，也许甚至包括军事方面都存在着严重的问题。体制上固有的缺陷开始损耗着这个国家的实力到如此严重的程度，以至于一些最高领导人开始反省是否有必要进行调整，而且如果调整的话，要采取何种方式以及希望达到什么程度。

在高层官员之中，腐败现象盛行。出于某种原因，中亚的腐败现象尤其猖獗，而乌兹别克斯坦情况最为糟糕。自 1959 年，谢拉夫·拉希德夫（Sharaf Rashidov, 1917—1983）就开始担任乌共第一书记，之后在 1961 年，莫斯科将他提拔为苏联体制下最高政治精英成员，也就是苏共中央委员会（CC CPSU）委员，显示出对这个乌兹别克人的信任。他保留着这两个职位，一直到他 1983 年过世。苏联为他举行了隆重的葬礼，其级别堪比他的偶像列宁和斯大林：他的遗体被放置在乌兹别克首都塔什干中央广场为其建造的陵墓中。

当然，拉希德夫必须首先赢得莫斯科对他的信任，在那时，有足够的机会能让他那么做。他作为一名完美的共产党员记录无可指摘，苏维埃首都的统治者们知道在控制乌兹别克斯坦成为一个顺从的共和国方面可以依赖与他的合作。他知道莫斯科所需要的高于一切：在乌兹别克斯坦的（共产党）法律、秩序和稳定，以及获得能够得到的棉花。在这两个方面，他是他们的人，而且即使那意味着乌兹别克民族意志、精神价值以及经济利益方面完全唯莫斯科马首是瞻，而这将使这个国家的生态环境和人民身心健康遭到灾难性影响，他也会在所不惜。

其结果就是出现了一股具有怪诞人格分裂特征且难以捉摸的本地统治阶层，这是苏维埃政权最后几十年中亚领导者的特有属性。拉希德夫在乌兹别克斯坦获得了巨大的权力，靠的就是组建起一支效忠于他的政治官僚的基层管理队伍，并从这个联盟中受益匪浅。这些人变成了这个国家的特权阶级，他们在多方面都拥有重要的特权，将他们不仅与普通大众，也和他们的莫斯科领导分隔开来：伴随着这一进程的特性就是中亚共和国政治管理基层的"乌兹别克化"（或哈萨克化等）。乍一看，这可被视为前文提及的20世纪20年代运动，即"民族共产主义"和"本土化"（korenizatsiya）运动的再现。不过再仔细端详，我们发现他们之间有一个显著差异：民族共产主义拥护者们（像哈萨克的雷斯库洛夫或乌兹别克的霍贾耶夫）是真正的中亚爱国者，非常看重1917年莫斯科关于民族主义自决的宣言；各省的俄罗斯指挥部不情愿将"当地工人阶级"代表吸纳到党组织以及政府中去，以此响应莫斯科的"本土化"构想。另一方面，拉希德夫和其同伙根本不是爱国者，他们获取养尊处优的地位，靠的就是他们自己的奔走钻营和政治权谋，即使是以完全顺从莫斯科和无视他们本国真正利益的代价为前提。二十年代的民族主义共产党员因犯错而丢失性命或十年后消失于古拉格集中营，在"本土化"年代的一些新成员也加入他们的行列，因为他们认为与莫斯科进行关乎他们本土及其人民切实利益的真正对话是可能的。拉希德夫那伙人才不会犯那样的错误，因而收获颇丰。

拉希德夫在乌兹别克斯坦的长期执政（1959—1983）历经莫斯科好几次权力更替，从赫鲁晓夫到勃列日涅夫、安德罗波夫和契尔年科，非常幸运的是，他在戈尔巴乔夫就职前就已死去。他所做的甚至超出了莫斯科对他的期待：当莫斯科的规划师们将乌兹别克斯坦供应的棉花定价低于国际市场价格之时，拉希德夫提议将提供的价格定得更低；当莫斯科规定了乌兹别克斯坦本该供应棉花的数量时，他许诺将提供得更多。后来的数字和统计表明，他没有食言。

尤其在勃列日涅夫时代，苏联正沐浴在这"国际化"合作的朝阳之中。如在细节上加以必要的修改，这种类似状况也出现在其他中亚共和国。在邻国哈萨克斯坦，丁穆汗木德·库纳耶夫（Dinmukhamed Kunaev，生于1911年）通过类似手段也升迁到如此养尊处优的权力顶峰。1964年，他成为哈共第一书记，1971年，也进入了苏共政治局，拥有这些职务一直到1986年。和乌兹别克斯坦的拉希德夫一样，库纳耶夫也在这个共和国逐渐获得了巨大的权力，仰仗的是建立一个政客官僚的关系网，这些政客官僚们只有投靠他才能获取拥有纸醉金迷的权力。在此情况下的哈萨克斯坦，这些人大多数是"本地人"，而且很多人属于"大帐"（根据官方理论，这是一种早已被苏维埃新秩序一扫而光的社会现象），库纳耶夫也是其中一位成员。其结果之一就是，当哈萨克人在这个共和国处于多数时，他们在这个国家议会——最高苏维埃获得了大多数席位。像库纳耶夫本人一样，当然这些代表大多数也是共产党员，剩下的也同样是为其效忠的无党派人士。有人可能认为苏维埃政府完全意识到在哈萨克斯坦出现的这股本土力量浪潮，但却宁愿不那么看，因为事态完全在其控制之下，或者看起来如此。库纳耶夫及其同伙从来就是听从莫斯科的命令，任其百般摆布，即使是通过在塞米巴拉金斯克地区进行的核试验，或者以不那么致命的程度，继续着这种适合莫斯科而不是哈萨克斯坦的无条件从属关系，即使毁坏这个国家的生态环境和人民健康也在所不惜。苏联最后时期的哈萨克领导人，既不是民族主义者也不是爱国者，但只是在某种程度上，他们是纯粹的哈萨克人：家族、氏族、部落、帐落传统上一直是联系的纽带，通过它们分配权力地位，到了库纳耶夫成为这个国家的头号共产党员时，这些传统被重申，尽管这受到了莫斯科所施加的管制，而俄罗斯人和其他非哈萨克公民却在某种意义上受到冷落。

我们已经说过，莫斯科看来很满意这种状况，但到了勃列日涅夫过世，其后继者一瘸一拐地试图牢牢抓住这个庞大的国家之时，担忧他们国家的廉洁程度和对于体制生死存亡的忧虑超过了从养尊处优地位所能得到满足的那些人们的效忠，疑惑开始蔓延开来，包括对于种种缺陷感到疑惑，其中中亚问题占据着一个特殊地位。

直到米哈伊尔·戈尔巴乔夫成为苏联最高领导人之时，这些疑惑才公开化。他意识到他的国家和政治信念可能将在与西方世界和资本主义竞争中落败，除非他们主动改革。充满敌意的意识形态和封锁苏联与西方的交往是其发展停滞的一个重要因素。停滞状态蔓延到那些尤其关系到军事发展的方面——快速发展的电子技术。里根总统的"星球大战"计划给了戈尔巴乔夫一个理由说服其同事们进行"改革"（perestroika）是非常必要的，如果他们希望他们的制度能继续生存下去的话。改革包括了一种史无前例的公开化政策和至少拆除一部分沿着苏维埃意识形态前线竖立的防护墙。就停滞状况、形成原因、改革者所寻求的补救方法以及这些帝国及其意识形态解体方面而言，苏联和奥斯曼帝国之间具有耐人寻味的类似之处。

挑战是艰巨的，戈尔巴乔夫的应对之策包含一个主要矛盾：这位政治家，一位诚挚的共产党员希望通过移植一定程度的人道主义和开放性到其体制中，从而拯救苏联，这些前人都没有尝试过。这一组合结果被证明是一种乌托邦式的想法，并在这一进程结成硕果之前，导致了几年来，也许几十年来形成的整个体制的崩塌。

不过在中亚，这种矛盾呈现出一种特殊状况。到了戈尔巴乔夫接替康斯坦丁·契尔年科（Konstantin Chernenko）之时，乌兹别克斯坦的情况尤其有些不对劲，而这早已不是秘密。人们已经发现数据显示运往俄罗斯的棉花与实际数量不太符合，造假行为已经大规模存在，尤其是滋生蔓延于勃列日涅夫时代。此外，那些策划这些骗局的人包括一些高官们——拉希德夫本人，而且他们增补了如勃列日涅夫的女婿尤里·乔巴诺夫（Yuriy Churbanov）这些人进入权力中心。在安德罗波夫时期，丑闻早已引起了调查行动，随后相关人员被解职并锒铛入狱，但戈尔巴乔夫发动大规模的反腐运动，扩大了清除力度。就此而言，使用腐败这个术语也许是不精确的，因为这是由一个体制及其内部各个关系腐化所迸发的一种症状。"拉希德夫作法"（Rashidovshchina），这个术语被设计出来，专指诡计多端的官员中饱私囊和扶植亲信的伎俩，而其后果与莫斯科的中亚政策导致生态环境恶化相比而言又如何？这些官僚们小打小闹的偷窃行为与帝国中心明火执杖犯下的巨窃行径相比而言，又会如何？低于市场价格从中亚运走的棉花和其他商品就是明证。[1]

---

[1] 很多俄罗斯人无疑将会指出低于市场价格体系是相互的，并在某些方面，中亚对于俄罗斯经济来说，与其说是资产，还不如说是负担。就这些问题的充足资料的研究尚待完成；据我看来，现在已完全被披露的大规模滥用自然资源而导致中亚环境破坏，是这种双边关系中最受谴责的一面。

中亚人不得不屈从于莫斯科的大规模指令之下，但正如我们所说，那些幸运的精英们通过熟人和特殊关系网而得到酬劳，获得权力、声望和可观薪水和享受特别待遇。这些关系与家族、氏族、同乡或部落背景，换句话说，与苏维埃社会中的当地元素紧密联系到一起。戈尔巴乔夫大为震惊，意识到苏维埃国家面临着一种有些看起来像是民族主义的运动，但事实上所有的本土演员都自称是坚定不移的忠于莫斯科的共产党员。我们已经指出，与二十年代他们的前辈相比，这一新品牌的民族主义共产党员们根本不是民族主义者，他们例行公事地出卖他们本国的利益以换取他们自己的官运亨通。他们已经学会怎么去做，并自六十年代起以越来越精湛的技巧打这张牌，经常将俄罗斯人和其他欧洲人拉入伙参与他们的谋划，但却不怎么让他们渗透入他们种族的基层范围。拉希德夫和库纳耶夫是这种游戏的老手，但他们不过是蔓延在苏维埃帝国中亚统治集团进程中的一些最惹人注意的特例罢了，但那还不算更糟糕。戈尔巴乔夫和其莫斯科同志们意识到他们的这些乌兹别克同志，不管有多么腐败，但是没有那些突然开始显露出独立的民族精神的中亚人所带来的危险，尽管存在着所有讨厌的国家主义种种训诫，即"国际主义"是爱国主义最高形式，是每一位苏维埃公民所义不容辞的责任。这种新型民族主义迅猛发展，但在公开化政策实施之前只能采取迂回慎重的方式显示自己。其领导者是当地知识分子和专业人士。他们的队伍在不断扩大，最终代表着另一种精英而不是共产党官员。我们已经指出，在某种程度上这两支队伍彼此重叠。一些共产党官员们无疑有时也设法不仅保护他们的个人利益，而且保护他们的民族利益。知识分子和专业人士必须打共产党员这张牌，为的是能够活动。米特米尔是《你，乌兹别克斯坦！》诗歌的作者，作为共产党员，必须在动人的赞美祖国的诗歌末尾提到列宁，以防范对他可能发生的政治审查。这已经是1970年，而1968年发生的"布拉格之春"事件好像被牢牢地埋入历史的尘埃之中，米特尔特作为一个乌兹别克人甚至也可能落到那种田地。但他没有那样去做，即向莫斯科挑战，要求停止对其祖国的殖民掠夺，停止破坏其祖国的生态环境和同胞们的身体健康，让乌兹别克人书写他们祖国真正的历史。如果他那样做的话，克格勃必定将会帮他打点随后的一切。同时假如他那样做的话，他将投入开始重新燃起民族精神火焰的人群行列之中。正面交锋必须等到苏联公开化和改革政策之后。

这一时刻终于到来，处于苏维埃权力中心的戈尔巴乔夫开启了史无前例的改革计划，以"改革"（perestroika，在乌兹别克语中为 *qayta quruu*）和"公开化"（glasnost，公开表达和批评［乌兹别克语为 *ochiqliq*］）而闻名。的确，批评（和自我批评，这个制度特别喜欢的一个策略）一直是共产党和苏维埃国家的标准特征，但在这两者之间有明显差异。在戈尔巴乔夫之前，批评意味着被批评的对象不符合马克思列宁主义的要求和规范，而纠正做法就是更加马克思列宁主义，少数胆敢提出不同纠正方法的人们会以立即被投入古拉格集中营而收场。这两个具有戈尔巴乔夫时代特色的词以前从未作为专业术语使用，现在使用它们意味着情况发展了变化。大多数观察者无疑对这个变化，甚至变化的效果达成了一致，但是就变化原因、本质和目标的确切所指尚存争议。

为了寻求解释，让我们回到革命的本质上，或甚至回到发起人的个性上来。在此前所有改革尝试中，没有出现过的元素就是戈尔巴乔夫要注入到这一体制中去的人道主义。臭名昭著的强制机关失去了从前的铁钳，人性中的自发能量开始以各种各样的方式在整个苏联发挥作用。在俄罗斯，一些诸如建议实行市场经济、政治多元化、宗教信仰自由和工人罢工之类的曾经被视为异端的学说，如今不再被视为进入古拉格集中营的门票；在柏林，柏林墙轰然倒下；1968 年捷克斯洛伐克的"布拉格之春"又在 1989 年爆发的"天鹅绒革命"中再度胜利重生；在中亚，当地人民自 1917—1918 年失败以来，第一次获得了民族解放。戈尔巴乔夫拯救共产主义和苏维埃的努力失败是由于这一体制本身已无可救药，我们不应当轻易指责他为事实上各个方面的失败负责，从笨拙地试图修补苏维埃经济，紧抓已经破产的苏联共产主义，到后苏联时代在俄罗斯尝试参与政治活动。戈尔巴乔夫的特点就在于他试图将苏维埃体制人道化。这一尝试释放出的巨大能量，使得"邪恶帝国"的倒塌比人们所预料的更早，但同时流血更少，尤其是消除了有可能爆发一场核战争的幽灵。

在中亚，既不是严厉打击"腐败"也不是随后发生的无结果的解放运动，应当诱使我们低估这场解放运动的起源和胜利。镇压，如果按照自己设定的判定标准来看也可谓成功（事与愿违的是却无足轻重）：清除了在苏维埃体制下那些真正"腐化的"、不诚实的（尽管按定义来说对于这一体制是"忠诚的"）的官员，这些官员也包括那些欺骗国家、建立既得利益集团关系网、在各个领域助长个人崇拜（党魁）之风行为之流，其中很多人受到惩处，甚至有些人被处以死刑。不过镇压的主要对象——抑制复活的民族主义——结果却彻底失败。中亚人民不再惧怕那些在莫斯科"调整之后"上台的同志们，以及被拔除毒牙的克格勃，斗志昂扬般地涌现出来保护他们的民族遗产，提醒俄罗斯记住他们的殖民征服，大声警告中亚地区环境破坏和人民健康受到威胁。在中亚，这场革命绘制了自己的进程和时间表，其中一些有点自相矛盾。

　　这个进程在所有的五个中亚共和国（除了塔吉克斯坦部分例外）出现的情况类似，但哈萨克斯坦也许呈现出最生动的例子。当1986年戈尔巴乔夫将哈萨克人库纳耶夫革职后，并以俄罗斯人科尔宾（Kolbin）取而代之，这位新总管以众人对他所期望的精力和速度着手清理门户。相关人等被逮捕、撤职、降职，并以身份不是大帐成员，或甚至不是哈萨克人的新成员取而代之，"诚实"局面开始再度恢复。不过，不曾预料的就是哈萨克人的反应。1986年12月大批抗议者，主要是青年人，聚集在阿拉木图主广场，举行示威活动，反对科尔宾以及被视为对他们民族攻击的行动。苏维埃国家仍旧运用足够的力量（在那时公开化政策才刚刚出台）对抗议者实施镇压，导致一些人被杀（像往常一样，官方和非官方数字迥异），其他很多人被捕，秩序得到了恢复。不过科尔宾所没有做的，以及也许不能做的就是超越可识别的和法律定义上的"腐败"或大规模示威活动，处理既成事实的大量哈萨克化的立法机关和政治官僚基层，一个哈萨克共和国不再畏惧克格勃。不但不顺从于莫斯科抑制他们民族主义抬头趋势的命令，他们将事态升级，到了1989年莫斯科屈服了，它召回了科尔宾，并以哈萨克人努尔苏丹·纳扎尔巴耶夫（Nursultan Nazarbaev）接替其位，而且束手无策地关注着哈萨克最高苏维埃通过一项议案，宣布哈萨克语作为这个共和国的官方语言。这一议案主要是理论上的，因为甚至发起人也知道在公共生活的大多数情况下俄语将暂时保持唯一可行的沟通交流媒介，但是议案的象征性和长远意义却不可否认。

与此同时，改革和公开化运动遍及苏联，势态越来越大，超出戈尔巴乔夫的预期。到1990年，中亚的命运开始由波罗的海或乌克兰而不是其故土的势态塑造。排头兵就是三个波罗的海共和国，它们旨在独立的行动在苏联非俄罗斯成员之间引起连锁反应，其强度让戈尔巴乔夫束手无策，并继续向纵深发展。这一进程的巅峰就是到1991年末，中亚所有的五个共和国几乎与其政治精英意志相悖，成为完全独立的国家，所剩下的将是以什么样的方式塑造未来。

1989年和1990年是这一进程的第一阶段，中亚各国立法机构宣布它们各自的方言为官方语言，五个共和国之中的三个宣布他们是主权国家：1990年8月22日土库曼斯坦，8月25日塔吉克斯坦和10月25日哈萨克斯坦。

1991年3月迎来第二阶段，在全苏联范围里举行全民公决，决定是否维持现存组织结构，或是加以改动、还是解体。五个中亚共和国以压倒性多数投票维持苏联体制（平均97%）。在这里我们可以看到解放进程中的矛盾性。我们已经提到中亚各个阶层直接的或含蓄的挑战姿态——从忠实的共产党员到真正的爱国者——一致表态反对莫斯科的镇压行动。在那一方面，他们是胜利者，尽管清洗了"腐败"官员，但他们在胜利中统一起来。然而当涉及完全独立的问题之时，情况就开始变得复杂化。知识分子和专业人士毫不掩饰地希望看到他们国家完全独立。不过在"反腐"清洗运动中幸存下来的共产党的专业人员和政府官僚——他们毕竟是绝大多数——知道他所拥有的特权和安全保证有赖于苏维埃体制，因此并不希望完全破坏现存秩序。结果就是他们利用了国家依旧令人生畏的控制力和宣传机器确保投票结果。他们的确保持了自己的选择，直到解放进程的第三阶段、也是最后阶段降临中亚。

在莫斯科，同意对苏联现行体制进行修改的俄罗斯和其他共和国准备在1991年8月20日签署新条约。不过到了19日，由一部分将军和苏联政府领导人发动了政变，宣称控制了政权，将正在克里米亚度假的戈尔巴乔夫解职，取消了全部的改革措施和公开化自由政策。接下来发生的事件众所周知：鲍里斯·叶利钦（Boris Yeltsin）和他的支持者在俄罗斯议会中以胜利的姿态出现，戈尔巴乔夫复职，政变失败，苏联迅速解体。在中亚，8月31日吉尔吉斯斯坦和乌兹别克斯坦，9月9日塔吉克斯坦，10月27日土库曼斯坦，12月16日哈萨克斯坦纷纷宣布独立。

第十九章　中国新疆

我们知道，自1758年准噶尔蒙古人失败之后，新疆被纳入清朝统治之下。这种情形类似于外蒙古，因为这一地区成为清王朝的属地而不是作为一个省份完全融入帝国中去。这有着两个重要的影响：自准噶尔蒙古人口几遭灭绝之后，当地人口，主要的突厥语穆斯林保留着最高程度的自治，内地人口不允许移入。

清朝按照地理形态将被征服的地区分成天山北路和天山南路两部，分别予以管辖。北路的办事大臣或都统驻地在乌鲁木齐，南路办事大臣驻地在叶尔羌；这两者都被置于伊犁将军管辖之下，其驻地在伊宁，是由清朝在伊犁河畔历史名城阿力麻里（Almaliq）遗址附近所建。和平和繁荣是这一地区头几十年统治所呈现的状况，事实上这一状况持续了一个多世纪。不过，在天山南路当地动荡形势越来越严重，而这通常是由17世纪和卓们的宗教上或家族后人所煽动的（1825、1830、1846和1857年所发生的事件）。这些骚乱也得到浩罕汗国的一些支持，其统治者尽管偶尔适当地承认着清朝模糊的宗主权，但在从新疆西部一直到阿克苏河及阿克苏城之间的区域获得了特权：浩罕商人享有贸易优势地位，浩罕政府甚至向其征税。然而基本上，浩罕汗国并不抱有对天山东部进一步深入的野心，它的扩张激情朝向西面和北面，在那里卷入混乱，正如我们所知，与布哈拉埃米尔以及最后跟俄国交战。

浩罕远征和政治活动的著名参与者是一个叫穆罕默德·阿古柏（Muh-ammad Yaqub Beg，1820—1877）的人，来自费尔干纳。他的生涯到了1851年才开始有了转机,当时他被任命为一座锡尔河城市阿克梅切特(Akmeshit)的地方长官。不过很快,他与胡达雅尔汗的关系就出现了问题,原因不是很清楚,但也许起因于在1853年他无法抵挡俄罗斯人对其镇守城池的猛攻,后来不得不逃往布哈拉。但他最终获得宽恕,并得以返回浩罕,在1865年可汗派遣他前往喀什噶尔作为布素鲁克(Buzurg Khan)的助手。布素鲁克是一位和卓(纳格什班迪耶道乘苏菲谢赫。我们已经提到1759年最后统治南疆的和卓们的结局,白山派[Aqtaghliq]兄弟波罗尼敦[Burhan]在喀什噶尔,霍集占[Jahan]在叶尔羌;白山派和黑山派[Qarataghliq]和卓的后人在浩罕汗国生存下来,煽动或试图利用在南疆反抗清朝统治的叛乱),他发动又一次试图在新疆西部恢复神权政体的攻势。不像早先,这次清朝没有立即粉碎这次进攻,因为在1862年爆发甘肃回民起义,由此在内地和新疆之间竖起了一道障碍。与那位和卓相比,为其效力的阿古柏显示出更强的个性,1867年他将和卓推到一边,自己摇身一变成为一个伊斯兰政权的统治者。

起初他承认是属于浩罕汗国的一位封臣,并且满足于给他的"阿塔勒克哈孜"(Ataliq Ghāzī,伊斯兰勇士拥护者)头衔,但后来他宣称完全独立,将头衔改为"阿古柏毕杜勒特"(*Yaqub Beg Badawlat*,意为阿古柏得到[神]赐予的[幸运])。在1867—1873年所铸的钱币上,铭文为"浩罕汗国及其君主马拉汗"(Malla Khan,1858—1862年在位),但自那之后,钱币上铭文换成了"首都喀什噶尔及奥斯曼帝国苏丹阿卜杜拉阿齐兹(Abdülaziz)"。

他建立的"王国"在史料中被称为"哲德沙尔汗国"(Yettishahr,意即"七城汗国","七城"分别是喀什噶尔、和田、叶尔羌、英吉沙尔、阿克苏、库车和库尔勒),一直延续到1877年,在国际上吸引了相当程度的关注,特别是大英帝国、沙皇俄国和奥斯曼帝国。原因就在于到那时几乎浪漫化的"大角逐",也就是出现在英国和俄国之间的一场大规模的但或许夸大的争夺中亚的竞赛正愈演愈烈:英国人在1849年征服了旁遮普;俄国人于1865年和1868年分别占领塔什干和撒马尔罕,确立其在河中地区的地位,但胃口变得越来越大;与此同时,清朝在新疆统治的瘫痪在当地形成力量真空,进一步加剧了两个殖民帝国之间的争斗。俄国和英国都希望避免冲突，但觉得如果它们任何一方鲁莽地向诸如新疆那样的地区推进，一场战事将不可避免；尤其对于英国人来说，一个弱小的当地统治者的出现可算是一种受欢迎的折中方案，由此，他们迅速设法强化阿古柏的地位从而赢得他的友谊。

阿古柏本人也更偏向与英国人而非与俄国人结盟，无疑由于俄国拥有地缘政治和后勤方面的优势，是一个潜在更危险的"朋友"。他接待了两个英国使团，其中第二个在1874年由道格拉斯·福赛斯（Douglas Forsyth）率领，尤其引人注目，并建立了喀什噶尔与英属印度之间的外交关系。与此同时，阿古柏本来打算冷遇俄国人，甚至与其争夺某些边境哨所，但后来意识到这种不妥协态度将导致危险，因此不得不做出巨大让步，从而为这整个区域带来深远影响：恢复俄罗斯人早在1860年就在这一地区已获得的权益，在喀什噶尔设立领事馆，给予沙皇的臣民在这一地区贸易自由的权利。俄国展现其实力地位的另外一个迹象，就是它占领伊犁地区以回应1870年阿古柏夺取乌鲁木齐的行动，表面上的理由就是如果战争蔓延到这些地区的话，沙皇担忧旅行甚至居住在伊犁或新疆其他地区的臣民会遭受伤害。通过这种巧妙举动，俄国人获得一个具有重要战略意义的地区，通往天山北路和更远东部的历史悠久的门户，一些观察者将这比作英属印度与阿富汗之间的开博尔山口（Khyber Pass）[1]。总而言之，俄国人通过软硬兼施的手段从阿古柏所获取的权益要超过英国人。

尽管效果最不显著，但最有趣的是喀什噶尔统治者与奥斯曼苏丹之间的外交联系。阿古柏声称实行伊斯兰教统治，而像福赛斯那些访问者的确证实了这一说法：这一政体严格伊斯兰化，实施和强化伊斯兰教法和宗教戒律到如此严厉程度，以至于在穆斯林人群之中怨声载道，深切怀念曾经在清朝统治的岁月。阿古柏大概见多识广和非常现实，从不指望能从奥斯曼人那里获得有效的军事援助，他所希望和得到的支持是精神上的，因为苏丹拥有伊斯兰世界领袖的声望，来自他的册封的确具有重要影响力。因此在1873年，阿古柏派遣他的侄子赛义德·雅谷伯·汗·托拉（Sayyid Yaqub Khan Tora）

---

[1] 开博尔山口（Khyber Pass）是中亚地区与南亚次大陆之间最大且最重要的山隘。——译者注

前往伊斯坦布尔，随后带回苏丹给予阿古柏的封号"众信士长官"（Amir al-Muminin，意为"教徒的领袖"）。这曾经一度显赫的头衔是用来专为"哈里发"所保留的，尽管到后来贬值，但看来似乎真正巩固了这个新生的"伊斯兰政权"。1874年这个使团返回，途经印度，与道格拉斯·福赛斯使团会合之后，回到喀什噶尔。

不过，仅仅三年之后，清军统帅左宗棠在靠近吐鲁番和乌鲁木齐的两次战役中将阿古柏击败，随后阿古柏带着残部撤往叶尔羌，1877年5月在库尔勒也许因中风而亡。这样的转折大概更多是出于阿古柏势力的脆弱而非中国力量强大的结果，尽管左宗棠在再度夺回新疆过程中所表现出来的能力和果敢的确在确保中国军队获胜中起着促进作用。此前，在甘肃平息回民起义中，左宗棠有力地证明了自己的才干，随后他开始有计划地准备在面临巨大困难的情况下收复新疆。这些困难包括清朝政界对于这一计划是否明智的疑虑，以及几乎完全缺乏资金，而这迫使他在准备实行进攻之前，花了三年的时间独自筹措资金。

不过，尚有一个地区没有被武力夺回，那就是自1870年就被俄国占领的伊犁地区及其过去新疆的首府伊宁。俄国人拒绝撤出该地区，并列举出五花八门的理由，其中之一就是在占领这一地区的过程中所花费的巨额开支。此后，在圣彼得堡和伦敦分别进行两轮谈判之后，俄国获得大笔赔款，最后于1881年撤出，但仍然占有该地区的最西部分。这一段的准确边界仍旧存在着争议，并在20世纪70年代和80年代间的中苏决裂时期，这一争议再度浮出水面，在那时，中国地图显示该地归中国管辖，其领土一直向西延伸到巴尔喀什湖。

一旦与俄国的争议平息，北京在新疆新建立的管辖体系接近于内地的行省，而不再是像从前那样作为清朝的一个属地。1884年形成的四个行政区，其各自的行政长官道台听命于驻地位于乌鲁木齐（汉语改名为迪化）的新疆巡抚。由此开启了新疆在中华帝国的最后阶段，直到1911—1912年爆发的革命而被带入共和时代。尽管有上述的重组，但是这个省份的行政管辖仍具有以前的一些特征，诸如巡抚有较大程度的自主权，在穆斯林人口中，尤其在天山南路，拥有着较高程度的地方自治。其结果就是产生了相对较为满意的安定秩序。

这一局势的受益者，包括欧洲旅行者、学者和考古学家，他们开始在新疆发现埋藏于沙漠或是隐藏于洞穴之中的、此前梦寐以求的文化宝藏。这是现代考古学真正的黄金时代，这从学术层面反映出当时在同一地区出现的政治殖民"大角逐"。英国、德国、法国和俄国的探险家彼此相互竞争，屡屡爆出轰动的发现，并经常竭力盗回本该运往出土国的博物馆和图书馆的物品资料。其中一位学者是奥瑞尔·斯坦因爵士（Sir Aurel Stein, 1862—1943年），他多年来一直领导着英属印度的考古工作。从1900—1916年，他沿着古代"丝绸之路"上散布的很多遗址进行了三次持久的探险活动。他的发现和研究成就斐然，但最轰动的就是考察了贸易路线甘肃段的敦煌石窟，那里拥有大量珍贵的古代手稿和佛像。另外一处著名的遗址在吐鲁番绿洲，在那里，由勒柯克（A. Von Lecoq）和格伦威德尔（A. Grünwedel）所率领的一支德国考察队发现了弥足珍贵的语言文献资料。以伯希和（Paul Pelliot）为首的法国学者也做出了"贡献"，并拿走了他们的战利品，尤其是在敦煌。公元1912年中华民国的成立，标志着相对自由的考古勘探活动的告终，尽管他们中一些人，尤其是"伯希和考察队"的确在20世纪20年代和30年代早期返回过，不过很多工作在19世纪90年代短期内和20世纪头二十年里就已完成，而其中欧洲东方学所取得的成就实在令人钦佩。对于成千上万运往伦敦、柏林、巴黎和圣彼得堡的文献资料的研究，一直延续到今天。

与此同时，在清朝统治的最后阶段，那种政治"大角逐"多少有点衰弱，尤其是在主要对手英国和俄国之间。这两大强权逐渐走向相互和解，这一进程起始于1895年的双方协议，而后在1905年会议中得到加强。这种特殊的休战状态减轻了英国对于印度西北边疆的忧虑。自那时起，在新疆不断增强的俄国势力不再面临英国人的明显反对。俄国在内亚的强势地位确保了它在新疆的影响力远远超过英国。与在喀什噶尔由才能出众但势单力孤的马继业（George Macartney）所主持的规模很小的英国领事馆相比，俄国在喀什噶尔和伊宁有着规模庞大的使团，并在喀什噶尔建立了一家俄亚道胜银行，在俄属突厥斯坦总督区境内的伊尔克什坦（Irkeshtam）和喀什噶尔之间修建了一条货运通道，在色勒库尔山脉（Sarikol range）新疆一侧的塔什库尔干（Tashkurgan）拥有俄占边境哨所，临近敏感的帕米尔高原的俄属费尔干纳省领土，控制着通往中国境内的道路。的确，俄国似乎在新疆地区准备做它最近在突厥斯坦总督区已经完成的事情——征服这一地区，然后将其转变成沙俄帝国另外一个总督区。在阻止它这么做的因素中，也许包括顾忌会导致与中国关系的僵局，但大概更主要的是，觉得需要与英国改善关系，因为俄英双方都变得越来越警惕德国不断增强的军事实力。在共和时代，第一任新疆都督杨增新的精力和才干或许也在保护中国新疆的过程中起着一定的作用。

新疆历史翻开了新的一页，它作为中华民国的一个省份从1912年持续到1949年。而这以在乌鲁木齐有较长任期的前三位省长为特征：杨增新（1912—1928）、金树仁（1928—1933）和盛世才（1933—1943），以及随后民族叛乱的动荡形势和短命的地区政府，直到1949年人民解放军重新确立治理秩序，这次是共产党建立的政权。

首任省长杨增新面临着艰巨的挑战：军营内部充斥着来自内地的渗透而入的反叛的秘密帮会，有蠢蠢欲动发动兵变的迹象；新兴的穆斯林分离主义势力首次试图在伊犁地区实现自治，与此同时，在天山南路东部城市哈密周围出现了暴动。杨增新起初来自中国西南部拥有较多穆斯林人口的云南省，而这一背景必定有助于他恢复控制不断受到这些穆斯林势力困扰的这个省份。随后，他领导着该省份走上发展经济的道路，同时巩固了中国化。当地所发行的报纸是汉语而非突厥语言或其他当地语言。

正是在杨增新主政期间，俄国经历着历史性的巨变。1916年第一次世界大战将其遥远的回声传递到新疆，而这主要是以吉尔吉斯人和哈萨克人难民涌入的方式体现出来，这股难民大约有30万人，这是由于他们发动起义反抗俄国人试图征调穆斯林前往前线修筑战壕，但最终失败并导致俄国人报复而逃离的。在得到俄国殖民当局许诺赦免后，杨增新安排大多数人自愿遣返。到那时，1917年的俄罗斯受到了二月革命的震动，并很快卷入十月革命、布尔什维克掌握政权和内战的旋涡中去。和平，即布尔什维克和平恢复之后，俄属突厥斯坦总督区转变为新成立的五个苏联共和国。喀尔喀蒙古也陷入这场混乱局势，只是到了1924年才以人民共和国的新面目出现，但实际上不过是苏联的一个保护国而已。要不是杨增新小心驾驭的话，类似的进程也有可能发生在中国新疆。他的权威激发出足够的信心，说服了1920年撤退到新疆的阿连柯夫（Anenkov）将军和他所带领的7000人白俄军队自动缴械并被拘禁起来，而不是任其像温格恩·施特恩贝格（Ungern-Sternberg）在蒙古的行动那样，结果导致苏联红军的介入并扮演着最后仲裁者的角色。

与此同时，俄国的官方势力，在1918年短期内中断之后，在杨增新主政的最后几年里，在苏维埃新外衣下变得更加巩固和强大。当时莫斯科在新疆有五处领事馆，而当1927年蒋介石的南京国民政府突然采取反苏的敌视姿态，并与莫斯科断绝了外交关系之时，杨增新依旧允许这些领事馆继续存在。这一措施的意义很难被夸大，因为这阐明了新疆的地位是如此的特殊——远离中国内地，与此相对，与苏联西伯利亚和中亚邻近，以及其都督对中央政府保持的相对和有时甚至几乎完全的独立状态，此外，就是俄国在新疆的影响力的扩大似乎也不可阻挡。

在杨增新不那么能干的后任金树仁的任期内（1928—1933），此前已得到控制的事态又再度萌现。在哈密又开始出现反抗行动，1933年在喀什的和加尼牙孜（Khoja Niyaz）集团正式宣称建立一个"维吾尔共和国"，要求"独立"或至少"自治"，这一企图经常被称为"第一次革命"。在东部混乱加剧，在乌鲁木齐的俄罗斯雇佣军最终发动兵变导致金树仁下台，其位由来自东北的一名职业军人盛世才接替。

盛世才被证明是一位非常能干的官员。他恢复了秩序，而且尽管镇压了"喀什运动"，但改变了杨增新的抑制当地民族语言复兴运动的政策，允许维吾尔族事业的繁荣发展。在他主政的前几年，他的改革计划遵行内地流行的一些模式：1933年他公布了"八大宣言"：实行民族平等，保障信教自由，澄清吏治，改良司法，整理财政，实施农林救济，扩充教育，推行自治政策；这在1936年被修改为"六大政策"，事实上将早期的范围扩大，包括"反帝"和"对苏合作"。这最后两个条款显示出他的政治倾向，那就是他变得如此亲苏以至于不是南京而是莫斯科成为他的赞助者和支持者。苏联的帮助是财政上的，甚至也是从技术方面，启动了一项工业化计划，改善交通，开发克拉玛依油田以及在乌鲁木齐附近兴建了一家炼油厂。不过秉持苏联路线和得到其帮助,并没有使盛世才成为一名共产党员:他的改革没有包括一些激进措施,就像此前苏联在农业和畜牧业中推行集体化政策导致边境地区严重破坏那样;也没有推行对其管辖民众无孔不入的教条性灌输行动,如像苏维埃强加于其居民的那种方式。大体说来,他与由中国共产党领导的反对军事独裁政府的共产党起义之间没有任何联系。像在中国其他地区取代了垮台的非洋政府直接统治的军阀们一样,盛世才为个人权欲所驱使,但是他统治的这个省份主要受益于他的洞察力和相对清廉的作风。

然而到了1941年,盛世才走错了一步棋,这导致他相当成功统治的谢幕:他预感苏联将被德国击败,于是转向了反苏和反共立场,并试图修补与蒋介石政府(此时已迁到重庆)的关系。这使他不仅失去了来自苏联的支持,而且也结束了与中央政府相持已久的半独立状态。到了1943年,盛世才也意识到苏联的失败既不会山雨欲来,甚至已不大可能,于是他试图再度转舵,但却没有成功,到了1944年,这位曾经显赫一时的省政府主席离开新疆返回内地。

1941年盛世才转向的一个结果就是,尤其是对于维吾尔族和其他非汉民族而言,从实行相对宽松的政策向国民党政府不那么宽容的态度转变。这一变化促使穆斯林们再度争取自治,在1944年,赛福鼎所领导的组织在伊宁宣布自治——所谓的"第二次革命"。这次起事的位置耐人寻味:不再局限于维吾尔族的喀什噶里亚(天山南路),运动也蔓延到哈萨克族的伊犁地区,由此显示出政治动乱已经延伸到更加多民族的天山北路的中心。当时坐镇于乌鲁木齐的国民党当局,由于不能粉碎分离主义势力,于是试图通过在新疆建立联合政府(也包括突厥语穆斯林)而化解这场危机,并许诺将实施给予少数民族更多权益的自由改革。新疆省主席张治中将军的方案对于当地人而言,做得还不够,但却与中央政府渐行渐远,因此1947年,他的省主席之位被一个属于保守派的维吾尔族地主麦斯武德(Masud Sabri)所接替。可行的折中方式并没有奏效,于是在1948年12月又再次做出抉择,麦斯武德为包尔汉(Burhan Shahidi)所替代。1949年9月,新疆和平解放。1949年12月,新疆人民临时政府在乌鲁木齐建立。

因此,中国政府再度恢复对新疆地区的控制,随后的进程包含的元素有点类似于在20世纪20年代早期俄罗斯内亚所呈现的。认识到新疆具有特殊的民族面貌，北京给予该地一个"自治区"的地位，而名称取自以其所居住的主体民族：新疆维吾尔自治区。该自治区成立于1955年，但在1954年，伊犁地区就已建立一个自治地方，其名称也取自其居住地主体民族：伊犁哈萨克自治州。此外，好几个其他自治地区，如在阿图什，柯尔克孜自治州[1]也建立起来。这一进程也许部分受到苏联1924年民族国界划分（razmezhevanie）政策形成了苏维埃中亚共和国和自治地区的启发，同时目标无疑也是类似的：在国家统一领导下，给予少数民族以应得的自治权。随后的地区政府、人大和大多数机构的构成，由当地人与汉族官员一起在自治机关就职，促使这一体制安全运转。

新疆，曾经的西域，自那时起经历着与其西部兄弟，即曾经的俄罗斯突厥斯坦某些类似的进程。北京允许当地民族维护他们自己的文化认同，使用和学习他们自己的语言，在个人平等基础之上与汉族交往联系，大力推进经济发展，扩大交通和传播媒体事业，支持发展教育和兴建学校包括乌鲁木齐大学[2]。首先，北京在新疆建立社会主义体制，实行集体化和其他经济可靠性值得商榷的措施。在20世纪60年代中期，维吾尔族和其他新疆穆斯林也经历了一场噩梦，"文化大革命"挫伤了当地穆斯林的民族精神。其中目标之一就是宗教，组织化的伊斯兰教的确处于防守状态，它以一种有些边缘化的状态出现，受到当时政府的监控。

最后有一个显著特征必须加以强调：汉语所扮演的角色就是这一地区的通用语言，特别是对于年轻的一代而言。这也与边界那头的俄语有着惊人的类似。所有在校学生学习汉语，很多人掌握了双语能力，特别是那些具有更大职业志向的人们。此外，从内地来的移民增加到如此程度，以至于汉族人口接近维吾尔族人口，如果把回族（说汉语的穆斯林）也考虑在内的话。根据1990年的人口普查，在总人口15156883人之中，有维吾尔族人口7191845人，因此不到一半（占47.45%），汉族5695409人，回族682912

---

[1] 克孜勒苏柯尔克孜自治州。——译者注
[2] 应为新疆大学。——译者注

人，因此以汉语为母语的人口达到 6378321 人，也就是占总人口的 42.09%。另一方面，乌鲁木齐的总人口有 1217316 人之多，包括 934851 人汉族人口（占 76.80%），维吾尔族人口 161643 人（占 13.28%），回族为 83001 人（占 6.82%），将汉语人口合计的话，在这一首府占到了 83.62%。另外一例就是克拉玛依，一座石油生产中心，其居民人口 210064 人包括汉族人口 161097 人（占 76.69%）、维吾尔族人口 30895 人（占 14.71%）和回族人口 4997 人（占 2.38%）。的确，在天山南路（也就是新疆更传统的南部的现在已过时的地名）的人口最密集地带人口比例在发生变化。在喀什，人口数字显示维吾尔族人口占 76.53%，汉族人口占 21.98%，回族人口占 0.46%；在和田，其中维吾尔族占 83.32%，汉族占 16.13%，回族占 0.40%；在吐鲁番，维吾尔族占 71.82%，汉族占 20.25%。然而在天山南路的阿克苏，一座曾经是中原王朝的总督坐镇的城市，拥有占多数的汉族人口：汉族占 51.51%，而维吾尔族占 47.02%；而战略要地哈密，汉族达到多数，占 66.11%，而维吾尔族仅占 25.94%。这些统计数据显示，即使在汉族人中有一定比例的临时居民，汉族在新疆的存在也建立在一个坚实的人口基础之上。

第二十章　独立的中亚共和国

前文我们已经探讨了戈尔巴乔夫改革进程的最后阶段，在苏联的各个加盟共和国所爆发的独立狂潮，最终，中亚五个共和国也在这股狂潮中随波逐流。苏联大坝真正崩塌的导火索是突然出现了反对戈尔巴乔夫改革的未遂政变，但在此之前已有两位勇往直前的开路先锋：1990年3月11日的立陶宛以及同年4月9日的格鲁吉亚。而其余国家直到1991年8月政变出现之后才果断采取行动：爱沙尼亚和拉脱维亚在8月20日（正当那场戏剧在莫斯科谢幕时），亚美尼亚在23日，乌克兰和白俄罗斯在24日，摩尔多瓦在27日，阿塞拜疆在30日宣布独立，而中亚国家最后才赶上末班车。

8月31日，乌兹别克斯坦议会宣告成立一个独立的乌兹别克斯坦共和国，这一声明提交公民表决，并在同年12月通过，选举伊斯兰·卡里莫夫（Islam Karimov）为共和国总统。类似举措也出现在其他四个共和国。与此同时，在那场巨变中坚持下来的或涌现而出的苏联公众人物，从保守势力手中夺过领导权，成功地铸造出继承苏联的一个特殊的组织：独立国家联合体（简称独联体，俄语为 *Soyuz Nezavisimykh Gosudarstv*，乌兹别克语为 *Mustaqil Davlatlar Hamdostligi*）。其成员国代表于1991年12月21日在哈萨克斯坦首都阿拉木图召开会议，签署条约，建立联合体。

这个新成立的联合体与苏联的关系类似于英联邦、法兰西联盟分别与前大英帝国、法兰西帝国的关系。这一次成员国真正独立，他们的成员资格取决于中亚当地人领导而非来自莫斯科的俄罗斯领导人所做的决定。新旧秩序之间的差异是根本的，那就是不再有来自莫斯科的中央政府或当局统属其在各个共和国的下属机关。

为什么中亚国家甚至不介意加入这个新成立的联合体呢？这是出于一些实际理由。很显然，莫斯科数十年来的统治、中央经济规划和人口流动这些因素形成纽带，尽管并非牢不可破（前政权最喜欢的口号之一），如果积极加以修改，建立在双方互惠基础之上的话，可被认为是值得维持的。

当然，过去留下来的问题很多，甚至有许多处创伤。其中一个简单的事实就是政治领导和官僚基础一如既往：相同的共产党官僚和他们顺从的下属在这些新独立的共和国掌权。五个共和国中有四个是前共产党高层领导人当选总统：乌兹别克的伊斯兰·卡里莫夫，哈萨克的努尔苏丹·纳扎尔巴耶夫，土库曼的萨帕尔穆拉德·尼亚佐夫（Saparmurad Niyazov）和塔吉克的拉赫莫洛夫（Imomali Rakhmonov）；吉尔吉斯斯坦总统阿斯卡尔·阿卡耶夫（Askar Akaev）是唯一的例外（他似乎也是一位共产党员，但不是职业政治家）。新形成的共产党代表控制了议会，而政府中依然充斥着以前的官员。这些人大多数的职业生涯、特权和生计都要仰仗苏维埃体制，我们可能倾向于用怀疑的目光审视他们1991年之后所扮演的角色。乌兹别克斯坦和土库曼斯坦的主要政党是共产党，只不过换了新名称（"［乌兹别克斯坦］人民民主党"和"土库曼斯坦民主党"），而塔吉克斯坦共产党甚至没有费心去改名称（哈萨克斯坦和吉尔吉斯斯坦共产党在短期内被禁，但依然以旧名称恢复，但却没有成为执政党）。更糟糕的是，拥护自由政治进程的反对党和个人一直受到乌兹别克斯坦政府的打压，以至于很难与西方的民主政治相吻合。类似的情况也出现在土库曼斯坦，在那里，还出现了个人崇拜，以及呈现出与很多其他由强人政权所统治的前殖民地的类似症状，并几乎达到病态的程度：萨帕尔穆拉德·尼亚佐夫总统要求并获得类似于只有斯大林才享有的尊称（或者与像萨达姆·侯赛因［Saddam Hussein］、穆阿迈尔·卡扎菲［Muammar Kadhafi］那些当代领导人相比肩）。尼亚佐夫被称为"土克曼巴什"（*Turkmenbashy*，意为"土库曼人的领袖"）。就斯大林而言，我们不得不承认这位"俄罗斯"独裁者可以有一个合理的理由取这个名字（而这，很凑巧地基于俄罗斯借词"stal"［意为"铁"］）。朱加什维利（Jugashvili），他真正的名字（在用俄语拼写时缺少一个音素"j"，并通过加上两个字母绕过了用外语单词直译所遇到的问题，因此从俄语转译到英语时添加了三个字母，成为"Dzhugashvili"）的确在俄语社会中难以被使用，而那样的话，接纳他对于俄语社会又是多么不幸。土克曼巴什可没有这样的理由，因为尼亚佐夫（Niyazov）在他所代表的社会中是一个完全可行的名字，而唯一保留的就是涉及俄语后缀 -ov。这个传入源于沙俄殖民地时代，并在苏维埃时代得到强化，具有双重目的，那就是创造独立的固定姓氏以及便于用俄语使用。而它现在开始让位于真正的本土形式，尤其是突厥语言中"oghli"（意为"之子"）的各个变体，它的同义词在塔吉克语中为"zoda"。对于土克曼巴什来说，斯大林、侯赛因或卡扎菲不是他所宣称的偶像。他的偶像是现代土耳其国父凯末尔·阿塔图尔克。凯末尔有着一个很好的土耳其名字"穆斯塔法·凯末尔"（Mustafa Kemal），被意为"出类拔萃"的土耳其单词所修饰。如果尼亚佐夫或土克曼巴什的确决心真诚地效仿他的土耳其英雄，他将在土库曼乃至世界历史上为自己争取到属于他的令人尊敬的地位。

与此同时，塔吉克斯坦经历着一场可怕的社会动乱——实际上是一场内战——直到最后由富有经验的共产党恢复了政权，而独联体部队——主要是俄罗斯军队——加强了军事控制。这一局面看来总比一片混乱或是被伊斯兰原教旨主义者接管更为可取。虽然一些观察家们确实认为后者的威胁很遥远而且所贴的标签也是错误的（直到最近，对于中亚原教旨主义的危险，有人可能同意他们的质疑。然而，塔利班在邻国阿富汗几乎取得完全胜利，表明塔吉克也许真的有危险）。不像其他四个共和国，塔吉克斯坦还没有形成国家意识，如果不是独联体部队介入的话，在这一长期几乎无政府状态之中，伊斯兰激进分子也许会在群雄纷争中变成最强者，而导致出现类似于阿富汗的那种进程。

苏维埃时代的极权主义因此被现代乌兹别克斯坦和土库曼斯坦的政治体制所取代，尽管哈萨克斯坦和吉尔吉斯斯坦差点建立了西方的民主政治——或这是他们的西方支持者所曾希望的——在最后几年里，它们也显示出朝向集权主义的一种令人不安的趋势。不过这些倒退可能使我们忘却1991年所迈出的多么激进和重要的突破步伐，而且事实上这种突破从那时起更加深化。三个相互关联的方面凸显出来：这些共和国的领导人和政府不再以莫斯科马首是瞻，而是按照自己的判断行事；共和国的利益而不是多民族帝国（或的确是俄罗斯）的利益是它们政策的决定性标准；对于共产主义学说和无神论的准宗教般的强制信仰被搁置一旁。乌兹别克斯坦总统伊斯兰·卡里莫夫以前作为一名共产党员是通过苏联机关而上台的，但现在他能够行使职权工作的条件完全不同于 1991 年以前所强加给他的。究竟是人类创造历史还是历史塑造人类，这一由来已久的问题至少在这里得到一个答案：即使是那些依然保持未变的中亚共和国领导人，现在也变得和以前大不一样了，因为情况的确已经发生了变化。[1]

中亚各国所被迫经历的，抑或主动实行的或宣布的转变方式有很多。当然最首当其冲的就是西方的人权的基本准则和得到保证的政治和学术自由。所有共和国从 1992—1996 年之间颁布了含有这些准则的新宪法。经济方面紧随其后，在此从莫斯科控制的中央计划转到由共和国自己决定，从铁板一块的国营经济到市场经济的双重变化成为领导潮流。这两个方面——自由公民和自由企业——来得很缓慢，并时时遭遇挫折，历经七十年旧体制的风风雨雨，成功的转变不可能一蹴而就。

国际关系也被视为是迈向与此前迥异的现在到充满希望的将来的第三大步。自从 1924 年它们成立以来，中亚诸共和国首次在国际社会中能自由地取得合法地位，而且它们一直在努力在争取。它们都成为联合国以及其他国际组织的成员国，与越来越多的国家建立了外交关系，包括西欧、俄罗斯联邦、美利坚合众国、中华人民共和国、伊朗伊斯兰共和国以及阿拉伯国家和以色列。仅仅这一组合就揭示出它们独立的本质和新颖幅度：在此前的体制下，视俄罗斯为外国会导致厄运，直接与美国交往会被视为叛国，与中国的联系也完全取决于中苏关系的种种变迁；与阿拉伯国家、伊朗和以色列同时保持友好关系也似乎不可能。

对于这些国家而言，俄罗斯也许已经变成外国，但与它的关系却是最重要的，并可能一直保持到可预见的将来。这有很多原因，一些是显而易见

---

[1] 这种情况甚至也可以应用到政党方面：塔吉克斯坦共产党，尽管名称未变，但不再是屈从于其莫斯科保护者的一个组织，或受制于僵化教条的意识形态。实用主义、民族主义和承认基本西方价值观，现在至少在理论上，是该政党的特征。

的，还有一些只有仔细端详才能识别出来。这与"法国的"北非和"英国的"印度做对比也许具有启发意义。官僚、学术、科学技术、经济和后勤方面基础设施，包括出版，在很大程度上是受俄语训练的和以俄语运转的，正如英语和法语在后两个地区所起的作用一样。在中亚，前殖民势力的语言和遗产如果不能形成凝聚力的话，也会形成纽带，从而能顺畅沟通和接触使用到科技文献。另一方面，一种共同突厥语言——察合台语言的"现代化形式"的概念可能会获得青睐，20世纪20年代突厥斯坦民族主义者的梦想会实现。然而更有可能的是，进一步巩固不同形式的突厥语言，英语入侵到迄今为止俄语所独占的领地，甚至成为中亚的超民族语言。

然后，这里还有少数民族问题，主要是俄罗斯族和乌克兰族居住在这五个共和国。当然这不局限于中亚，例如新闻媒体浓笔重墨地报道了这一问题演变到如此严重程度，从而导致波罗的海三国与俄罗斯关系紧张。类似问题也出现在非殖民地化时代的世界其他地区，尤其是讲法语的北非地区。这一问题的严重程度和性质在各国呈现不一，但有一个问题，那就是双重国籍身份的存在是普遍的。居住在一个共和国的俄罗斯人在同时保留俄国国籍情况下应当有权成为该国的公民吗？为了有资格成为当地公民，他们需要满足某些条件，最首当其冲的是通晓当地语言（乌兹别克语、哈萨克语等）吗？自从俄罗斯人一向集中居住在紧密社区，包括无论是城市（乌兹别克斯坦、土库曼斯坦和塔吉克斯坦）还是乡村（哈萨克斯坦和吉尔吉斯斯坦），好几代人不再学习当地语言就已经能够顺利工作和生活，这一情况随着中亚人他们自己必须学习俄语而得到进一步强化。这一问题暂时的解决方法就是折中，规定下一代的俄罗斯族将通过学校必修课程必须掌握所在共和国的语言。一个很严重的，但几乎独特的问题就是在哈萨克斯坦的俄罗斯人和乌克兰人所呈现的少数民族问题。哈萨克斯坦北部地带很多与俄罗斯欧洲和西伯利亚部分接壤地区实际上已变成俄罗斯族地区，这是由从18世纪后期一直延续到赫鲁晓夫时代的移民运动所造成的。该地区斯拉夫人口的优势地位加之与俄罗斯毗邻，引发了一个不可回避的问题，那就是哈萨克斯坦的这一地区是否不该享有特殊待遇，或者甚至与这个共和国分离而并入俄罗斯联邦？这在1992年导致了两国总统，叶利钦和纳扎尔巴耶夫之间的争论。不过，后来这一紧张状态得到缓和，但问题却没有完全解决。在1993年俄罗斯大选中，这一问题再度浮出水面，像日里诺夫斯基（Zhirinovskiy）（以及更传统的代表索尔仁尼琴［Solzhenitsyn］）这些民族主义者要求俄罗斯合并斯拉夫人口所聚集地区，哈萨克斯坦总统对此反驳，称这种行为很像希特勒吞并捷克斯洛伐克的苏台德（Sudeten）区。哈萨克人对于他们北方地区忧心忡忡的症状之一就是将政府所在地迁往阿克莫拉（Aqmola，俄语为亚克摩林［Akmolinsk］），表面上的理由是这座城市与阿拉木图相比，位置不那么偏，但可能也因为其象征性地确立哈萨克斯坦对于该国俄罗斯族人口稠密的北部所拥有的主权。环视一下地图，我们就知道阿克莫拉，尽管与阿拉木图相比位置不那么偏，但也不位于共和国的中心，却相当靠近俄罗斯边界。如果追求中心是其目标的话，像杰兹卡兹甘城（Zhezkazgan）那样的地方应当是更好的选择。阿克莫拉的哈萨克语意为"白墓"，是从俄国入侵这一地区不久在1830年建立的一个军事要塞而发展起来的。1961年这个城市改名为切利诺格勒（Tselinograd，俄语意为"垦荒城"），以纪念伴随着最后一波斯拉夫移民而来的农业开垦运动。这一重命名也强加于哈萨克人身上（因此在《哈萨克苏维埃百科全书》［*Qazaq Sovet Entsiklopediasy*］中收录的是切利诺格勒词条而非阿克莫拉）。直到哈萨克斯坦独立后，这座城市才恢复了其哈萨克名称。1998年6月9日第五次突厥语首脑会议在此召开，次日，即6月10日的庆典将其改名为阿斯塔纳（Astana），并将其作为哈萨克斯坦的首都，因此这是这个城市新的大概也是最终的名称。"阿斯塔纳"在哈萨克语中就意为"首都"，因此人们一定推断出它已经成为这个共和国的首善之地。

不过，中亚和俄罗斯之间关系的主旋律是合作而非对抗。这包括整个经济和专业方面，但有两个方面尤其值得关注。一个方面是苏联以及现在俄罗斯的火箭发射和太空计划中心就位于哈萨克斯坦的拜科努尔（Baikonur）。拜科努尔位于哈萨克斯坦中西部，在苏联时代选择该位置是出于战略、后勤和天气考虑，直到今天它还保留着这些大多数因素。它被继续使用，前提是俄罗斯要首付10亿美元和一个含有每年1.15亿美元租金的租约（这两者都从哈萨克斯坦所欠俄罗斯的债务中扣除），可能对于哈萨克斯坦来说，这是一笔资产或是包袱——还是两者皆有。

另外一个方面是国防。在独立之前，各个共和国的军事，从新兵到将军都被融入苏联红军中去。现在所有五个国家都在努力创建属于自己的武装力量，但那是一个代价高昂而繁重的进程，因此依靠独联体或俄罗斯的军事力量，被证明是不可避免的。我们的解释看来是有些刻意含糊其辞或令人困惑，但这是因为该地区的情况在不断变化，且报道不完整。因此当伊斯兰教原教旨主义分子，依靠来自阿富汗"圣战"组织的帮助，在1992年似乎能够在塔吉克斯坦获胜，而正是皮扬科夫（Piankov）将军率领的独联体部队挽救了这一局势，这不仅对于原教旨主义分子的塔吉克斯坦对手而言，而且对于塔吉克斯坦的乌兹别克和土库曼邻居，甚至包括吉尔吉斯人和哈萨克人等在内的其他中亚人来说，都是极大的安慰。独联体部队继续看守着塔吉克—阿富汗边界，因此也就是事实上的中亚—阿富汗边界。1993年，土库曼斯坦和俄罗斯政府之间一个更新的协议规定，由俄罗斯军队驻守与阿富汗和伊朗相邻边界上的一些土库曼斯坦的战略要地，而且委托俄罗斯军官培训土库曼军官。我们在这里见证了历史本身的矛盾和对其并不罕见的解读：沙俄帝国的突厥斯坦曾经由俄军沿着这些前线驻防以防备所设想的来自大英帝国的威胁，并潜意识地希望一直南下推进到印度洋；后来这股潜流再次浮出水面，或是认为应该这么做，那就是最近的苏联入侵阿富汗；今天，俄罗斯军队依然防卫着同样的防线，但却有着截然不同、不曾预料的背景。

各个中亚共和国新树立的国际形象强有力地表现在与美国的关系上。外交关系仅是这多层面活跃接触的一部分；美国企业、学术界和各个基金会各自为着私利、研究和无私帮助的缘故，在这片此前几乎难以接近的世界追逐着新发现的种种机会。此外，在纽约存在着的联合国组织也对进一步促进中亚与美国的关系提供了一个独特的渠道。

中亚富含矿产资源，美国已经角逐于这个竞争舞台，开发该地区资源，其中富含石油的哈萨克斯坦、富含天然气的土库曼斯坦是其中首屈一指的角逐对象。1993年，哈萨克斯坦总统纳扎尔巴耶夫在一次访问华盛顿期间，与雪佛龙石油公司签订了一份合同，开发哈萨克斯坦西部里海沿岸的田吉兹（Tengiz）油田；同时，布什政府前国务卿詹姆斯·贝克（James Baker）作为其中的一位商业领袖，前往土库曼斯坦与总统尼亚佐夫进行一份合同的谈判，目标是开发富含天然气的聂比达格（Nebit Dag）。而当哈萨克斯坦和土库曼斯坦（以及穿过里海的阿塞拜疆）都已经从它们的石油、天然气矿藏中受益之际，这只不过是可预期的美好前景的一次预演罢了。出于技术和政策因素，在沙俄和苏联时代，开发所涉及的不过是矿藏表层而已。它们开发所使用的技术与工业化的西方国家的技术相比大为落后；莫斯科更宁愿优先考虑在更安全的控制区域开发，主要是俄罗斯联邦境内。另一方面，未来极具希望的里海盆地却正面临着一个严重的不利条件：缺乏直接通航的港口将石油、天然气出口到欧洲、美国和日本；因此，建设漫长且代价昂贵的管道是必需的，但更成问题的是，这些管道将要穿越其他国家的领土，因此也就要继续仰人鼻息和受到那些国家政府（和甚至横贯大洋的世界强国）的摆布。

一个铺设穿越土库曼斯坦而通往地中海的港口或再通往波斯湾的管道方案一直在相关国家中进行商讨，但是它首先依然受到来自美国国务院的阻挠，因为这条管道将穿越伊朗。土库曼政府突然发现它遭到来自美俄两国专横政策的反对。1993年，俄罗斯通过切断管道来阻止极度缺乏硬通货的土库曼斯坦以国际价格向西欧出口天然气（以往在苏联时代出售是由莫斯科来兑现收入），并强迫这个共和国将其宝贵能源卖给独联体贫穷的成员如乌克兰。美国也试图使这些最近才解放的共和国的经济利益服从于它自己的战略。然而，这两个超级大国在这方面都被成功地挫败了，因为一条新的管道，由伊朗出资加以修建，在1997年12月29日的一场节日般的庆典中宣布竣工，两个国家总统，土克曼巴什和哈塔米（Khatami）出席了庆典。它将土库曼斯坦盛产天然气的聂比达格地区的科尔佩杰（Korpeje）与伊朗界内靠近戈尔甘（Gurgan）的科尔德·库伊（Kurd Kul）连接起来。[1] 然而，起初的困难显示，没有一个替代方案能比之更畅通无阻地通往具备停泊远洋超级油轮的港口。至于石油，迄今为止唯一一项稳固的工程就是，从哈萨克斯坦的田吉兹油田铺设一条长达1500公里的管线，到克里米亚半岛以东的

---

[1] S. Levine, "Iran opens big gas pipeline to neighbor, defying US," *New York Times*, 30 December, 1997；在该文中，莱文（S. Levine）引用了华盛顿石油金融公司分析师朱莉娅·纳内（Julia Nanay）的评论："这是伊朗对于美国、俄罗斯的一场胜利，同时也是土库曼斯坦的一场胜利，因为这是第一次将她的能源通过非俄罗斯管线推向市场。"

一个黑海港口新罗西斯克（Novorossiysk）。除了事实上这项工程施工和其运行将要再次仰仗俄罗斯的善意之外，另外一个缺点就是通常从波斯湾运载石油的超级油轮有可能不准驶入相对狭窄且脆弱的博斯普鲁斯海峡和达达尼亚海峡（一艘超级油轮在金角湾［Golden Horn］出现泄漏事件的幽灵依旧时刻浮现……）。

因其处于"中央"位置，中亚地区过去曾是横贯东西的"丝绸之路"国际贸易网络的中心。现代黎明时分发现的大西洋欧洲和东方诸国之间的海路航线，将这一地区地处欧亚大陆中心的优势转化为身处逆境的内陆地区。随着冷战的谢幕，我们听到更多的是关于一个解放的中亚恢复其往昔的战略和经济重要地位的传闻，往往与"丝绸之路"和重新发现这一地区地处"中央"的优势有关。现在，在第三个千年到来之际，难以接近海运的不利条件看来再次困扰着地处内陆的中亚，其中心位置可能成为一个包袱而非一项资产。一种强有力的补偿应当是一项改进的强化措施，那就是大力发展中亚和其近邻，即俄罗斯、中国、印度次大陆和伊朗的贸易和其他关系。当讨论到古老的"丝绸之路"之时，不言自明，这是奢侈品和易于运输的商品，诸如丝绸或瓷器或香料的贸易路线。然而即便如此，这种贸易如被迫与海运相竞争，也不占任何优势。

在学术和慈善领域，美国的大学和基金会主持了源源不断的个人、代表团和会议活动，旨在更宽阔的领域开展研究，从美国式民主到企业经营和专有技术。在美国方面，一个问号就是"自由之声"（Radio Liberty）电台的命运，这是一个总部在慕尼黑，由美国政府赞助的组织，多年来一直向苏联的非俄共和国从事新闻和节目广播，因此也涵盖这些中亚共和国，包括乌兹别克语、哈萨克语、吉尔吉斯语和塔吉克语广播。"自由之声"电台的创立是基于其广播是在莫斯科统治下的人们唯一能获悉客观和有意义新闻的媒介来源。苏联解体和各个共和国解放使"自由之声"变得过时，一些人还在为之辩论，但似乎它的未来已是尘埃落定。与之相伴的姊妹组织"自由欧洲之声"，其广播也曾经覆盖了苏联的东欧卫星国，现在规模已经缩小，总部从慕尼黑迁到布拉格。一个有些类似的组织就是由政府赞助的国际研究和交流委员会（International Research Exchange，简称为IREX，总部最初设在纽约，然后搬到普林斯顿，自1992年起设在华盛顿），一直是支持美国学者在东欧和苏联所开展的学术研究，反之亦然。在苏联时代，中亚的参与，尽管并非闻所未闻，但也是稀罕的；自独立后，该地区积极参加了各项国际活动。与"自由欧洲之声"或"自由之声"相比，国际研究和交流委员会的规模不仅没有削减，而且自1991年事件之后规模不断扩大，现在是赞助中亚与美国之间学术合作的这些组织中的先锋力量。

在中亚各个共和国的邻国之中，中华人民共和国占有一个特别重要的地位，首先，她与整体中亚地区之间的漫长边界——具体而言就是和哈萨克斯坦、吉尔吉斯斯坦和塔吉克斯坦接壤——长度排在第二，介于俄罗斯联邦和哈萨克斯坦之间，超过了中亚与其他两个邻国——伊朗和阿富汗之间的边界。中亚和中国的相对邻近以及中国现在的经济增长，使中国可能成为中亚的主要贸易伙伴，回想起上古与中古期间具有历史意义的"丝绸之路"的地缘经济背景这一事实可得到进一步加强。自从1992年以来，中亚各个共和国和中国政府就商业、通讯、交通、金融信贷和旅游领域签署了一系列协议。当置于一个潜在的令人烦恼的问题，即新疆维吾尔自治区的问题背景之下，这一发展尤其具有意义。

中亚五个共和国政府优先考虑与中国政府之间的友好关系，以及与中国的整个合作。这至少是双方公报和协议的主旨，这些公报和协议是中国总理李鹏在1994年4月正式访问中亚期间双方签署的。其中的一项条约确定了中国（也就是中国新疆地区）和哈萨克斯坦之间长达1700公里的最终边界，消除了数个世纪以来令人困扰的边界问题，而这一问题在20世纪60年代中苏争执期间极度恶化。

中亚和其他国家的关系也在不断发展。中亚各个共和国和其他伊斯兰国家的关系包括从经济发展到宗教，改宗很自然地占有了一个特殊的地位。一种令人惊讶的实用主义似乎主控着与伊朗的关系，尤其是与它最近的中亚邻国土库曼斯坦。这两国过去被血腥的逊尼派—什叶派冲突以及奴隶袭击所困扰，而它们现在的领导人通过无神论共产主义和神权统治的伊斯兰教这两个对立（或至少表面上如此）的学说而分别上台，现在已经发现双方之间有着经济、技术和甚至文化合作的共同基础；另一方面，更遥远的沙特阿拉伯已经尽力推动中亚人的精神复兴。除了散发《古兰经》这些具体帮助措施以外，沙特阿拉伯试图在乌兹别克斯坦的费尔干纳省资助一所伊斯兰大学的基金会，直到这个共和国最高法院裁决有宗教倾向的教育违宪之后，该项目被放弃。传播伊斯兰教的沙特代表和给予乌兹别克斯坦资金的是以瓦哈比主义（Wahhabism）和其宗教专家为名，被称为瓦哈比教派（Wahhabis），其名来自17世纪末期使沙特王朝掌权的一个原教旨主义宗教运动。正是这些传教士和宗教专家，而非来自更实用主义的伊朗所带来的任何威胁，困扰着乌兹别克人。

中亚四个讲突厥语的共和国与土耳其之间的关系很自然地占有特别重要的地位。这些可从浪漫地回忆起他们在阿尔泰山和鄂尔浑河谷的共同过去，一直到一些令人头脑冷静的问题，如促进空中航线、经济发展和中亚突厥语部众将拼写字母转向土耳其正使用着的罗马字母上来。尤其是大量的接触来往，从1992年的土耳其总统图尔固特·厄扎尔（Turgut Özal）来访，5次突厥语言国家峰会（1992年安卡拉，1994年伊斯坦布尔，1995年比什凯克，1997年塔什干，1998年阿斯塔纳），到越来越多的土耳其商人活跃在中亚和人数不断增加的中亚突厥语青年在土耳其的大学学习，这些类似于激发了早期民族主义者的泛突厥主义梦想，曾使莫斯科感到害怕。这一共同体的感情和规划的影响一直是积极的，如果现在务实的中亚领导人继续紧随这一方针的话，他们对于未来会有更多的承诺。他们一直强调这一新走向不应当是排他的，不针对任何外来者——一份有点自相矛盾的宣称，但与20世纪早期几十年的一些民族主义者要求一个"大突厥斯坦"相比，有很大差异。非常重要的是，"突厥斯坦"一词似乎失去了其先前的政治内涵，现在只用于地理或文化概念。它使得他们产生了一种有着共同纽带和利益的感觉，是基于民族语言和文化认同、地缘政治、历史和经济现实。现在，合作是普遍趋势，而在1994年前几月由乌兹别克斯坦、哈萨克斯坦和吉尔吉斯斯坦组成的经济联盟只是这种演变的最明显的例子。但这并不意味着这一地区没有纠纷，纠纷主要出现在民族和经济方面。最引人注意的情况就是，在1989年6月那些住在乌兹别克斯坦费尔干纳省的突厥语麦斯赫特（Meskhetian）人遭到乌兹别克"流氓"的攻击，以及1990年在吉尔吉斯斯坦奥什地区的人数较多的少数民族乌兹别克族成为吉尔吉斯平民暴力攻击的目标。曾经住在苏联亚美尼亚沿着土耳其边界的突厥语麦斯赫特人在战争年代被斯大林放逐；而最近的动乱使他们大多数离开乌兹别克斯坦，迁入俄罗斯。而至于乌兹别克—吉尔吉斯纠纷，则依然保持局部化的态势；被双方政府和老百姓谴责后，迅速得到解决。

一个潜在的但却变得明朗化的令人困扰的问题就是中亚四国与塔吉克斯坦的关系，但迄今为止被1992年在塔吉克斯坦所爆发的内战所遮盖。其起因的复杂性、参与方、各自追求的目标，以及所提供的充满矛盾的报告和解释导致不可能总结出一个令人信服的结论，但是有一点共识是明确的，即其他中亚四国和俄罗斯的领导人认为有必要遏制任何激进的穆斯林接管政权。他们的担忧也许是没有事实根据的或是不公正的，但却没有明确的途径知道这一点。不过也许的确因为他们的干预，在防止任何此类接管政权的过程中起着决定性的作用，并无论如何将在今后一段时间有可能继续这么做。这场危机已经加深了塔吉克语和突厥语族群之间的认知差异，为什么这场混乱出现在塔吉克斯坦，而非其他中亚共和国？是不是仅仅因为其邻近阿富汗抑或是塔吉克穆斯林因其波斯身份认同而更易于受到阿富汗的影响？不过从长远来看，在此讨论的背景之下，也许会出现更棘手的问题：在撒马尔罕和布哈拉或甚至整个泽拉夫善流域居住的少数民族塔吉克人（一些塔吉克人会认为自己是多数民族），以及在塔吉克斯坦西部居住的少数民族乌兹别克人的问题。

由如何管理至关重要的水资源分配而引发的经济问题可能也是很棘手的。前文提及的土库曼斯坦的卡拉库姆运河已经消耗阿姆河河水到如此严重的地步，以至于被乌兹别克人谴责为导致咸海灾难性的干涸和造成乌兹别克斯坦境内阿姆河三角洲农业灌溉区目前困境的罪魁祸首；然而到目前为止，土库曼斯坦政府仍然不愿意接受邻国的建议，重新审视这一现状，这一苏联时代所遗留下的问题。一些人明智地建议卡拉库姆运河应当被完全废弃。除了像吸血鬼般地吸吮阿姆河之外，这条运河也因采用原始或处理不当的技术（其很多河段没有内层管道而致使大量的水渗透或蔓延到不缺水的地方）从而浪费了大量宝贵的水资源，这一问题反映出苏联时代所建设的很多灌溉工程的典型症状。

现在，中亚五个共和国都有了一部依照西方民主形式确保政治权利和人权的新宪法，尽管如我们已经指出的，这一变革到目前为止几乎没有实际推行，但是大方向已经明朗。与此同时，这五个共和国都正在艰难地经历着一场经济危机，而这是由从公有制计划经济向私有制市场经济转变所导致的。这一努力挣扎的局面和其前景不可避免地受到出现在苏联其他地区，特别是俄罗斯联邦的类似进程的影响，但有理由为之前景保持乐观态度。

这一地区有丰富的矿产和农业资源。乌兹别克斯坦的金、铜和锌储量的价值预计达到3万亿美元，吉尔吉斯斯坦的金矿储量也很可观；前文提及的哈萨克斯坦的石油、土库曼斯坦的天然气、土库曼斯坦和塔吉克斯坦的水电、乌兹别克斯坦的棉花就是其他明证。劳动力资源丰富且素质较高，以及有利的地缘经济位置（"丝绸之路"可能不只是一个浪漫传奇而已[1]）是对于这些自然资产的理想补充。然而所面临的问题也很艰巨，除了要经历新体制带来的阵痛之外，这一地区还面临着两大挑战：生态和人口方面。任何接触新闻媒体的人都开始了解咸海所处的困境，而这只是灾难性滥用水资源最显而易见的例子而已，而由化学肥料和农药所支撑的单一棉花种植所带来的不良后果也变得声名狼藉。完全无视这些危害是苏联共产主义时代所具有的特征之一（不只是在中亚，污染地区和人造荒地散布于苏联的其他地区和其在东欧的卫星国），并已成为苏联遗留的最严重的问题之一：出于基本的经济和心理方面因素，这一问题的解决是一个缓慢且代价高昂的过程，而其解决困难之一就是为了共同利益该由谁承担更大的牺牲。我们已经提到土库曼斯坦不愿削减从阿姆河输往卡拉库姆运河的水量。1995年9月在塔什干召开的会议未能从任何参与方得到太多的承诺，但是该会议因乌兹别克斯坦总统卡里莫夫的建议而有了一丝起色。这一建议就是复活了一项曾经被考虑但后来被放弃的计划，即从西伯利亚的额尔齐斯河和鄂毕河引水到中亚地区。

该地区状况因穆斯林人口，尤其是塔吉克斯坦和乌兹别克斯坦的高出生率而加剧恶化。如不加以控制，这也可能会导致一场灾难：不断增加的年轻人失去了拥有体面工作的机会，无疑会被逼采取过分草率激进的解决手段。

---

[1] 请参阅我们上文所述的有利条件。

在计划生育方面，中亚有着荒唐的过去和耐人寻味的未来。苏联当局不但不提倡计划生育，而且通常鼓励并奖励多生孩子。在勃涅日列夫时代出现了局部反转，但过于保守地试图在那些最迫切的地区提倡计划生育，在受传统束缚的农村人口没有任何效果。展望将来，采纳和实行计划生育也可能进一步受到复活的伊斯兰好战主义运动的打击。在 1994 年 7 月于开罗召开的世界人口大会中，采用更合理方案的拥护者遇到了罗马天主教和伊斯兰阶层的不妥协态度，甚至受到像美国那些持消极立场的成员国的阻挠（无疑在那时已经警觉到了国内原教旨主义的呼声）。这就是我们自相矛盾的时代，人口过剩问题在世界上很多地区正逼近灾难性的威胁程度，只有环境退化问题才能与之相比（或与之相关），而大多数国家政府却对此无动于衷。

一个有趣的问题被经常列举出来，那就是当地缺乏合格的劳动力。管理、技术、熟练的工作职位据说大多数被"欧洲人"，主要是俄罗斯人和乌克兰人所拥有，而本地人则散布于广泛的非技术和服务类的职业领域。现实却更加复杂，首先，可利用的统计资料以及非正式报道显示中亚人绝非被"排除"拥有更好的职业，但在获得必要的教育或培训从而更有竞争力之前，公认的必须克服某些不利条件：乡村生活的传统以及俄罗斯的忽视，导致很多人在与大多数居住在城市的欧洲人相比时处于劣势。那些愿意和能够打破传统的人们就会有足够的机会获得必要培训机会，从而形成竞争力，很多人也确实那么做了。我们可举如下一些例子：通过培训，哈萨克总统纳扎尔巴耶夫成为一名采矿工程师；吉尔吉斯斯坦总统阿卡耶夫是位核物理学家；著名的吉尔吉斯斯坦作家艾特玛托夫曾经是一位兽医。这一差异因此不一定是由于刻意歧视的结果，而是这两方存在着的惯性作用的结果：有着主要是农业人口传统的当地人一方，有着主要是一批高素质劳动力便利的"欧洲人"雇主一方，受过教育的中亚人群的职业选择都起了特定的作用。这可由下面的事实加以证实，中亚人所偏好的职业就是很好的体现（或有时甚至"过度体现"）：学院的人文和社会科学领域、政界和新闻界。

第二十一章　蒙古国

当乌兹别克人和其他中亚人在1992年宣布独立之时，这不仅是摆脱俄罗斯管治，而且也是赢得自主。而后一层面的意义可由蒙古国的例子而加以阐明。这个苏联的卫星国不需要宣布独立，因为它自1921年后就一直享有着独立的特权，仅仅只是因为它不是被胁迫而是出于自愿选择而成为莫斯科忠实的盟友。不过它的确需要后一种形式的解放，并且由于米哈伊尔·戈尔巴乔夫不经意地释放出的不流血革命，从而也达到了这一目标。

起初促成了有助于蒙古国变革的社会主义体制，也开始陷入了某种程度上类似于在苏联演化的停滞状态；当"改革"和"公开化"浪潮初次越过边界传到蒙古国，然后社会主义体制在俄罗斯解体时，这个苏联的仆从国也再次从中受益，头上的紧箍咒被卸去。

自1911年起的蒙古简史

我们已在第十三章指出，从公元1691年至1911年蒙古是统治中国的清王朝的属地。在这一时代即将谢幕时，这一地区也被称为外蒙古，而与其边界东南的内蒙古地区相对。内蒙古地区也居住着蒙古人，但从行政上被纳入中国内地管辖之下。随着清朝统治告终并被中华民国所取代，外蒙古也脱离清朝统治。然而在1915年，中国再次宣称对蒙古拥有主权，并在1919年，北京政府的军队收复了这一地区。后来出现了一场由三方参与的怪异角逐：

中国军队，由温格恩·施特恩贝格男爵（Baron Ungern-Sternberg），一位自命为蒙古爱国者的波罗的海德意志人所率领的白俄军队，和苏俄-蒙古联军，其当地领导人支持布尔什维克事业。最后中国军队被逐出外蒙古，俄蒙联军获胜，并在1921年7月11日产生新政府，宣告独立。

尽管蒙古国只是从1924年，也就是神权领袖、位于库伦（Urga）的"活佛"过世后才正式成为一个共和国，实际上在1921年，现代国家制度就已建立。从1921—1991年这一期间因此可被视为蒙古人民共和国时代，一个按步照搬苏联模式的社会主义国家的时代，在这期间，蒙古国社会经历了根本性变革。在这一时代初期，蒙古国是一个由世俗部落贵族和佛教领袖双头统治下的各部落联盟，由好几种类型的平民（arat）和半农奴（shabit）为之效劳。财富集中到精英的手中，其财富形式主要是以牲畜和放牧权为主，耕地只位居其次；手工业和贸易则处于微不足道的地位，只存在于少数几个乡镇或喇嘛寺院中。佛教黄帽派的喇嘛寺院是经济、精神、政治和文化生活的中心。不论男女都可以僧侣修行，尽管理论上宣称独身生活，但并非绝对，而这足以导致人口衰退，并达到如此严重的程度，以至于一些观察者预测作为一个民族，蒙古族将要消失：在1925年只有大约651000人居住在这个国家。这种人口衰退并不只是由喇嘛教隐修制度造成的；看来在内亚游牧民族中，出生率普遍很低。例如定居化的汉人和俄罗斯人对于他们的邻居蒙古人以及定居化之前的突厥语部众，有着明显的优势。不过，这一人口迅速减少，尤其是在日益喇嘛化的社会中，一直在相当程度地归咎于非常广泛的喇嘛教隐修生活以及相伴的梅毒传播。

在1921年以前，几乎不存在哪怕接受过最低程度现代教育的干部，那极少数人主要是通过从俄文学校或边界那头的西伯利亚的教师那里接受教育。那些人当中就有苏赫巴托尔（Sükhbaatar，1893—1923）和乔巴山（Choibalsan，1895—1952），现代蒙古国家的两位开创者。

从1921—1991年的70年间，蒙古作为一个国家的官方地位在好几个阶段中发生着变化，最怪异的里程碑出现在1945年。在那之前，这个国家，却依然在官方上处于中国宗主权之下，因为与此同时，蒙古的主要支持者和实际上的宗主是苏联。1940年6月，大人民呼拉尔（Khural，议会）通过了一部新宪法，进一步强化了1924年宪法中确立蒙古作为一个人民共和国的条款，但没有否认中国的宗主权，不过在1945年通过全民投票，蒙古人以压倒性的多数赞成废弃中国的宗主地位。

因此从1921年开始，在老大哥和保护者苏联的鼓励下，并在很多方面的指导之下，蒙古经历着政治、经济和文化转型。本地政权唯一的控制者蒙古人民革命党，紧随着其榜样苏联共产党，通过政府和种种其他渠道促进这场变革。在政治方面，这一进程大概旨在确保对领袖个人或形成党的权力中心的统治集团的坚定不移的忠诚，展现出了苏联模式的某些方面，包括在20世纪30年代后期由乔巴山（经常被称为"蒙古的斯大林"，而苏赫巴托尔则被称为"蒙古的列宁"）策划的对挑选出来的"人民公敌"（实际上是乔巴山的潜在竞争者）进行摆样子审判（判决在审讯前就决定了），效仿在莫斯科由斯大林策划的类似审判。

在社会和文化方面，消灭世俗和喇嘛教贵族以及镇压宗教活动是首要的任务。所有的喇嘛寺院都被关闭，包括位于往昔的蒙古帝国都城哈拉和林附近的最悠久显赫的额尔德尼昭寺（Erdene Zuu），尽管在乌兰巴托的甘丹寺（Gandan）后来又重新开放，但主要是出于宣传和旅游目的。一场大规模的教育灌输运动深入开展，旨在文化扫盲，普及通识教育，忠于党所宣传的马列主义思想，与此前广泛传播的佛教划清界限。1940年，以西里尔字母为基础的新拼写系统取代了传统的蒙古文字；这一转变所带来的文字拼写更适合蒙古语言语音结构，但也有着双重目标，那就是进一步深化与苏联的联系，而在蒙古现在和过去之间竖起了另一道鸿沟，也附带地在他们和使用罗马字母的现代西方世界中形成隔阂。耐人寻味的是，类似的步骤也出现在1940年的苏联中亚地区，在那里，所有五个共和国从阿拉伯或罗马字母都转向西里尔字母，这一进程的一个相关方面就是学习俄语，而这已经成为教育的一个组成部分。通过淘汰传统的本土或西藏医药，并以现代医学取而代之，并且像教育一样，普及到所有公民，从而改善了公共卫生。

在哈萨克斯坦，集体化在1930—1932年的初始阶段造成了很大的苦难。但与哈萨克斯坦不一样，在蒙古，这一进程却被搁置，然后更慎重地开展，与此同时，保留了蒙古所独有的一些方面。因此甚至在1959年，还公布一项法令规定国营农牧场（goskhoz，紧密模仿苏联的国营农场［sovkhoz］）和集体农牧场（negdel，国营农牧场的合作同行，模仿了苏联的集体农庄［kolkhoz］）的职能是作为从事畜牧业或农业的公民所从属的强制机构，允许每家每户拥有一定数量的牲畜：在北方达到 50 头（只），在戈壁达到 75 头（只）。与这些步骤并行的是根据牲畜种类，采取进一步措施，使牲畜养殖专业化，改善牲畜质量和其他因素；特别有益的是建造贮存饲料的冬季庇护所，这一措施降低了肆虐气候所带来的危害，尤其是在一种称之为"dzut"[1]的自然现象之下。蒙古国畜牧经济的重要性可由牲畜的数量来加以举例说明：到 1965 年，牲畜数量达到 2400 万（在蒙古，畜牧的角色可由此数字而证明，当我们将其与居民人口做比较时，蒙古人口在那时仅仅超过 200 万）。农业在此前是微不足道的，但在这一阶段突飞猛进。其相对新颖性可由这一事实加以证实：在 1965 年，新发展起来的国营农牧场和集体农牧场的收成占到了全国收获量的 70%。谷物、饲料、马铃薯和豆类一直是主要农作物。

　　对于蒙古来说，比农业更新兴的是工业。由政府集中计划和扶持的蒙古工业主要立足于两个主要的当地资源——牲畜和矿产资源。其发展又依次刺激并带动了另外一个新特征的出现，那就是城市化。在我们正讨论的时期以前，除了库伦、乌里雅苏台、科布多以外，当地几乎没有什么城镇。库伦的显赫地位归诸这一事实：自 1779 年开始，首席大喇嘛哲布尊丹巴呼图克图（Jebtsundamba-qutuqtu）就居处此地，并且在 1911 年，其最后一任"活佛"被宣布为"国家首脑"。但是当这位最后的大喇嘛于 1924 年圆寂后，蒙古成为人民共和国时，在库伦除了少数几座官方建筑之外，在"活佛"住宅周围依然不过是聚集着的蒙古包而已。自库伦被更名为乌兰巴托（Ulaanbaatar，蒙古语，意为"红色英雄"）后，这座蒙古首都开始变成一座不断发展的现代城市和工业中心；乔巴山（Choibalsan）、达尔汗（Darkhan）和额尔德尼昭是其他最为突出的例子。行政管理结构和增加着的人口也促使其 18 个"爱玛克"（aimag，相当于"省"，最终增加到 21 个"爱玛克"）各自出现了城市中心。在 1949 年，乌兰巴托通过从乌兰乌德（Ulan-Ude）建

---

[1] dzut：指春季解冻后，大地再次结冻的自然现象。——译者注

造的铁路支线，连接上了横穿西伯利亚的大铁路，并在 1955 年将这条线路延伸到中国铁路网，因此形成了莫斯科至北京的最短铁路通道。

直到 20 世纪 60 年代早期，蒙古国只有少数几个外交和贸易伙伴，那就是苏联和其卫星国，以及中国。我们已经说过，蒙古国是苏联唯一一个心甘情愿的卫星国。这源于好几个因素，最首要的就是它曾经在中国的统治下：生怕正如内蒙古地区那样，来自中国的首先是军事上，然后是人口上（这种状况呈现出类似于哈萨克斯坦北部和俄罗斯之间所出现的那种现象，在那里，哈萨克人面临着来自斯拉夫邻居的类似威胁；然而不像在其他地区，俄罗斯从没有违背蒙古的意愿入侵蒙古，而且在那里，也从来没有任何俄罗斯移居者涌入）压倒性的优势而被吞没；另外一个因素就是有着一个相对公平的经济合作和援助机制，这与苏联其他的附属国和卫星国再次形成对照，在那些国家，这种关系经常附带着殖民掠夺的沉重包袱；最后就是，正是苏联军队在 1939 年援助蒙古军队粉碎了日本军队入侵蒙古东部的企图。

蒙古因此受益于自 1921 年引入的社会政治新秩序，也受益于得到帮助从而脱离中国，但是它所付出的代价也是高昂的。这包括我们很熟悉的一种遭遇，即一种强制统一的意识形态。这种体制迫使人文精神陷入人为限制当中，在此，蒙古也不能幸免。另外的发展势态就是现在能普遍观察到的现象，即到了一定的关节点，来自中央集权指导的起初有着显著经济发展和社会进步的进程，开始逐渐失去动力，且矛盾日益激化，贪污腐败现象日益严重，社会陷入停滞状态。很多蒙古国领导人看来已经意识到这些问题，到了戈尔巴乔夫的改革计划时，苏联的卫星国能够推行它们各自的改革，并随后导致前文所述的变化，在 1992 年将蒙古转变成一个多党制议会民主国家，支持自由企业和市场经济。

1946 年，也就是正式脱离中国一年之后，蒙古试图成为新成立的联合国成员国。不过这一尝试失败了，主要是来自以美国为首的西方民主国家的反对，理由就是这个候选国不是一个真正独立的国家。而这在冷战最恶劣的年代不得不使蒙古国加速与世隔绝，持续保存着官方废除"外"（outer）这一标签的象征意义，而这使得这个国家对于外界而言，显得更加遥远。由赫鲁晓夫引入的相对自由化政策缓解了苏联与西方的紧张局势，在 1961 年，蒙古国第二次终于成功地加入联合国就是其中的成果之一，这也预示着更多的变化即将来临。1963年英国建立了与蒙古国的外交关系，成为与之建交的第一个西方民主国家，随后就是法国（1964年）和其他国家，而美国也最终紧随其后。不过直到1991年之后，蒙古国与外界的联系才开始进入一个更广阔的天地，摆脱了政治或学说上的束缚。

结　语*

我们可将最后十年在内亚地区发生的演变总结如下：中亚的五个苏维埃加盟共和国赢得了独立——从苏联统治下；早已独立的蒙古国不再是苏联的卫星国——苏联已解体；不过中国新疆的情况并不相同。

戈尔巴乔夫就职，正如我们所说，极大加速和调整了相关进程，这一进程本来在另外一种情况下可能依然是属于预测未来的那些政治学者以及苏联问题专家的研究领地。戈尔巴乔夫时代（1985—1991年）的一个特征就是在中亚迸发出好几波相反的潮流，并营造出一种独特的政治和文化氛围。这种氛围可被称为"中亚之春"，因为在那几年里，中亚公民在各自国家获得了一种前所未有的自由。不过，从那时开始，换言之，自从这些国家获得独立后，这种自由程度却已经大大降低了。

在中亚，戈尔巴乔夫的反"腐"运动，从历史角度来看，跟试图延缓在那里的民族主义的行动相比却相形见绌。那一行动也许会成功，至少在一段时期内，假如这位政治家依旧仰仗苏维埃国家那令人生畏的强力机构的话，这个强力机关在戈尔巴乔夫上台时依然正常运转。"公开化"和"改革"政策去除了这个机构的毒牙，于是中亚人民不再像以往那样退缩回到愠怒或谄谀的顺从状态中去，而是开始反击。到1989年，他们赢得第一个也是最关键回合的胜利。在短短的两三年里，他们迫使莫斯科处于防守状态，控诉它殖民征服和掠夺的罪恶，破坏了他们国家生态环境和人民健康的罪恶，以及

---

* 本部分有删节。——译者注

所杜撰的强加于他们身上的关于他们自己的虚假历史。

这场反击运动的一个重要方面就是它主要由当地知识分子，也就是新闻记者、大学教师和专业人士所领导。而政客们——共产党专业人员和政府官员——主要采取观望态度，因为把握不了"公开化"和"改革"之下的新氛围，而这些已经传播和影响到中亚，并最终决定了他们的处境。

其中一个新颖之处，就是中亚人民不仅可以自由批评俄罗斯和苏联共产主义意识形态，而且要求在他们各自国家实现民主自由。政治多元化和新闻自由开始史无前例地出现了，正如在俄罗斯和即将寿终正寝的苏联其他地区一样。1988 年 11 月在乌兹别克斯坦兴起了一个称之为"比尔里克"（Birlik, 统一）的运动，由一位科学家阿卜杜拉希姆·普拉托夫（Abdurahim Pulatov）所领导，处于促使乌兹别克语成为这个共和国官方语言的大规模运动的最显著位置。到了 1989 年 10 月，这场大规模运动圆满成功，当天，乌兹别克最高苏维埃作出决议，将这付诸实施。1990 年 4 月成立了"艾尔肯"（Erk，意为"自由"或"[人民]意志"，"艾尔肯"抓住每一个机会向执政党提供建设性的反对意见，以证明这个国家是如此迫切地需要建立健康的多元化民主体制。伊斯兰·卡里莫夫和执政党党员起初似乎接受了这一新的游戏规则，穆罕默德·萨利赫甚至可以参加 1991 年 12 月的总统选举。他获得了 12% 的选票，与之相比，卡里莫夫则得到 86% 的选票。自 1992 年以后，那些当权者已经通过一系列的法令、立法和威胁，使他们自身的地位牢不可破，而起初很有希望的选择则被推向政治和公共生活的边缘。"艾尔肯"现在则作为被官方拒绝注册的政党而不断萎缩，其成员一直处于持续起诉的威胁和时断时续的监禁中。

在中亚其他共和国也出现了类似的状况。在土库曼斯坦出现了一个称之为"团结"（Agzybirlik，是乌兹别克语"Birlik"的同义词，只不过在土库曼语中，将一个词根"Agzy"[意为"口，声音"]添加到一个数词"Bir"[意为"一"]前，再接上名词后缀"-lik"，因此也许可译为"和谐，齐唱"）的运动组织，也有着类似的纲领和随后的结局。在哈萨克斯坦，一个相似的组织取名为"阿萨特"（Azat，意为"自由的"，人们可以推导出它的名词词源"azattyk"[自由]，它是"erk"[自由]的同义词，但与这个真正的突厥语词汇不同，"*azattyk*"是一个波斯语词源），而吉尔吉斯人则简单明了地称呼他们类似的运动组织为"吉尔吉斯斯坦"。塔吉克人也不甘落后，他们中的一个新党派取了一个有寓意的名字"复兴（Rastokhez）党"。而且，并不仅仅是这些新成立的运动组织或政党，也涌现出了其他的组织，其数目、类型、民族色彩、效率和最终命运在各个共和国迥然不同。

310 　　在中亚各国之间也没有对彼此的大块领土或其他资产声称拥有或加以否认，并在不妥协的态度下，诉诸战争的威胁。一般而言，就一些基本方面如国际关系、少数民族政策或学术自由，中亚各国政府不可否认地展现出一定程度的实用主义，而这甚至也被反对派的一些成员所认可。反过来，反对派也避免（塔吉克斯坦局部例外）诉诸一些恐怖主义手段，如在市区谋杀政府官员、作家和游客，在偏远的乡村屠杀妇孺。伊斯兰教已恢复其往昔的荣耀，但没有退化到原教旨主义或宗教排他主义的地步中去，民族主义茁壮成长，但没有变成民族沙文主义（而由民族对立所导致的经常性的带有暴力行为的地区骚乱，使得一些观察者认为更糟糕的还在后面。也许会的确如此，但是当局相对公平和果断地处理大多数冲突，可能说明较为理性的处理冲突的手段也同样是可能的）。宽容和妥协，而非各路专家们所预测的民族统一主义或各族纷争，一直是主流。总体上，少数民族得到了公平的待遇，而各国政府努力向最大的少数民族俄罗斯族保证，他们在这些国家是安全的，并欢迎他们作为公民在那里生活（一直被很多俄罗斯人认为是不公平的要求，就是作为中亚共和国公民的条件，必须要良好地掌握当地主体语言；有人可能对于面对如此挑战的人们表示同情，但未必认同这一要求是不公平的）。曾经梦寐以求的"大突厥斯坦"事业逐渐被人遗忘，只剩下一场黄粱之梦，在那里，没有显示如一些观察者所预料的迹象，当地政府正在被一个侵略扩张的新乌兹别克斯坦所取代。这里也没有俄罗斯重新征服中亚并重建它光荣帝国的前景。尽管有着苏联问题专家的可怕预测，多方似乎都努力建立现实的、互利的伙伴关系。

311 　　自从"公开化"政策出台和中亚获得独立之后，正是在文化和教育领域，中亚人民受益匪浅。与苏联时代形成鲜明对比，各国政府现在放弃了命令他们公民该想什么或该做什么的做法。只要不冒险登上政治舞台和挑战他们在那里的领导地位，知识分子可以自由培养他们的社会文化遗产或者从事如他们所愿的学术或艺术事业。尤其是在人文和社会科学领域，出现了数量惊人的作品，从编撰他们本国文学和文化方面的客观详尽的历史，到编写替代以前的标准化教科书。以前的标准化教科书崇拜列宁，把他讴歌成全能之才和人类的恩人，并感谢俄罗斯这位中亚人民的恩人。不过，尤其令人印象深刻的是，渴望求知的青年利用了国内外出现的无数机会，而这仅仅在十年前，对于他们而言还是未知领域（terra incognita）或禁区（prohibita）。成千上万的人在土耳其、欧洲乃至美国的很多高校和研究机构求学，或者在与中亚做生意的跨国公司中接受职业培训。他们的经历肯定超越了急功近利的目标，因为这些将帮助他们成长为成熟的公民，并必将在新的文明社会中成为领袖。

像俄罗斯一样，这里也允许宗教毫不掩饰地展示其所有的荣耀，而中亚人，从总统到农民，都强调恢复他们的伊斯兰遗产。没有什么比下列的例子更能生动地说明这场革命的力度：卡里莫夫，此前激进的无神论共产党第一书记，在1992年1月的总统就职仪式上以《古兰经》宣誓，随后并非像以往一样前往莫斯科谋求政治祝福，而是去麦加朝圣（hajj）。这位领导者的"改宗"行为可能不一定比他过去的共产主义信仰更加虔诚，不过的确提供了一个新氛围所必备的新框架，在那里，其他人发现他们的文化和精神遗产才是真正令人满意的。一个同样有趣的例子，就是在1992年苏联外交部长爱德华·谢瓦尔德纳泽（Eduard Shevardnadze）以"乔治"（Georgi）为教名在格鲁吉亚的东正教大教堂接受洗礼。在与戈尔巴乔夫一起合作时期，谢瓦尔德纳泽就在西方获得了良好的形象，而现在是民主事业蒸蒸日上的格鲁吉亚的总统，但他过去曾经担任格鲁吉亚克格勃负责人和格鲁吉亚共产党第一书记的职务。

重新开放的或大量新建的清真寺的出现证实了芸芸大众的参与程度。在这里，如果宗教复兴依据参与者不同的知识水平和社会背景而呈现出各种各样的方式，也应该是不足为奇的。这些方式包括复杂的世俗都市人主要文化鉴赏，培养充满活力的年轻神职人员（比如前文提及的图拉简忠德）的有些自相矛盾的方案，芸芸大众前往无数具有传奇色彩的圣人之墓，这是半异教徒式的朝圣之路。

当领导人和选民们开始尊崇他们此前被迫忽视的回忆和抛弃此前奉命崇拜的仪式的时候，他们也就找到了共同立场。一个例子就是在土库曼斯坦的两个地方，格奥克捷佩和一个靠近克拉斯诺夫斯克铁路线上的一个无名之地。格奥克捷佩曾经是一座要塞，公元1879年，土库曼军队在此击败了由拉扎列夫（Lazarev）将军率领的一支俄军，这是中亚人民反抗殖民征服的一次重大胜利。但两年之后，俄罗斯进行了报复，1881年另外一支俄军，做了更好的准备，在能干的斯珂培莱夫（Skobelev）将军指挥下攻陷了这座要塞，使土库曼人遭受了惨重的损失。苏联史学将这场悲剧轻描淡写为"土库曼人自愿与俄罗斯统一"历程中的一处小意外而已，或最好是在沉默中从该处一跳而过。而至于靠近里海的那个无名之地，则见证了一出悲剧，它标记着在阿塞拜疆和土库曼斯坦的红军和白军之间有着悬而未决的钟摆特征：1918年9月20日处决了"二十六名巴库委员"。这些布尔什维克党员逃离由民族主义者暂时夺回的巴库，搭乘了一艘轮船，希望抵达布尔什维克控制的阿斯特拉罕。不过，船长将船驶往正东的克拉斯诺夫斯克，而那是在白军控制之下。这些委员由俄罗斯人、亚美尼亚人、格鲁吉亚人和一个阿塞拜疆人所组成，在靠近铁路的一处荒凉的地方被用枪打死或用刺刀捅死，然后他们就成为苏联史学中的革命先烈。土库曼人被时刻提醒着在他们土地上所发生的牺牲事件，而与其相比，格奥克捷佩则最好不要被提及。随着"公开化"的到来，像"团结运动"（Agzybirlik）那些组织开始鼓动纪念真正的殉难事件。不过起初仍旧是共产党执政的领导人从中作梗，然而一旦苏联解体，土库曼同志变成了民族主义者，他们也兴致勃勃地赶上了那股潮流。在那个地点上新建造了纪念性建筑，现在成为一处重要的爱国主义瞻仰基地。

接下来我们对苏联中亚的过去和现在做出总结，其中夹杂着忧虑、希望以及承认一些复杂的不可预测的事情即将出现。自从19世纪殖民征服以来，中亚人民第一次成为自己家园的主人。俄罗斯人可能受到欢迎，甚至被鼓励继续生活在这几个独立的共和国，但已是一个不再拥有特权的少数民族。中亚各个共和国有着众多的资源：农业、矿藏、宜人的气候、历史古迹、自然风光、处在世界十字路口的地理位置和充足能干的管理和人力资源。所有这些资产，可将这个地区转变为世界上理想的生活和贸易地区以及考古和旅游的胜地。这一切都将有可能，只要该地区领导人和公民们协力将中亚发展成为文明社会，铭记其共同利益，尊重彼此的权利，并意识到有必要维护环境，不仅需要通过合理利用和保护，而且也承认不加以控制的人口增长最终也会耗尽和破坏这一切。如果乌兹别克斯坦绿洲逐步放弃一些棉花产地，并转而种植不太消耗水资源的水果、瓜类和谷物，就有可能再度成为10世纪阿拉伯旅行者伊本·豪卡尔（Ibn Hawqal）所赞美的人间天堂。如果乌兹别克旅馆和其他旅游基础设施超越原来的苏联标准，而达到发达国家水平，国际旅游将无疑使得撒马尔罕、布哈拉和很多其他地方成为主要的旅游目的地，而来自国外的商人和技术人员将会在那里愉悦地访问和工作。阿卡耶夫总统一再表示，他的目标就是将吉尔吉斯斯坦变成中亚的"瑞士"。这是一个值得称道和可实现的奋斗目标，因为他的国家在自然风光和历史古迹方面甚至超过了瑞士。不过在他们与瑞士人竞争之前，首先需要向他们学习很多东西。阿卡耶夫的土库曼同仁土克曼巴什（萨帕尔穆拉德·尼亚佐夫）总统，因其富饶的天然气和石油资源也提出了一个类似的抱负：将土库曼斯坦转变为中亚的"科威特"。除了含有一些可谅解的夸大其词之外，这些雄心壮志，在实现之前，将需要一定程度的商业才干、国际合作以及铺设新管道将其丰富资源输送到国际市场中去。哈萨克斯坦也有着类似的前景。最多不过几年时间，中亚社会就能开始从这些众多资源中获益，但在有起色之前，情况也有可能会继续恶化。

与西面的穆斯林兄弟们比较起来，中国新疆的过去和现在呈现出惊人的类似以及显著的差异，而只能对其将来的发展做出或多或少的预测。在边境那侧的民族主义激化愈演愈烈也将在预料之中会影响新疆，而且的确如此。而这些事情不可能出现在新疆。江泽民主席不是戈尔巴乔夫，也不可能出现类似戈尔巴乔夫的后任。这个国家纪律严明的执法机关依然不可撼动并枕戈待旦。中国已经独具匠心地设计出有效带动经济发展的计划，而这，俄罗斯和它往昔的保护国们迄今为止却还没有找到。此外，北京的中央政府并没有试图在文化方面抑制维吾尔族。而要求更大的自治不一定是大多数人的呼声，他们在珍惜自己的文化的同时，选择继续保持与中国内地的政治和经济整合。这些至少看起来是维吾尔族边界那侧的同族亲戚们所提供的含蓄建议。哈萨克和吉尔吉斯政府反复重申承认中国边界完整和北京对新疆的主权。在阿拉木图、比什凯克或其他地方，维吾尔族民族分裂分子的煽动几乎得不到当地东道国的支持。

蒙古国正在享有刚刚摆脱从单一僵化思想状态控制的自由，并艰难地走向通往政治多元化体制和资本主义经济制度的道路。正如我们此前已谈论过的，在这个国家几乎没有少数民族；这种异乎寻常的单一民族状况几乎已经接近100%，因为大多数曾经居住在最西的"爱玛克"（aimag，相当于"省"）的哈萨克人已经越过边界移居到哈萨克斯坦。同时，边界另一侧中国内蒙古自治区的蒙古族则呈现出与新疆维吾尔自治区一定程度的类似，在这种情况下，蒙古国也像哈萨克斯坦一样，渴望保持与北京的友好关系。

在奔流的历史长河之中，中亚各共和国、蒙古国和中国新疆的命运一直交织在一起，或是并行，或是发生碰撞，结果就是它们已汇聚了足够的共同遗产，从而被视为一片独特的地域。它们在欧亚大陆中心的位置，更是给这种独特性锦上添花。在过去，这使得它们成为国际贸易、文化、宗教交流的中间人或接受者；但现在，这使得它们变成一片内陆区域，依赖邻居们出口它们一些弥足珍贵的资源以换取大有前途的物质回报。它们的一些邻居是世界强国，另外一些则是饱受复杂国内外问题困扰的国家。这种形势可能将内亚的国家和地区凝聚到一起，或是产生出类似的务实政策。这使得它们之间的经济和文化合作可行且令人满意，同时也使得它们必须与两大巨人邻居——俄罗斯和中国建立现实的关系。中国新疆和内蒙古的特例不过是强调这一事实；在这里，中国成为内亚地区特别的但也是最有可能的永久成员。而至于俄罗斯，这位前成员，已经转变为永久的伙伴。在莫斯科，它们现在喜欢把哈萨克斯坦和中亚称作"准外国"（near abroad）[1]，意味着一种类似于美国和墨西哥乃至中美洲的关系，而且相关问题也类似，即安全、经济甚至从南向北流入的毒品问题。

在那里，当然存在着一个尚未解决的问题：中亚伊斯兰教的未来角色。正如我们已经指出的，在那些地方，受过教育的社区看来基本上是世俗的。教育界的一些成员甚至认为保守性导致了他们的社会落后于俄罗斯，并随后陷入殖民地的境地。随着经济和社会条件得到改善，一些更客观的看法可能占据优势，伊斯兰教将扮演着类似于基督教在西方的角色——一种为所有穆斯林所珍视的精神遗产，但它不能挑战现代民主的公认准则，那就是政教分离。

---

[1] "准外国"（near abroad）：[俄语]"边界线外的近处"（指苏联的各加盟共和国）；"准外国"或"近邻国家"。

附录（一） 王朝年表*

这一部分主要基于 C. E. 博斯沃思（C. E. Bosworth）所著《新伊斯兰王朝》(*The New Islamic Dynasties*)，1996 年，爱丁堡、纽约出版。

萨曼王朝（Samanids，公元 819—1005 年统治呼罗珊和河中地区；建都布哈拉；博斯沃思，第 170—171 页）

（一）萨曼·胡达（Saman Khuda）
（二）阿萨德（Asad）
（三）阿萨德之子努哈（Nuh），阿赫马德（Ahmad，阿赫马德一世），叶海亚（Yahya），伊利亚斯（Ilyas）

1. 第一代　阿赫马德一世（819—864）
2. 第二代　纳赛尔一世（Nasr I，864—892），阿赫马德一世之子
3. 伊斯梅尔一世（Ismail I，892—907），纳赛尔一世之弟
4. 第三代　阿赫马德二世（907—914），伊斯梅尔一世之子
5. 纳赛尔二世（914—943），阿赫马德二世堂兄弟
6. 第四代　努哈一世（943—954），纳赛尔二世之子
7. 第五代　阿卜杜勒·马利克一世（Abd al-Malik I，954—961），努哈

---

* 本部分的资料取自不同的文献，与本书正文会有出入，为保持资料的原貌，此处不做修改，望读者识之。——译者注

一世之子

8. 曼苏尔一世（Mansur I, 961—976），阿卜杜勒·马利克一世之弟
9. 第六代 努哈二世（976—997）曼苏尔一世之子
10. 第七代 曼苏尔二世（997—999）努哈二世之子
（11. 阿卜杜勒·马利克二世 [999—1000]，曼苏尔二世之弟）
（12. 伊斯梅尔二世 [1000—1005]）

喀喇汗王朝（Qarakhanids, 9 世纪—1211 年统治七河地区、喀什噶里亚 [Kashgaria]、费尔干纳，都城分别为巴拉沙衮 [Balasaghun]、喀什噶尔、讹迹邗 [Uzgend]、撒马尔罕；博斯沃思，第 181—184 页）

（一）开端：

1. 萨图克·布格拉汗·阿卜都·卡里姆（Satuq Bughra Khan Abd al-Karim）；第一位皈依伊斯兰教的突厥语君主
2. 其子：本·穆萨（Baytas Musa），苏莱曼（Suylaman）
① 第三代 阿里（卒于 998 年），本·穆萨之子
② 第四代 阿赫马德一世阿尔斯兰·喀喇汗（Ahmad I Arslan Qara Khan, 998—1015），阿里之子
③ 曼苏尔·阿尔斯兰汗（Mansur Arslan Khan, 1015—1024），阿赫马德一世之弟
④ 第四代 阿赫马德二世托干汗（Ahmad II Toghan Khan, 1024—1026），苏莱曼之孙，前任的远房堂兄弟
⑤ 玉素福一世卡迪尔汗（Yusuf I Qadir Khan, 1026—1032），阿赫马德二世之弟

随后分离成东、西两支分治

（二）东支（巴拉沙衮、喀什噶尔）：

1. 第五代 苏莱曼（1032—1056），玉素福一世之子
2. 穆罕默德一世（1056—1057），苏莱曼之弟
3. 第六代 伊卜拉欣一世（Ibrahim I, 1057—1059），穆罕默德一世之子

4. 第五代　马赫穆德（Mahmud，1059—1074），伊卜拉欣一世之叔
5. 第六代　乌玛尔（Umar，1074—1075），伊卜拉欣一世之堂弟，马赫穆德之子
6. 哈桑或哈仑（Hasan 或 Harun，1075—1103），乌玛尔堂兄弟
7. 第七代　阿赫马德（Ahmad 或 Harun，1103—1023），哈桑之子
8. 第八代　伊卜拉欣二世（1128—1158），阿赫马德之子
9. 第九代　穆罕默德二世（1158—？），伊卜拉欣二世之子
10. 第十代　玉素福二世（？—1211?），穆罕默德二世之子
11. 第十一代　穆罕默德三世（卒于1211年），玉素福二世之子

乃蛮人屈出律（Küchlüg）占领七河地区和费尔干纳

（三）西支（撒马尔罕）：

1. 第五代　穆罕默德·爱因·倒喇（Muhammad Ayn al-Dawla，1041—1052），阿里之孙，阿赫马德一世之子
2. 易卜拉欣一世不里特勒桃花石汗（Ibrahim I Böritigin Tamghach Khan，1052—1068），穆罕默德·爱因·倒喇之弟
3. 第六代　纳赛尔一世（Nasr I，1068—1080），易卜拉欣一世之子
4. 希兹尔（Khidr，1080—1081），纳赛尔一世之弟
5. 第七代　阿赫马德一世（Ahmad I，1081?—1089），希兹尔之子
6. 第六代　亚古柏（Yaqub，1089—1095），是东支第六位君主哈桑之子
7. 第七代　马苏德一世（Masud I，1095—1097），阿赫马德一世堂兄弟
8. 苏莱曼，1097在位，马苏德一世堂兄弟
9. 第六代　马赫穆德一世（1097—1099），苏莱曼之叔
10. 第七代　只卜剌·亦勒布·拉伊尔（Jibrail，1099—1102），东支第五位君主乌玛尔之子
11. 第八代　穆罕默德二世（1102—1129），苏莱曼之子
11b. 第九代　纳赛尔二世（1129年在位），穆罕默德二世之子
12. 阿赫马德二世（1129—1130），纳赛尔二世之弟
13. 第八代　哈桑（1130—1132），属于东支
14. 第八代　易卜拉欣二世（1132年在位），穆罕默德二世之弟

15. 马赫穆德二世（1132—1141），阿赫马德二世之弟
16. 易卜拉欣三世（1141—1156），马赫穆德二世之弟
17. 第九代　阿里（1156—1161），第十三位君主哈桑之子
18. 曼苏尔二世（1161—1178），阿里之弟
19. 第十代　易卜拉欣四世（1178—1204），曼苏尔二世之侄
20. 第十一代　奥斯曼（Uthman, 1204—1212），易卜拉欣四世之子

花剌子模沙摩诃末（Khwarazmshah Muhammad）占领河中地区

哥疾宁王朝（Ghaznavids, 977—1186 年统治呼罗珊、阿富汗、印度；博斯沃思，第 296—299 页）

娑匐的斤（Sebüktigin, 977—997）
1. 伊斯梅尔（Ismail, 997—998），娑匐的斤之子
2. 马哈茂德（Mahmud, 998—1030），伊斯梅尔之兄
3. 第三代　穆罕默德（1030—1031 和 1041 年），马哈茂德之子
4. 马苏德一世（Masud I, 1031—1041），穆罕默德之兄
5. 第四代　茂杜德（Mawdud, 1041—1050），马苏德一世之子
6. 第五代　马苏德二世（1050 年在位），茂杜德之子
7. 第四代　阿里（1050 年在位），马苏德二世之叔
8. 第三代　阿卜都·拉希德（Abd al-Rashid, 1050—1053），阿里之叔
9. 第四代　法鲁赫朝德（Farrukhzad, 1053—1059），马苏德一世之子
10. 伊卜拉欣（1059—1099），法鲁赫朝德之弟
11. 第五代　马苏德三世（1099—1115），伊卜拉欣之子
12. 第六代　谢萨德（Shirzad, 1115 年在位），马苏德三世之子
13. 阿尔斯兰沙（Arslan Shah, 1115—1118），谢萨德之弟
14. 巴赫拉姆沙（Bahram Shah, 1118—1152），阿斯尔兰沙之弟
15. 第七代　霍斯鲁沙（Khusraw Shah, 1152—1160），巴赫拉姆沙之子
16. 第八代　霍斯鲁·马立克（Khusraw Malik, 1160—1186），霍斯鲁沙之子，最后被古耳王朝（Ghurid［Afghan］）征服

塞尔柱王朝（Great Seljuks，1038—1194 年统治伊朗和伊拉克；博斯沃思，第 85—88 页）

x. 塞尔柱（Seljuk）
x. 其子：阿尔斯兰·伊斯拉伊尔（Arslan Israil），米哈伊勒（Mikail），穆萨叶护（Musa Yabghu），尤努斯（Yunus）
1. 脱黑鲁勒一世（Tughril I，1038—1063），米哈伊勒之子
2. 第二代　阿勒卜·阿儿思兰（Alp Arslan，1063—1072），脱黑鲁勒一世之子
3. 第三代　灭里沙一世（Malik Shah I，1072—1093），阿勒卜·阿儿思兰之子
4. 第四代　马赫马德一世（1093—1094），灭里沙一世之子
5. 别儿哥·牙鲁黑（Barkiyaruq，1094—1105），阿赫马德一世之弟
6. 第五代　灭里沙二世（1105 年在位），别儿哥·牙鲁黑之子
7. 第四代　穆罕默德一世（1105—1118），灭里沙二世之叔
8. 桑贾尔（Sanjar，1118—1157），穆罕默德一世之弟，最后被花剌子模沙吞并

花剌子模沙王朝（Khwarazmshahs，统治历经好几个朝代，从最早的资料记录为 898 年，至最后一位花剌子模沙死亡的 1231 年，统治区域最早为花剌子模地区，后来扩张到中亚和伊朗部分地区；博斯沃思，第 178—180 页）

（一）可能在公元 4 世纪在柯提（Kath）出现的带有半传奇色彩的阿夫里格王朝（Afrighids），在公元 7 世纪，第一位沙赫（Shah）有着穆斯林名字，9 世纪初期是阿卜杜拉·巴萨（Abdallahb. T. r. k. s. batha），他的继承人是：
1. 曼苏尔·伊本·阿卜杜拉（Mansur ibn Abdallah）
2. 伊拉克·伊本·曼苏尔（Iraq ibn Mansur），898 年在位
3. 穆罕默德·伊本·伊拉克（Muhammad ibn Iraq），921 年在位

4. 阿卜杜拉·伊本·阿谢坎姆（Abdallah ibn Ashkam），大约 944 年在位
5. 阿哈默德·伊本·穆罕默德（Ahmad ibn Muhammad），967 年在位
6. 穆罕默德·伊本·阿哈默德 (Muhammad ibn Ahmad)，卒于 995 年
被马蒙王朝（Mamunid）征服

（二）玉龙杰赤（Urgench）的马蒙王朝（995—1017）
1. 马蒙一世伊本·穆罕默德（Mamun I ibn Muhammad，995—997）
2. 里·伊本·马蒙（997—1009）
3. 马蒙二世（1009—1017）
被哥疾宁王朝所征服

（三）有"花剌子模沙"头衔的哥疾宁王朝的总督（1017—1041）
1. 勒通塔什·哈吉布（Altuntash Hajib），哥疾宁王朝的总督（1017—1032）
2. 哈仑·伊本·阿勒通塔什（Harun ibn Altuntash），曾担任类似总督的职务，但后来独立，采用了"花剌子模沙"的称号（1032—1034）
3. 斯梅尔·伊本·汉丹·伊本·阿勒通塔什（Ismail ibn Khandan ibn Altuntash，1034—1041）
被乌古斯叶护（Oghuz Yabghu）所征服，来自毡的的灭里沙伊本·阿里（Shah Malik Shah Malik ibn Ali）可能从哥疾宁王朝君主马苏德那里获得"花剌子模沙"头衔

（四）阿努什特勤（Anushtigin）王朝统治者起初是塞尔柱王朝的驻该地的总督，拥有着"花剌子模沙"的头衔，但最终成为独立的君主，统治花剌子模、河中地区和伊朗（1077—1231）
1. 阿努什特勤·伽尔恰（Anushtigin Gharchai，1077—1097）
2. 阿尔斯兰·特勤·穆罕默德·伊本·阿努什特勤（Arslan Tigin Muhammad ibn Aunshtigin，1097—1127）
3. 克孜勒·阿尔斯兰·阿既思·伊本·穆罕默德（Qizil Arslan Atsiz ibn Muhammad，1127—1156）

4. 利阿尔斯兰·伊本·阿既思（Il Arslan ibn Atsiz，1156—1172）
5. 帖乞失·伊本·伊利·阿尔斯兰（Tekish ibn Il Arslan，1172—1200）
6. 摩诃末·伊本·帖乞失·阿老丁（Muhammad ibn Tekish, Ala al-Din，1200—1220）
7. 伊本·摩诃末·札阑丁（Mengübirti ibn Muhammad, Jalal al-Din，1220—1231）

最后被蒙古征服

西辽王朝（Qarakhitay，喀喇契丹，公元1141—1211年统治七河地区、新疆和河中地区；并没有取自博斯沃思的该著作，因为它不属于穆斯林王朝，但请见博斯沃思的另一著作《伊斯兰百科全书》[*The Encyclopaedia of Islam*]，第四卷，第580—584页，喀喇契丹章节）

1. 耶律大石（1124—1143）
2. 萧塔不烟（1144—1150）
3. 耶律夷列（1151—1161）
4. 耶律普速完（1164—1177）
5. 耶律直鲁古（1177—1211）

被乃蛮人屈出律所灭

蒙古帝国

（一）蒙古帝国"汗"或"大汗"，1206—1294年；自1235年正式定都哈拉和林（Qaraqorum），后来在忽必烈时代迁都大都（现在的北京）；博斯沃思，第246—247页

1. 成吉思汗（Genghis Khan，1206—1227）；其子为术赤、察合台、窝阔台和拖雷
2. 第二代　窝阔台（1229—1241）

脱列哥那（窝阔台遗孀，1241—1246年摄政）

3. 第三代　贵由（1246—1248），窝阔台之子

斡兀立·海迷失（贵由遗孀，1248—1251年执政）

4. 第三代　蒙哥（1251—1259），拖雷之子，贵由堂兄弟

5. 忽必烈（1260—1294），蒙哥之弟

（二）元朝（公元1260—1368年统治中国），定都汗八里（Khanbaliq，北京）；并不摘自博斯沃思著作，请见 D. 摩根（D. Morgan）所著《蒙古人》（*The Mongols*），第 222—223 页

1. 第一代　元世祖忽必烈（1260—1294），拖雷之子
2. 第三代　元成宗铁穆耳·完泽笃可汗（Temür Oljeytü, 1294—1307），忽必烈之孙
3. 第四代　元武宗海山（1307—1311），铁穆耳之侄
4. 第四代　元仁宗爱育黎拔力八达（1311—1320），海山之弟
5. 第五代　元英宗硕德八剌（1320—1323），元仁宗爱育黎拔力八达之子
6. 第五代　泰定帝也孙铁木儿（1323—1328），元仁宗爱育黎拔力八达堂兄弟
……
11. 第七代　元顺帝妥欢帖睦尔（1333—1368，在蒙古直到1370年），元武宗海山曾孙

被明朝（1368—1644）所取代

（三）察合台汗国（Chaghatayids, 1227—1370 年统治河中地区，统治新疆直到1680年；博斯沃思，第248—249页）

成吉思汗

1. 察合台（Chaghatay, 1227—1241）
2. 第三代　哈剌旭烈（Qara Hülegü, 1241—1247年，以及1252年在位），察合台之孙
3. 第二代　也速蒙哥（Yesü Möngke, 1247—1252），察合台之子

x. 兀鲁忽乃（Orqina Khatun, 1252—1261年摄政），哈剌旭烈之遗孀

4. 第三代　阿鲁忽（Alughu, 1261—1266），察合台之孙，哈剌旭烈堂兄弟

5. 第四代 木儿剌沙（Mubarak Shah，1266 在位），哈剌旭烈之子

6. 八剌（Baraq，1266—1271），木儿剌沙堂兄弟

7. 第三代 聂古伯（Negübey，1271—1272），察合台之孙，阿鲁忽堂兄弟

8. 第五代 秃里帖木儿（Tuqa Temür，1272—1291），察合台玄孙

9. 都哇（Duva，1291—1306），秃里帖木儿堂兄弟

10. 第六代 宽阇（Könchek，1306—1308），都哇之子

11. 第五代 塔里忽（Taliqu，1308—1309），都哇远堂兄弟

12. 第六代 怯别（Kebek，1309，1318—1326），宽阇堂兄弟

13. 也先不花（Esen Buqa，1309—1318），怯别之兄

14. 燕只吉台（Eljigidey，1318？），也先不花之弟

15. 都来帖木儿（Duva Temür，1326 年在位？），燕只吉台之弟

16. 塔尔麻失里（Tarmashirin，1326 年在位），都来帖木儿之弟

17. 第七代 敞失（Jangshi，1334 年在位），塔尔麻失里之侄

18. 不赞（Buzan，1334—1338），敞失堂兄弟

19. 也孙帖木儿（Yesün Temür，1338—1342），敞失之弟

20. 第八代 麻哈没的（Muhammad，1342—1343），第十位汗宽阇之孙

21. 合赞（Qazan，1343—1346），第八位汗秃里帖木儿曾孙

在河中地区出现傀儡汗的混乱局势一直到1357年置于帖木儿（Tamerlane，见随后的帖木儿王朝）统治，但却受到在蒙兀儿斯坦（Moghulistan）和阿特沙尔（Altishahr，六城）的统治者秃忽鲁帖木儿（Tughluq Timur，1347—1363年）的挑战，他是第九位汗都哇之孙，亦迷火者（Imil Khwaja）之子，因此也是第七代汗

察合台后王们随后统治河中地区以东，并通常分裂成两个或更多同时并存的君主，统治覆盖二或三片地区：阿特沙尔、蒙兀儿斯坦和畏兀儿地（Uighuristan）。下面的列表并非是完整的或权威，而只是试图列出一些更重要的名称和数据：

也里牙思火者（Ilyas Khwaja，1363—1390），秃忽鲁帖木儿之子

黑的儿火者（Khidr Khwaja，1390—1399），秃忽鲁帖木儿之子

沙迷查干（Sham'-i Jahan，1399—1408），黑的儿火者之子

马哈麻汗（Muhammad Khan，1408—1416），沙迷查干之弟

纳黑失之罕（Naqsh-i Jahan，1416—1418），沙迷查干之子

歪思汗（Uways Khan，1418—1421 和 1425—1428），希尔·阿里·黑的儿（Shir Ali b. Khidr）之子

希尔·马哈麻（Shir Muhammad，1421—1425），沙赫·查干·黑的儿（Shah Jahan b. Khidr）之子

也先不花二世（Esen Buqa，1428—1462），歪思汗之子

羽奴思汗（Yunus Khan，1462—1481），歪思汗之子

速檀马哈木（Mahmud Khan，1486—1508），羽奴思汗之子

速檀满速儿（Mansur Khan，1502—1543），羽奴思汗之孙，蒙兀儿斯坦统治者

速檀赛德（Said [Sayyid] Khan，1514—1532），速檀满速儿之弟，阿特沙尔统治者

阿不都·拉失德（Abd al-Rashid，1543—1570），速檀赛德之子

（四）金帐汗国和白帐汗国（博斯沃思，第252—254页）

金帐汗国统治南俄、乌克兰、哈萨克斯坦北部，定都萨莱（Saray，伏尔加河三角洲东部）和新萨莱（靠近伏尔加河东岸，离现在的伏尔加格勒不远）

成吉思汗，卒于1227年

术赤，成吉思汗长子，于1227年比其父早过世三个月

1. 第一代　拔都（Batu，1227—1255），术赤次子
2. 第二代　撒里答（Sartaq，1255—1257），拔都之子
3. 第三代　乌剌黑赤（Ulaghchi，1257年在位），撒里答之子
4. 第一代　别儿哥（Berke，1257—1267），拔都之弟
5. 第三代　忙哥帖木儿（Möngke Temür，1267—1280），拔都之孙
6. 第三代　脱脱蒙哥（Töde Möngke，1280—1287），忙哥帖木儿之弟
7. 第四代　兀剌不花（Töle Buqa，1287—1290），脱脱蒙哥之侄
8. 第四代　脱脱（Toqta，1290—1312），忙哥帖木儿之子
9. 第五代　月即别（Özbeg，1312—1341），忙哥帖木儿之孙

10. 第六代　迪尼别（Tini Beg，1341—1342），月即别之子

11. 贾尼别克（Janibeg，1342—1357），迪尼别之弟

12. 第七代　别儿迪别（Berdi Beg，1357—1359），札尼别之子

出现了内部自相残杀，篡夺汗位以及 1380 年的俄罗斯首次胜利为特征的混乱局势；但名义上，该汗国延续到 1502 年

白帐汗国统治钦察大草原（Dasht-i Kipchak）东部：哈萨克斯坦东部和西伯利亚西部；都城不断变动，但经常位于锡尔河中游北岸的塞格纳克（Sighnaq）

1. 斡儿答（Orda），术赤长子，拔都之兄

……

8. 兀鲁思（Urus，1361—1375）

……

11. 脱脱迷失（Tokhtamish，1376—1395），将其统治延伸到金帐汗国，但最终被帖木儿（Tamerlane）消灭

……

x. 塞克赫·阿哈默德（Shaykh Ahmad，1481—1502）

（五）伊尔汗国（Ilkhanids，1256—1335 年统治伊朗和伊拉克，都城为大不里士 [Tabriz]、蔑刺合 [Maragha，马腊格]、苏丹尼叶 [Sultaniya，今伊朗西北部]；博斯沃思，第 250—251 页）

x. 拖雷，成吉思汗幼子

1. 旭烈兀（Hülegü，1256—1265），拖雷三子

2. 第二代　阿八哈（Abaqa，1265—1282），旭烈兀之子

3. 贴古迭儿（Tegüder Ahmad，1282—1284），阿八哈之弟

4. 第三代　阿鲁浑（Arghun，1284—1291），贴古迭儿之子

5. 海合都（Geykhatu，1291—1295），阿鲁浑之弟

6. 第二代　拜都（Baydu，1295 年在位），海合都之叔

7. 第四代　合赞（Ghazan，1295—1304），阿鲁浑之子

8. 完者都（Oljeytü，1304—1317），合赞之弟

9. 第五代　不赛因（Abu Said，1317—1335），完者都之子

其后发生众多族人争位风波，在1353年王朝被几个当地政权所取代

324　　帖木儿王朝（非成吉思汗王朝）插曲：

帖木儿王朝（Timurids [1370—1507]，建都撒马尔罕、赫拉特；博斯沃思，第270—272页）

1. 帖木儿（Temrlane，1370—1405）；其子：只罕杰儿（Jahangir），乌玛尔·沙黑（Umar Shaykh），米兰沙（Miranshah），沙哈鲁（Shahrukh）
2. 第三代　哈里勒速檀（Khalil Sultan，1405—1409），帖木儿之孙，米兰沙之子
3. 第二代　沙哈鲁（Shah Rukh，1405—1447）
4. 第三代　兀鲁伯（Ulugh Beg，1447—1449），沙哈鲁之子
5. 第四代　阿不都·剌提甫（Abd al-Latif，1449—1450），兀鲁伯之子
6. 第四代　阿不都剌（Abdallah，1450—1451），沙哈鲁之孙
7. 第四代　卜撒因（Abu Said，1451—1469），帖木儿曾孙（帖木儿—米兰沙—速檀穆罕默德 [Sultan Muhammad] —卜撒因）
8. 第五代　阿黑麻（Ahmad，1469—1494），卜撒因之子
9. 马合木（Mahmud，1494—1500），阿黑麻之弟；最终被昔班尼王朝消灭

紧随帖木儿去世后出现的继位权争夺而产生的第二位君主哈里勒速檀，第三位君主沙哈鲁交织重叠各自为政的统治时期，并由于地缘政治的二分，使得呼罗珊（都城赫拉特）崛起，从河中地区（都城撒马尔罕）夺取优势地位。沙哈鲁喜欢住在呼罗珊城市，让其子兀鲁伯作为总督，统治河中地区。他们随后的继承人虽统治各自城市，但尽力较为成功地维护帝国的统一，在第七位君主卜撒因于1469年死后，最后出现分裂。从那时起，呼罗珊和帝国在伊朗的其他地区由下列三位君主所统治：

1. 第五代　雅迪嘎·穆罕默德（Yadigar Muhammad，1469—1470），沙哈鲁曾孙
2. 第六代　忽辛·拜哈拉（Husayn Bayqara，1470—1506），帖木儿玄孙（帖木儿—乌玛尔·沙黑—拜哈拉—曼苏尔—忽辛·拜哈拉）

3. 第七代　巴地·札马恩（Badi'al-Zaman，1506—1507），忽辛·拜哈拉之子，被昔班尼王朝所征服

不过在 1526 年，在印度又复兴了帖木儿王朝，统治一直延续到 1858 年，由于在不同的地区和形势下统治，因此转变了该王朝形象，并在西方的概念中，成为莫卧儿帝国（Great Mughals）。其创始人札希尔丁·巴布尔（Zahir al-Din Babur）是帖木儿王朝第六代（帖木儿—米兰沙—速檀穆罕默德—卜撒因—乌玛尔·沙黑—巴布尔），阿格拉（Agra）为其早期都城，16 世纪和 17 世纪是其全盛时期；博斯沃思，第 331—334 页

1. 巴布尔（Babur，1526—1530）
2. 胡马雍（Humayun，1530—1556），巴布尔之子
3. 阿克巴（Akbar，1556—1605），胡马雍之子
4. 查罕杰（Jahangir，1605—1627），阿克巴之子
5. 达乌尔·巴克希（Dawar Bakhsh），查罕杰之孙
6. 沙杰汗（Shahjahan，1628—1657），查罕杰之孙
7. 拉·西阔（Dara Shikuh，1657—1658），沙杰汗之子
8. 奥朗则布（Awrangzib，1658—1707），达拉·西阔之弟

成吉思汗血统王朝恢复：

（六）阿布海尔·昔班尼王朝（Abulkhayrid Shaybanids，1500—1599 年，主要统治区域位于布哈拉、撒马尔罕、塔什干、巴里黑［Balkh］）；博斯沃思，第 288—289 页

阿布海尔（Abu l-Khayr，1428—1468），为成吉思汗长子术赤第五子昔班（Shiban）的后裔

沙·布达克（Shah Budaq），阿布海尔之子

1. 第三代　穆罕默德·昔班尼（Muhammad Shaybani，1500—1510），沙·布达克之子，是在河中地区建立昔班尼王朝统治的开创者，昔班尼兵败身亡之后，经历萨法维（Safavid）和巴布尔入侵的两年混乱局势
2. 第二代　速云赤（Köchkunju，1512—1530），昔班尼之叔
3. 第三代　阿布·赛义德（Abu Said，1530—1533），昔班尼之堂兄弟

4. 第四代　奥贝都剌（Ubaydallah，1533—1539），昔班尼之侄，自1512 年起关键角色
5. 第三代　阿卜杜拉一世（Abdallah I，1539—1540），阿布·赛义德之弟
6. 第三代　阿布都拉·拉提夫（Abd al-Latif，1540—1552），阿布·赛义德之弟
7. 第三代　纳乌鲁孜·艾哈迈德（Nawruz Ahmad "Baraq"，1552—1556），阿布都拉·拉提夫堂兄弟
8. 第四代　皮儿·穆罕默德一世（Pir Muhammad I，1556—1561），奥贝都剌堂兄弟
9. 第四代　伊斯坎德尔（Iskander，1561—1583），皮儿·穆罕默德一世之弟
10. 第五代　阿卜杜拉二世（Abdallah II，1583—1598），伊斯坎德尔之子
11. 第六代　阿布德阿尔·穆明（Abd al-Mumin，1598 年在位），阿卜杜拉二世之子；被札尼（Janids）或阿斯特拉罕王朝所取代

（七）札尼（Janids）或阿斯特拉罕（Ashtarkhanids）王朝（术赤第十三子秃花帖木儿 [Toqay-Timur] 后裔），1599—1785 年，定都布哈拉；博斯沃思，第 290—291 页

x. 雅尔·穆罕默德（Yar Muhammad）
1. 札尼·穆罕默德（Jani Muhammad，1599—1603）
2. 第二代　巴基·穆罕默德（Baqi Muhammad，1603—1606），札尼·穆罕默德之子
3. 瓦里·穆罕默德（Vali Muhammad，1606—1612），巴基·穆罕默德之弟
4. 第三代　伊玛目·库里（Imam Quli，1612—1642），巴基·穆罕默德之侄
5. 纳狄尔·穆罕默德（Nazr Muhammad，1642—1645），伊玛目·库里之弟
6. 第四代　阿布都拉·阿齐兹（Abd al-Aziz，1645—1681），纳狄尔·穆罕默德之子
7. 苏布罕·库里（Subhan Quli，1681—1702），阿布都拉·阿齐兹之弟
8. 第五代　奥贝都剌一世（Ubaydallah I，1702—1711），苏布罕·库里之子

9. 阿布都拉·哈兹（Abu l-Fayz，1711—1747），奥贝都剌一世之弟
10. 第六代　阿布都拉·穆明（Abd al-Mu'min，1747 年在位），阿布都拉·哈兹之子
11. 奥贝都剌二世（Ubaydallah II，1747—1753），阿布都拉·穆明之弟（曼吉特人［Manghit］穆罕默德·拉希姆［Muhammad Rahim］的实际统治）
12. 阿布·加齐（Abu l-Ghazi，1758—1785），来自王族的旁支

成吉思汗家族王朝统治在河中地区结束

曼吉特王朝（Manghits，布哈拉埃米尔，1785—1920；博斯沃思，第 292 页）

1. 马桑·沙赫·穆拉德（Mir Masum Shah Murad，1785—1800）
2. 第二代　海达尔·图拉（Haydar Töre，1800—1826），马桑·沙·穆拉德之子
3. 第三代　侯赛因（Husayn，1826 年在位），海达尔·图拉之子
4. 奥马尔（Umar，1826—1827），侯赛因之弟
5. 纳斯尔·阿拉赫（Nasr Allah，1827—1860），奥马尔之弟
6. 第四代　穆扎法尔丁（Muzaffar al-Din，1860—1886），纳斯尔·阿拉赫之子
7. 第五代　阿布德·阿哈德（Abd al-Ahad，1886—1910），穆扎法尔丁之子
8. 第六代　阿利姆（Alim，1910—1920），阿布德·阿哈德之子

被布尔什维克军队推翻，建立布哈拉人民共和国

起自明格部落的浩罕汗国（Khoqand，大约 1710—1876 年，但在 1789 年前资料不全而只能估算年代；自 1845 年之后经常出现混乱局势，以及胡达雅尔汗［Khudayar Khan］统治的间歇统治；博斯沃思，第 295 页）

1. 沙鲁赫比（Shahrukh Biy，1710—1721）
2. 穆罕默德·热依姆比（Muhammad Rahim Biy，1721—1740）
3. 阿卜都尔·热依姆比（Abd al-Rahim Biy，1740—1760）

4. 纳尔布塔比（Narbuta Biy，1769—1789）

5. 爱里木比（Alim Biy，后称"爱里木汗"，1789—1810）

6. 奥马尔汗（Umar Khan, 1810—1822）

7. 穆罕默德·阿里（玛达里汗）（Muhammad Ali [Madali] Khan, 1822—1842）

8. 西尔·阿里汗（Shir Ali Khan，1842—1845）

9. 穆拉德汗（Murad Khan，在位 7 天）

10. 胡达雅尔汗（Khudayar Khan，1845—1875，先后三次即位）

x. 纳西尔丁汗（Nasr al-Din Khan，1875—1876）

希瓦汗国（Khans of Khiva），1515—1919 年；博斯沃思，第 290—291 页

（一）阿拉布沙希王朝（Arabshahids）或雅迪噶尔·昔班尼王朝（Yadigarid Shaybanids），大约 1515—1804 年，是一个拥有成吉思汗血统的王朝，和其邻居昔班尼王朝一样，可寻根溯源到术赤第五子昔班。从民族语言方面来看，他们因此是讲钦察突厥语的突厥-蒙古人

1. 伊勒巴斯一世（Ilbars I，1515—1525）

2. 苏丹哈吉（Sultan Haji，1525—?）

3. 哈桑·忽里（Hasan Quli）

4. 索菲昂（Sufyan）

5. 不楚合（Bujugha）

6. 阿瓦涅克（Avnik）

7. 夸尔（Qal，1539—1546）

8. 阿合台（Aqatay，1546 年在位）

9. 都斯特·穆罕默德（Dust Muhammad，1546—1558）

10. 哈吉·穆罕默德一世（Haji Muhammad I，1558—1602）

11. 阿拉卜·穆罕默德一世（Arab Muhammad I，1602—1623）

12. 伊斯法迪雅尔（Isfandiyar，1623—1643）

13. 阿布哈齐一世巴哈杜尔（Abu l-Ghazi I Bahadur，1643—1663）

14. 阿鲁沙（Anusha，1663—1687）

15. 穆罕默德·伊伦克·阿连克（Muhammad Awrang，1687—1688）

16. 伊斯哈克·阿加·沙阿·尼亚孜（Ishaq Agha Shah Niyaz，1688—1702）

17. 阿拉卜·穆罕默德二世（Arab Muhammad II，1702—?）

18. 哈吉·穆罕默德二世（Haji Muhammad II）

19. 雅迪噶尔（Yadigar，1714 年在位）

20. 阿连克（Awrang，1714—1715）

21. 希尔·加齐（Shir Ghazi，1715—1728）

22. 伊勒巴斯二世（Ilbars II，1728—1740）

被伊朗国王纳迪尔沙赫（Nadir Shah Afshar）占领，处死了伊勒巴斯二世，随后就是纳迪尔沙赫委派的总督泰基尔（Tekir）或塔希尔汗（Tahir Khan）的短暂统治时期。

23. 阿布哈齐二世穆罕默德（Abu l-Ghazi II Muhammad，1742—1745）

24. 加伊普汗（Ghaib，1745—1770）

25. 阿布哈齐三世（Abu l-Ghazi III，1770 年在位）

出现混乱局势，昆格拉特（Qungrat）部落首领担任亦纳克（inaq，首相）职位，类似于布哈拉汗国的曼吉特（Manghit）酋长所担任的"阿塔雷克"（ataliq）职位；穆罕默德·阿明（Muhammad Amin，1770—1790）与其子阿瓦兹（Avaz，1790—1803）在傀儡汗们的名义下实行实际统治，但最终阿瓦兹之子伊尔土泽尔（Iltüzer）结束了这种统治方式，开始称汗

（二）昆格拉特王朝（Qungrats）或亦纳克王朝（*Inaqids*），1803—1919

1. 伊尔土泽尔（Iltüzer，1803—1806），亦纳克阿瓦兹之子

2. 穆罕默德·拉希姆（Muhammad Rahim，1806—1825）

3. 阿拉赫·库里（Allah Quli，1825—1842）

4. 拉希姆·库里（Rahim Quli，1842—1845）

5. 穆罕默德·阿明（Muhammad Amin，1845—1855）

6. 阿布都拉（Abdallah，1855 年在位）

7. 库特鲁格·穆拉德（Qutlugh Murad，1855—1856）

8. 赛义德·穆罕默德（Sayyid Muhammad，1856—1865）

9. 赛义德·穆罕默德·拉希姆（Sayyid Muhammad Rahim，1865—1919）；1873 年被沙俄征服，并被割去大片领土（希瓦汗国的阿姆河右岸，北岸全部地区被并入沙俄突厥斯坦总督区锡尔河州 [oblast]），该汗国残余部分作为沙皇的附庸继续统治

10. 阿卜杜·赛义德（Abd al-Sayyid，1919 年在位）

布尔什维克革命，1920 年建立花剌子模人民共和国

牙老瓦赤家族（Yalavachids，13—14 世纪，中亚和中国；摘自罗依果 [I de Rachewiltz] 所编的《蒙元早期为大汗效劳的名人传》[In the Service of the Khan: Eminent Personalities of the Early Mongol Yuan Period] 中 T. T. 阿尔森 [T. T. Allsen] 所撰 "马赫穆德·牙老瓦赤 [Mahmud Yalavach]，麻速忽伯克 [Masud Beg]，阿里别 [Ali Beg]，萨法立克 [Safaliq，阿里别之女]，不只儿 [Bujir]" 部分，第 122—136 页，威斯巴登 [Wiesbaden] 1993 年出版）

公元 1218 年，成吉思汗派遣三位穆斯林商人作为使者前往花剌子模沙摩柯末寻求建立贸易和友好关系。其中一位使者就是马赫穆德·牙老瓦赤，大约在公元 1211—1218 年中一段时间里开始为蒙古人服务。这是为大汗效劳的光荣事业的初始阶段，并一直延续到 1254 年在北京过世为止；此外，其子麻速忽伯克以及三个孙子也在蒙古帝国担任高管，一个真正的管理家族王朝，其历史重要性甚至超越了大多数汗

1. 马赫穆德·牙老瓦赤（Mahmud Yalavach，1218—1254）

2. 麻速忽伯克（Masud Beg，1239—1289），牙老瓦赤之子

3. 阿布·别克儿（Abu Bakr，1289—1298），麻速忽伯克之子

4. 撒的迷失（Satilmish，1298—1302），麻速忽伯克之子；法合鲁·木勒克速温（Suyunich，1302—?），麻速忽伯克之子

喀什噶里亚（Kashgaria）**和卓**（伊森比凯·托甘 [Isenbike Togan] 所著

《伊朗百科全书》[*Encyclopaedia Iranica*]第五卷，第 474—476 页，表 29；A. G. 施瓦茨[A. G. Schwarz]所著论文《新疆和卓》，刊登于《东亚杂志》[*Central Asiatic Journal*]，1976 年第 20 期，第 266—296 页）

"和卓"（khwaja，也拼为"khvaja"，其更通俗的形式为"khoja"）一词有着复杂的历史，因而有着多方面的含义和不确定的词源。在本文讨论的语境中，是指最初来自河中地区的纳格什班迪耶教派托钵僧家族两支首领所拥有的荣誉称号，这两派自 16 世纪中叶到 18 世纪中叶，在喀什噶里亚（Kashgaria）或新疆"六城地区"（Altishahr，喀什噶尔[Kashgar]、叶尔羌[Yarkand，莎车]、和田[Khotan]、阿克苏[Aksu]、乌什吐鲁番[Uch Turfan，乌什]和库车[Kucha]）拥有着相当大的精神、经济和政治力量

这两支都是纳格什班迪耶苏菲派导师阿哈迈德·卡萨尼（Ahmad Kasani），但更为人所知的是玛哈图木·阿杂木（Makhdum-i Azam，有着阿拉伯语词源和波斯语构词特征，意谓"大师"）（1462—1543）的后裔

（一）阿帕克系（Afaqiya）或白山派（Aqtaghliq）和卓

1. 玛哈图木·阿杂木之子玛木特·额敏（Muhammad Amin）被称为"伊禅卡兰"（Ishan-i Kalan）一种有着波斯和突厥语词源的荣誉头衔，相当于玛哈图木·阿杂木的同义词），卒于 1597/1598 年。

2. 玛木特·玉素普（Muhammad Yusuf，大约卒于 1653 年）

3. 伊达雅图勒拉（Hidayat Allah），被通常称为"阿帕克"（Afaq 或 Apaq）和卓，卒于 1694 年

4. 汗和卓雅雅（Khan Khwajam Yahya），卒于 1696 年

5. 哈桑·布格拉汗（Hasan Bughra Khan），卒于 1725 年

6. 玛罕木特（Ahmad）

7 a. 波罗尼敦（Qilich Burhan al-Din）被称为"大和卓"，卒于 1759 年

7 b. 霍集占（Khwaja Jahan Yahya），被称为"小和卓"，卒于 1759 年

（二）伊斯哈格系（*Ishaqiya*）或黑山派和卓

1. 玛哈图木·阿杂木之子伊斯哈格·瓦里（Ishaq Vali），大约卒于 1605

年，伊斯哈格（Ishaqiya 或 Ishaqi）系之名自他开始

2. 和卓沙迪（Khwaja Shadi），卒于 1655 年
3. 乌拜都拉（Ubaydallah），被称为"帕的沙和卓"，卒于 1684 年
4. 达涅尔（Danyal），卒于 1736 年
5. 玉素普（Yusuf），大约卒于 1755 年
6. 雅库布（Yaqub），大约卒于 1755 年

附录（二） 内亚国家及地区数据 *

哈萨克斯坦

面积：272.49 万平方公里（105.21 万平方英里），是苏联（及现在的独联体）第二大共和国，仅次于俄罗斯，也是本书讨论的七个地区中最大的一个，其面积与下列国家和地区相比较而显得更为直观：中国新疆（166.49 万平方公里），蒙古国（156.65 万平方公里），土耳其（78.36 万平方公里），乌克兰（60.37 万平方公里），法国（55 万平方公里，不含海外领地），乌兹别克斯坦 (44.74 万平方公里)。该国东西距 1,900 公里，南北长 1300 公里。

人口：（根据 1995 年联合国粮农组织和人口组织统计）17,100,000，为独联体第四人口大国，排在俄罗斯、乌克兰和乌兹别克斯坦之后，人口密度：6.2 人／平方公里。

民族构成（1994 年）：哈萨克族 44.3%，俄罗斯族 35.8%，乌克兰族 5.1%，日耳曼族 3.6%，乌兹别克族 2.2%，鞑靼族 2.0%，白俄罗斯族 1.1%。这些比例也在迅速变化，主要归因于哈萨克族的高出生率，也包括欧洲民族移居国外。

官方语言：哈萨克语，属于钦察突厥语，以西里尔字母为拼写文字；俄语作为不同民族间的交流语言而拥有特殊地位。

宗教：伊斯兰教逊尼派。自中世纪后期逐渐在哈萨克人群中传播开来。在苏联时代，哈萨克穆斯林就在中亚和哈萨克斯坦穆斯林宗教管理委员会首

---

* 本部分准确信息请以各国与各地区官方资料为准。——译者注

脑"穆夫提"（mufti）的宗教管辖之下。该委员会于 1942 年在塔什干成立；在 1990 年成立单独的哈萨克斯坦穆斯林宗教管理委员会穆夫提职位，现在的大穆夫哈吉·雷泰·提内桑巴耶夫（Haji Ratbek Nysanbay-uly）的办公室设在阿拉木图。东正教是主要讲俄语的斯拉夫民族名义上的宗教。

首都：直到 1997 年末，或有不同说法在 1998 年 6 月之前，首都是阿拉木图（Almaty），以前称"阿尔玛-阿泰"（Alma-Ata），据 1993 年估计拥有 1,176,000 人口，位置偏离该国中心，而位于靠近吉尔吉斯边界东南角，与吉尔吉斯斯坦首都比什凯克距离很近。像其他中亚城市，尤其是和其他首都一样，在苏联时代，阿拉木图成为斯拉夫民族，主要是俄罗斯人占主导地位的城市：到 1970 年，哈萨克族只占该城市总人口的 12.4%；但自那时起人口发展趋势朝着有利于哈萨克族方面转变（1989 年，增长到 22.5%）但斯拉夫民族仍占压倒性的多数，强调了这个共和国民族认同的复杂性。1994 年 6 月 9 日哈萨克斯坦国会通过了迁都计划，即在 2000 年将首都从阿拉木图迁往阿克莫拉（Akmola，俄语为"亚克摩林"[Akmolinsk]；另一方面，这座城市现在在媒体中被称为"阿斯塔纳"[Astana]，而这在哈萨克语中意谓"首都"）。阿斯塔纳的位置则更靠北，靠近该国的"俄罗斯带"地区。这看起来主要是总统纳扎尔巴耶夫的长远构想，在他的大力推动下，将迁都的日程提前到 1997 年 11 月（请参阅《纽约时报》1997 年 11 月 9 日文章《哈萨克闪闪发光的新首都》），而在 1998 年 6 月 10 日举行了正式迁都仪式。

货币：坚戈（tenge，1 坚戈＝100 泰因［tein］）于 1993 年 11 月 15 日取代了以前流通的货币单位卢布（rouble）。

地理位置：哈萨克斯坦西面与俄罗斯欧洲部分接壤，北面和东北面与俄罗斯西伯利亚部分接壤，南面分别与土库曼斯坦、乌兹别克斯坦、吉尔吉斯斯坦接壤，东南面与中国新疆维吾尔自治区接壤。西南面和南面濒临里海和咸海。

该国 14 个州（obly）和各自首府分别是（从西—东，北—南方向，主要以哈萨克语名称，而此前经常用的俄语名称列在其后）：西哈萨克斯坦州（Batys Qazaqstan），首府乌拉尔斯克（Oral，Uralsk）；阿特劳州，首府阿特劳（Atyrau，Gurev）；曼格斯套州（Mangghystau，Mangyshlak），首府阿克套（Aqtau，Shevchenko）；阿克托别州（Aqtöbe），首府阿克托别（Aqtöbe，

Aktiubinsk）；科斯塔奈州（Qostanay），首府科斯塔奈（Qostanay，Kustanai）；克孜勒奥尔达州（Qyzylorda），首府克孜勒奥尔达（Qyzylorda，Kzyl-Orda）；北哈萨克斯坦州（Soltustyk Qazaqstan），首府彼得罗巴甫尔（Petropavl，Petropavlovsk）；阿克莫拉州（Aqmola），首府科克舍套（Kökshetau，Kokchetav）阿莫克林斯克（[Akmolinsk]在苏联统治后期里被称为切利诺格勒[Tselinograd]，1991年独立后改称为阿克莫拉，1998年5月成为哈萨克斯坦正式首都，并改名为"阿斯塔纳"[Astana，意谓"首都"]）；卡拉干达州（Qaraghandy），首府卡拉干达（Qaraghandy，Karaganda）；南哈萨克斯坦州（Ongtüstik Qazaqstan），首府奇姆肯特（Shymkent，Chimkent）；江布尔州（Zhambyl），首府塔拉兹（Taraz）；巴甫洛达尔州（Pavlodar），首府巴甫洛达尔（Pavlodar）；阿拉木图州（Almaty），首府塔尔迪库尔干（Taldyqorghan，Taldy-Kurgan）；东哈萨克斯坦州（Shyghys Qazaqstan），首府厄斯克门（Öskemen，Ust-Kamenogorsk）。

吉尔吉斯斯坦

面积：19.99万平方公里（7.68万平方英里）。

人口：4,476,400（1994年）。人口密度22.6人/平方公里

民族构成（1993年）：吉尔吉斯族56.5%，俄罗斯族18.8%，乌兹别克族12.9%，乌克兰族2.1%，日耳曼族1.0%，此外还有一些人数更少的其他少数民族。

官方语言：吉尔吉斯语，是以西里尔字母为拼写文字的一种突厥语；正如其他中亚共和国一样，吉尔吉斯语也有将拼写文字转为罗马字母的计划。不过，俄语在经济、科学技术、医疗领域依然是不可缺少的交流工具。此外，1994年6月15日阿卡耶夫总统下令在讲俄罗斯语人口占多数的地区，俄语是官方语言。

宗教：从历史方面来看，吉尔吉斯人是属于伊斯兰教逊尼派中的哈乃菲学派。

首都：比什凯克（Bishkek，在1926—1991年期间曾被命名为伏龙芝

[Frunze]），在 1991 年拥有居民 627,800。

货币：索姆（som）；是卢布在吉尔吉斯的货币形式，因此索姆依然保留在卢布系统中，1 索姆 =100 提因（tyiyn）。

地理位置：在北面，西北面与哈萨克斯坦接壤，西面与乌兹别克斯坦接壤，南面与塔吉克斯坦接壤，东面与中国新疆维吾尔自治区接壤。首都比什凯克的位置偏离该国中心，位于楚河流域，靠近哈萨克边界。

吉尔吉斯斯坦 7 个州（oblast）和各自首府分别是（从西—东，北—南方向）：塔拉斯州（Talas），首府塔拉斯（Talas）；楚河州（Chüy, Chu），首府比什凯克（同时也是该国首都）；伊塞克湖州（Ysyk-Köl, Issyk-Kul），首府卡拉克尔（Karakol, Przhevalsk）；贾拉拉巴德州（Jalal-Abad），首府贾拉拉巴德（Jalal-Abad）；奥什州（Osh），首府奥什（Osh）；纳伦州（Naryn），首府纳伦（Naryn）；巴特肯州（Batken），首府巴特肯（Batken）。

塔吉克斯坦

面积：14.31 万平方公里（55,251 平方英里），是中亚五个共和国中面积最小的国家，排在哈萨克斯坦、土库曼斯坦、乌兹别克斯坦、吉尔吉斯斯坦之后。

人口（1994 年）：5,751,000，人口密度 40.2 人/平方公里。

民族构成（根据 1989 年人口普查）：塔吉克族为 62.3%，乌兹别克族为 23.5%，俄罗斯族为 7.6%；其余的都是人口较少的少数民族，包括鞑靼族、日耳曼族和犹太族。值得注意的是最大的少数民族乌兹别克族，主要分布在沿着乌兹别克边界的塔吉克-乌兹别克族混居的地区以及以苦盏（Khujand）为中心的西北突出地带。另外一个特殊群体就是帕米尔人（Pamiris），居住在这个共和国东半部的戈尔诺-巴达赫尚（Gorno-Badakhshan）自治区（面积 63,700 平方公里）。他们讲一种独特的伊朗语族方言，但在人口普查中被囊括入讲塔吉克语人口中。

官方语言：塔吉克语是属于伊朗语族的方言，几乎与伊朗官方语言的波斯语一致，它以西里尔字母为拼写文字，尽管已提议计划越来越多地使用阿拉伯字母或罗马字母，并且在阿拉伯字母方面已得到部分实施。

宗教：从历史方面来看，塔吉克人属于伊斯兰教逊尼派中的哈乃菲学派；但帕米尔人却不同，他们信奉伊斯兰教什叶派（Shiite）中的伊斯玛仪派（Ismailite），一种教派视阿伽汗（Agha Khan）为精神领袖。

首都：杜尚别（Dushanbe）拥有 602,000 人口（1990 年），在 1929—1961 年间曾被称为"斯大林纳巴德"（Stalinabad）。

货币：卢布，1 卢布 = 100 戈比（kopek）。[1]

地理位置：塔吉克斯坦的邻国分别是：南面的阿富汗，东面的中国（更具体的是新疆维吾尔自治区），北面的吉尔吉斯斯坦，西面的乌兹别克斯坦。这个共和国呈长方形的形状在西北部被向外突出地带所打破，这个突出地带包括苦盏城，深入到费尔干纳谷地。这一精确体现民族语言状况的人口分布的突出地带（尽管有前文提及的乌兹别克少数民族），创造出一个错综复杂的选区划分形势（*gerrymander*），涉及三个共和国，分别是塔吉克斯坦、乌兹别克斯坦和吉尔吉斯斯坦。

塔吉克斯坦分为 3 个州（viloyat）和中央直属区：

列宁纳巴德州（Leninobod, Leninabad, 现为索格特州），首府苦盏（Khujand）；中央直属区，首府科法尔尼洪（Kofarnihon），首都杜尚别（Dushanbe）位于该区内；库尔干秋别州（Qurghonteppa, Kurgan-Tiube），首府库尔干秋别州（Qurghonteppa）；哈特隆州（Khatlon, Kuliab），首府库尔干－秋别（Kurgan-Tjube）；戈尔诺－巴达赫尚自治州（Viloyati Avtonomii Badakhshoni Kuhi），首府霍罗格（Khorugh, Khorog）。

土库曼斯坦

面积：49.12 万平方公里（18.97 万平方英里）

人口（1995 年）：4,483,300，人口密度：8.7 人／平方公里。

---

[1] 现为索莫尼。——译者注

民族构成（1993年估计）：土库曼族为73.3%，俄罗斯族为9.8%，乌兹别克族为9%，哈萨克族为2.0%。

官方语言：土库曼语，属于突厥语乌古斯语群，与土耳其的土耳其语有紧密联系；使用西里尔字母，但现在计划向罗马字母转变。

宗教：从历史方面来看，土库曼人是属于伊斯兰教逊尼派中的哈乃菲学派。

首都：阿什哈巴德（Ashgabat，Ashkhabad），1993年估计拥有517,200人口。

货币：马纳特（manat）；1马纳特=100坚戈（tenge）。

地理位置：该国以西北—东南为轴心的几乎呈长方形状。土库曼斯坦西濒里海，东北面与哈萨克斯坦接壤，北面和东北面与乌兹别克斯坦接壤，东南面与阿富汗接壤，南面和西南面与伊朗接壤。

土库曼斯坦由五个州（welayat）所组成，其名称与首府名称从西—东，北—南方向依次为：

巴尔坎州（Balkan），首府涅比特达格（Nebitdag）；达沙古兹州（Dashhowuz），首府达沙古兹（Dashhowuz，Tashauz）；阿哈尔州（Ahal），首府阿瑙（Annau，Anew）；列巴普州（Lebap），首府土库曼纳巴德（Turkmenabat，Türkmenabad）；马雷州（Mary），首府马雷（Mary）。

乌兹别克斯坦

面积：44.74万平方公里（17.27万平方英里）。

人口（1994年）：22,098,000，人口密度为49.4人/平方公里，为中亚五国之中人口最多的国家。

民族构成：乌兹别克族为79.5%，俄罗斯族为8.3%，塔吉克族为4.7%，哈萨克族为4.1%，鞑靼族为2.4%；还有一些其他少数民族包括一个自古以来就形成的犹太人社区（主要在布哈拉）。塔吉克族所占比例可能超过官方数字统计，因为在泽拉夫善河流域中城市以及乡村的很多居民是通双语的，而因出于实际需要而声称为乌兹别克族身份。

官方语言：乌兹别克语，阿尔泰语系突厥语族语言，是乌兹别克官方语言，使用西里尔字母。1994年议会通过了逐步转向罗马字母的计划；与此同时，俄语保留为半官方语言地位，与英语在印度、法语在北非的情况类似。

宗教：从历史方面来看，大多数乌兹别克人是属于伊斯兰教逊尼派中的哈乃菲学派。

首都：塔什干（Tashkent），根据1990年估计，拥有人口2,094,000。

货币：苏姆（som）。

地理位置：乌兹别克斯坦位于中亚或者西（或前俄属）突厥斯坦的中心。此外，从历史和文化方面来看，乌兹别克斯坦也处于中心位置：因为乌兹别克斯坦的中心，拥有撒马尔罕和布哈拉的泽拉夫善河流域是古代索格底亚那（Sogdia，粟特），在前伊斯兰和伊斯兰时期都是中亚文明的重心。今天乌兹别克斯坦的邻国分别是：北面与西面的哈萨克斯坦，南面的土库曼斯坦和阿富汗，东南面的塔吉克斯坦，东北面的吉尔吉斯斯坦。乌兹别克斯坦首都塔什干，偏离该国的中心，而位于乌兹别克斯坦东北部的突出地带，靠近哈萨克斯坦边界。

乌兹别克斯坦由12个州和1个自治共和国所组成。12个州从东向西依次为：

安集延州（Andijon，Andizhan），首府安集延（Andijon）；纳曼干州（Namangan），首府纳曼干（Namangan）；费尔干纳州（Farghona，Fergana），首府费尔干纳（Farghona）；塔什干州（Toshkent，Tashkent），首府塔什干（Toshkent，也是该国首都）；锡尔河州（Sirdaryo，Syrdarya），首府古里斯坦（Guliston，Gulistan）；吉扎克州（Zhizzakh，Dzhizak），首府吉扎克（Zhizzakh）；撒马尔罕州（Samarqand，Samarkand），首府撒马尔罕（Samarqand）；卡什卡达里亚州（Qashqadaryo，Kashkadarya），首府卡尔西（Qarshi，Karshi）；苏尔汗河州（Surkhondaryo，Surkhandarya），首府泰尔梅兹（Termiz，Termez）；纳沃伊州（Nawoiy，Navoi），首府纳沃伊（Nawoiy）；布哈拉州（Bukhoro，Bukhara），首府布哈拉（Bukhoro）；花刺子模州（Khorazm），首府乌尔根奇（Urganch）。

卡拉卡尔帕克斯坦

卡拉卡尔帕克斯坦自治共和国（Qoraqalpoghiston[Karakalpakistan] Avtonom Respublikasi，为乌兹别克斯坦共和国领土一部分）：为中亚唯一的"自治共和国"，面积 165,600 平方公里（相当于乌兹别克斯坦全部领土的 1/3）；人口 1,214,000（1989 年）；首府努库斯（Nukus：拥有居民 175,000）。

中国新疆
（新疆维吾尔自治区）[1]

面积：166.49 万平方公里（64.28 万平方英里）；是中国最大的省级行政区，同时在本书所讨论的内亚七个主要地区中按面积排名第二。

人口：15,156,883（1990 年普查）

民族构成：维吾尔族为 7,191,845，汉族为 5,200,000，哈萨克族为 900,000，回族为 570,000，蒙古族为 117,000，柯尔克孜族（吉尔吉斯族）为 113,000，此外还有人口较少的一些其他少数民族。

官方语言：汉语和维吾尔语（是一种属于突厥语族的突厥语，与乌兹别克语有紧密联系），在一些其他少数民族聚居地区，汉语和各自的语言为通用语言。

首府：乌鲁木齐，拥有人口 1,217,316，其中汉族为 934,851，维吾尔族为 161,643，回族为 83,001，哈萨克族为 15,462。

地理位置和行政区划：在中国境内，新疆分别与甘肃省、青海省、西藏自治区；并按顺时针与境外的印度、巴基斯坦、阿富汗（狭长的"阿富汗"瓦罕走廊将巴基斯坦和塔吉克斯坦隔开）、塔吉克斯坦、吉尔吉斯斯坦、哈萨克斯坦、俄罗斯西伯利亚地区（具体上是戈尔诺-阿尔泰斯克[Gorno-

---

[1] 准确信息以中国官方资料为准。——译者注

Altaisk] 自治州)、蒙古国分别接壤。

目前的政治行政结构框架起始于 1955 年 10 月 1 日，在那时，新疆成为中华人民共和国五个自治区之一（其他的分别是内蒙古、西藏、宁夏、广西）。

新疆的行政区划很复杂，反映出该地区的民族文化的多样性。这个以维吾尔族为名的自治区再分为 5 个地区：喀什、阿克苏、塔城、阿勒泰、和田。在新疆居住的其他主要少数民族也拥有自治州地位：伊犁哈萨克自治州（副省级自治州、辖塔城、阿勒泰地区），首府伊宁；昌吉回族自治州，首府昌吉；克孜勒苏柯尔克孜自治州，首府阿图什；博尔塔拉蒙古自治州，首府博乐；巴音郭楞蒙古自治州，首府库尔勒。四个地级市：乌鲁木齐市（带有一个同名的县）、吐鲁番市、哈密市和克拉玛依市。[1]

蒙古国

面积：156.65 万平方公里（60.48 万平方英里）

人口：根据 1994 年联合国人口基金会（UNFPA）估计为 2,400,000，人口密度为 1.5 人 / 平方公里。

民族构成：蒙古族占全国总人口的 90%，其他的是突厥民族（主要是哈萨克族 [不过最近大多数移居哈萨克斯坦] 以及一些图瓦人 [Tuvan]）。

官方语言：蒙古语（以东蒙古喀尔喀 [Khalkha] 语为基础），使用西里尔字母。

首都：乌兰巴托（Ulaanbaatar），1993 年拥有人口 619,000。

货币：图格里克（togrik）。1 图格里克 = 100 蒙戈（möngö）。

地理位置：在北面与俄罗斯联邦共和国（具体是与其戈尔诺-阿尔泰 [Gorno-Altai] 自治州、图瓦 [Tuvan] 自治共和国、布里亚特 [Buriat] 自治共和国和赤塔 [Chita] 州）接壤，在南面与中国（具体是与其新疆维吾尔

---

[1] 至 2017 年 7 月，新疆维吾尔自治区下辖四个地级市应为：乌鲁木齐市、克拉玛依市、吐鲁番市（2015 年 4 月 12 日撤地建市）、哈密市（2016 年 2 月 18 日撤地建市）。——译者注

自治区、甘肃省、内蒙古自治区）接壤。

蒙古国按行政区划，除了首都乌兰巴托为中央直辖外，可分为 21 个省（aymag），按字母顺序如下（省会在中括号中，除非与该省同名）：

后杭爱省（Arhangay，省会策策尔勒格［Tsetserleg］）；巴彦洪格尔省（Bayan Hongor）；巴彦乌列盖省（Bayan Ölgiy，省会乌列盖［Ölgiy］）；布尔干省（Bulgan）；达尔汗乌勒省（Darhan Uul，省会达尔汗［Darhan］）；东方省（Dornod，省会乔巴山［Choybalsan］）；东戈壁省（Dornogov，省会赛音山达［Saynshand］）；中戈壁省（Dundgov，省会曼德勒戈壁［Mandalgov］）；扎布汗省（Dzavhan，省会乌里雅苏台［Uliastay］）；戈壁阿尔泰省（Gov Altay，省会阿尔泰［Altay］）；戈壁苏木贝尔省（Gov Sümber，省会乔伊尔［Choyr］）；肯特省（Hentiy，省会温都尔汗［Öndorhaan］）；科布多省（Hovd）；库苏古尔省（Hövsgöl，省会木伦［Mörön］）；南戈壁省（Ömnögöv，省会达兰扎达嘎德［Dalandzadgad］）；鄂尔浑省（Orhon，省会鄂尔登特［Erdenet］）；前杭爱（Övörhangay，省会阿尔拜赫雷［Arvayheer］）；色楞格省（Selenge，省会苏赫巴托尔［Sühbaatar］）；苏赫巴托尔省（Sühbaatar，省会西乌尔特［Baruun urt］）；中央省（Töv，省会宗莫德［Dzuun mod］）；乌布苏省（Uvs，省会乌兰固木［Ulaangom］）。

参考书目

参考文献，百科全书，多卷调查，专门参考手册和期刊

Bregel, Yu. *Bibliography of Islamic Central Asia* (Bloomington, 1995). 3 vols.

Encyclopaedia Iranica. 1985—(in progress) An ambitious multivolume project founded by E. Yarshater; its scope resolutely includes Western and Eastern Turkestan as areas of Iranian habitation, languages or culture. Especially relevant segments for our subject are Bukhara, in vol. 4, pp. 511-545; Central Asia, in vol. 5, pp. 159–242; as well as entries Archeology V, VII, Architecture IV, and Art VI,VIII.

The Encyclopaedia of Islam. 1960—(in progress). New edition of a basic reference work whose 1st edition appeared between 1913 and 1938.

The Encyclopedia of Religion, edited by M. Eliade, (New York, 1987). Articles "Islam: an overview," by Fazlur Rahman; "Islam in Central Asia," by A. Bennigsen and Fanny E. Bryan; "Islam in China," by M. Rossabi; "Shiism," by W. Madelung and S. H. Nasr; "Sunnah," by Marilyn Waldman; "Tariqah," by A. H. Johns; "Buddhism" by F. E. Reynolds, Ch. Hallisey, R. E. Emmerick, W. Heissig, and H. Guenther; "Shamanism," by M. Eliade and Anna-Leena Siikala.

Philologiae Turcicae Fundamenta (Wiesbaden, 1959–1964). 2 vols; in German, French or English. An authoritative introduction to Turkic languages and literatures by an international consortium of scholars.

The Cambridge History of China. 1978—(in progress); but volume numbers do not correspond to the chronological sequence of publication. Especially relevant for our subject are vol.3, part I, Cambridge, 1979 and vol.II, part 1, Cambridge, 1978.

The Cambridge History of Early Inner Asia (CHEIA), edited by D. Sinor, 1990. An excellent one-volume reference work on the nomadic populations of Inner Asia; this limitation excludes, however, the area's sedentary civilizations.

The Cambridge History of Iran. Vols. 4-7 (1975-1991) cover the Islamic period from the Arab conquest to the present.

The Cambridge History of Islam. 1978. 4 volumes.

Barthold, W. (V. V. Bartold). *An Historical Geography of Iran* (Princeton, 1984); translation, with annotations by Yu. Bregel and C. E. Bosworth, of Barthold's *Istoricheskiy obzor Irana.*

Bosworth, C. E. T*he New Islamic Dynasties: A Chronological and Genealogical Manual* (Edinburgh and New York, 1996).

Herrmann, K. *Historical and Commercial Atlas of China* (Cambridge, Mass., 1935).

An Historical Atlas of Islam. published to accompany the *Encyclopaedia of Islam* (Leiden, 1981).

Lane-Poole, S. *The Mohammadan Dynasties* (London, 1894). A basic reference work, which V. V. Bartold translated into Russian with improved and expanded coverage for Central Asia: *Musulmanskie dinastii: Khronologicheskie i genealogicheskie tablitsy s istoricheskimi vvedeniyami* (St. Petersburg, 1899). Bartold's translation was also used by Turkish and Persian scholars for their translations and editions: Halil Edhem, *Duvel-i islamiye* (Istanbul, 1927; Turkish in Arabic script); and Sadiq Sajjadi, *Tarikh-i dawlatha-yi islami va khandanha-yi hukumatgar* (Tehran, 1375/ 1955-1956).

Le Strange, G. *The Lands of the Eastern Caliphate: Mesopotamia, Persia, and Central Asia from the Moslem conquest to the Time of Timur*. A classic of historical geography published at Cambridge in 1905 and reissued by AMS Press, New York, in 1976 (Central Asia: Khurasan, pp. 382-432; The Oxus, pp. 433-445; Khwarizm, pp. 446-459; Sughd, pp. 460-473; The Provinces of the Jaxartes, pp. 474-489).

Sauvaget, J. *Introduction à l'histoire de l'orient musulman*; 2nd edn. revised by Cl. Cahen (Paris, 1961); and its English translation: *Jean Sauvaget's Introduction to the History of the Muslim East* (Los Angeles, 1965).

The Times Concise Atlas of World History. 5th edn.(London, 1994).

Wüstenfeld,H. A. *Wüstenfeld-Mahler'sche Vergleichungstabellen zur Muslimischen und Iranischen Zeitrechnung*. 3rd edn.by J. Mayr and B. Spuler (Wiesbaden, 1961).

Index Islamicus (Cambridge, 1958-).

Cahiers du Monde Russe et Soviétique (Paris, 1969-1993); continued by *Cahiers du Monde Russe*, 1994-.

Central Asia Monitor (Fairhaven, Vermont, 1992-).

Central Asian Review (London, 1953-1968).

Central Asian Survey (Oxford, 1982-).

Central Asiatic Journal (Wiesbaden, 1955-).

Harvard Journal of Asiatic Studies (Cambridge, Mass., 1941-).

Journal of Asian History (Wiesbaden, 1966-).

Mongolian Studies (Bloomington, 1974-).

Papers on Far Eastern History (Canberra, 1970-).

Post-Soviet Geography (Silver Spring, MD, 1992-);continues *Soviet Geography*

Ural-Altaische Jahrbücher (Wiesbaden, 1928-).

Facts-on-File.

Keesing's Record of World Events.

Europa World Year Book (London, 1926-).

United Nations Organization. *Demographic Yearbook.*

主要调查或介绍

Akiner, Shirin. *Islamic Peoples of the Soviet Union.* 2nd edn.(London, 1986).

Barthold,W.(V. V. Bartold). *Turkestan Down to the Mongol Invasion.* 3rd edn. edited by C. E. Bosworth (London, 1968) (cited in our annotation as Barthold, Turkestan); a classic which covers the period from the arrival of Islam.The first edition of the original appeared as Turkestan v epokhu mongolskago nashestviya (St. Petersburg, 1900); it included in a separate volume a number of original sources in Arabic and Persian.The first English translation (published in 1928, and confusingly called "Second Edition") had been edited by the author himself assisted by H. A. R. Gibb; the second printing of this "Second Edition" appeared in 1957 with corrections and additions by V. Minorsky. In 1963, a new edition of the Russian original appeared as the first volume of a 10-volume edition of Barthold's works (V. V. Bartold, Sochineniya, Moscow, 1963-1967). It has recently appeared in Persian and Arabic translations, and many of Barthold's other works have also been published in English, German, French, Turkish, Persian, and Arabic translations.While *Turkestan Down to the Mongol Invasion* remains this scholar's unsurpassed *magnum opus*, its very erudition and depth make it somewhat daunting reading for the non-specialist, who may at first prefer to reach for Barthold's briefer studies mentioned below in the general bibliography.

Bennigsen, A. and S. Enders Wimbush. *Muslims of the Soviet Empire: A Guide* (Bloomington, 1986)

Golden, P. B. *An Introduction to the History of the Turkic Peoples* (Wiesbaden, 1992). A thoroughly documented work with emphasis on the linguistic dimension of the subject.

Grousset, R. *The Empire of the Steppes: A History of Central Asia* (New Brunswick, 1970).Translation of a classic whose French original was first published in 1939 as *L'Empire des steppes* .Its chronological span starts with antiquity and ends with the eighteenth century.

Hambis, L., ed. *L'Asie Centrale: histoire et civilisation* (Paris, 1977).

Hambly, G., ed. *Central Asia* (New York, 1969).A cooperative effort of nine scholars, with the editor responsible for ten of its nineteen chapters. It first appeared in German translation as Zentralasien (Frankfurt, 1966).

Krader, L. *Peoples of Central Asia*. 3rd edn., (Bloomington and The Hague, 1971).

Sinor,D. *Introduction à l'étude de l'Eurasie Centrale* (Wiesbaden, 1963).A thorough bibliographic introduction.

Inner Asia: History, Civilization, Languages: A Syllabus (Bloomington, 1969).An abridgement of the above.

其他文献

Adshead, S. A. M. *Central Asia in World History* (London, 1993).

Aini, Sadriddin. *See* Ayni.

Aitmatov, C. *The White Ship* (New York, 1972); a novel, also published in a different translation as *The White Steamship* (London, 1972).Translated from the Russian original *Belyi parokhod* (Moscow, 1968) (the Kyrgyz version, translated as *Ak keme* from the Russian original, appeared only later).The author, although writing mostly in Russian, became with this and other novels and short stories a famous champion of national values of the Kyrgyz and of other Central Asian Turks.

Akiner, Shirin, ed. *Mongolia Today* (London, 1991).

Algar, H. "A brief history of the Naqshbandi order," in *Naqshbandis:*

Cheminements et situation actuelle d'un ordre mystique musulman...Table Ronde de Sèvres, 1985 (Paris and Istanbul, 1990).

"The Naqshbandi order: a preliminary survey," *Studia Islamica* 54 (1976): 123-152.

Allsen, T. T. "Mahmud Yalavach, Mas'ud Beg, Ali Beg, Safaliq, Bujir," in *In the Service of the Khan: Eminent Personalities of the Early Mongol Yuan Period*, ed. I. de Rachewiltz (Wiesbaden, 1993), pp. 122-136.

"Mongol empire: an overview," *Encyclopedia of Asian History*, (New York and London, 1988), vol. 3, pp. 23-30.

Mongol Imperialism: The Policies of the Grand Qan Möngke in China, Russia, and the Islamic Lands, 1251-1259 (Berkeley, 1987).

"The rise of the Mongolian empire and Mongolian rule in North China," *Cambridge History of China*, vol. 6 (1994), pp. 321-413.

"Spiritual geography and political legitimacy in the eastern steppe," in *Ideology in the Formation of the Early States*, ed. H. J. M. Claessen.(Leiden, 1996), pp. 116-135.

"The Yüan dynasty and the Uighurs of Turfan in the 13th century," *in China Among Equals: the Middle Kingdom and its Neighbors, 10th-14th Centuries*, ed. M. Rossabi (Berkeley, 1983).

Allworth, E. A. , ed. *Central Asia: 130 Years of Russian Dominance*.(Durham and London, 1994).

T*he Modern Uzbeks* (Stanford, 1990).

Nationalities of the Soviet East: Publications and Writing Systems: A Bibliographical Directory and Transliteration Tables for Iranian and Turkic Language Publications, 1818-1945 (New York, 1971).

Uzbek Literary Politics.(London and The Hague, 1964).

Amanzholova, Dina Akhmetzhanovna. *Kazakhskiy avtonomizm i Rossiya: istoriya dvizheniya Alash* (Kazakh autonomism and Russia: a history of the Alash movement) (Moscow, 1994).

Asfendiyarov, Sandzhar Dzhafarovich (1889-1938). *Istoriya Kazakhstana* (History of Kazakhstan) (Alma-Ata, 1993). 2nd edn. (1st edn. published in 1935, but was subsequently suppressed, concurrently with the author's disappearance in the Gulag).

Aubin, Francoise. "Mongolie," and "Mongolie (République Populaire de)," *Encyclopaedia Universalis* (Paris, 1992), vol. 15, pp. 656-684.

Aubin, J. "Le khanat de Čagatai et le Khorasan (1334-1380)," *Turcica 8* (1970): 16-60.

"Réseau pastoral et réseau caravanier: les grand'routes du Khorassan à l'époque mongole," *Le monde iranien et l'Islam 1* (1971): 105-130.

Ayalon, D. "The Great Yasa of Chingiz Khan: a reexamination," *Studia Islamica*, nos. 32-33, 36, 38 (1971-1973).

Ayni, Sadriddin (1878-1954). Ëddoshtha (Memoirs) (Dushanbe, 1949-1954). 4 vols.; in Cyrillic script; two editions in the Arabic script have also been published: Stalinabad (Dushanbe) 1958-1959; and Tehran 1983 (as *Yaddashtha*; edited by Saidi Sirjani); the author also wrote an Uzbek version of his memoirs: *Esdaliklar*, which was published in Tashkent, while several Russian editions of its Russian translation appeared in Moscow as Vospominaniya; finally an English translation of vol. 1 by J. Perry and Rachel Lehr has appeared as *The Sands of Oxus: Boyhood Reminiscences of Sadridding* [sic] *Aini* (Costa Mesa, 1998).

Bacon, Elizabeth. *Central Asians under Russian Rule: A Study in Culture Change*. 2nd edn.(Ithaca, 1980).

Bartold, V. V. (W. Barthold). *Four Studies on the History of Central Asia*; translated from the Russian by Vladimir and Tatiana Minorsky (Leiden, 1956-1962). 3 vols.The four studies are: vol. 1, *A Short History of Turkestan; and History of Semireche*; vol. 2, *Ulugh Beg and his Time*; vol. 3, *Mir 'Ali Shir; and A History of the Turkman People*.

Histoire des Turcs d'Asie Centrale (Paris, 1948); French adaptation of Bartold's *Zwölf Vorlesungen über die Geschichte der Turken Mittelasiens*. Reprint

Hildesheim, 1962. (based on lectures delivered at the University of Istanbul in 1926).

"Opogrebenii Timura" ("The burial of Timur"), in *Zapiski Vostochnogo otdeleniya Imperatorskogo Russkogo Arkheologicheskogo Obshchestva* 23 (1916): 1-32, and reprinted in his Sochineniya, vol. 2, pt. 2, pp. 423-454. The article's interest has been enhanced with the translation/updating by J. M. Rogers in *Iran: Journal of the British Institute of Persian Studies*, 12 (1974): 65-87.

Baskakov, N. A. *Altayskaya semya yazykov i ee izuchenie* (The Altaic family of languages and its study) (Moscow, 1981).

Vvedenie v izuchenie tyurkskikh yazykov (Introduction to the study of Turkic languages) (Moscow, 1969).

Batmaev, M. M. *Kalmyki v XVII-XVIII vv.* (The Kalmyks in the 17th-18th centuries) (Elista, 1992).

Bazin, L. *Les systèmes chronologiques dans le monde Turk ancien* (Budapest and Paris, 1991).

Bečka, J. "Literature and men of letters in Tajikistan," *Journal of Turkish Studies* (Harvard University), 18 (1994): 263-299.

Sadriddin Ayni: Father of Modern Tajik Culture (Naples, 1980).

"Traditional schools in the works of Sadriddin Ayni and other writers of Central Asia," *Archiv Orientální* 39 (1971): 284-321; 40 (1972): 130-163.

Becker, S. *Russia's Protectorates in Central Asia: Bukhara and Khiva, 1865-1924* (Cambridge, Mass., 1968).

Belenitskiy, A. M. et al. *Srednevekovyi gorod Sredney Azii* (The medieval city of Central Asia) (Leningrad, 1973).

Bennigsen, A. and S. Enders Wimbush. *Muslim National Communism in the Soviet Union: A Revolutionary Strategy for the Colonial World* (Chicago and London, 1979).

Mystics and Commissars (Berkeley, 1987). Translation of their *Le soufi et le commissaire: les confréries musulmanes en USSR* (Paris, 1986).

Bennigsen, A. and Chantal Lemercier-Quelquejay. *La Presse et le mouvement national chez les musulmans de Russie avant 1920* (Paris and La Haye, 1964).

Benson, Linda. *The Ili Rebellion: The Moslem Challenge to Chinese Authority in Xinjiang, 1944-1949* (Armonk and London, 1990).

Blair, Sheila S. and J. M. Bloom. *The Art and Architecture of Islam, 1250–1800* (New Haven, 1994).(Pelican History of Art.)

Bodrogligeti, A. "Yasavi ideology in Muhammad Shaybani Khan's vision of an Uzbek Islamic empire," *Harvard Journal of Turkish Studies* 18 (1994): 41–56.

Bosworth, C. E. *The Ghaznavids* (Edinburgh, 1963).

The Later Ghaznavids (New York, 1977).

Boulger, D. Ch. *The Life of Yakoob Beg, Athalik Ghazi, and Badaulet, Ameer of Kashgar* (London, 1878).

Boulnois, Lucette. *The Silk Road* (London, 1966).Translation of her *Route de la Soie*.

Boyle, J. A. *The Mongol World Empire*, 1206-1370 (London, 1977).

"The seasonal residences of the Great Khan Ögedei," *Central Asiatic Journal* 16 (1972): 125-131.

Brandenburg, D. *Die Madrasa; Ursprung, Entwicklung, Ausbreitung und künstlerische Gestaltung der islamischen Moschee-Hochschule* (Graz, 1978).

Samarkand: Studien zur islamischen Baukunst in Uzbekistan (Zentralasien) (Berlin and Hessling, 1972).

Bregel, Yu. Excellent articles in the *Encyclopaedia Iranica:* see entries with his signature in the sections on "Bukhara" and "Central Asia".

"Khokand, Khanate of," *Encyclopedia of Asian History*, vol. 2, pp. 301-303.

Buell, P. D ."Sino-Khitan administration in Mongol Bukhara," *Journal of Asian History* 13/2 (1979): 121-151.

Burton, Audrey. *Bukharan Trade*, 1558-1718 (Bloomington, 1993).

Caroe, O. *Soviet Empire: The Turks of Central Asia and Stalinism* (London, 1953).

Carrère d'Encausse, Hélène. *The End of the Soviet Empire: The Triumph of the Nations* (New York, 1993).

Islam and the Russian Empire: Reform and Revolution in Central Asia (Berkeley, 1988); translation of her *Réforme et révolution chez les Musulmans de l'Empire Russe: Bukhara 1867-1924*, 2nd edn.(Paris, 1981).

Castagné, J. *Les Basmatchis: le mouvement national des indigènes d'Asie Centrale* (Paris, 1925).

Central Asia: Its Strategic Importance and Future Prospects. Ed. H. Malik (New York, 1994).

Chalidze, Francheska. "Aral Sea crisis: a legacy of Soviet rule," *Central Asia Monitor* 1 (1992): 30-36.

"Plateau Usturt," *Central Asia Monitor 3* (1992): 35-38.

Ch'en, Ch'ing-lung. *Çin ve bati kaynaklarina göre 1828 isyanlarindan Yakup Bey'e kadar Dogu Türkistan tarihi* (A history of Eastern Turkestan from the uprisings of 1828 to Yakub Beg according to Chinese and western sources) (Tai-Pei, 1967).

Clark, L. V. "Introduction to the Uygur civil documents of East Turkestan (13th-14th cc.)." PhD dissertation, Indiana University 1975.

Clubb, O. E. *China and Russia: The "Great Game"* (New York, 1971).

Courant, M. *L'Asie Centrale aux XVIIe et XVIIIe siècles; empire Kalmouk ou empire Mantchou?* (Paris and Lyon, 1912).

Critchlow, J. *Nationalism in Uzbekistan: A Soviet Republic's Road to Sovereignty* (Boulder, 1991).

Curtis, G. E. ed. *Kazakstan, Kyrgyzstan, Tajikistan, Turkmenistan and Uzbekistan: Country Studies* (Washington, D. C., 1997) (Area Handbook Series).

Dabbs, J. S. *History of the Discovery and Exploration of Chinese Turkestan* (The Hague, 1963).

Dale, S. F. *Indian Merchants and Eurasian Trade, 1600-1750* (Cambridge, 1994).

"Steppe humanism: the autobiographical writings of Zahir al-Din Muhammad Babur, 1483-1530," *International Journal of Middle East Studies* 22 (1990): 37-58.

Dawson, C., ed. *The Mongol Mission* (London and New York, 1955).

Deny, J. "Un soyurghal du timouride Chahruh enécriture ouigoure," *Journal Asiatique* (1957): 253-266.

DeWeese, D. *Islamization and Native Religion in the Golden Horde: Baba Tükles and Conversion to Islam in Historical and Epic Tradition* (University Park, Pennsylvania, 1994).

Dickson, M. B. "Uzbek dynastic theory in the sixteenth century," *Proceedings of the 15th International Congress of Orientalists* (Moscow, 1960), pp. 208-216.

Doerfer, G. *Türkische und mongolische Elemente im Neupersischen*, 4 vols. (Wiesbaden, 1963-1975).

Donnelly, A. S. "Peter the Great and Central Asia," *Canadian Slavonic Papers* 17(1975): 202-217.

Dreyer, June. *China's Forty Millions: Minority Nationalities and National Integration in the People's Republic of China* (Cambridge, Mass., 1976).

Dunnell, Ruth W. *The Great State of White and High: Budhism and State Formation in Eleventh-Century Xia* (Honolulu, 1996).

Eckmann, J. *Chagatay Manual* (Bloomington, 1966).

Egorov, V. L. *Istoricheskaya geografiya Zolotoy Ordy v XIII-XIV vv.* (Historical geography of the Golden Horde in the 13th-14th centuries) (Moscow, 1985).

Ettinghausen, R. and O. Grabar. *The Art and Architecture of Islam, 650-1250* (Harmondsworth and New York, 1987).(Pelican History of Art.)

Feldman, W. "Interpreting the poetry of Makhtumquli," in *Muslims in Central Asia: Expression of Identity and Change*, ed.Jo-Ann Gross (Durham and London, 1992), pp. 167-189.

Feschbach, M.and A. Friendly. *Ecocide in the USSR: Health and Nature Under Siege* (New York, 1992).

Fierman, W., ed. *Central Asia: The Failed Transformation* (Boulder, 1991).

Language Planning and National Development: The Uzbek Experience. (Berlin and New York, 1991).

Fletcher, J. "China and Central Asia, 1368-1884," in *The Chinese World Order*, ed. J. K. Fairbank (Cambridge, 1968), pp. 206-224.

"The heyday of the Ch'ing order in Mongolia, Sinkiang, and Tibet," *Cambridge History of China*, vol. 10, pt. 1 (1978): 351-395.

"The Mongols: ecological and social perspectives," *Harvard Journal of Asiatic Studies* 46: 1 (1986): 11-50.

Forbes, A. D. W. *Warlords and Muslims in Chinese Central Asia: A Political History of Sinkiang, 1911-1949* (Cambridge, 1986).

Forsyth, J. *A History of the Peoples of Siberia* (Cambridge, 1992).

Forsyth, T. D. *Report of a Mission to Yarkund in 1873* (Calcutta, 1875).

Frye, R. N. Bukhara: *The Medieval Achievement* (Norman, 1965).

The Heritage of Central Asia: from Antiquity to the Turkish Expansion (Princeton, 1996).

Fuchs, W. "Das Turfangebiet: seine äussere Geschichte bis in die T'angzeit," *Ostasiatische Zeitschrift*, n.s., 2 (1926): 124-166.

Gabain, Annemarie von. *Das Leben im uigurischen Königreich von Qočo (850-1250)*. 2 vols.(Wiesbaden, 1973).

"Steppe und Stadt im Leben der altesten Turken," *Der Islam* 29 (1949): 30-62.

Galuzo,G. *Turkistan-koloniya: ocherki istorii Turkestana ot zavoevaniya russkimi do revolyutsii 1917 goda* (The colony of Turkestan: an outline of the history of Turkestan from its conquest by the Russians to the 1917 revolution) (Moscow, 1929).

Geyer, Georgie Anne. *Waiting for Winter to End: An Extraordinary Journey through Soviet Central Asia* (Washington and London, 1994).

Gibb, H. A. R. *The Arab Conquests in Central Asia* (New York, 1923).

Giraud, R. *L'Empire des Turcs Célestes: les règnes d'Elterich, Qapghan et Bilgä* (680-734) (Paris, 1960).

Gleason, Gregory. *The Central Asian States: Discovering Independence* (Boulder, 1997).

Gohlman, W. E. *The Life of Ibn Sina* (Albany, 1974).

Golden, P. *Khazar Studies*. 2 vols.(Budapest, 1980).

"The migrations of the Oghuz," *Archivum Ottomanicum* 4 (1972): 45-84.

"Turkic languages," *Encyclopedia of Asian History*, vol. 4, pp. 152-155.

Goldstein, M. C. and Cynthia M. Beall. *The Changing World of Mongolia's Nomads* (Berkeley, 1994).

Golombek, Lisa. *The Timurid Shrine at Gazur Gah* (Toronto, 1969).

Golombek, Lisa and D. Wilber. *The Timurid Architecture of Iran and Turan*. 2 vols.(Princeton, 1988).

Gray, B., ed. *The Arts of the Book in Central Asia, 14th-16th Centuries* (London, 1979).

Grekov, B. D. and A. Yu. Yakubovskiy. *Zolotaya Orda i eë padenie* (Moscow, 1950). (The Golden Horde and its fall; the French translation, *La Horde d'Or: la domination tatare au XIIIe siècle de la mer Jaune a la mer Noire*, Paris 1939, is based on the first edition of the Russian original, *Zolotaya Orda*.)

Gross, Jo-Ann. "Khoja Ahrar: a study of the perceptions of religious power and prestige in the late Timurid period." PhD dissertation, New York University, 1982.

Gross, Jo-Ann, ed. *Muslims in Central Asia: Expressions of Identity and Change* (Durham and London, 1992).

Grousset, R. *Conqueror of the World* (New York, 1966). A biography of Genghis Khan translated from the French original, *Le conquérant du monde*, Paris 1944; the introduction to the translation, written by D. Sinor, includes a magnificent tribute to the great Frenchman.

Haarmann, U. "Staat und Religion in Transoxanien im frühen 16. Jahrhundert," *Zeitschrift der Deutschen Morgenländischen Gesellschaft* 124/2 (1974): 332-369.

Haghayeghi, M. *Islam and Politics in Central Asia* (New York, 1995).

Halkovic, S. A. *The Mongols of the West* (Bloomington, 1985).

Hamada, M. "Islamic saints and their mausoleums," Acta Asiatica 34 (1978): 79-98.

Hamilton, J. R. *Les Ouighours à l'époque des cinq dynasties d'apres les documents chinois* (Paris, 1955).

"Toquz Oguz et On Uygur," *Journal Asiatique* (1962): 23-63.

Hartmann, M. *Chinesisch-Turkestan: Geschichte, Versetzung, Geistesleben und Wirtschaft* (Halle, 1908).

Ein Heiligenstaat in Islam; das Endeder Čaghataiden und die Herrschaft der Choğas in Kasgarien (Berlin, 1905).

Hayit, B. *Basmatschi: nationaler Kampf Turkestans in den Jahren 1917 bis 1934* (Köln, 1992).

Sowjetrussische Orientpolitik am Beispiel Turkestans (Köln and Berlin, 1962).

Turkestan im XX. Jahrhundert (Darmstadt, 1956).

Turkestan zwischen Russland und China (Amsterdam, 1971).

"Zwei Gestalten in der modernen Literatur der Özbek-Türken Turkestans: Qadir und Čolpan," *Die Welt des Islams* 9 (1964): 225-236.

Hedin, S. *The Silk Road* (London, 1938).

Hillenbrand, R. *Islamic Architecture: Form, Function and Meaning* (New York, 1994).

Historical Monuments of Islam in the U.S.S.R. Tashkent, Moslem Religious Board of Central Asia and Kazakhstan, n.d.

Hobsbawm, E. *Nations and Nationalism since 1780*. 2nd edn.(Cambridge, 1992).

Holdsworth, Mary. *Turkestan in the Nineteenth Century* (London and Oxford, 1959).

Hookham, Hilda. *Timburlaine the Conqueror* (London, 1968).

Hopkirk, P. *The Great Game: The Struggle for Empire in Central Asia* (New York, 1994).

Howorth, H. H. *History of the Mongols, from the 9th to the 19th Centuries*. 4 vols. (London, 1876-1880).

Hsu, I. C. Y. *The Ili Crisis: A Study of Sino-Russian Diplomacy, 1871 to 1881* (Oxford, 1965).

Ignatev, N. P. *Mission of N. P. Ignatev to Khiva and Bukhara in 1858* (Newtonville, Mass., 1984). (Translation of *Missiya v Khivu i Bukharu v 1858 godu fligel'- adyutanta polkovnika N. Ignat'eva.*)

Istoriya Kazakhskoy SSR. Alma-Ata 1979. 5 vols. The "official" history of Kazakhstan written by a consortium of scholars under the auspices of the Kazakh Academy of Sciences and published in Russian. Despite the compilers' general compliance with the guidelines imposed by the political system, it is a valuable resource and will remain so until superseded by similarly ambitious projects produced in the new freer climate. It is the best from among parallel histories published in the other republics: *Istoriya Kirgizskoy SSR, Istoriya Tadzhikskoy SSR, Istoriya Turkmenskoy SSR, and Istoriya Uzbekskoy SSR*. Each also appeared in the language of the respective republic; these versions, however, came out in smaller editions, and have been all but unavailable outside of their homeland. It remains to be seen how their successors produced in the independent republics will be received by the scholarly community previously accustomed to easier access through Russian and through the centrally organized book trade in Moscow. At this time (1998), the first harbinger of this type, *Uzbekiston tarihi* (History of Uzbekistan; Tashkent 1994; 5 vols.), is still a rare occurrence in library collections.

Jackson, P. "Dissolution of the Mongol empire," *Central Asiatic Journal* 22 (1978): 186-244.

Jackson, P. and D. Morgan. *The Mission of Friar William of Rubruck* (London, 1990).

Jisl, L. "Wie sahen die alten Türken aus?" *Ural-Altaische Jahrbücher* 40 (1968): 181-199.

Julien, S. "Relation d'un voyage officiel dans le pays des Ougours (de 981à983) par Wang yen-te," *Journal Asiatique* 4 (1847): 50-66.

Karimov, I. *Building the Future: Uzbekistan-its Own Model for Transition to a Market Economy* (Tashkent, 1993).The author is President of Uzbekistan, and his book can serve as an example of publications likely to document the political and economic evolution in the newly independent republics; the fact that it was also published in English translation is significant, as is its version in Uzbek: *Uzbekiston: milliy istiqlol, iqtisod, siësat, mafkura; nutqlar, maqolalar, suhbatlar* (Tashkent, 1993).

Kazakhstan (Washington, D. C., International Monetary Fund, 1993) (*IMF Economic Reviews*; 1993: 5).An updated expansion of the 1992 edition, with the implicit intention to make this an annual publication.There are parallel publications on Kyrgyzstan, Tajikistan, Turkmenistan, and Uzbekistan.

Kazakhstan: The Transition to a Market Economy (Washington D. C., World Bank, 1993) (*A World Bank Country Study*).There are parellel publications, with slight variations in the subtitles, on Kyrgyzstan, Tajikistan, Turkmenistan, and Uzbekistan.

Khanykov, N. Bokhara: *Its Amir and its People* (London, 1845); translation of his *Opisanie bukharskogo khanstva* (St. Petersburg, 1843).

Khazanov, A. M. *After the USSR: Ethnicity, Nationalism, and Politics in the Commonwealth of Independent States* (Madison, 1995). A brilliant appraisal of the situation.

Nomads and the Outside Word. 2nd edn (Madison, 1994). (The Russian original appeared in Moscow in 1983; the first English translation was published by Cambridge University Press in 1984.)

"Underdevelopment and ethnic relations in Central Asia," in *Central Asia in Historical Perspective*, ed. Beatrice F. Manz (Boulder, 1994), pp. 144-163.

Khodarkovsky, M. *Where Two Worlds Met: The Russian State and the Kalmyk Nomads, 1600-1771* (Ithaca and London, 1992).

Kim, Ho-dong. "The Muslim rebellion and the Kashghar emirate in Chinese Central Asia, 1864-1877." PhD dissertation, Harvard University 1986.

Knobloch, E. *Beyond the Oxus: Archaeology, Art and Architecture of Central Asia* (London, 1972).

Kolstoe, P. *Russians in the Former Soviet Republics* (London, 1995). (Especially pp. 209-258, devoted to Central Asia.)

Kotov, K. F. *Mestnaya natsional'naya avtonomiya v Kitayskoy Narodnoy Respublike na primere Sin'tszyan-Uygurskoy Avtnomnoy Oblasti* (Local national autonomy in the People's Republic of China on the example of the Sinkiang Uighur Autonomous Region) (Moscow, 1959).See also its summary in *Central Asian Review* (London), 8 (1960): 441-457.

Kuropatkin, A. N. *Kashgaria:Historical-Geographical Sketch of the Country* (Calcutta, 1882). Translation of his *Kashgariya: istoriko-geograficheskiy ocherk* (St. Petersburg, 1879).

Kyrgyzstan: The Transition to a Market Economy (Washington, D. C., World Bank, 1993) (A World Bank Country Study).

Landau, J. M. *Pan-Turkism: From Irredentism to Cooperation.* 2nd edn. (London, 1995).

The Politics of Pan-Islam (London, 1994).

Lattimore, O. *Pivot of Asia: Sinkiang and the Inner Asian frontiers of China and Russia* (Boston, 1950).

Studies in Frontier History (Oxford 1962).

Lecoq, A. von. *Die buddhistische Spatantike in Mittelasien* 7 vols.(Berlin 1922-1933).

Lewis, B. *The Arabs in History*. New edn.(Oxford, 1993).

Lewis, R. A. *Geographic Perspectives on Soviet Central Asia* (London, 1992).

Lindner, R. P. "What was a nomadic tribe?" *Comparative Studies in Society and History* 24 (1982): 689-711.

Liu, Mau-tsai. *Die chinesischen Nachrichten zur Geschichte der Ost-Türken (T'u-küe)* (Wiesbaden, 1958).

Lubin, Nancy. *Labour and Nationality in Soviet Central Asia* (Princeton, 1984).

McChesney, R. D. "The Amirs of Muslim Central Asia in the XVIIth Century," *Journal of Economic and Social History of the Orient*, 26 (1983): 33-70.

"Economic and Social Aspects of Public Architecture of Bukhara in the 1560s and 1570s," *Islamic Art 2* (1987): 217-242.

Waqf in Central Asia: Four Hundred Years in the History of a Muslim Shrine (Princeton, 1991).

Central Asia: Foundations of Change (Princeton, 1996).

McNeill, W. H. *Plagues and Peoples* (New York, 1989).

Mackenzie, M. "Kaufman of Turkestan: an assessment of his administration (1867–1881)," *Slavic Review* 26 (1967): 265-285.

Mackerras, C. *The Uighur Empire According to the T'ang Dynastic Histories: A Study in Sino-Uighur Relations 744-840* (Canberra, 1972).

China's Minorities: Integration and Modernization in the 20th Century (Hongkong and New York, 1994).

Mair, Victor H. "Perso-Turkic bakhshi=Mandarin po-shih: learned doctor," *Journal of Turkish Studies* (Harvard University), 16 (1992): 117-127.

Maitra, K. M. *A Persian Embassy to China, Being an Extract from Zubdatul Tavarikh of Hafiz Abru* (New York, 1934).

Mano, E. "Moghulistan," *Acta Asiatica* (Tokyo), 34 (1978): 46-60.

Manz, Beatrice F., ed. *Central Asia in Historical Perspective* (Boulder 1994).

The Rise and Rule of Tamerlane (Cambridge, 1989).

Medlin,W.K. et al. *Education and Development in Central Asia: A Case Study on Social Change in Uzbekistan* (Leiden, 1971).

Menges, K. *The Turkic Languages and Peoples* (Wiesbaden, 1968).

Minorsky, V."Tamim ibn Bahr's journey to the Uyghurs," *Bulletin of the School of Oriental and African Studies (BSOAS)* 12 (1947): 275-305.

Morgan, D."The 'Great Yasa of Chingiz Khan' and Mongol law in the Ilkhanate," *BSOAS* 49/1 (1986): 163-176.

The Mongols (Oxford, 1986).

Moseley, G. *A Sino-Soviet Cultural Frontier: The Ili-Kazakh Autonomous Chou* (Cambridge, Mass., 1966).

Mukanov, M. S. *Kazakhskaya yurta: kniga-albom* (The Kazakh yurt: a picture book) (Alma-Ata, 1981).

Muradgea d'Ohsson, A. C. *Histoire des Mongols depuis Tchinguiz-Khan jusqu'à Timour Bey ou Tamerlan*. 4 vols. 2nd edn.(Amsterdam, 1852).

Nagel, T. *Timur der Eroberer und die islamische Welt des späten Mittelalters* (Munchen, 1993).

Nalivkin,V. P. *Histoire du Khanat de Kokand* (Paris, 1889); (Translation of his *Kratkaya istoriya Kokandskogo khanstva* [Kazan, 1886]).

The Nationalities Question in the Post-Soviet States.Ed. Graham Smith (London & New York, 1995) (especially pp. 315-409 devoted to Central Asia).

New States, New Politics: Building the Post-Soviet Nations.Ed. Ian Bremmer and Ray Taras (Cambridge, 1997) (especially pp. 547-680 devoted to Central Asia).

Nurmukhammedov, N. *Mavzoley Khodzhi Akhmeda Yasevi* (The Mausoleum of Khoja Ahmad Yasavi) (Alma-Ata, 1980).

O'Kane, B. *Timurid Architecture in Khurasan* (Costa Mesa, 1987).

Olcott, Martha B. *The Kazakhs* (Stanford, 1987).

Onon, U.and Pritchatt, D. *Asia's First Modern Revolution: Mongolia Proclaims its Independence in 1911* (Leiden, 1989).

Palen(Pahlen), K. K. *Mission to Turkestan.* Ed. R. Pierce(London, 1964). The original, *Im Auftrag des Zaren in Turkestan,* was published five years later (Stuttgart, 1969).T he author, a high Tsarist official of Baltic German descent, wrote this account after the 11 vols. of the official report had appeared in St. Petersburg: *Otchet po revizii Turkestanskogo kraya* (St. Petersburg, 1909-1911).

Park, A. G. *Bolshevism in Turkestan,* 1917-1927 (New York, 1957).

Pelliot, P. "Kao-tch'ang, Qoĉo, Houo-tcheou et Qara-khodja," *Journal Asiatique* (1912): 579-603.

Notes critiques d'histoire kalmouke 2 vols.(Paris, 1960).(Oeuvres posthumes de Paul Pelliot, 6.)

Notes sur l'histoire de la Horde d'Or (Paris, 1949).(Oeuvr es posthumes, 2.)

Recherches sur les chretiens d'Asie Centrale et d'Extrême-Orient (Paris, 1984).

Pierce,R. A. *Russian Central Asia, 1867-1917: A Study in Colonial Rule* (Berkeley, 1960).

Pipes,R. *The Formation of the Soviet Union: Communism and Nationalism* (Cambridge, Mass., 1964).

Pritsak, O. "Al-i Burhan,"*Der Islam* 30 (1952): 81- 96.

Pugachenkova, Galina A. and A. Khakimov. *The Art of Central Asia* (Leningrad, 1988).

Rachewiltz, I. de. *Papal Envoys to the Great Khans* (Stanford, 1971).

"Some remarks on the ideological foundations of Chinggis Khan's empire,"*Papers on Far Eastern History* 7 (1973): 21-36.

"Yeh-lu Ch'u-ts'ai (1189-1243): Buddhist idealist and Confucian statesman," in *Confucian Personalities*, ed. A. F. Wright and D. Twitchett (Stanford, 1962), pp. 189-216.

Rashid,A. *The Resurgence of Central Asia: Islam or Nationalism?* (Karachi, 1994).

Ratchnevsky, P. *Genghis Khan: His Life and Legacy* (Oxford, 1991).

Richard, J."La conversion de Bekre et les déubts de l'islamistaion de la Hodre d'Or," *Revue des Etudes Islamiques* 35 (1967): 173-184.

Roemer, H. R. "Die Nachfolger Timurs-Abriss der Geschichte Zentral-und Vorderasiens im 15. Jahrhundert,"in *Islamwissenschaftliche Abhandlungen*, ed. R. Grämlich (Wiesbaden, 1974), pp. 226-262.

"Neuere Veröffentlichungen zur Geschichte Timurs und seiner Nachfolger," *Central Asiatic Journal* 2 (1956): 219-232.

Rossabi, M. *China and Inner Asia from 1368 to the Present Day* (London, 1975).

"The 'decline' of the Central Asian caravan trade," in *The Rise of Merchant Empires: Long-Distance Trade in the Early Modern World, 1350-1750*, ed. James D. Tracy (Cambridge, 1990).

Khubilai Khan: His Life and Times (Berkeley, 1988).

Roux, J.-P. *La religion des Turcs et des Mongols* (Paris, 1985).

Rywkin, M. *Moscow's Lost Empire* (Armonk, NY, 1994).

Moscow's Muslim Challenge. 2nd edn.(New York, 1990).

Safargaliev, M. G. *Raspad Zolotoy Ordy* (Saransk, 1960).

Sanders, A. J. K. *Mongolia: Politics, Economics and Society* (London, 1987).

Saunders, J. J. *The History of the Mongol Conquests* (London, 1971).

Schuyler, E. T*urkistan: Notes of a Journey in Russian Turkistan, Khokand, Bukhara and Kuldja* 2 vols.(London, 1876).

Schwarz, H. G. "The Khwajas of Eastern Turkestan," *Central Asiatic Journal* 20 (1976): 266-296.

Semenov, A. A. "Kul'turnyi uroven' pervykh Sheybanidov" ("The cultural level of the first Shaybanids"). *Sovetskoe vostokovedenie* 3 (1956): 51-59.

Shaw, R. B. *The History of the Khojas of Eastern Turkestan, Summarized from the Tazkira-i-Kwajagan of Muhammad Sadiq Kashgari* (Calcutta, 1897).

Sinor, D. "Horse and pasture in Inner Asian history," *Oriens Extremus* 19 (1972): 171-184; reprinted in his *Inner Asia and its Contacts with Medieval*

Europe (London, 1977).

Skrine, C. P. *Chinese Central Asia* (Boston and New York, 1926).

Skrine, C. P. and Nightingale, Pamela. M*acartney at Kashgar: New Light on British, Chinese and Russian Activities in Sinkiang, 1870-1918* (London, 1973).

Spuler, B. "Central Asia from the sixteenth century to the Russian conquest,"Cambridge History of Islam, vol. 1 (1978): 468-494.

Die Goldene Horde. 2nd edn.(W iesbaden, 1965).

*History of the Mongols, Based on Eastern and Western Accounts of the 13th and 14th Centuries.*Selected and translated by B. Spuler (Berkeley, 1972).English translation of his *Geschichte der Mongolen, nach östlichen und europäischen Zeugnissen des 13. und 14. Jahrhunderts* (Zürich, 1968).

Stein, M.A. *Innermost Asia* 4 vols.(Oxford, 1928).The final volume is an atlas of 47 maps on separate sheets (1 ： 500,000), "Maps of Chinese Turkestan and Kansu, from surveys made during the explorations of Sir A. Stein, 1900-1915, published by the Survey of India, 1918-1922."

"Innermost Asia: its geography as a factor in history," *The Geographical Journal* 65 (1925): 377-403, 473-501.

On Ancient Central Asian Tracks: Brief Narrative of Three Expeditions in Innermost Asia and North-Western China (London, 1933).

Ruins of Desert Cathay: Personal Narrative of Explorations in Central Asia and Westernmost China. 2 vols.(London, 1912).

Serindia. 5 vols.(Oxford, 1921).

Subtelny, Eva M. "Art and politics in early 16th century Central Asia," *Central Asiatic Journal* 27 (1983): 121-149.

"Babur's rival relations: a study of kingship and conflict in 15th-16th century Central Asia," *Der Islam* 66 (1989): 102-148.

"The cult of holy places: religious practices among Soviet Muslims," *Middle East Journal* 43 (1989): 593-604.

"The symbiosis of Turk and Tajik," in *Central Asia in Historical Perspective*, ed. Beatrice F. Manz (Boulder, 1994), pp. 45-61.

"A Timurid educational and charitable foundation: the Ikhlasiyya complex of Ali Shir Nava'i in 15th century Herat," *Journal of the American Oriental Society* 111 (1991): 38-91.

"The vaqfiya of Mir 'Ali Sir Nava'i as apologia," *Journal of Turkish Studies* (Harvard University), 15 (1991): 257-286.

Thubron, C. *The Lost Heart of Asia* (London, 1994).

Togan,Z. V. *Bugünkü Türkili (Türkistan) ve yakin tarihi* (Recent history of presentday Turkili [Turkestan]) (Istanbul, 1942-1947).The awkward title obscures the brilliance and scope of this book.

Trimingham, J. S . *The Sufi Orders in Islam* (Oxford, 1971).

Tryjarski, E. "Origins of royal sovereignty and doctrinal legitimacy of the ruler according to Yusuf Khass Hajib of Balasagun," *Proceedings of the 34th Permanent International Altaistic Conference, Berlin 1991* (Wiesbaden, 1993), pp. 283-293.

Turkmenbashy, S. *Saparmurat Niyazov: Speeches.* 2 vols.(Alma Ata and New York, 1994).The author is President of Turkmenistan, and the purpose of the publication is similar to that of the President of Uzbekistan I.Karimov.

Uzbekistan: An Agenda for Economic Reform (Washington, D. C.,World Bank, 1993).

Vaidyanath, R. *The Formation of the Soviet Central Asian Republics: A Study in Soviet Nationalities Policy, 1917-1936* (New Delhi, 1967).

Valikhanov, Ch. *Sobranie Sochineniy*. 5 vols.(Alma-Ata, 1984-1985).

Vambéry, A. *Travels in Central Asia ... in 1863* (London, 1964).

Vasary, I."History and legend in Berke Khan's conversion to Islam," *Proceedings of the 30th Permanent International Altaistic Conference, Bloomington 1987* (Bloomington, 1990), pp. 23-52.

Vladimirtsov, B. *Le régime social des Mongols: le féodalisme nomade* (Paris, 1948). Translation of his *Obshchestvennyi stroy Mongolov* (Leningrad, 1934).

Wheeler, G. *The Modern History of Soviet Central Asia* (New York, 1964).

The Peoples of Soviet Central Asia: A Background Book (London, 1966).

Whiting, A. S. and Sheng Shih-ts'ai. *Sinkiang: Pawn or Pivot?* (East Lansing, 1958).

Witfogel, K. A. and Feng Chia-sheng. *History of Chinese Society: Liao, 907-1125* (Philadelphia, 1949) (*Transactions of the American Philosophical Society*, n.s. 36).

Woods, John E. *The Timurid Dynasty* (Bloomington, 1990) (Indiana University Papers on Inner Asia, no. 14).

Yule, H. *Cathay and the Way Thither*. Rev. edn. H. Cordier. 4 vols. (London, 1913-1914).

Zhou, Xiuan. "Cultural interaction between Uyghurs, Chinese and Sogdians in the 8th to 13th centuries." PhD dissertation, Columbia Universtiy, 1994.

Zlatkin, I. R. *Istoriya Dzhungarskogo khanstva, 1635-1758* (History of the Jungar khanate). 2nd edn.(Moscow, 1983).

史料文献目录及辅助资料择要

Abu l-Ghazi Bahadur Khan (1603-1663).[*Shajara-i Turk*; Turki] *Histoire des Mongols et des Tatares*; Turki text and French translation published by P. I. Desmaisons (St. Petersburg, 1871-1874).

Babur, Zahir al-Din Muhammad (1483–1530). Baburname [Turki] *Baburnamah: Chaghatay Turkish text with Abdul-Rahim Khankhanan's Persian translation*. Turkish transcription, Persian edition and English translation by W. M. Thackston (Harvard University, Department of Near Eastern Languages and Civilizations, 1993). 3 vols. This valuable new presentation does not entirely supersede the facsimile edition and translation published by Annette S. Beveridge (London, 1905-1922).

Bayhaqi, Abu l-Fazl Muhammad (995-1077). T*arikh-i Bayhaqi* [Persian].The best edition is by Ali Akbar Fayyaz as *Tarikh-i Mas'udi* (Meshed, 1350/1972); Russian translation by A. K. Ar ends as *Istoriya Masuda*, 2nd edn.(Moscow, 1969).

Bertels, E. E. *Iz arkhiva sheykhov Dzhuybari* (From the archive of the Juybar shaykhs) (Moscow and Leningrad, 1938).

Bretschneider, E. *Medieval Researches from Eastern Asiatic Source*s. 2 vols. (London, 1888).

Bukhari, Mir Abd al-Karim (fl. 1804-1830). *Histoire de l'Asie Centrale* ...[Persian] *publiée, traduite et annotée par Ch. Schefer* (Paris, 1876).

Bukharskiy vakf XIII v.: faksimile, izdanie teksta, perevod s arabskogo i persidskogo, vvedenie i kommentariy A. K. Arendsa, A. B. Khalilova, O. D. Chekhovich (The Bukharan waqf from the 13th century...) (Moscow, 1979) (*Pismennye pamyatniki Vostok*a, 52).

Carpini,John Plano(d. 1252).[*Historia Mongalorum*.Latin] History of the Mongols; a new edition of the Latin original accompanied by an Italian translation and notes: *Storia dei Mongoli*...Spoleto 1989. English translation on pp. 3-76 of Dawson, *The Mongol Mission*.

Ch'ang Ch'un (1148-1227).[Account of his journey; Chinese]; translations in Bretschneider, *Medieval researchers...*, vol. 1,pp. 35-108; A.Waley, *Travels of an Alchemist: the Journey of the Taoist, Ch'ang-Ch'un, from China to the Hindukush at the Summons of Chingiz Khan, Recorded by his Disciple Li Chih-Ch'ang* (London, 1931); and Jeannette Mirsky, *The Great Chinese Travelers* (Chicago, 1964), pp. 115-171.

Chavannes, E. *Documents sur les Tou-kiue (Turcs) occidentaux* [Chinese, in French translation] (St. Petersburg, 1903).

Chekhovich, Olga D. *Bukharskie dokumenty XIV veka* (Bukharan documents from the 14th century; Persian or Arabic with Russian translation and annotation) (Tashkent, 1965).

Samarkandskie dokumenty XV-XVI vv.(Samarkand documents from the

15th- 16th centuries; Persian or Arabic with Russian translation and annotation) (Moscow, 1974).

Churas, Shah Mahmud ibn Fazil(d. 1696).[*Tarikh*;Persian] *Khronika*...(Moscow, 1976). *Kriticheskiy tekst, perevod, kommentarii, issledovanie i ukazateli O. F. Akimushkina* (*Pismennye Pamyatniki Vostoka*, 45).Edition and translation by Akimushkin.

Clavijo, Ruy Gonzales de (d. 1412).[*Embajada a Tamorlan; Spanish] Embassy to Tamerlane*, 1403-1406; translated by G. Le Strange (London, 1928); edition and study by F. Lopez Estrada (Madrid, 1943).

Dawson, C., ed. *The Mongol Mission* (London and New York, 1955).

Donish, A. (1826-1897).[*Tarikh-i saltanat-i manghitiya*; Persian] *Traktat Akhmada Donisha "Istoriya mangitskoy dinastii."* Russian translation by I. A. Nadzhafova (Dushanbe, 1967).

Gardizi(11th century).[*Zayn al-akhbar*. Persian] *Tarikh-i Gardizi*. Ed. A. Habibi (Tehran, 1363/ 1984).

Partial translation by P. Martinez, "Gardizi's two chapters on the Turks," *Archivum Eurasiae Medii Aevi* 2 (1982): 109-217.

Hafiz-i Tanish Bukhari(16th century).[*Sharafnamah-i shahi*, also called *Abdallahnama*;Persian]. Edited and translated by M. A. Salakhetdinova 2 vols. (Moscow, 1983).

Hamilton, J. R. *Manuscrits ouigours du IXe-Xe siècle de Touen- Houang; textes établis traduits et commentés* 2 vols.(P aris, 1986).

Hamilton, J. R. and Shimin Geng."L'Inscription ouigoure de la stèle commemorative des iduq qut de Qotcho," *Turcica* 13 (1981): 10-54.

Haydar Dughlat (1499-1551). *Tarikh-i Rashidi.See Tarikh-i Rashidi*.

Hsüan-tsang (596-664).[*Si-yu-ki*; Chinese] *Buddhist records of the Western world*. Translated from the Chinese of Hiuen Tsiang (AD 629) by S.Beal. 2 vols. (London, 1884).Mirsky, *The Great Chinese Travelers*, pp. 29-114.

Hudud al-'Alam. "The Regions of the World." A Persian geography, 372

AH/ 982AD,translated by V. Minorsky (London, 1937).(GMS 11); see also Minorsky's "Addenda to the Hudud al-Alam," *BSOAS* 17 (1955): 250-270.

Ibn Arabshah (1392-1450). *Aja'ib al-maqdur fi akhbar Timur* [Arabic].Ed. A. Himsi (Beirut, 1986); English translation of this account of Timur's career by J. H. Sanders as *Tamerlane* (London, 1936).

Ibn Battuta(fl. 1304-1368).*[Rihla*; Arabic] Edited and translated by C. Defrémery and B. R. Sanguinetti as *Voyages d'Ibn Battuta*, 4 vols.(Paris, 1854); English translation by H. A. R. Gibb as *The Travels of Ibn Battuta*. 4 vols.(Cambridge, 1971-1995).

Ibn Fadlan (fl. 921-922).[*Rihla*; Arabic] Edited and translated into German by Z. V. Togan as *Ibn Fadlans Reisebericht* (Leipzig, 1939).

Ibn Hawqal (fl. 943-973). *Kitab surat al-ard* [Arabic]. 3rd edn.by J. H. Kramers (Leiden, 1938); translated into French by G. Wiet as *Configuration de la terre*. 2 vols.(Paris and Beirut, 1964).

Jenkinson, P. (fl. 16th century; d. 1611). Account of his journey in *Early Voyages and Travels to Russia and Persia* (London, 1886).

Juvayni, Ata-Malik (1226-1283). *Tarikh-i jahan-gusha* [Persian]. Ed. M. Qazvini. 3vols.(London and Leiden, 1912-1937).English translation by J. A. Boyle, *The History of the World Conqueror*. 2 vols.(Cambridge , Mass., 1958).

Juzjani, Minhaj Siraj (1193-1260). *Tabaqat-i Nasiri* [Persian]. 2nd edn., 2 vols. (Kabul, 1342-1343/ 1963-1964); English translation by H. G. Raverty, 2 vols. (London, 1881).(*Bibliotheca Indica* 78).

Kashghari, Mahmud (fl. 1072). *Divanu lugat-it-Türk* [Arabic/Turk].Edited and published by B. Atalay. 6 vols.(Ankara, 1939-1957).Translated by R. Dankoff and J. Kelly as *Compendium of the Turkic Dialects*, 3 vols.(Cambridge , Mass., 1982-1985), vol. 1., parts 1-3 (1982-1985).

Khadr, M. "Deux actes de waqf d'un Qarahanide d'Asie Centrale," *Journal Asiatique* (1967): 305-334.

Khunji, Fazl Allah ibn Ruzbihan (1455-1521). *Mihmannama-i Bukhara*

[Persian]. Ed. M. Sutudah(Tehran, 1976); ed. and translated into Russian by A. K. Arends (Moscow, 1976). German abridgement by Ursula Ott, *Transoxanien und Turkestan zu Beginn des 16. Jahrhunderts: das Mihman-nama-yi Buhara* (Freiburg, 1974).

Khvand Amir (1475-1536). *Habib-i siyar* [Persian].Edited by D.Siyaqi, 2nd edn. 4vols. (Tehran, 1353/ 1974). English translation by W. M. Thackston (Cambridge, Mass., 1994-[in progress]).

Kurat, A. N. *Topkapi Sarayi Müzesi Arsivindeki Altin Ordu, Kirim ve Türkistan hanlarina ait yarlik ve bitikler (Yarliks and bitiks* issued by the khans of the Golden Horde, the Crimea and Turkestan in the archive of the Topkapi Palace Museum) (Istanbul, 1940).

Markov, A. *Inventarnyi katalog musul'manskikh monet Imperatorskogo Ermitazha* (Inventory catalog of Muslim coins in the Imperial Hermitage) (St. Petersburg, 1896).

Mirza Muhammad Haydar Dughlat(1499-1551). *Tarikh-i Rashidi.* See Tarikh-i Rashidi.

Munis Khwarazmi (1778-1829). *Firdaws al-iqbal: history of Khorezm*, ed.Yu. Bregel [Turki] (Leiden, 1988).(Also noteworthy is the editor's introduction on pp. 1-60.)

Narshakhi(d. 959). *Tarikh-i Bukhara*[Persian]; editions Ch.Schefer (Paris, 1892),and M. Razavi (Tehran, 1351/ 1972); English translation by R.Frye as *The History of Bukhara* (Cambridge, Mass., 1954).

Nasawi, Muhammad b. Ahmad (d. 1260). *Sirat Jalal al-Din*. Arabic text edited and translated into French by O.Houdas 2 vols.(Paris, 1891-1895).

Nava'i, Mir Ali Shir (1441-1501). *Muhakamat al-lughatayn* [Turki] *Muhakamat allughatain*...Edited and translated by R. Devereux (Leiden, 1966).

Polo, Marco (1254-1323). *The book of Ser Marco Polo, the Venetian, concerning the kingdoms and marvels of the East* ...translated and edited by H. Yule. 2 vols. (London, 1871). See also H. Cordier, *Ser Marco Polo: notes and addenda to Sir*

Henry Yule's edition (London, 1920).

Rashid al-Din (1247-1318). *Jami'al-tavarikh* [Persian].After several partial editions and translations of this important source, a full critical edition prepared by Muhammad Rawshan has now been published (Tehran, 1995); from among the partial translations, one example: *The Successors of Genghis Khan*, translated by J. A. Boyle (New York and London, 1971).

Riza Quli Khan (1800-1871). *Relation de l'ambassade au Kharezm de Riza Qouly Khan* [Persian], traduite et annotée par Ch. Shcefer (Paris, 1979).

Rubruck,William (Willem van Ruysbroeck) (1210-1270). *The Journey of William of Rubruck* [Latin]; published by A. van den Wyngaert, Sinica Franciscana, vol. 1: *Itinera et relationes Fratrum Minorum saec. XIII et XIV*, (Quaracchi-Firenze, 1929); English translation ("by a Nun of Stanbrook Abbey") in Ch. Dawson, *The Mongol Mission*, pp. 87-220.

Sagang Sechen (b. 1604). *Erdeni-yin tobci*; [Mongolian] *Geschichte der Ostmongolen und ihres Fürstenhauses...übersetzt, mit dem Originaltexte ··· herausgegeben von I. J. Schmidt* (St.Petersburg and Leipzig, 1829; reprint The Hague 1961); English translation by J. R. Krueger, *A History of the Eastern Mongols to 1662* (Bloomington, 1964).

Salih, Muhammad (1455-1535). *Shaybani-name* [Turki]. Edition and German translation by H. Vambéry (Vienna, 1885).

Schiltberger, J.(b. 1380).[Reisebuch] *Als Sklave im Osmanischen Reich und bei den Tataren, 1394-1427*. Translated from Middle German by Ulrich Schlemmer (Stuttgart, 1983).

Schlegel, G. *Die chinesische Inschrift auf dem uigurischen Denkmal in Kara Balghasun* (Helsinki, 1896).(MSFOu 9).

The Secret History of the Mongols.[Mongolian: *Manghol un niuca tobca'an;* Chinese: *Yuan-ch'ao-pi-shi*] There are several editions and translations into German, Russian, French and English; the three English translations are by I. de Rachewiltz, in *Papers on Far Eastern History*, vols. 4-5, 10, 13, 16, 18, 21, 23,

26, 30, 31, and 33 (Canberra, 1971-1986); F. Cleaves, as *The Secret History of the Mongols* (Cambridge, Mass., 1982), and U. Onon, as *The History and the Life of Ginggis Khan* (Leiden, 1990).

Seyfi Chelebi. [Ottoman Turkish] *L'Ouvrage de Seyfi Çelebi, historien Ottoman du XVIe siècle*; edited, critique, translation and commentary by J. Matuz (Paris, 1968).

Tarikh-i Rashidi [Persian].By Mirza Muhammad Haydar Dughlat (1499-1551). English translation by N. Elias and E. Denison Ross as *Tarikh-i Rashidi: a History of the Moghuls of Central Asia* (London, 1898); ed.and trans.as Mirza Haydar Dughlat, *Tarikh-i-Rashidi: a History of the Khan of Moghulistan*, by W. M. Thackston, Harvard University Dept. of Near Eastern Languages and Civilizations, 1996, vol.1 (Persian text), vol.2 (English translation).

Tekin, T. *A Grammar of Orkhon Turkic* (Bloomington, 1968).Includes texts and translations of the Orkhon inscriptions, pp. 231-295.

Thackston, W. M. *A Century of Princes: Sources on Timurid History and Art*, selected and translated by W. M. T hackston (Cambridge, Mass., 1989).

Türkische Turfantexte.Texts with various degrees of analysis and translation published in 10 vols. by the Academy of Sciences, Berlin; vols. 1-5 were published and equipped with an index by W. Bang and Annemarie von Gabain (Berlin, 1929-1931).

Umari, Ibn Fadl Allah (1301-1349). *Masalik al-absar fi mamalik al-amsar* [Arabic]. Edited and translated by K. Lech as *Das Mongolische Weltreich: Al Umari's Darstellung der mongolischen Reiche in seinem Werk Masalik* (Wiesbaden, 1968).

Vali, Mahmud ibn Amir (17th century). *Bahr al-asrar fi manaqib al-akhyar* [Persian].Russian translation of the geographical part by B. A. Akhmedov, *More tayn otnositelno doblestey blagorodnykh* (Tashkent, 1977).

Yazdi, Sharaf al-Din Ali (d.1454). *Zafarname* [Persian].Ed.M.Abbasi. 2 vols. (Tehran, 1336/1957).French translation (somewhat abridged) by A. L. M. Pétis de la Croix (1698-1751), *Histoire de Timur-Bec.* 4 vols.(Paris, 1722); and an English translation of the French abridgment as *The History of Timur-Bec, known by the name of Tamerlaine the Great, Emperor of the Moguls and Tatars.* 2 vols.(London, 1722).

Yusuf Khass Hajib (11th century).Qutadghu Bilig [Turkic]. Edited by R. R. Arat (Ankara, 1979); English translation by R. Dankoff, *Wisdom of Royal Glory* (Chicago, 1983).

索 引*

Abbasids, second dynasty of caliphs 阿巴斯王朝，哈里发帝国第二个王朝 50，62—64

Abdalaziz, Toqay-Timurid khan 阿布都拉·阿齐兹，阿斯特拉罕王朝汗王 177

Abdallah II, Abulkhayrid-Shaybanid khan 阿卜杜拉二世，昔班尼汗王 150，154，155—158，177

Abd al-Latif, Abulkhayrid-Shaybanid khan 阿布都拉·拉提夫，昔班尼汗王 157

Abd al-Rashid, Chaghatayid khan 阿不都·拉失德，察合台汗王 165

Abilay, Kazakh khan of the Lesser Horde 阿布海尔，小帐的哈萨克汗王 196

Abu l-Ghazi Bahadur Khan, Yadigarid-Shaybanid khan 阿布哈齐汗，昔班尼汗王 183—186

Abulkhayr, Shaybanid khan 阿布海尔，昔班尼汗王 144—145，174

Abulkhayrid Shaybanids see Shaybanids 昔班尼王朝

Abu Muslim, organizer of the "Abbasid revolution" in Khurasan 阿布·穆斯林，呼罗珊"阿巴斯王朝革命"的组织者 63—65

Abu Said, Timurid ruler, Samarkand 卜撒因，帖木儿王朝统治者，撒马尔罕 136—137，141

Afaqiya see Aqtaghliq 白山派

"Afghan Finger" "阿富汗手指" 13

---

* 索引中的页码为英文原书页码，即本书边码。——译者注

Agzybirlik, Turkmen political party 团结党，土库曼斯坦政党 305

Ahrar, Khwaja Ubaydallah, Naqshbandishaykh 和卓奥拜都拉·艾合剌尔，纳格什班迪耶谢赫 140—141；Ahrari lodge in Samarkand 撒马尔罕的艾合剌尔修道院 156—158

Aitmatov, Chingiz, Kyrgyz writer 钦吉斯·艾特玛托夫，吉尔吉斯作家 45，239—240，244

Akaev, Askar, president of Kyrgyzstan 阿卡耶夫，吉尔吉斯斯坦总统 281，306

Akbar, Mughal emperor 阿克巴，莫卧儿帝国皇帝 152，155

Akmeshit or Aq Meshit, a town on the lower Syr Darya 阿克梅切特，锡尔河下游的一座城镇 27，190，198

Akmolinsk, Aqmola, a city in northern Kazakhstan, now the republic's capital as Astana 亚克摩林，阿克莫拉，哈萨克斯坦北部的一座城市，如今称为阿斯塔纳，是共和国的首都 285—286

Aksu, a town in southern Sinkiang on the Silk Road 阿克苏，丝绸之路上的新疆南部的一座城镇 165

Aktogay, a railroad junction in Kazakhstan 阿克托站，哈萨克斯坦的一处铁路枢纽 22

Ala al-Din Muhammad Khwarazmshah 阿老丁·摩诃末，花剌子模沙 100

Alai, a mountain range in Kyrgyzstan 阿赖山脉，吉尔吉斯斯坦的一座山脉 12

Alash Orda, a Kazakh political movement 阿拉什·斡耳朵，一次哈萨克政治运动 215

Alatoo or Ala Too, a mountain range in northern Kyrgyzstan and south-eastern Kazakhstan 阿拉套，吉尔吉斯斯坦北部和哈萨克斯坦东南部的一座山脉 15

Alexander the Great 亚历山大大帝 13

Alexandria Eschate, a city founded by Alexander, predecessor of Khujand 亚历山大里亚城，亚历山大大帝建立的一座城市，苦盏城的前身 14

Ali, the Prophet Muhammad's cousin, brother-in-law and first imam of Shia Islam 阿里，先知默罕默德的堂弟、女婿和什叶派穆斯林第一位伊玛目 11

Alim Khan, the last emir of Bukhara 阿利姆汗，布哈拉末代埃米尔 222

Alimjan, Hamid, Uzbek poet 哈米德·阿力木江，乌兹别克诗人 247

Almaty or Alma-Ata, former capital of Kazakhstan 阿拉木图，哈萨克斯坦原首都 22，23，27

Alp Arslan, Seljukid sultan, victor over the Byzantine emperor 阿勒卜·阿儿思兰，塞尔柱苏丹，与拜占庭皇帝交战的胜利者 95

Altai, a mountain range in southen Siberia and Mongolia 阿尔泰山，西伯利亚南部和蒙古的一个山区 2，18，22

Altan Khan, Genghisid khan in Mongolia 阿勒坦汗，蒙古的黄金家族系汗王 167—168

Altishahr 六城 16—17，165，204

Amir al-muminin 信徒们的统帅 180

Amu Darya, largest river in Central Asia 阿姆河，中亚最长的河 4—9，12，182；also known as Oxus and Jayhun 也被称为"乌浒水"和"质浑河"

Amursana 阿睦尔撒纳 172—173

Angara, river-outflow from Lake Baikal 安加拉，源自贝加尔湖的外流河 22

anthems, national 国歌 249—251

Aq süyek ("White bone"), Qara süyek ("Black bone"), terms for the upper and lower strata of pre-modern Kazakh society "白骨头"，"黑骨头"，古代哈萨克社会上层和下层的术语 196

Aqtaghliq ("White Mountain" or Afaqiya), Qarataghliq ("Black Mountain" or Ishaqiya), two dervish dynasties ruling southern Sinkiang 白山派，黑山派，统治南疆的两个托钵僧政权 160，173，329—330

Arab Muhammad I, Yadigarid-Shaybanid khan of Khiva 阿拉卜·穆罕默德一世，希瓦的雅迪噶尔·昔班尼系汗王 183

Aral Sea 咸海 viii，3，8，6—9，27，293

Ashgabat or Ashkhabad, capital of Turkmenistan 阿什哈巴德，土库曼斯坦首都 viii，10

Astana, capital of Kazakhstan 阿斯塔纳，哈萨克斯坦首都 285—286；previously known as Aqmola (Kazakh) or Akmolinsk (Russian) 之前名为阿克莫拉（哈

萨克语）或亚克摩林（俄语）

Auliye-Ata, a town in south-eastern Kazakhstan, now called Jambul 奥李-阿塔，哈萨克斯坦东南部的一座城镇，如今称为江布尔 24

Ayni, Sadriddin, Tajik writer and public figure 萨德里金·艾尼，塔吉克作家和公众人物 240—246，345

Ayuka, Torghut Kalmyk khan on the lower Volga 阿玉奇，伏尔加河下游的土尔扈特卡尔梅克人汗王 175

Baatur Khungtaiji 巴图尔珲台吉 170，173

Babur, Zahir al-Din, Timurid ruler of Fergana and founder of the Mughal empire 巴布尔，费尔干纳的帖木儿系统治者以及莫卧儿帝国的创建者 116，147，151—153

Baburname, autobiography of Babur《巴布尔回忆录》，巴布尔的自传 151—153，355

Badakhshan 巴达赫尚 12—13；see also Gorno-Badakhshan 另可参见戈尔诺-巴达赫尚

Baikal, a lake in southern Siberia 贝加尔湖，西伯利亚南部的一个湖泊 20

Baikonur, a site in Kazakhstan, base of Russia's space program 拜科努尔，哈萨克斯坦的一个地方，俄国航天项目基地 27，286

Bakharzi, Sayf al-Din, Kubravi shaykh and founder of the lodge at Fathabad 赛甫丁·巴赫儿兹，位于费特阿巴德的修道院的创建者 117—119

Baku Commissars, or 26 Baku Commissars, Bolsheviks martyred on Turkmen soil 巴库委员，或者26位巴库委员，殉职在土库曼土地上的布尔什维克人 312

Balasaghun, a site in northern Kyrgyzstan, one of the four Qarakhanid cities 巴拉沙衮，吉尔吉斯斯坦北部的一处遗址，四座喀喇汗王朝城市之一 24

Balkh, a city in northern Afghanistan, successor of ancient Bactra 巴里黑，阿富汗北部的一座城市，古代巴克特里亚的继承者 12，155

Balkhan, Greater and Lesser, mountains in western Turkmenistan 巴尔坎，大或小，土库曼斯坦西部的山脉 7

Balkhash, a lake in south-eastern Kazakhstan 巴尔喀什湖，哈萨克斯坦东南部的一个湖泊 22

Barak or Baraq Khan madrasa in Tashkent, one of the two functioning Islamic seminaries under Soviet rule 巴拉克汗神学院，苏联统治时期两所运行的伊斯兰神学院之一 230

Barchuq, Uighur ruler of Qocho 巴而术，高昌回鹘统治者 81，120—122

Barskaun or Barskoon, way-station on the Silk Road in northern Kyrgyzstan 拔塞干城，吉尔吉斯斯坦北部丝绸之路上的交通站点 25

Bashkiria, Bashkir Autonomous Republic, Bashqurtistan 巴什基尔，巴什基尔自治共和国，巴什科尔托斯坦 viii, xi, 28

Batu, a grandson of Genghis Khan, founder of the Golden Horde 拔都，成吉思汗之孙，金帐汗国的创建者 109

Batuids 拔都系 322—323；see also Golden Horde 另可参见金帐汗国

Bayqara, Husayn 忽辛·拜哈拉 162

Bekovich-Cherkasskiy, commander of an expedition sent by Peter the Great to Khiva 别科维奇·切尔卡斯基，被彼得大帝派往希瓦的一支远征军的指挥官 186，197

Berke, Batu's brother and successor 别儿哥，拔都的弟弟与继承者 117

Bih-Afarid, leader of a religious sect and uprising against the Arabs 比哈法儿，一个宗教派别以及反抗阿拉伯人起义的领导者 64

Bihzad, Timurid painter 比赫扎德，帖木儿帝国画家 135—136

Binkath, early name of the region around Tashkent 宾卡特，塔什干周边地区的早期名称 25

Bishbalik, northern capital of the Uighur kingdom of Qocho 别失八里，高昌回鹘王国的北都 17；Peiting in Chinese 汉文中称为"北庭"

Bishkek, capital of Kyrgyzstan 比什凯克，吉尔吉斯斯坦首都 24；called Frunze in the Soviet period 在苏联时期称为伏龙芝

Buddhism 佛教 23，39—40

Bükey's Horde 比凯伊帐 197

索 引　363

Bukhara 布哈拉 4；capital of the Samanids 萨曼王朝的都城 171；"Bukhara-i Sharif""高贵的布哈拉"178；Emirate of 酋长国 180；People's Republic of 人民共和国 221

Bukhari, author of the Sahih 布哈里,《圣训》的作者 71

Bulghar, a Turkic people and their realm on the middle Volga 不里阿耳汗，一个突厥群体及其在伏尔加中游的疆域 9

Buriat Autonomous Republic or Buriatia 布里亚特自治共和国或布里亚特 viii, xi，21

Burkan Kaldun, a sacred mountain in the Hentei range in Mongolia 不儿罕·合勒敦山，蒙古肯特区域内的一座圣山 19

Byzantium 拜占庭 46

Caspian Sea 里海 viii，2

Catherine the Great, empress of Russia 叶卡捷琳娜大帝，俄国女皇 196，200

Chaghatay, Genghis Khan's second son, founder of the line of the Chaghatayids 察合台，成吉思汗二子，察合台系王朝的创建者 112—113

Chaghatayids 察合台系 117—122，159—169，321—322

Changan, eastern terminus of the Silk Road, capital of Tang China 长安，丝绸之路东端，唐朝都城 2，52

Char Bakr, Juybari-Naqshbandi lodge at Sumitan near Bukhara 查尔·巴克尔，布哈拉附近的祝巴里-纳格什班迪耶教团修道院 158

Chernyaev, M. G., commander of Tsarist troops that stormed Tashkent 切尔尼亚亚夫，攻占塔什干的沙俄军队指挥官 198

Chevron Oil Company 雪佛龙石油公司 287

Ching or Manchu, last dynasty to rule China 清朝，中国最后一个王朝 20

Choibalsan, second president of Mongolia 乔巴山，蒙古第二任最高领导人 298

Chokay, Mustafa 穆斯塔法·肖克伊 210

Cholpan, Uzbek poet, martyred by the Bolsheviks 乔里番，乌兹别克诗人，殉难于布尔什维克 234

Christianity 基督教 23，49

Chu, river in northern Kyrgyzstan and southern Kazakhstan 楚河，吉尔吉斯斯坦北部和哈萨克斯坦南部的河流 24

CIS (Commonwealth of Independent States) 独立国家联合体 275

collectivization 集体化 236，300

constitution, Soviet 宪法，苏联 283

cotton 棉花 8，235，252

Dahbid or Dahpid, shrine of the Naqshbandi shaykh Khwaja Ahmad Kasani near Samarkand 达赫比德，撒马尔罕附近纳格什班迪耶教团长老麦哈迈德·卡桑尼的圣地 159

Dandanqan, site of Seljukid victory over the Ghaznavids 旦旦坎，塞尔柱战胜伽色尼王朝的地方 93

Dari, term for Farsi (Persian) in its formative stage 达里语，波斯语成型时期的术语 32，74

darugha, darughachi, Mongol term for governor or tax-collector 达鲁花赤，总督或征税官的蒙古名称 113

Dasht-i Kipchak 钦察大草原 2，28，161

Dayan Khan, Chenghisid khan in Mongolia 达延汗，蒙古的黄金家族汗王 167

Dimitriy Donskoy, prince of Moscow, victor over the Mongols 德米特里·顿斯科伊，莫斯科王公，打败蒙古人的胜利者 121

Diwan lughat al-Turk《突厥语大辞典》87—91

Dolon Nor, site of Mongol acceptance of Manchu suzerainty 多伦诺尔，蒙古归附清朝的地方 171

Donish, Ahmad, Bukharan scholar and civil servant 艾哈迈迪·多尼什，布哈拉学者和文官 241

Dukchi Ishon, leader of a native uprising against Tsarist rule 杜克奇依禅，当地反抗沙俄统治的起义首领 207

Dushanbe, capital of Tajikistan 杜尚别 12；called Stalinabad between 1936 and

1961 1936年至1961年间名为斯大林纳巴德

Elista, capital of Kalmykia 埃利斯塔，卡尔梅克首府 viii，xi
Erdeniz Zu, Buddhist monastery at Qaraqorum 额尔德尼昭，哈拉和林的佛寺 19，299
Esen Buqa II, Chaghatayid ruler of Moghulistan 也先不花二世，蒙兀儿斯坦的察合台系统治者 141

Farab, a site near the Syr Darya, birthplace of al-Farabi 法拉伯，锡尔河附近的一处遗址，阿尔法拉比的诞生地 25
Farabi, an Islamic philosopher and philologist 法拉比，一位伊斯兰哲学家和语文学家 25
Fathabad, a Kubraviya dervish near Bukhara 法特哈巴德，布哈拉附近的一处库不拉维教团 119
Fayzabad, administrative center of Afghan Badakhshan 法扎巴德，阿富汗巴达赫尚的行政中心 13
Fergana 费尔干纳 9—10
Firuzkuh, mountains in northern Afghanistan 菲鲁兹库赫，阿富汗北部的山脉 10
Fitrat, Abdarrauf, Bukharan and Uzbek author, scholar, and public figure 阿卜杜勒拉乌夫·菲特拉特，布哈拉人，乌兹别克作家、学者和政治家 206，222
Frunze (city), name of Bishkek under Soviet rule 伏龙芝（城市），苏联时期比什凯克的名称 24，233—234

Galdan, khan of Jungaria 噶尔丹，准噶尔汗王 170—171
Galdan Tsereng, khan of Jungaria 噶尔丹策零，准噶尔汗王 172
Gandan, Buddhist monastery in Ulaanbaatar 甘丹寺，乌兰巴托的佛寺 299
gas, natural 天然气 286—287，293
Genghis Khan 成吉思汗 7，19，104—105
Genghisids 黄金家族 320

ghazi, Muslims fighting the jihad (holy war) 加齐，穆斯林的"圣战" 25

Ghaznavids 哥疾宁王朝 96—98，318

Gijduvani, Abd al-Khaliq, a sufi shaykh 阿卜杜·赫力格·古杰达瓦尼，苏菲派长老 138

Girey, a Genghisid prince, with Janibeg laid the foundations of the Kazakh nationality 克烈，黄金家族系王公，与贾尼别克一起奠定了哈萨克民族性的基础 146

Gobi 戈壁 2，16，18，20

Gök-tepe, southern Turkmenistan, site of two memorable battles between the Turkmens and Tsarist troops 格奥克捷佩，土库曼斯坦南部，土库曼人与沙俄军队之间两场著名战役的遗址 312

Golden Horde 金帐汗国 28，322—323；see also Batuids; Dasht-i Kipchak 另可参见拔都系；钦察汗国

Gorbachev, Mikhail 米哈伊尔·戈尔巴乔夫 253，256—257，260，303—304

Great Seljuks see Seljukids 塞尔柱王朝

Gunt, a river in Badakhshan 贡特河，巴达赫尚境内的一条河流 13

Güyük, Genghis Khan's grandson and second successor 贵由，成吉思汗之孙，第二位继承者 109

Hafiz-i Tanish Bukhari, author of Abdallah II's biography Sharafname-i Shahi 哈菲兹·塔尼失·布哈里，阿卜杜拉二世则传记《沙的荣誉之书》的作者 178

Hami or Qomul, a city in southern Sinkiang on the Silk Road 哈密，丝绸之路上位于新疆南部的一座城市 2，16，52，165

Hamzaabad, Uzbek enclave in southern Kyrgyzstan, site of a Muslim and Bolshevik shrine 哈姆扎巴德，乌兹别克斯坦在吉尔吉斯斯坦南部的飞地，一处穆斯林和布尔什维克圣地遗址 247

Hangai, mountains in Mongolia 杭爱山，蒙古境内的山脉 1，18

Haydar Mirza, author of the Tarikh-i Rashidi 海达尔·米尔扎，《拉失德史》的作者 116，161

Hentei, mountains in Mongolia, 肯特山，蒙古境内的山脉 2，18

Herat, a city in north-western Afghanistan, second capital of the Timurid empire 赫拉特，阿富汗西北部的一座城市，帖木儿帝国的第二个都城 10

hijra, "hegira," the Prophet Muhammad's emigration from Mecca to Medina in 622, beginning of the Islamic era "希吉拉"，先知默罕默德从麦加前往麦地那，开启了伊斯兰时代 47

Hindukush, mountains in Afghanistan 兴都库什山，阿富汗境内的山脉 5，10

Hsi-hsia, Chinese name of the Tangut empire in Kansu 西夏，甘肃唐古特王国的汉文名称 104—105

Hsüan-tsang, a Buddhist pilgrim 玄奘，一位佛教朝圣者 49，80—81

Huehot or Hohhot, capital of Inner Mongolia 呼和浩特，中国内蒙古自治区首府 20

Ibn Battuta, Moroccan traveller, author of the Rihla ("Journey") 伊本·巴图塔，摩洛哥旅行家，《游记》一书的作者 119—120

Ibn Fadlan, member of a mission from the caliph to Bulghar, author of another Rihla 伊本·法德兰，受哈里发出使保加尔国的使团成员，另一部游记的作者 9

Ibn Hawqal, Arab traveller and geographer 伊本·豪卡尔，阿拉伯旅行家和地理学家 73—75

Ibn Sina (Avicenna) 伊本·西纳（阿维森纳）86—87

idiqut, title of the Uighur ruler of Qocho 亦都护，高昌回鹘统治者的头衔 81，120

Ili, river and valley 伊犁，河流与山谷 22，23

Ilkhanids 伊尔汗国 110，121，323

Inakids or Inaqids, a non-Genghisid dynasty, the last to rule Khiva 昆格拉特王朝，非黄金家族系的王朝，最后统治希瓦 187—188，328

Iran 伊朗 viii，6

Irdana Biy, ruler of Khoqand 伊尔达娜·比，浩罕统治者 189

Irkutsk 伊尔库茨克 21

Irtysh, a river in Siberia 额尔齐斯河，西伯利亚的一条河流 22

Isfijab see Sayram 白水胡城（塞兰）

Ishaqiya see Qarataghlilq 黑山派

Ishim, Kazakh khan 额什木，哈萨克汗王 173

Ismaili Shia 伊斯玛仪 13

Issyk Kul Lake 伊塞克湖 15，24

Itil 亦的勒 9，28

Ivan IV "the Terrible," tsar of Russia 伊凡四世，"伊凡雷帝"，俄国沙皇 162—163

Jadids, jadidism 扎吉德主义，维新主义 206

Jalal al-din Mangubirti 札阑丁 107

Jami, Abd al-Rahman, Timurid poet 阿布杜拉赫曼·贾米，帖木儿帝国诗人 135—136

Jand, early Islamic town on the lower Syr Darya 毡的，位于锡尔河下游的早期伊斯兰城镇 27

Janibeg, Genghisid prince, with Girey laid the foundations of the Kazakh nationality 贾尼别克，黄金家族王公，与克烈一起奠定了哈萨克民族性的基础 xxx

Janibeg, khan of the Golden Horde 金帐汗国汗王 116

Jasaly, a railroad station in south-western Kazakhstan, Leninsk in the Soviet period 朱萨雷，哈萨克斯坦西南部的一个铁路枢纽，苏联时期称为列宁斯克 27

Juchi, Genghis Khan's eldest son 术赤，成吉思汗的长子 107

Jungaria 准噶尔 18

Jungarian Gate 阿拉山口 22

Jungars 准噶尔人 169；see also Oirats, Kalmyks 另可参见卫拉特人、卡尔梅克人

Jurm, ancient city in Afghan Badakhshan 朱尔姆，阿富汗巴达赫尚的古代城市 13

Jurchen, a Tunguz people who conquered northern China from the Khitan and founded their dynasty of Chin 女真，从契丹人手里征服中原北部并建立金朝的一个通古斯群体 99

Jüz, Kazakh term for the Horde (tribal confederation) 玉兹，哈萨克对大帐（部

落联盟）的称呼 164

Kalmykia, Kalmyk Autonomous Republic 卡尔梅克自治共和国 viii，xi

Kalmyks 卡尔梅克人 145—147，169，175；see also Oirats, Jungars 另可参见卫拉特人、准噶尔人

Karaganda, city in Kazakstan, center of a coal mining region 卡拉干达，哈萨克斯坦城市，采煤区中心 232

Karakoram, mountains in northern Tibet 喀喇昆仑山，中国西藏北部的山脉 2

Karakum canal, irrigation canal in Turkmenistan 卡拉库姆运河，土库曼斯坦的灌溉渠 8，293—294

Karakum, a desert in Turkmenistan 卡拉库姆，土库曼斯坦的一处沙漠 2

Karatau, mountains in southern Kazakhstan 卡腊套山，哈萨克斯坦南部的山脉 14，23，25

Karimov, Islam, president of Uzbekistan 伊斯兰·卡里莫夫，乌兹别克斯坦总统 281，283，294，305—306

Kashgar 喀什噶尔 16—17，52，165

Kashgari, Mahmud, author of the Diwan lughat al-Turk 麻赫穆德·喀什噶里，《突厥语大辞典》的作者 87—91

Kashka Darya, a river in eastern Uzbekistan 卡什卡，乌兹别克斯坦东部的一条河流 4

Kat, one of the two capitals of ancient Khwarazm 卡特，古代花剌子模两大都城之一 6

Kaufman, Konstantin Petrovich von, Tsarist officer and second governor-general of Turkestan 康斯坦丁·彼得罗维奇·冯·考夫曼，沙俄官员，突厥斯坦第二任总督 203

Kerulen or Keluren, a river in eastern Mongolia 克鲁伦，蒙古东部的一条河流 19

Khazar qaghanate 可萨汗国 9，28

Khitan, Qitan, proto-Mongol people who conquered northern China and ruled with the dynastic name Liao 契丹，征服中原北部并统治辽朝的原蒙古群体

81—82

Khiva, a city in south-eastern Khwarazm, capital and name of the last two khanates in the region 希瓦，花剌子模东南部的一座城市，这一地区最后两个汗国的首都和名称 7, 181—186, 327—328

Khojaev, Fayzulla, a Bukharan and Uzbek public figure 和卓耶夫，一位布哈拉和乌兹别克的公众人物 218, 237

Khoqand, a city in western Fergana 浩罕，费尔干纳西部的一座城市 9; Khanate of 汗国 187-93; center of the Khoqand experiment 浩罕实验的中心 213—215

Khudayar Khan, the penultimate khan of the Khanate of Khoqand 胡达雅尔汗，浩罕汗国的倒数第二位汗王 193

Khujand, a city in north-western Tajikistan 苦盏，塔吉克斯坦西北部的一座城市 14; called Leninabad in the Soviet period 苏联时代称为列宁纳巴德

Khurasan, a historic region in southern Central Asia 呼罗珊，中亚南部的一个历史地域 6, 10, 14, 47

khwaja, a Persian title of respect that can mean a sufi shaykh 和卓，表达尊敬的一个波斯头衔，意思是苏菲派长老 37

Khwajas, dynasty of, see Aqtaghliq, Qarataghliq 和卓政权，参见白山派，黑山派

Khwarazm, a historic region in western Central Asia 花剌子模，中亚西部的一个历史区域 6—8, 47

Khwarazmshahs 花剌子模沙 58—59, 106—107, 319—320

Kiakhta, a town on the Russian side of the Mongolian border 恰克图，俄国靠近蒙古边境的一座城镇 21

Kipchak, name of a large group of Turkic tribes and languages in Kazakhstan and the Pontic steppes 钦察，在哈萨克斯坦和东欧草原生活的突厥部落与语言的一个大群体的名称 33

Kipchak steppe see Dasht-i Kipchak Kök Turks 钦察草原，参见克普恰克钦察突厥人 21, 46, 51—56, 64—65

Kolbin, Gennadiy, a Russian, replaced the Kazakh Kunaev as First Secretary of the Communist Party of Kazakhstan 根纳季·科尔宾，俄罗斯族人，取代哈萨克族的库纳耶夫担任哈萨克斯坦共产党第一书记 260—261

Kopet Dagh, mountains along the Turkmen–Iranian border 考匹特塔克山脉，土库曼斯坦与伊朗边界地带的山脉 10

Krasnovodsk, a port and railroad terminus on the Caspian coast of Turkmenistan 克拉斯诺夫斯克，土库曼斯坦里海沿岸的一个港口和铁路终点站 10; now officially called Turkmenbashy 如今的官方名称为土库曼巴希

Küchlüg, a Nayman chieftain and brief master of Central Asia, suppressed by the Mongols 屈出律，乃蛮部首领，中亚的主要统治者，被蒙古人镇压 100

Kuchum Khan, the last ruler of the Khanate of Sibir 库楚姆汗，西伯利亚汗国的最后统治者 163

Kül-tegin, a Kök-Türk prince, mentioned in the Orkhon inscriptions 阙特勤，一位东突厥王子，在鄂尔浑碑铭中被提及 54

Kulja, a city in northern Sinkiang 伊犁，新疆北部的一座城市 263

Kunaev, Dinmukhamed, a Kazakh, First Secretary of the Communist Party of Kazakhstan, replaced by Kolbin, an ethnic Russian 丁穆汗木德·库纳耶夫，哈萨克人，哈萨克斯坦共产党首任书记，被俄罗斯族人科尔宾取代 255—256

Kungrad or Kungrat, Turco-Mongol tribes speaking Kipchak Turkic 朵豁剌惕，说钦察突厥语的突厥—蒙古部落 186—187，328

küregen, gurgan, "son-in-law," a title used by Timur 古列干，"驸马"，帖木儿用的头衔 125

Kushan Empire 贵霜帝国 11

Kushk, a river in northern Afghanistan and southern Turkmenistan 库什克，阿富汗北部和土库曼斯坦南部的一条河 10

Kushka, a town and railroad terminus on the Turkmen side of the border 库什卡城，土库曼斯坦边境沿线的一个城镇和铁路终点站 10—11

Kyrgyz 吉尔吉斯 21，81—82，159—160

Kyzyl kum or Kyzylkum , a desert in Uzbekistan 克孜勒库姆，乌兹别克斯坦的

一处沙漠 2

Kyzyl Orda 克孜勒奥尔达 25，27；previously called Akmeshit and Perovsk Kyzylsu, a river in Kyrgyzstan 之前称为阿克梅切特和佩罗夫斯克 - 克孜勒苏，吉尔吉斯斯坦的一条河流 12，16

Lecoq, Albert von, German archaeologist in Turfan 阿尔伯特·冯·勒柯克，在吐鲁番考察的德国考古学家 268
Lenin, Vladimir Ilich 弗拉基米尔·伊里奇·列宁 211，219，250—253
literacy 文学 230
Loyang, one of the two capitals of Tang China 洛阳，唐朝的两都之一 52

Macartney, George, British consul in Kashgar 马继业，英国驻喀什噶尔总领事 269
Madali Khan, khan of Khoqand 玛达里汗，浩罕汗王 191—192
Mahmud of Ghazna 伽色尼的马哈茂德 97—98
Malik Shah I, Seljukid sultan 马立克沙一世，塞尔柱苏丹 95—96
Mamay, the usurper khan of the Golden Horde defeated by Dimitriy Donskoy 马迈，金帐汗国的篡位汗王，被德米特里·顿斯科伊击败 121
Manchu or Ching, the last dynasty to rule China 清朝，统治中国的最后一个王朝 263—264
Manghits, a non-Genghisid dynasty of emirs, the last to rule the Emirate of Bukhara 明格王朝，其埃米尔并非黄金家族世系，最后统治布哈拉酋长国 180—181，326
Manichaeism 摩尼教 49
Mansur Khan, a Chaghatayid khan in Sinkiang 满速儿汗，新疆的一位察合台汗王 121，165
Mawarannahr see Transoxania 河中地区
mazar, shrine and site of pious visits 玛扎尔，虔诚敬拜的圣地 38，248
Mazar-i Sharif, a city and shrine in northern Afghanistan 马扎里沙里夫，阿富汗北部的一座城市和圣地 11，247

Mecca 麦加 47，52

Medina 麦地那 47，52

Merv, metropolis of historical Khurasan, now an archaeological site in Turkmenistan 谋夫，历史上呼罗珊的大都市，如今是土库曼斯坦的一处考古遗址 10—11，199

Ming dynasty of Khoqand 浩罕的明格王朝 189，326—327

Mir Arab madrasa, Bukhara, one of the two functioning Islamic seminaries under Soviet rule 米尔依·阿拉布神学院，苏联统治时期两所运行的伊斯兰神学院之一 230

Moghulistan 蒙兀儿斯坦 23，24，120—121

Möngke, a grandson of Genghis Khan, his third successor 蒙哥，成吉思汗的孙子，他的第三位继承者 110—111

Mongolia 蒙古国 viii—xi，297—302，339—340

Mongols 蒙古 xi，31

Buddhist 佛教 167—169

conquering 征服 103—111

western: see Oirats, Kalmyks, Jungars 西部：参见卫拉特人，卡尔梅克人，准噶尔人

Mughals, name of the Timurid dynasty in India founded by Babur 莫卧儿，巴布尔在印度建立的帖木儿系王朝的名称 155

Muhammad, the Prophet 先知默罕默德 47

Muqanna, self-styled prophet of a sect fighting the Arabs in Transoxania 穆盖奈尔，在河中地区反抗阿拉伯人的一个自称教派的先知 65

Murghab, a river in Turkmenistan feeding the oasis of Merv 木尔加布，土库曼斯坦的一条河流，哺育了谋夫的绿洲 10

Nadira, Madali Khan's wife and a poetess 娜蒂拉，奥马尔汗的妻子，一位女诗人 191

Nadir Shah 纳迪尔沙赫 179

Najaf, a town in Iraq and burial place of Ali 纳贾夫，伊拉克的一座城镇，阿里的葬地 11

Nanlu, "Southern Route," name applied in the Manchu period to southern Sinkiang 南路，清代指称新疆南部的名称 16—17；see also Peilu 另可参见北路

Naqshband, Baha al-Din, founder of the Naqshbandiya order of dervishes 巴哈丁·纳格什班迪耶，纳格什班迪耶教团创建者 137—139

Naqshbandiya order of dervishes, 纳格什班迪耶教团 37—38，137—139，156—159

Navai, Mir Ali Shir, a Chaghatay poet and public figure in Timurid Herat 阿里希尔·纳瓦依，帖木儿帝国赫拉特的一位察合台诗人和公众人物 133—135

Nazarbaev, Nursultan, president of Kazakhstan 261，努尔苏丹·纳扎尔巴耶夫，哈萨克斯坦总统 281

Nebit Dag, a town in western Turkmenistan in a natural gas-rich region 聂比达格，土库曼斯坦西部天然气储量丰富区的一座城镇 7

Nishapur, a historic city in Persian Khurasan 尼沙布尔，波斯呼罗珊的一座历史城市 10

Niyaz, Khoja, an Uighur nationalist leader in Kashgar 和加尼亚孜，喀什噶尔的一位维吾尔民族主义者 271

Niyazi, Hamza Hakimzade, an Uzbek Bolshevik teacher and propagandist 哈姆扎·哈吉姆扎特·尼亚齐，乌兹别克布尔什维克和宣传家 247

Niyazov, Saparmurat, president of Turkmenistan, now also offically called Turkmenbashy ("Chief of the Turkmens") 萨帕尔穆拉德·尼亚佐夫，土库曼斯坦总统，如今也被官方成为"土库曼巴什"（全体土库曼人的领袖）281—282

Novorossiysk, a port on the Black Sea and terminus of an oil pipeline from Kazakhstan 新罗西斯克，黑海旁的一个港口，一条来自哈萨克斯坦的石油管道的终点 288

nuclear testing 核试验 236

Numijkat (original name of Bukhara) 努米凯特（布哈拉的原名）5

Ögedey, third son and first successor of Genghis Khan 窝阔台，成吉思汗三子和首位继承者 19，107

Oghuz, one of the main groups of Turkic tribes and languages 乌古斯，突厥部落与语言的主要群体之一 27，93—95

oil 石油 287—288

Oirats or Western Mongols 卫拉特人或西蒙古人 21，169；see also Kalmyks, Jungars 另可参见卡尔梅克人、准噶尔人

Omsk, a city in western Siberia, seat of the governor of the Governorate-General Steppe 鄂木斯克，西伯利亚西部的一座城市，草原总督区总督所在地 201

Onon, a river in eastern Mongolia 斡难河，蒙古东部的一条河 19

Ordos, Mongol tribes in Inner Mongolia 鄂尔多斯，内蒙古的蒙古部落 20

Orenburg, a city in southern Russia and gateway to Kazakhstan 奥伦堡，俄罗斯南部的一座城市，通往哈萨克斯坦的门户 27

Orkhon, a river and valley in Mongolia, center of three steppe empires (Kök Turkic, Uighur, Mongol) 鄂尔浑，蒙古的一条河和山谷，三个草原帝国（突厥、回鹘、蒙古）的中心 19

Orkhon inscriptions 鄂尔浑碑铭 53—55

Osh, a town in western Kyrgyzstan marked by a large Uzbek minority 奥什，吉尔吉斯斯坦西部的一座城镇，生活有大量乌兹别克少数民族 292

Otrar, an intersection on the Syr Darya 讹答剌，锡尔河上的一处交汇点 25，26，106，125

Ottoman Empire 奥斯曼帝国 162—163，257

Pamirs, a mountain knot in eastern Tajikistan 帕米尔，塔吉克斯坦东部的一处山结 2

Panj, name of the upper course of the Amu Darya 喷赤，阿姆河上游的名称 12—13

Panjikent, an archaeological site in northwestern Tajikistan 片治肯特，塔吉克斯坦西北部的一处考古遗址 4，5

paper, manufacture of 造纸 69

Parsa, Muhammad, a Naqshbandi shaykh 穆罕默德·帕沙，一位纳格什班迪耶长老 138，140

Peilu, "Northern Route," name applied in the Manchu period to northern Sinkiang 北路，清代指称新疆北部的名字 17；see also Nanlu 另可参见南路

Pelliot, Paul, a French archaeologist 伯希和，法国考古学家 268

Peter the Great, Tsar of Russia 彼得大帝，俄国沙皇 175，186，196

Pulat or Pulad Khan, a Kazakh khan defeated by the Kalmyks 波拉特汗，被卡尔梅克人击败的哈萨克汗王 174

Pulatov, Abdurahim, a contemporary Uzbek activist 阿卜杜拉希姆·普拉托夫，当代乌兹别克活动家 304

Pushkin, Alexander, Russian poet 亚历山大·普希金，俄国诗人 234

Pushto, Pashto 普什图 32

Qadiriya order of dervishes, the only nonautochthonous order in Central Asia 戛迪林耶教团，中亚唯一的外来教团 37—38

Qarabalghasun or Ordubaliq, capital of the Uighur qaghanate in Mongolia 哈拉巴喇哈逊，蒙古高原的回鹘汗国都城 19

Qarakhanids, the first Turkic dynasty to adopt Islam 喀喇汗王朝，第一个接受伊斯兰教的突厥王朝 23，83—85，316—318

Qarakhitay 喀喇契丹 81—82，99—100，320

Qaraqorum, capital of the Mongol empire, built by Ögedey 哈拉和林，蒙古帝国都城，由窝阔台所建 19

Qarataghliq Khwajas ("Black Mountain" or Ishaqiya), a dervish dynasty in Sinkiang 黑山派，新疆的一个托钵僧政权 173，330

Qasim Khan, a Kazakh khan 哈斯木汗，哈萨克汗王 164

Qasr-i Arifan, birthplace and shrine of Baha al-Din Naqshbnad 盖斯尔伊·艾瑞凡，巴哈丁·纳格什班迪耶的出生地与圣地 137，178，248—249

Qaydu, an Ögedeyid Genghisid 海都，一位黄金家族窝阔台系成员 111—112，159

Qocho, southern capital of the Buddhist Uighur kingdom of Qocho 高昌，信仰佛教的高昌回鹘王国南部都城 17

Qodirov, Pirimqul, an Uzbek writer, his historical noval Yulduzli tunla censured for glorifying Babur 皮瑞姆库尔·库迪若夫，一位乌兹比克作家，他的历史小说《繁星之夜》谴责了对巴布尔的美化 240，252

Qungrats see Inaqids quriltay, assembly of Mongol or Turkic tribal leaders 忽里勒台，蒙古或突厥部落首领的集会 23

Qutadghu Bilig《福乐智慧》92

Qutayba ibn Muslim, launched the Arab conquest of Transoxania 屈底波·伊本·穆斯林，确立了阿拉伯对河中地区的征服 57—61

Qutham ibn Abbas, the semi-legendary Arab warrior for Islam known as Shah-i Zinda 枯沙姆木·伊本·阿巴斯，伊斯兰世界的半神话阿拉伯武士，被称为夏伊辛达 246

Qutlugh Nigar Khanim, mother of Babur 骨咄禄·尼嘉·哈尼木，巴布尔母亲 147

Rakhmonov, Imomali, president of Tajikistan 埃莫马利·拉赫莫诺夫，塔吉克斯坦总统 281

Rashid al-Din, Ilkhanid minister and historian 拉施特，伊尔汗国宰相 185

Rashidov, Sharaf, leader of Soviet Uzbekistan 谢拉夫·拉希德夫，乌兹别克斯坦加盟共和国的领导人 254—255；rashidovshchina 拉希德夫作法 257

Reagan, Ronald, president of the United States 罗纳德·里根，美国总统 257

Red Army 红军 221

Revolution 革命

  Abbasid 阿巴斯 62

  Bolshevik 布尔什维克 210

  "February 1917" "1917 年 2 月" 209

  "First" (in Kashgar) "首次"（在喀什噶尔）271；"Second" (in Kulja) "第二次"（在伊宁）272

ribat, a fortified dervish lodge, often at the limes of the Dar al-Islam 修道院，一

种被加固的苦行僧小屋，通常位于伊斯兰地区的边界上 25，75

Russia, Tsarist 沙皇俄国

    rise of 崛起 162；conquers Siberia 征服西伯利亚 174；conquers Central Asia, 征服中亚 195—199；organizes and exploits it as a colony 作为一块殖民地加以组织与开发 201—205

Russification 俄罗斯化 236

    Ryskulov, Turar, Kazakhk-Kyrgyz patriot and political leader 图拉尔·雷斯库洛夫，哈萨克—吉尔吉斯爱国者和政治领袖 218，220，255

Safed Kuh, mountains in northern Afghanistan 萨菲德，阿富汗北部的山脉 10

Saifuddin, Uighur nationalist, leader of the Second Revolution 赛福鼎，维吾尔民族主义者，第二次革命领导人 272

Samanid mausoleum 萨曼王陵 75

Samanids 萨曼王朝 71—73，316

Sanjar, Seljukid sultan 桑贾尔，塞尔柱苏丹 96，98—99

Saray, capital of the Golden Horde on the lower Volga 萨莱，位于伏尔加河下游的金帐汗国的都城 28

Sarts 萨尔特人 32—33，187

Sasanians, last pre-Islamic dynasty of Iran 萨珊王朝，伊朗的最后一个前伊斯兰王朝 32，46

Sayan, mountains in southern Siberia 萨彦岭，西伯利亚南部的山脉 21

Sayram, birthplace of Khwaja Ahmad Yasavi 塞兰，阿赫马德·亚萨维出生地 25—26

Scythians 斯基泰人 28

Secret History of the Mongols《蒙古秘史》359

Semireche 七河地区 22，23—24

settlers, Slavic, in Kazakhstan and Kyrgyzstan 定居者，斯拉夫人，在哈萨克斯坦和吉尔吉斯斯坦 236

Shahidi, Burhan 包尔汉 272

Shahimardan 沙赫马尔丹 247

Shah-i Zinda 夏伊辛达 246—247

shaman, shamanism 萨满 40—41

sharia 伊斯兰教法 113

Shaybani, Muhammad 穆罕默德·昔班尼 141，143，149—154

Shaybanids 昔班尼王朝 149—157，325

shaykh 谢赫 37

Sheng Shi-tsai, governor of Sinkiang 盛世才，新疆省政府主席 271—272

Shevardnadze, Eduard, president of Georgia 爱德华·谢瓦尔德纳泽，格鲁吉亚总统 311

Shir Ghazi, khan of Khiva 希尔·加齐，希瓦汗王 186

Shura-i Islam 伊斯兰委员会 210，214

Siberia 西伯利亚 viii，20

Sighnaq 塞格纳克 25，27

Silk Road 丝绸之路 15—16，80

Sinkiang 新疆 viii–xi，16，47，263—274，314，338—339

Slavic languages 斯拉夫语言 32

Sogdia 粟特 5，25，48；Sogdian language 粟特语 74

Sokollu Mehmet Pasha, Ottoman grand vizier 索克鲁·麦合麦特·帕夏，奥斯曼帝国宰相 162—163

Solzhenitsyn, Alexander 亚历山大·索尔仁尼琴 285

Sorqaqtani, wife of Toluy and mother of Great Khans Möngke and Qubilay 唆鲁忽帖尼，拖雷妻子，蒙哥汗和忽必烈汗的母亲 109，117—118

Stalin, Joseph 约瑟夫·斯大林 211，213—215，281

Stein, Sir Aurel, a British archaeologist 奥瑞尔·斯坦因爵士，英国考古学家 268

sufi, sufism 苏菲，苏菲主义 37

Sükhbaatar 苏赫巴托尔 21（city），298（founder of modern Mongolia）现代蒙古国家的创建者

sultan 苏丹 196

Suyab, capital of the Western Kök Turkic empire 碎叶城，西突厥帝国的首都 24

Syr Darya 锡尔河 9，13，14，15，27；known as Iaxartes in classical sources and Sayhun in Arabic ones 在经典文献中被称为"Iaxartes"，在阿拉伯语中被称为"Sayhun"

Tajik 塔吉克 31—32

Tajikistan 塔吉克斯坦 viii—xi，306—308，334—335

Taklamakan, a desert in southern Sinkiang 塔克拉玛干，新疆南部的沙漠 15

Talas, Taraz (city) 塔拉斯（城）25，68—69；(river)（河）23，52

Taliban 塔利班 282

Tang, Chinese dynasty ruling at the time of the Arab conquest of Central Asia 唐朝，阿拉伯征服中亚时的中国王朝 46

Tannu Ola, mountains in southern Siberia 唐努乌拉山脉，西伯利亚南部的山脉 21

Tarbagatai, mountains between Sinkiang and Kazakhstan 塔尔巴哈台，中国新疆与哈萨克斯坦之间的山脉 22

Tarim, river and basin in southern Sinkiang 塔里木，新疆南部的河流和盆地 15—16

tariqa, lit. "path," Islamic name for a dervish order 道乘，托钵僧团的伊斯兰名称 37

Tarmashirin, Ala al-Din, Chaghatay khan 阿拉丁·塔尔麻失里，察合台汗国汗王 119—120

tasawwuf, Islamic mysticism 苏菲主义，伊斯兰神秘主义 37

Tashkent 塔什干 viii，x，14，15，198，202

Tatars 鞑靼人 19—20，196—197

Tatarstan 鞑靼斯坦 viii，xi，28

Tauke, Kazakh khan 头克，哈萨克汗王 172

Tayy, Arab tribe 泰伊，阿拉伯部落 32

Tejen, a river and oasis complex in southern Turkmenistan 捷詹，土库曼斯坦南部的一条河流和绿洲交汇地 10

Temujin, original name of Genghis Khan 铁木真，成吉思汗的原名 19

tengri, Turko-Mongol name for the principal celestial deity 腾格里，天神的突厥-蒙古名称 3

Thomsen, Vilhelm, a Danish scholar, deciphered the Orkhon inscriptions 威廉·汤姆森，丹麦学者，解读了鄂尔浑碑铭 53

Tianshan, mountains in Sinkiang and Kyrgyzstan 天山，中国新疆与吉尔吉斯斯坦的山脉 2，17—18，24—25

Tibet 西藏 171

Timurids 帖木儿汗国 126—137，324—325

Tirmidh, a city and intersection on the Amu Darya 泰尔梅兹，阿姆河上的一座城市和交汇地 12

Togan, Zeki Velidi, Bashkir scholar and champion of Turkestanian Muslims 泽基·瓦利迪·托甘，巴什基尔学者和突厥斯坦穆斯林的拥护者 219

Tokharians, people and their language 吐火罗，民族及其语言 11，48，79

Tokharistan, early Islamic name for ancient Bactria 吐火罗斯坦，古代巴克特里亚的早期伊斯兰化名称 11—12

Tolstoy, Alexey, Russian writer 阿列克谢·托尔斯泰，俄国作家 240

Tonuquq, Kök Turkic minister remembered for his funerary stele 暾欲谷，因其葬礼石碑而被铭记的后突厥汗国大臣 54

Torghut, Kalmyks who founded a short-lived khanate on the lower Volga 土尔扈特，在伏尔加河下游建立短暂汗国的卡尔梅克人 173—175

Transoxania 河中地区 4—5，46，47

Tsevang Rabdan 策妄阿拉布坦 171

Tughluq Timur, Chaghatayid khan who made conversion to Islam definitive 秃忽鲁帖木儿，改宗伊斯兰教的察哈台汗王 121

Tula, a river in Mongolia 图拉，蒙古的一条河流 19

Tunhuang, town on the Silk Road and a famous archaeological site 敦煌，丝绸之路上的城镇和一处著名的考古遗址 52

Tura 土拉 21

Turajonzoda, Ali Akbar, a Tajik cleric and public figure 图拉简左达，阿里·阿克巴，一位塔吉克教士与公众人物 307—308

Turan, as a symbolic concept 图兰，作为一种符号性观念 6

Turfan 吐鲁番 16—17，52，165；see also Qocho 另可见高昌

Turkmen people, tribes 土库曼人，部落 182

Turkmenbashy, new name of Saparmurat Niyazov, president of Turkmenistan 土库曼巴什，土库曼斯坦总统萨帕尔穆拉德·尼亚佐夫的新名字 281—282

Turkmenistan 土库曼斯坦 viii—xi，335—336

Turksib, railroad linking the Central Asian network with the Transsiberian 土西铁路，将中亚网络与跨西伯利亚大铁路相连 22

Tuva Autonomous Republic 图瓦自治共和国 viii，xi，21

Ubaydallah, Shaybanid khan of Bukhara 阿卜杜拉，布哈拉的昔班尼系汗王 154—155

Uighur people and language 维吾尔民族与语言 24；qaghanate in Mongolia 蒙古高原上的汗国 21，66—67，77；kingdom of Qocho 高昌王国 77—81

Uighur Sinkiang Autonomous Region see Sinkiang 新疆维吾尔自治区，参见新疆

Uighuristan 畏兀儿地 24，165

Ulaanbaatar or Ulan-Bator, capital of Mongolia 乌兰巴托，蒙古国首都 viii，xi，19

Ulan-Ude, capital of Buriatia 乌兰乌德，布里亚特自治共和国首府 viii，xi，21

Ulema Jemiyeti 乌理玛联盟 210，214

Umar Khan, khan of Khoqand 奥马尔汗，浩罕汗王 191—192

Umar Shaykh, Timurid ruler of Fergana, father of Babur 乌玛尔·沙黑，费尔干纳的帖木儿系统治者，巴布尔的父亲 147

Umayyads, the first dynasty of caliphs 倭玛亚王朝，第一个哈里发王朝 47，62

Ungern-Sternberg, baron, acts as a Mongol leader and patriot 温格恩·施特恩贝格男爵，作为一位蒙古领袖和爱国者 298

Ural, river and mountains 乌拉尔和和乌拉尔山 2

Urga 库伦 19，previous name of Ulaanbaatar 乌兰巴托的旧称

Urgench, the principal pre-Islamic and early Islamic city of Khwarazm 乌尔根奇，花剌子模一座主要的前伊斯兰和早期伊斯兰城市 6—7

Urumchi, capital of Sinkiang 乌鲁木齐，中国新疆维吾尔自治区首府 17，263

Uzbek or Özbeg, Khan of the Golden Horde 乌兹别克或月即别，金帐汗 114

Uzbeks, people and language 乌兹别克，民族和语言 33，145

Uzboy, an extinct branch of the Amu Darya 乌兹波以河，阿姆河的一条已经消失的支流 7

Uzgend, a town in western Kyrgyzstan, one of the four centers of the Qarakhanids 乌兹根德，吉尔吉斯斯坦西部的一座城镇，喀喇汗王朝的四大中心之一 85

Vakhan, a river and valley in the "Afghan Finger," joins the Panj 瓦罕河，在"阿富汗手指"山谷中的一条河，汇入喷赤河 13

Vakhsh, a river in Tajikistan, with the Panj forms the Amu Darya 瓦赫什河，塔吉克斯坦境内的一条河，与喷赤河形成了阿姆河 12

Vernyi, name of Almaty in Tsarist times 韦尔内，沙俄时代阿拉木图的名称 23

virgin-land campaign "开拓处女地"运动 236

Volga, river 伏尔加河 28

wali, Muslim saint 圣徒，穆斯林圣人 38

waqf, Muslim pious endowment 瓦合甫，穆斯林虔诚的捐赠 231

Yakutia 雅库特自治共和国 viii, xi；Yakutsk, capital of Yakutia 雅库茨克，雅库特自治共和国的首府 viii, xi

Yalavach, Mahmud, and Yalavachids, a family of civil servants in the Mongol empire 马赫穆德·牙老瓦赤，以及牙老瓦赤家族，蒙古帝国的内府家族 113—114，328—329

Yangikant 养吉干 27

Yaqub Beg, head of a short-lived Muslim state in Sinkiang 阿古柏，中国新疆的一个短命的伊斯兰政权的首领 265—267

Yaqut, Arab geographer, laments the destruction of Merv 雅库特，阿拉伯地理学家，哀悼谋夫的毁灭 114—115

Yarkand, a city in southern Sinkiang, capital of Yaqub Beg's state 叶尔羌，南疆的一座城市，阿古柏政权的都城 16，165，263

Yar-khoto, former city and archaeological site near Turfan 雅尔和屯（交河古城），吐鲁番附近的古代城市和考古遗址 17，77

yasa 大札撒 113

Yasaviya order of dervishes 托钵僧的亚萨维教团 26，37，141—143

Yasi, also known as Turkistan, a town in southern Kazakkhstan 亚斯，也叫突厥斯坦，哈萨克斯坦南部的一座城镇 25—27；Ahmad Yasavi's mausoleum at 阿赫马德·亚萨维陵墓在此 248

Yüan, dynastic name of the Genghisids ruling China 元朝，黄金家族统治下的中国王朝名称 111，320—321

Yunus Khan, a Chaghatayid khan of Moghulistan 羽奴思，蒙兀儿斯坦的一位察合台系汗王 141

yurt, the tent of nomadic Turks and Mongols 毡包，游牧突厥人和蒙古人的帐篷 42—43

Yusuf of Balasaghun, author of the Qutadghu Bilig 优素福·哈斯·哈吉甫，《福乐智慧》的作者 92

Zarafshan, a river in north-western Tajikistan and central Uzbekistan 泽拉夫善河，塔吉克斯坦西北部河乌兹别克斯坦中部的一条河 4—5，25

Zhengish Chokusu 胜利峰 15；highest mountain in the Tianshan range on the Kyrgyz–Sinkiang border 吉尔吉斯斯坦与中国新疆交界处的天山山脉最高峰

Zhezkazgan, a town in central Kazakhstan 杰兹卡兹甘城，哈萨克斯坦中部的一个小镇 28

Zhirinovskiy, Vladimir, a Russian nationalist 弗拉基米尔·日里诺夫斯基，俄罗斯民族主义者 285

zikr, a litany performed by sufi dervishes 迪克尔，苏菲派的长篇祷告 37

Ziyad ibn Salih, Arab commander in the historic victory over the Chinese 齐雅德·伊本·萨利赫，在跟中国人交战中取得历史性胜利的阿拉伯指挥官 69

Zoroastrianism 袄教 23，48—49

图书在版编目（CIP）数据

内亚史／（美）斯瓦特·苏塞克著；袁剑，程秀金译. — 北京：商务印书馆，2023
（汉译丝瓷之路历史文化丛书）
ISBN 978-7-100-16068-1

Ⅰ.①内… Ⅱ.①斯… ②袁… ③程… Ⅲ.①亚洲—历史 Ⅳ.①K3

中国版本图书馆CIP数据核字（2018）第095699号

权利保留，侵权必究。

（汉译丝瓷之路历史文化丛书）

内亚史

〔美〕斯瓦特·苏塞克 著

袁剑 程秀金 译

商 务 印 书 馆 出 版
（北京王府井大街36号 邮政编码100710）
商 务 印 书 馆 发 行
三河市尚艺印装有限公司印刷
ISBN 978-7-100-16068-1

2023年6月第1版　　　开本 710×1000　1/16
2023年6月第1次印刷　　印张 24 3/4

定价：68.00元